의문이 쏙쏙 풀리는 187가지 Q&A

크리스천
큐앤에이

의문이 쏙쏙 풀리는 187가지
크리스천 큐앤에이 Q&A

엮은이 크리스천 큐앤에이
발행일 2015년 7월 30일

펴낸이 이민영
대표·편집 최선화
펴낸곳 도서출판 등과 빛
주소 부산시 부산진구 새싹로 261(초읍동)
전화 Tel. 051)803-0691
등록번호 2006년 11월 8일(제335-제06-11-6호)

저작권ⓒ도서출판 등과 빛, 2015
ISBN 978-89-93647-27-3(03230)

값 18,000원

이 도서의 국립중앙도서관 출판예정도서목록(CIP)은 서지정보유통지원시스템 홈페이지(http://seoji.nl.go.kr)와
국가자료공동목록시스템(http://www.nl.go.kr/kolisnet)에서 이용하실 수 있습니다.(CIP제어번호: CIP2015018804)

의문이 쏙쏙 풀리는 187가지

Q&A

크리스천
큐앤에이

크리스천 큐앤에이 엮음

도서
출판 등과 빛

추천의 글 | 8
엮은이 서문 | 14
답변해 주신 분들 | 16

1부: 신학, 교리, 성경 해석 | 19

001. 하나님? 하느님? | 002. 하나님의 성(性) 구별? | 003. 전능하신 하나님의 후회와 뉘우치심? | 004. 예수님의 인성이 죄가 없으신 이유는? | 005. 인자(人子)의 용례와 그 의미는? | 006. 예수님께서 세례 받으신 이유는? | 007. 예수님의 염색체 수 논란, 성경적인가? | 008. 성소 휘장이 찢어져 둘이 됐다는 의미는? | 009. 성령님이 천사? | 010. '기름 부음'의 의미는? | 011. 거듭난 후에도 성령 세례를 받아야 하나? | 012. 기적과 표적, 지금은 왜 많지 않은가? | 013. 꿈, 환상, 예언, 오늘날에도 있는가? | 014. 예언을 하려고 하라? | 015. 더 큰 은사와 신령한 것은? | 016. 성령 하나님의 편재 기점은? | 017. 삼위일체 고백의 근거는? | 018. 삼위일체 교리, 언제부터인가? | 019. 양태론적 삼위일체론의 잘못은? | 020. 칼빈의 삼위일체론과 성자 종속설의 차이는? | 021. 종말의 때를 성부만 아신다? | 022. 하나님의 뜻과 인간의 자유의지 | 023. 자유의지에 관한 교파 간의 관점 차이는? | 024. 선악과, 죄를 허용하신 것 아닌가? | 025. 인간이 존엄한 이유는? | 026. 왜 가룟 유다의 배신을 방치하셨나? | 027. 죄 사함 받았는데 왜 죄를 짓는가? | 028. 하나님 나라를 받지 못할 자들은? | 029. 죄의 종류에 따라 다른 심판을 받는가? | 030. 회개는 언제까지 해야 하는가? | 031. 복음을 듣지 못한 사람들의 결국은? | 032. 복음 전파 이전 시대 사람의 구원은? | 033. 구약 시대에는 어떻게 구원받았나? | 034. '영적 구원'과 '영과 육의 구원' 다른가? | 035. 예정론이 운명론인가? | 036. 웨슬레와 칼빈의 구원론의 차이점은? | 037. 성령의 불이 구원의 조건? | 038. 순종이 없이는 구원도 없는가? | 039. 미련한 다섯 처녀의 구원은? | 040. 믿는 자의 악행이 구원에 영향을 주는가? | 041. 구원이 취소될 수도 있는가? | 042. 구원에 등급이 있는가? | 043. 악행과 선행에 대한 심판과 상급이 있는가? | 044. 몸과 육의 구별은? | 045. 영혼은 언제 창조되며 죽기도 하는가? | 046. '영'과 '영혼'은 같은가? | 047. 복중에서 죽은 아기 영혼, 어떻게 되나? | 048. 죽은 후 영혼은 어떤 상태인가? | 049. 죽은 후 영혼이 머무는 곳은? | 050. 악한 왕이든 선한 왕이든 사후는 같은 곳? | 051. 성도의 육체 부활의 시기는? | 052. 부활체는 몇 살 정도의 모습인가? | 053. 신자와 불신자의 부활체는? | 054. 죽은 자를 위해 세례받는 자는 누

구인가? | 055. 죽은 자를 위한 세례란? | 056. 죽은 자들에게도 복음이 전파되는가? | 057. '영원'이란 무한하게 사는 것인가? | 058. "이 세대"의 의미는? | 059. 세대주의 전천년설이란? | 060. '7년 대환란?'의 징조? | 061. 휴거가 한 번만 있는가? | 062. 깨어 있지 않은 성도는 휴거되지 못한다? | 063. 하나님 나라, 이 땅에 이미 임했는가? | 064. 거룩한 성(城) 새 예루살렘이 건물인가? | 065. 자기 처소를 떠난 천사들이 음란했다? | 066. 기도가 천사에게서 하나님께로 올라간다면? | 067. 수호천사가 존재하는가? | 068. 사탄, 마귀, 귀신은 어떤 존재인가? | 069. 계시가 사도들까지인 성경적 근거는? | 070. 왜 사도직이 오늘에는 없는가? | 071. 사도신경을 고백하지 않으면 이단인가? | 072. 교리문답, 신앙고백 문서들에 관해 | 073. 문자주의적 성경 해석의 문제점은? | 074. 상상력을 통한 성경 해석의 문제점은? | 075. 창조, 무에서 유인가? 카오스에서 코스모스인가? | 076. '궁창 위의 물'이 무엇인가? | 077. 에덴동산이 지금도 존재하는가? | 078. 아담 이전에 사람이 존재했는가? | 079. 가인이 두려워했던 사람들은 누구인가? | 080. '하나님의 아들들'과 '사람의 딸들'(창 6)은 누구인가? | 081. 욥기 1, 2장의 '하나님의 아들들'은 누구인가? | 082. 멜기세덱은 누구인가? | 083. 신접한 여인이 불러올린 사무엘의 영은 누구인가? | 084. 다윗과 요나단의 관계와 나이 차이는? | 085. "처녀"와 "아들"(사 7:14~16)의 문맥적 이해는? | 086. 마태와 야고보가 형제인가? | 087. 달란트를 남긴다는 의미는? | 088. 은 삼십을 환산하면? | 089. 성만찬 다락방과 성령 강림 다락방이 같은 곳? | 090. 구원받은 사람은 다 방언해야 하는가? | 091. 여자는 머리에 쓰고 기도(예언)하라? | 092. 복(福)의 종류가 여러 가지? | 093. 안식일(토요일)과 주일(일요일)에 관해 | 094. 외식신앙의 행태는? | 095. 폐기된 율법과 지켜야 할 율법은? | 096. 구약 율법들을 지키지 않아도 되는 이유는? | 097. 숫자의 상징적 해석, 성경적인가? | 098. 축자영감설, 유기적영감설은 무엇인가? | 099. '공관복음서'라고 따로 명명한 이유는? | 100. 외경의 유래와 사용하는 종파는? | 101. 성경 번역에서 존칭어 문제 | 102. KJV 성경만이 가장 권위 있는 성경? | 103. 초기 기독교와 당대 철학과의 관계는? | 104. 영지주의란? | 105. 성경과 그리스 로마 신화의 관련성?

2부: 이단, 단체, 교파 | 271

106. 이단과 사이비의 차이는? | **107.** 이단에게는 구원이 없는가? | **108.** 이단 신도 명단 공개 방법은? | **109.** 이단들의 SNS 활동 행태는? | **110.** 이단 전도지(설문지) 대응법은? | **111.** 이단들의 교회 출입에 대응할 법적 근거는? | **112.** 어머니 하나님? 여자 하나님? | **113.** 성경이 죄 씻음을 말하지 않는다? | **114.** 일요일을 주일로 지키는 근거는? | **115.** 극단적 세대주의, 이단인가? | **116.** 이스라엘의 회복을 말하는 것이 신사도적 사상? | **117.** YWAM와 신사도 운동의 관련성은? | **118.** IHOP은 건전한 단체인가? | **119.** '백 투 예루살렘' 개념 성경적인가? | **120.** '백워드 매스킹' 논란에 관해 | **121.** WCC(세계교회협의회)는 어떤 단체인가? | **122.** 종교 간의 대화, 어디까지인가? | **123.** 로마가톨릭, 타 종교인가? 이단인가? | **124.** 퀘이커교, 이단인가? | **125.** 콥트교, 이단인가? | **126.** 조로아스터교가 기독교에 영향을 줬는가? | **127.** 이슬람 신전 카바의 블랙스톤에 관해 | **128.** 이슬람이 예루살렘을 성지로 삼은 이유는? | **129.** 무슬림을 전도하는 방법은? | **130.** 프리메이슨, 어떻게 생각해야 하는가? | **131.** '독립교회'들에 관해 | **132.** '그리스도의교회' 교단에 관해 | **133.** 교파와 교단의 분열은 무엇 때문인가?

3부: 은사 운동, 창조과학 | 343

134. 오늘날에도 방언이 있는가? | **135.** 임파테이션, 성경적인가? | **136.** 영서(靈書), 성경적인가? | **137.** 예루살렘 회복 운동을 선교적, 신학적으로 보면? | **138.** 아담과 하와의 인종은? | **139.** '각기 종류대로'의 생물학적 개념은? | **140.** 진화의 흔적, 인간 유전자에 남아 있다? | **141.** 고대 생명체 어떻게 이해해야 하나? | **142.** 지구의 나이는? | **143.** 노아홍수 이후 사람 수명이 줄어든 이유는? | **144.** 빅뱅(Big Bang)이 창조의 증거인가? | **145.** 진화론에 대응하는 바른 태도는?

4부: 예배, 신앙생활 | *393*

146. 예배의 정의에 따라 예배를 구분한다면? | **147.** 바람직한 공예배를 위한 대안은? | **148.** 하나님 뜻대로 될 것인데 기도해야 하나? | **149.** 중보기도와 도고기도 중 올바른 표현은? | **150.** 호흡기도, 성경적인가? | **151.** 땅 밟기 기도, 성경적인가? | **152.** "예수님 이름으로 기도합니다."의 의미는? | **153.** 기도란 무엇이며 어떻게 해야 할까? | **154.** 안수와 안찰 행위, 성경적인가? | **155.** 찬양대의 찬양 후 박수, 옳은가? | **156.** 준비찬양, 바른 표현인가? | **157.** '시편 송'의 유래와 가치는? | **158.** 찬양의 장르나 도구에 선악이 있는가? | **159.** 짐승과 무생물에도 귀신이 들리는가? | **160.** 가위눌림, 영적인 현상인가? | **161.** 천국과 지옥 체험 간증, 성경적인가? | **162.** 전도의 정의와 방법은? | **163.** 일 천 번제 헌금, 성경적인가? | **164.** 이런 경우 헌금은 어디에 해야 하나? | **165.** 추수감사절과 영적 추수와 관련성? | **166.** 교회가 지키는 절기들, 옳은 것인가? | **167.** 기복신앙, 성경적인가? | **168.** 하나님의 용서와 인간의 회개, 둘 중 먼저는? | **169.** 신앙을 위해 교회를 옮기는 것, 옳은가? | **170.** 주일 준수 방법의 성경적 적용은? | **171.** 안식일에 쉬던 것, 주일에 적용해야 하는가? | **172.** 타 종교인을 위해 일하면 우상 숭배가 되는가? | **173.** 돈으로 돈을 버는 직업에 대한 성경적 지침은? | **174.** 세상 문화 속에서 거룩함을 지키려면? | **175.** 세상 노래 선택의 분별 기준은? | **176.** 성형 수술을 대하는 크리스천의 시각은? | **177.** 음주에 관한 성경의 가르침은? | **178.** 크리스천이 복권 구매해도 되는가? | **179.** 관상과 사주는 봐도 된다? | **180.** 이슬람 음식, 편하게 사 먹어도 되는가?

5부: 기타 | *489*

181. 각양의 십자가 기호가 상징하는 바는? | **182.** 성경적인 교회당 건축은? | **183.** 상량식(상량예배), 성경적인가? | **184.** 위임(담임)목사만 목사인가? | **185.** 최면에 관한 기독교적 견해는? | **186.** 세월호 참사, 하나님이 허락하셨다? | **187.** 북한인권법에 관해

변종길 교수

고려신학대학원 원장, 신약학

크리스천큐앤에이는 이 시대 한국 교회에 귀한 역할을 감당하고 있습니다. 신앙과 진리가 흐려지고 무엇이 옳은지 몰라서 방황하고 있는 많은 성도에게 가뭄 끝의 단비와도 같이 마음을 시원하게 해 주고 진리의 등불을 밝혀 주었습니다. 자칫 교역자나 신학자들의 전유물처럼 생각되기 쉬운 성경 해석과 신학 지식을 일반 성도들에게 나누어 주고 대중화하는 일에 크게 기여하였습니다.

일상생활 속에서 일어나는 생생한 질문들을 대할 때 답변자도 보람을 느끼게 됩니다. 신학자가 가지고 있는 지식이 한낱 사변적 유희가 아니라 현장 속에서 섬기고 봉사하는 것이라는 사실을 다시금 깨닫게 됩니다. 성령 안에서 진리를 나누어 가질 때 우리의 기쁨은 더 커지고 하나님 나라가 든든히 세워져 갈 것입니다.

김재성 교수

국제신학대학원 부총장, 조직신학

우리는 지금 혼돈의 시대에 살고 있습니다. 올바른 안내를 받아서 각종 속임수와 불량품을 가려내야 합니다. 이 책에 담긴 해답들은 한국 교회 성도들이 좀 더 공부하며 연구하려 할 때 진리를 터득하기 위한 통찰력을 주리라 확신합니다. 이 책에서 다루고 있는 바를 참고하시면 참된 것과 거짓됨의 차이를 파악하게 될 것입니다. 부디 이 책에서 지혜와 계시의 정신을 파악하게 되어서 좌우로 치우치지 않고 성경적인 토대 위에서 균형 잡힌 신앙생활을 하시기를 기원 합니다. 진리에 대한 성숙함으로 나아가십시오.

이상원 교수

총신대학교 신학대학원, 기독교윤리학

　이번에 최병규 목사님의 헌신적인 수고를 통하여 크리스천큐앤에 이 자료집이 출간된 것을 기쁘게 생각합니다. 평신도들이 신앙생활을 하다 보면 난제들을 만나게 됩니다. 평신도들이 난제를 만나서 씨름한다는 것은 신앙생활이 한 단계 성숙해 가기 위한 진통을 겪는 것을 뜻합니다. 이때 이 난제를 설득력 있게 설명을 해 주어서 해소가 되면 신앙생활을 크게 뻗어 나가지만 해소되지 않으면 신앙생활이 정체되어 앞으로 나가지 못합니다. 그것은 마치 막힌 하수구를 뚫는 것과도 같은 것입니다. 이번에 출간되는 자료집이 바로 이 역할을 훌륭하게 수행해 낼 수 있으리라고 보고, 이 자료집을 적극적으로 추천합니다.

이승구 교수

합동신학대학원대학교, 조직신학

진정한 신앙인들은 진지하게 성경의 가르침을 공부하고, 그것을 자신의 삶에 적용하려고 애쓰게 되어 있습니다. 그러므로 그와 관련한 질문이 많게 되어 있습니다. 많은 분이 자주 하는 질문들에 대한 좋은 대답을 미리 작성해 놓으면 어떤 상황에서든지 대답을 쉽게 해결할 수 있게 될 것입니다. 사실 요한 칼빈의 『기독교 강요』가 바로 이와 같은 동기에서 시작된 책이었습니다. 물론 칼빈은 문제를 근원으로부터 답해 주기 시작하여 성도들이 두고두고 읽고 생각해 볼 수 있는 좋은 고전을 만들었지요.

이 책은 우리나라 신자들이 신앙과 관련하여 질문하고, 여러 교수님과 각계 전문가들께서 대답하신 것을 모아 놓은 좋은 자료집입니다. 모두가 이를 잘 읽어 간다면 여러 유익이 있을 것입니다. 이 책의 여러 질문에 대한 대답을 붙인 사람 중의 한 사람으로서 한국 성도들에게 이 책을 적극적으로 추천합니다.

이은일 교수

고려대학교 의과대학, 한국창조과학회 회장

우리나라에서 이뤄지는 다양한 조사에서 '종교' 항목은 빠지지 않습니다만, 그 결과를 보면 종교에 따라서 생각이나 행동에서 차이가 보이지 않습니다. 이것은 기독교 신자들이라고 해도 다른 종교인과 생각이나 행동에 차이가 없다는 것을 의미합니다. 기독교 신자들의 생각과 행동의 평균이 세상 사람들과 구별되지 않는다는 것은 슬픈 일입니다. 기독교 신자들이 세상 사람들과 다를 것을 기대하는 것은 하나님의 말씀인 성경을 믿고 그 말씀대로 사는 것이 기독교 신앙이기 때문입니다.

기독교의 믿음은 하나님께서 이 모든 세상을 창조하시고, 다스리시며, 예수님을 통해 우리를 구원하시는 것을 믿고, 또한 부활하신 예수님이 다시 오실 것을 소망하는 것입니다. 창조를 믿으면서 동시에 새 하늘과 새 땅에 대한 소망을 가지는 것은 현실과 미래 사이의 긴장에서 균형을 가져다줍니다. 이 세상이 없어질 세상이지만 허무주의에 빠지지 않고 하나님께서 원하시는 의와 사랑을 실천할 수 있는 것입니다.

그런데 많은 기독교 신자가 성경을 하나님의 말씀으로 믿지 못하는 경향이 더 강해지고 있습니다. 말씀을 믿지 못하면 믿음과 소망을 잃어버릴 수밖에 없습니다. 어두운 이 시대에 성경과 기독교에 대한 많은 사람의 고민과 생각이 담겨 있는 귀한 이 책은 어둠을 밝히는 또 하나의 빛의 역할을 할 수 있다고 생각합니다. 많은 분이 이 책을 통해 견고한 믿음과 소망의 자리로 회복되길 기도합니다.

탁지일 교수

부산장신대학교 교회사, 월간 현대종교 이사장

불확실한 세상에서 신실하게 살아온 믿음의 선진들의 이야기가 교회역사입니다. 오늘을 사는 우리들에게 불안정하고 불투명한 세상은 늘 도전이고 시험입니다. 크리스천큐앤에이는 이러한 일상의 도전과 시험에 기독교적 관점에서 합리적이고 전문적인 답변을 시도합니다. 지나치게 고상한 신학적 논의보다, 누구나 납득할 만한 평범한 변증을 교회와 사회에 주기위해 노력합니다. 이는 크리스천큐앤에이 대표 최병규 박사의 헌신에 힘입은 바 큽니다. 다양한 질문과 답변을 모아 한 권의 책으로 발간하게 되었습니다. 이 시대가 필요로 하는 교회코드를 발견할 수 있는 귀중한 계기가 될 것으로 믿습니다. 크리스천큐앤에이를 통해 참된 교회의 표징을 발견하고, 참된 교회 정체성의 회복을 통해 교회와 세상에 넘쳐나는 불건전 사상들과의 선한 싸움을 지속할 수 있는 영적 힘을 소유하기를 소망합니다.

최병규 박사

크리스천큐앤에이 대표
기독교미래연구원(CFI) 원장
Th. D. (교회사)

우리는 포스트모던 시대를 살아갑니다. 진리가 상대화되고 가치관들이 다양해지는 혼탁한 시대를 맞이했습니다. 세속적인 가치관뿐만 아니라 기독교인들의 의식구조도 많이 변화되었습니다. 하나님의 온전한 창조를 믿지 못하는 기독교인들은 진화론적인 가설을 받아들여 기독교를 재해석하기도 하며 공교육에서 가르치는 진화 이론을 마치 절대적인 진리인 양 받아들이기도 합니다. 하나님께서는 성경을 통하여 분명히 동성애에 대한 기준을 주셨지만, 오늘날 많은 건전한 교단들이 국내외적으로 동성애에 대하여 완화적인 태도를 취하고 있습니다.

이러한 시대에 우리 크리스천큐앤에이는 비교적 정리된 지식을 이 시대의 신앙 지식과 삶의 문제로 고민하는 분들에게 제공하기 원했습니다. 그래서 지난 2011년 9월에 30여 분의 교수님들과 전문가들을 영입한 상태에서 서울 팔레스호텔에서 개회예배 및 기자간담회를 가짐으로써 출범했습니다. 현재에는 약 60여 분의 교수님들과 각계 전문가들이 답변자로 수고해 주고 계십니다. 출범 이후 지금까지 4년 동안 많은 분이 신앙과 삶에 관련된 질문을 올려 주셨습니다. 질문을 올려 주신 분들께도 감사드립니다.

질문자가 답변을 올리게 되면 제가 답변자들에게 의뢰하여 회신이 오면 그 답변을 게재하는 방식을 취하고 있습니다. 개중에 몇 분은 직접 답변을 올리고 계십니다. 금번에 그 소중한 결실의 결과로 이 책자가 나오게 되어 대단히 감사하게 생각합니다. 수고해 주신 교수님들과 전문가들의 노고를 생각하면 고개가 숙어집니다. 저도 그분들의 답변을 읽어 보면서 함께 배워왔습니다. 그분들이 다들 자신들의 교수 사역에 분주하심에도 한국 교회 전체에 올바른 답변을 제시함으로써 성도들과 목회자들의 신앙지식을 끌어올려 주기 원하셨기 때문에 아무런 보수도 없이 수고해 주신 것입니다.

바라기는 금번에 저희 크리스천큐앤에이가 출간하는 이 책자가 교파를 초월하여 전국 교회 목회자, 신학생, 장로, 권사, 안수집사님들을 비롯한 성도들 전체가 구하여 읽어 주시기를 열망합니다. 이 책자는 소수의 독자층에만 읽혀야 할 책이 아니기 때문입니다. 우리 교수님들과 전문가들도 자신이 속한 신학교나 기관의 학생들만이 아닌 전국에 흩어져 있는 성도들 전체의 지식을 업그레이드해 줄 것을 원하셨기 때문에 부족한 저의 취지를 이해해 주시고 동참해 주신 것입니다. 주변에 계신 많은 분께 이 책자를 소개해 주십시오.

끝으로 힘겨운 여건 속에서도 크리스천큐앤에이가 지속적으로 운영되게 해 오시고 금번에 이렇게 그 결실이 묶여져 귀한 책자로 나오게 하신 주 하나님께 감사드리며, 바쁘신 가운데도 귀한 답변을 제공해 주신 모든 운영진들과, 건전한 신앙도서를 출간해 주시는 〈도서출판 등과빛〉 최선화 편집장님께도 감사드립니다. Soli Deo Gloria

강승빈 　전, 중동선교회 대표, 한장총 이슬람대책위원회 전문위원

구춘서 　한일장신대학교 신학부 교수

김명현 　전 한동대학교 교수, 성경과학선교회 대표

김성봉 　신반포중앙교회 담임목사, 신학박사

김순성 　고려신학대학원 실천신학 교수

김재성 　국제신학대학원대학교 조직신학 교수

김진영 　서울중앙교회(고신) 담임목사, 신학박사

김홍석 　국방대학교합동참모대학 교수, 신학박사

박진후 　CBSTV '찬미예수 찬양예수' 싱어 역임, 목사, 기독교 문화 전공

변종길 　고려신학대학원 신약학 교수

성희찬 　마산제일교회 담임목사, 신약학

소윤정 　아세아연합신학대학교 아랍선교대학원 교수

신득일 　고신대학교 구약학 교수

신원하 　고려신학대학원 기독교윤리학 교수

안　민 　고신대학교 교회음악대학원장

유해무 　고려신학대학원 교의학 교수

이상원 　총신신학대학원 기독교윤리학 교수

이성호 　고려신학대학원 역사신학 교수

이승구 　합동신학대학원대학교 조직신학 교수

이용희 　가천대학교 교수, 에스더기도운동 대표

이은일 　고려대학교 의과대학 교수, 한국창조과학회 회장

임경근 　다우리교회 담임목사, 신학박사(교회사)

임긍수 　조지아주립대 교환교수 역임

임영수 　사법연수원 외래교수, 법무법인(유)로고스 구성원 변호사

장세훈 　국제신학대학원대학교, 구약학 교수

조정환 　한국어린이전도협회 대표 역임

최병규 　크리스천 Q&A 대표, 기독교미래연구원 대표, 신학박사(교회사)

최승락 　고려신학대학원 신약학 교수

탁지일 　부산장신대학교 교회사 교수

하재성 　고려신학대학원 실천신학 교수

허명수 　한동대학교 국제어문학부 교수

허　주 　아세아연합신학대학교 신학과 교수

1부

001-105

신학, 교리, 성경 해석

Q 질문 : 여호와 하나님의 성호를 개신교에서 '하나님'이라고 하고 천주교에서는 '하느님'이라고 쓰고 읽고 말합니다. 이렇게 한글로 표기할 때에 '하나님'과 '하느님'으로 나뉜 이유는 무엇입니까? 그리고 서양의 경우, 우리처럼 이렇게 표현이 나뉘지 않고 같은 단어로 표기하나요?

A 답변 : 옛날 성경에는 하ᄂᆞ님(가운데 ·은 '아래 아'임)으로 되어 있었습니다. 그런데 이것을 개신교에서는 하나님으로, 가톨릭에서는 하느님으로 표기했습니다. 이렇게 된 중요한 이유는 국어학자 최현배 선생 때문으로 생각됩니다. 최현배 선생은 조선 시대의 '아래 아'가 없어지면서 둘째 음절에서는 'ㅡ'로 바뀌었다고 주장했습니다. 그래서 오늘날 국어학자들이 하느님으로 표기해야 바르다고 주장합니다.

그러나 필자는 다른 견해를 가지고 있습니다. 물론 '하ᄂᆞᆯ'이 하늘로 된 것은 사실입니다만, 너무 형식적인 음운 변화만 고려할 것이 아니라 좀 더 근원적인 의미를 고려해야 한다고 생각합니다. 수메르어로 AN은 하늘, 별, 신, 왕의 뜻입니다. 기본 뜻은 하늘(heaven)입니다. 연관된 단어로 아카드어 ANU는 하늘의 신, 고대 이집트어 AN, ANI는 조상신 Osiris의 이름입니다. 산스크리트어 ANU는 시바(Shiva) 신의 이름입니다. 그리고 수메르어 ANA는 하나(one)란 뜻입니다. 수메르어 ANA는 또한 전체로서의 신(God as Unity)을 뜻하기도 합니다. 그러므로 수메르어 ANA는 하나이면서 또한 신을 가리키기도 합니다 (cf. L. A. Waddell, *A Sumer Aryan Dictionary*, London, 1929).

우리말의 하나(HANA)는 원래 수메르어 또는 그 이전의 언어인 ANA에서 숨소리 H가 덧붙었다고 생각할 수도 있고, 또는 역으로 원래 HANA였는데 수메르어에서 H가 탈락했다고 볼 수도 있습니다. H가 탈락하는 것은 흔히 일어나는 현상입니다. 예를 들면 헷족의 원래 발음은 KHATTI (캇티)였는데 뒤에 HATTI (핫티)가 되고 후에 다시 ATTI (앗티)가 된 것과 같습니다. 현재 불어에서 H가 묵음되는 것도 같은 이치입니다. 숨을 세게 내쉬면 HA가 되고 약하게 내쉬면 A가 됩니다. 그렇다면, 이것은 가설입니다만, 우리말의 하나(HANA)는 수메르어보다 더 오래된, 어쩌면 인류 최초의 언어의 발음을 간직하고 있다고 볼 수도 있을 것입니다. 참고로 고대 그리스어에서도 이와 유사한 발음이 나타납니다. 고대 그리스어로 하나를 뜻하는 단어는 헤이스(남성), 미아(여성), 헨(중성)인데, 격변화를 하면 남성은 헤이스 헤노스 헤니 헤나가 됩니다. 남성 대격이 헤나(HENA)인 것에 주목할 필요가 있습니다. 그리고 다 숨표(H)가 들어 있다는 사실에도 주목할 필요가 있습니다.

그렇다면 우리말의 '하ㄴ·'는 하늘(heaven)이란 뜻뿐만 아니라 하나(one)라는 뜻을 동시에 다 가지고 있지 않았을까 추측해 볼 수도 있습니다(확실하지는 않음). 수메르어의 ANA가 하나(one)이면서 동시에 전체(unity)인 신을 나타내듯이 우리말의 하ㄴ·는 하나(one)이면서 또한 신을 나타낸다고 볼 수도 있습니다. 다르게는 하늘을 가리키면서 또한 신을 가리킨다고 볼 수도 있지요. 이 두 번째 것은 거의 확실하다고 할 수 있습니다. 하늘이 하나님(인격적 신)을 나타내는 것은 중국어 tian(天)에서도 볼 수 있습니다.

어쨌든 고대 중동 언어들에 뿌리를 두고 있는 발음은 '하느' 보다는 '하나'가 더 맞지 않나 생각합니다. 따라서 이렇게 중요한 신명(하나님의 이름)은 그저 형식적으로 아래 아 발음이 'ㅏ'로 변했느냐 'ㅡ'로 변했느냐 하는 음운학적 현상만 따질 것이 아니라, 더 근원적으로 거슬러 올라가서 우리말의 뿌리를 연구해서 결정해야 할 사안으로 생각됩니다. 그렇다면 단지 하늘의 뜻만을 대변하고 있는 하느님보다는 하나이면서 동시에 신을 나타내는 하나님이 더 좋겠다고 생각됩니다. 참고로 하느·ㄹ(天)에서 ㄴ·ㄹ 은 서정범 교수에 의하면 해, 태양의 뜻을 가진다고 합니다. nara(태양, 몽고어), 우리말의 날(日, 太陽) 참고 (서정범, 「국어어원사전」, 서울: 보고사, 2003). 서정범 교수의 이 견해는 좀 의심스럽기는 하지만 '하느·ㄹ'에서 'ㄴ·'는 '느'보다는 '나'로 표기하는 것이 더 좋겠다는 견해에 힘을 실어 줍니다.

그리고 '님'은 '주'(主, Lord)란 뜻입니다. 조선 시대 중종 때 펴낸 『훈몽자해』에 '님 쥬(主)'라고 되어 있습니다. 따라서 하나님이란 말은 신명(神名)으로 아주 적절하다고 생각됩니다.

그리고 실제로 하느님이라고 하면 왠지 불신자들이 부르는 신같이 들리고, 하나님이라고 하면 성경에 나타난 인격적 신을 가리키는 것 같이 들립니다. 이런 실제적인 어감 차이도 무시할 수 없습니다. 그런데도 오늘날 성경 번역자들이 그저 하느님이 옳다고 주장하는 것은 동의하기 어려울 뿐만 아니라 우리말의 어원과 한국 기독교의 현실을 무시한 견해로 생각됩니다.

　　이상은 아직 확실히 정립된 견해는 아닙니다. 앞으로 훌륭한 국어 학자가 나타나서 우리말을 깊이 연구해서 바로잡아 주시기를 바라며 기대합니다.

　　＊서양 언어는 우리말과 전혀 체계가 다릅니다. '하나님'은 헬라 어로는 떼오스(theos), 라틴어로는 deus, 스페인으로는 dios, 불어로는 dieu, 독일어로는 Gott, 영어로는 God, 러시아로는 Bog 등입니다.

_ **변종길 교수**

Q **질문 :** 일부 단체에서는 창세기 1~2장을 근거로 하나님을 남성과 여성으로 구분합니다. 그뿐만 아니라 최근 페미니스트 사조에 영향을 받은 신학자들은 하나님의 여성성을 강조하며, 기존의 남성 위주의 성경 해석 패러다임을 강하게 비판함으로 여성 하나님을 말하기도 합니다. 그러나 정통 신학에서는 이와 같은 '하나님의 성 구별'이 옳지 않은 것으로 알고 있습니다. 왜 이와 같은 '하나님의 성 구별'이 잘못된 것인지 그 성경적, 교리적 근거는 무엇인지 궁금합니다.

A **답변 :** 하나님은 초월하신 분이심을 명심해야 합니다. 하나님은 물질이 아니시고 영이십니다. 요한복음 4장 24절에서 "하나님은 영이시니, 예배하는 자는 영으로, 진리 가운데 예배할찌니라"라고 하십니다. 그러므로 하나님은 사람이 아니시므로 남자도 아니요 여자도 아닙니다. 성경은 하나님의 성별이 남성이냐 여성이냐에 대한 생각이나 그러한 질문에 전혀 관심이 없습니다. 성경이 가라는 데까지 가고, 성경이 멈추는 데서 머무르는 것이 정통 교회의 가르침입니다. 그러므로 더는 하나님의 남성성이나 여성성 운운하는 것은 옳지 않습니다.

다만, 예수 그리스도께서 이 세상에 마리아의 몸을 통해서 아들로, 즉 남성으로 오셨기에 인간의 형상으로 오신 것과 비교해서 생각하

면 좋을 듯합니다. 예수님이 여성으로 이 세상에 오신 것이 아니지요.[1]

_ 김재성 교수

---

1) 참고 : 마 1:18~25; 막 3:31~32; 요 4:9

Q **질문 :** 민수기 23장 19절에는 "하나님은 사람이 아니시니 거짓 말을 하지 않으시고 인생이 아니시니 후회가 없으시도다"라고 기록되어 있습니다. 또 로마서 11장 29절에도 "하나님의 은사와 부르심에는 후회하심이 없느니라"라고 기록되어 있습니다. 그러나 사무엘상 15장 11, 35절에는 하나님께서 사울을 세우심을 "후회하신다"고 기록되어 있습니다. 그리고 사무엘하 24장 16절에서는 여호와께서 백성에게 재앙을 내리신 것을 "뉘우치신다"라고 기록하고 있습니다. 원어를 읽을 줄 몰라 원전에는 어떻게 기록되어 있는지 알 수 없어 아쉽지만, 새 번역에서는 그대로 "후회"와 "뉘우치심"으로 기록한 것을 볼 수 있었습니다. 하나님은 인격적인 분이시지만 완벽하신 분이시기 때문에 그 계획과 섭리에 후회나 뉘우치시는 것이 없다고 생각이 되는데, 이 본문들을 어떻게 이해해야 할까요?

A **답변 :** 이런 본문들은 인간화된 표현들입니다. 하나님은 결코 후회하지 않으십니다만, 사람들이 이해하기 쉽도록 인간의 감정을 동원해서 쉽게 알도록 하려는 것이지요. 더 쉬운 표현으로 "하나님의 손" "하나님의 발" 등이 있습니다.

_ 김재성 교수

004. 예수님의 인성이 죄(원죄)가 없으신 이유는?

질문 : 예수님은 인성과 신성을 함께 가지고 계시는 것으로 알고 있습니다. 신성에 대해서는 예수님은 하나님이시므로 자범죄가 없는 것으로 이해가 됩니다. 그렇다면 인성에서 예수님의 죄 없으심(원죄)을 어떻게 설명해야 할까요? 성령으로 잉태된 것이 마리아의 자궁만 빌려서 난 건지, 아니면 성경에 여자의 후손이라고 한 것으로 보아서 여성의 난자를 통한 성령의 잉태인지 궁금합니다. 또한 창세기 3장 15절에서 "여자의 후손"이라는 말을 일반적인 방법의 출생을 말하는 것인지 아니면 남자를 통하지 않으므로 원죄가 없으신 분으로 태어나신다는 것으로 이해해도 되는지 궁금합니다.

답변 : 예수님의 인성이 죄가 없으신 것은 그가 실제로 죄를 짓지 않으셨기 때문입니다. 그 이유는 그가 원죄 없이 태어나셨기 때문입니다. 이를 위해서 삼위일체 하나님께서 동정녀 탄생이라는 놀라운 방법으로 성자께서 인성을 취하시도록 하신 것이라고 결과론적으로 추론할 수 있습니다.

창세기 3장 15절이 궁극적으로 이런 방식으로 태어나신 성자의 출생을 말하는 것이나, 이것은 이미 그렇게 성취된 후에야 우리가 알고 말할 수 있지, 그 이전에 그런 의미를 사람들이 다 알았다고 할 수는 없습니다. 물론 하나님께서는 그렇게 알고 계신 것이고, 그런 함의를 이미 넣어 두신 것이지만 창세기 3장 15절의 계시 내에 그 모든 것이 다 있다고 해서는 안 됩니다. 우리는 그리스도의 출생을 통해서 더 밝은 빛을 비침 받고 더 많이 알게 되는 것입니다.

이때 마리아의 난자까지도 사용하신 것인지, 아니면 하나님께서 놀라운 방식으로 수태케 하여 난자를 전혀 사용하지 않으신 것인지를 단정하여 말하는 것은 좋지 않습니다. 그러나 여자의 모든 것을 사용하시되 원죄의 부패성이 전가 되지 않도록 하셨다는 그 의미를 깊이 생각해 보는 것은 좋은 것입니다.

성경에서 명확히 말하는 것을 분명히 말하는 것과 그로부터 우리가 합리적으로 추론할 수 있는 것을 구별하여 성경의 계시를 중심으로 사고하는 것이 매우 필수적입니다.

_ 이승구 교수

Q **질문 :** 〈1〉 예수님께서 자신을 가리켜 "인자가", "인자가" 하시는 말씀을 많이 보았는데요, 이때의 인자가 사람의 아들인가요? 아니면 다른 뜻이 있는 건가요?

〈2〉 '주의 인자하심이 생명보다 나으므로'는 '인자(仁慈)하다'는 말과 관련되어 있는 건 알겠는데, 이 문장 자체의 의미는 무엇인가요?

〈3〉 요한복음 3장 13절에 "하늘에서 내려온 자 곧 인자 외에는 하늘에 올라간 자가 없느니라"고 하셨는데, 구약에도 하늘에 올라간 이가 있었는데, 왜 이 구절에서는 "하늘에서 내려온 자 곧 인자 외에는 하늘에 올라간 자가 없다"고 하는지요? 물론 본문에 나오는 인자는 예수님이신 것으로 압니다.

A **답변 :** 〈1〉 1번과 3번의 '인자(人子)'는 사람의 아들이란 뜻입니다. '사람의 아들'이란 표현은 구약에 잠언과 시편, 에스겔서 등에 많이 나타나는데, 유대인들에게 있어서 '사람의 아들'은 사람을 가리킵니다. 요즘 많은 사람이 예수님이 사용하신 '인자'란 표현은 다니엘서 7장 13절에 근거하여 '하나님의 아들'을 가리킨다고 주장하는데, 그러나 다니엘서 7장 13의 '인자 같은 이'란 것은 다니엘이 환상 속에서 본 모습은 '사람'의 모습이었다는 것을 말합니다. 곧 무슨 '짐승' 모습이 아니라 '사람'의 모습을 보았는데, 이 분은 문맥상 메시아

를 가리킵니다.

잠언과 에스겔서에 많이 나타나는 '인자'는 사람 곧 연약한 인간을 가리킵니다. 예수님께서는 자기 자신을 가리키기 위해 '인자'란 표현을 많이 사용하셨는데, 이것은 연약한 인간과 자신을 동일시하는 표현입니다. 곧, 예수님은 하나님의 아들이시지만 자기를 낮추시고 이 땅에 오셔서 비천한 사람들과 함께 어울리셨는데, 이처럼 연약하고 비천한 사람들과 자기를 동일시하시기 위해 '사람의 아들' 곧 '인자'란 표현을 즐겨 사용하신 것입니다. 만일 예수님께서 자기 자신을 가리키실 때 늘 '하나님의 아들……', '하나님의 아들……'라고 하셨다면 어떻게 되겠습니까? 그러면 연약한 인간들이 예수님께 나아오기를 꺼려하고 두려워하였을 것입니다. 그래서 예수님은 자신을 낮추시고 겸손하게 자신을 '인자'라고 불렀던 것입니다. 따라서 이 칭호는 자기를 낮추시고 우리 인간을 긍휼히 여기시는 예수님의 사랑이 들어 있는 표현입니다.

물론 예수님은 하나님의 아들이시기 때문에 인자는 또한 하나님의 아들이십니다. 그뿐만 아니라 인자는 메시아시며 우리의 구원자이시며 주님이십니다. 그러나 이것은 '인자'란 표현의 뜻이 '하나님의 아들'이시며 '메시아'란 의미는 아닙니다. '인자'의 의미 자체는 어디까지나 '사람의 아들' 곧 '사람'입니다. 예를 들어 '아버지'는 회사원이며 남편이며 교회 집사라고 합시다. 그래서 아버지는 회사원이고, 아버지는 남편이고, 아버지는 집사라고 말할 수 있습니다. 그러나 이것은 '아버지'란 단어의 뜻이 곧 '회사원'이거나 '남편'이거나 '집사'란 뜻은 아닙니다. '아버지'란 단어의 뜻은 어디까지나 '나를 낳으신 분'의 의미라고 설명할 수 있습니다. 이와 마찬가지로 '인자'란 말의 뜻 자체는 '사람의 아들'이며 '사람'인데, 예수님께서 이 표현을 자기 자신을 가리킬 때 즐겨 사용하셨습니다. 그래서 신약성경에서 예수님이 사용하신 '인자'는 그리스도이시며, 하나님의 아들이시며, 우리의 구주시며, 다시 오실 자라고 말할 수 있는 것입니다.

이에 반해 '하나님의 아들'이란 표현은 예수님의 신성을 나타낼 때 많이 사용되는 표현입니다. 이것은 예수님의 본질을 잘 나타내는 표현인데, 사람들이 예수님이 누구인지를 깨닫고 믿게 될 때 고백하는 말입니다. 그래서 예수님은 자기를 낮추시고 이 세상에 오셨지만 사람들이 예수님을 알고 믿게 될 때 그를 '하나님의 아들'이라고 고백하는 것입니다.

오늘날 교회에서도 목사가 자기 자신을 자꾸만 '주의 종'이라고 하고 '목사님'이라고 한다면 좀 곤란하겠지요? 그러나 목사가 자기를 낮추어서 '저는……' 또는 '소자는……'이라고 말하면서 겸손히 섬길 때, 성도들이 그 모습을 보고서 감동을 해서 "우리 교회 목사님은 참된 주의 종입니다."라고 고백하게 되는 것입니다. 그런데 그렇다고 해서 '저'의 뜻이 '주의 종'인 것은 아닙니다. '저'의 뜻은 원래는 3인칭인데(영어의 that man)인데 자기 자신을 낮추어 말할 때 1인칭 대신에 사용되고 있습니다(정확하게 말하면 '나'가 1인칭 대명사이고 '저'는 3인칭인데, 오늘날 많은 사람이 '저'가 원래부터 1인칭인 줄로 알고 있습니다). '소자'도 원래는 '작은 사람'이란 뜻인데 자기를 낮추어 말할 때 1인칭 대신에 많이 사용되었습니다. 옛날의 '과인'도 마찬가지입니다.

그런데 오늘날에는 '인자'의 의미를 오해하여 '하나님의 아들'이라고 말하는 사람들이 많이 있는데, 이것은 큰 오해이며 예수님의 낮아지심과 우리 인간을 긍휼히 여기시는 마음을 무시한 것입니다.

〈2〉두 번째 '인자'는 어질 인(仁)에 자비로울 자(慈) 자를 쓰며, 1번 질문의 '인자'와는 전혀 다른 단어입니다. 한자를 써야 하는데 요즈음 한자를 쓰지 않으니 참 문제입니다. 히브리어로는 '헤세드'인데, 우리 인간에게 베풀어 주시는 하나님의 선하심, 은혜, 자비를 말합니다. 신약에서는 일반적으로 '은혜'(카리스)란 단어가 많이 사용됩니다. 주의 인자하심 곧 하나님의 은혜와 자비가 생명보다 더 귀하다는 의미입니다. 그만큼 하나님의 은혜가 중요하고, 하나님의 은혜가 없이는 우리가 살 수 없다는 것을 고백한 것입니다.

_ 변종길 교수

질문 : "세례 요한이 광야에 이르러 죄 사함을 받게 하는 회개의 세례를 전파하니"(막 1:4)를 보면, 세례는 회개의 세례임을 알 수 있습니다. 근데 그 뒤에 예수님께서 세례 요한으로부터 세례를 받으십니다(1:9). 예수님께서는 죄가 없으신데(히 4:15) 세례 요한으로부터 세례를 받으신 이유는 무엇입니까? 메시아적 의식의 탄생기, 인격과 사역을 명료하게 밝히고 확증하는 역할, 이스라엘과 세례 요한에게 자신을 알림, 활동을 시작하는 표적이나 활동력을 제공 등으로 주장하는 학자들의 의견을 보았는데요, 죄가 없으신 예수님께서 세례 요한에게 세례를 받으신 이유는 무엇입니까?

답변 : 이 문제는 간단한 것 같지만 간단하지가 않습니다. 질문자가 잘 지적하신 것처럼 예수님은 죄가 없으신데 왜 세례를 받으셔야만 했던 것일까요? 죄 없으신 예수님, 하나님의 아들이신 예수님은 사실 세례를 받으실 필요가 없으셨습니다. 그래서 세례 요한이 예수님이 자기에게 나아와 세례를 받으시려고 할 때 극구 말렸던 것입니다(마 3:14). 여기 '말렸다'는 단어의 원어를 보면 미완료 시상으로서 한 번만이 아니라 여러 번 말렸다는 것을 알 수 있습니다. 그럼에도 불구하고 예수님은 자기의 뜻을 굽히지 아니하시고 "우리가 이와 같이 하여 모든 의를 이루는 것이 합당하니라."고 말씀하셨습니다(마 3:15).

예수님께서 세례 요한에 의해 세례를 받으시는 것이 옳다, 그래서 모든 의를 이루는 것이 옳다고 하셨습니다. 그러자 세례 요한은 마침내 예수님에게 세례를 베풀게 되었습니다. 예수님이 세례받으시는 것이 왜 옳은지에 대해서는 더는 성경에 설명이 없기 때문에 우리는 그저 추측해 보는 수밖에 없습니다.

첫째로 생각해 볼 수 있는 것은 예수님께서 우리를 대신해서 세례 받으셨다는 것인데, 그러나 이것은 문제가 많습니다. 예수님께서 우리를 대신해서 십자가를 지시고 형벌을 대신 받으셨다는 것은 옳지만, 그러나 우리가 받아야 할 세례를 대신 받으셨다는 것은 납득하기 어렵습니다. 왜냐하면 회개와 믿음, 세례는 각자 개개인이 해야 할 일이며 다른 사람이 대신해 줄 수 있는 일이 아니기 때문입니다. 물론 성령의 도움과 역사로 행하지만, 행하는 사람은 여전히 개개인 자신이지 다른 사람이 대신해 줄 수 있는 일이 아닙니다. 예수님이 우리 죄를 대신 짊어지시고 대신 형벌 받아 주셨지만, 그렇다고 우리 대신 믿어 주시는 것은 아닙니다. 회개와 믿음은 성령의 역사로 우리 자신, 각자 개개인이 해야 하는 일입니다. 이런 점에서 세례도 각자 개개인이 받아야 하는 것이라 할 수 있습니다.

그래서 둘째로 생각할 수 있는 것은 예수님께서 자신을 자기 백성과 동일시하셨다는 것입니다. 이스라엘 백성이 회개하고 세례를 받고 있는데, 죄 없는 예수님이 이 땅에 오셔서 자기를 낮추시고 자신을 자기 백성과 동일시하셔서 자기 백성이 세례받으시는 그 자리에 서신 것입니다. 물론 죄는 없으셨으며 따라서 자기 죄를 회개하는 것도 없었습니다. 하지만 예수님은 자기 백성의 죄를 생각하시고, 자기 백성이 받아야 하는 죽음(물에 잠기는 것은 죽음을 의미)과 새 생명(물에서 올라오는 것은 하나님을 향하여 사는 것을 의미)을 체험하시고, 자기 백성과 같은 자리에 서셨던 것입니다. 화란의 개혁주의 주석가인 판 레이우원(C. van Leeuwen)의 설명도 이와 같습니다. "우리는 여기서 예수의 메시아 의식의 행동과 메시아 의식의 결과를 인정해야만 한다. 즉, 자기 자신을 위해서가 아니라, 곧 자기 자신이 죄 사함을 얻게 하는 세례를 필요로 했기 때문이 아니라, 자신을 자기 백성과 하나로 여기고, 그들의 심판과 죽음에 들어가면서 이 세례를 받는다. 동시에 그는 이로써 세례 요한의 선지자적 부름을 인정하며, 또한 오실 자에 대한 그의 증거를 인정한다."(Marcus, 35)

_ 변종길 교수

Q 질문 : 요즘 다음과 같은 기사가 SNS에서 회람되고 있습니다. "통상 사람의 유전체(genome)는 46개의 염색체로 구성된다. 46개의 염색체는 22쌍의 상염색체와 1쌍의 성염색체로 구성된다. 성염색체는 XY(남성), XX(여성) 등 성을 구별하는 염색체이다. 그러나 세계적인 다큐멘터리 방송 매체인 '내셔널 지오그래픽 채널(National Geographic Channel)이 2013년 4월 스페인 오비에도 성당에 보관된 '예수의 얼굴 수건'(Sudarium of Oviedo. 사진 위)에 묻어 있는 피를 전문연구소에 의뢰해 DNA를 분석한 결과 혈액형이 AB형이라는 것과 함께 모친 쪽으로부터 이어받은 22개 염색체와 남성 염색체(Y) 1개 등 23개만이 추출된 것으로 밝혀졌다."(http://m.blog.naver.com/6677sky/100195681179)

예수님의 얼굴을 가린 수건이라고 하는 이 수건이나, 이 글에서 말하는 혈액형 및 DNA 염색체 숫자 등에 대하여 어떻게 받아들여야 하는지 알고 싶습니다. 신학자 및 과학자들께서 답변해 주신다면 확산해 가는 이런 자료에 대한 분명한 견해를 지닐 수 있겠습니다.

A 답변 : 저는 하나님께서 성경 말씀을 통해 주신 메시지와 피조 세계에 나타난 메시지가 서로 모순되지 않는다고 믿습니다. 인간 염색체의 반만 있는 염색체만이 존재하는 피를 예수님의 피라고

주장하는 것은 성경적이지도 않고 과학적이지도 않다고 생각합니다. 예수님께서 완전한 인간으로 오셨다는 것은 육체적으로도 완전한 인간으로 오신 것이라고 해석해야 한다고 믿습니다. 염색체가 반밖에 없는 인간은 육체적으로 완전한 인간이 될 수 없습니다. 비디오에서 주장하는 실험 결과가 사실이라고 해도, 실험 자체에 문제가 있거나, 오래전의 혈액이라 염색체가 온전히 남아 있지 않은 것으로 생각합니다.

_ 이은일 교수

Q **질문 :** 예수께서 십자가에 달려 그 영혼이 떠나갈 때 성소 휘장이 찢어졌다는 의미와 휘장이 둘이 됐다는(마 27:51; 막 15:38; 눅 23:45) 의미는 무엇인가요?

A **답변 :** 예수님이 돌아가셨을 때 성소의 휘장이 찢어졌다는 것은 이제 예수님의 육체를 통하여 하나님께로 나아가는 새롭고 산 길이 열렸다는 의미입니다(히 10:20). 곧 전에는 오직 대제사장만이 일 년에 한 차례만, 그것도 수송아지와 숫염소의 피를 가지고 지성소에 들어갈 수 있었지만 이제부터는 누구든지 예수님의 피를 힘입어 하나님의 보좌 앞에 담대히 나아갈 수 있게 된 것입니다. 그래서 오늘날 우리는 신부나 목사를 통해서 하나님께 나아가는 것이 아니라 직접 예수님의 이름으로 하나님께 나아가 기도할 수 있습니다. 또는 우리가 마리아나 성자들을 통해 예수님께 부탁해서 하나님께 나아가는 것이 아니라, 그런 중간 과정을 거치지 않고 직접 하나님께 나아갈 수 있게 되었습니다. 그런 의미에서 오늘날 그리스도인들을 만인제사장이라고 하는 것이지요. 이것이 바로 예수님께서 십자가에서 죽으심으로 이루신 공로입니다. 따라서 우리는 비록 약하고 부족함이 많지만, 도무지 하나님께 나아갈 자격이 없지만, 예수님을 힘입어 담대히 은혜의 보좌 앞에 나아가야 하는 것입니다(히 4:16).

그리고 예수님이 죽으셨을 때 찢어진 성소의 휘장은 성소와 지성소 사이를 가로막는 커튼인데, 둘째 휘장이라고도 합니다(히 9:3). 왜냐하면 성소에 들어갈 때에도 휘장이 있는데 그것을 첫째 휘장이라고 부르기 때문입니다. 이 둘째 휘장이 "위로부터 아래까지 찢어져 둘이 되었다"고 하는데(마 27:51), 이것은 사람의 손으로 찢은 것이 아니라 하나님이 찢으셨다는 것을 의미합니다. 성소의 휘장은 높이가 약 15m쯤 되어 상당히 높아서 사람이 서서 찢을 수 있는 것이 아닙니다. 위에서부터 찢어졌다는 것은 곧 하나님이 친히 찢으셨다는 것을 의미하지요. 이로써 대제사장의 역할과 구약의 제사제도는 끝이 나고 이제부터는 예수님을 통해 '산 제사'를 드리게 된 것입니다(롬 12:1). 따라서 오늘날 교회당을 성전이라 부르는 것은 잘못임을 알 수 있습니다.

_ **변종길 교수**

009. '성령님이 하나님의 임하심을 나타내는 천사'라는 말 옳은가?

Q **질문 :** 어느 단체의 지도자가 '성령의 임하심에 대한 열린 마음'이라는 소주제로 쓴 글에서 다음과 같은 말을 했습니다. "성령 세례를 통해 성령의 임하심를 뜻하는 능력은 성령 세례의 약속된 결과다(행 1:8; 2:1~4). 성령은 하나님의 임하심을 나타내는 천사 또는 사자다(사 61:11)." 여기서 "성령은 하나님의 임하심을 나타내는 천사"라고 하는 설명은 맞는 말인가요?

A **답변 :** 성령님을 천사라고 말하거나 성령님을 하나님의 능력으로 표현하는 것도 있을 수 없는 일로서, 성령님의 인격성을 명백히 하지 않고 사용하면 심각한 오해를 가져올 수 있는 표현입니다. 성령님과 관련해서도 항상 성령님께서 하나님이심을 분명히 하는 표현을 써야 합니다. 더 나아가서 우리 안에 계시며 우리가 그 안에 있는 성령님께 늘 순종하는 것이 필요합니다. 성령님은 우리가 이용하는 능력이 아니고, 우리가 순종해야 하는 삼위 하나님이십니다. 항상 이 점을 분명히 하면서 표현하고, 성령님께 순종하면서 살았으면 합니다.

_ **이승구 교수**

010. '기름 부음'의 성경적 의미는?

질문 : 요즘 들어 종종 "성령님, 기름 부어 주소서!"라는 말을 듣게 됩니다. 기름 부으심에 대해서 성경대로 알고 싶습니다. 그리고 더 나아가서 이 '기름 부으심'이 구약에서 사용되는 기름 부음과 신약의 기름 부음과 연관이 있는지 알고 싶습니다.

답변 : 구약성경에서는 특수한 기름을 만들어서, 왕, 제사장, 선지자에게 부었지요. 출애굽기 40장 15절에서 "그 아버지에게 기름을 부음 같이 그들에게도 부어서 그들이 내게 제사장의 직분을 행하게 하라 그들이 기름 부음을 받았은즉 대대로 영영히 제사장이 되리라"고 했습니다. 이 기름은 다섯 가지를 넣어서 만들되, 함부로 만들지 못하게 했고, 함부로 사용하지도 못하게 했지요. 구약성경에서 기름 부음의 모습을 하나님의 축복으로 표현한 곳은 다음과 같습니다. "머리에 있는 보배로운 기름이 수염 곧 아론의 수염에 흘러서 그의 옷깃까지 내림 같고"(시 133:2). 그러나 신약 시대에 오면, 예수님이 요단 강에서 세례 요한에게 세례를 받으시고 나오실 때, 하늘에서 성령의 강림으로 그 기름 부음을 구체화하였습니다. 기름 부음이 무엇을 의미하는지를 분명히 드러내 주신 것입니다. 그래서 성령의 감동과 감화, 그리고 성령의 은사들을 주옵소서라고 기도하면서 나아가게 되는 것입니다.

_ 김재성 교수

Q **질문** : 〈1〉 세례는 원래 성경에 있지 않은 말이고, 과거에 침례와 세례 문제로 순교한 사람들도 많이 있다고 하던데요. 세례라는 말과 약식의 세례 절차는 물에 잠기는 침례의 본뜻을 훼손하는 것이고 사탄의 역사라고까지 말하는 사람들이 있습니다. 세례받은 평신도인 저는 이 문제를 어떻게 생각하고 받아들여야 하는지 궁금합니다.

〈2〉 거듭나면 성령님이 제 안에 내주하여 계셔서 성령 충만함만 받으면 된다고 알고 있었는데요, 성령 세례를 따로 받아야 한다고 주장하시는 분들도 있더라고요. 어떤 게 맞는지 궁금합니다.

〈3〉 침례를 받고 성령 세례를 받아야만 구원받고 첫째 부활에 들어갈 수 있다고 주장하는 분들이 있는데 맞는 말인지 궁금합니다.

〈4〉 성령 세례를 받으면 꼭 방언하게 되나요?

〈5〉 강도와 세례 요한은 어떻게 침례도 안 받고 구원받았느냐고 제가 물으니 이 사람들은 침례가 행해지기 전 구약 사람이기 때문에 가능한 것이라고 하더라고요. 그러면 신약에는 십자가에 달린 채 회개한 강도와 같이 죽기 직전에 침례 안 받고 구원받은 사람은 없나요? 그럼 믿음으로 구원받는다는 말의 의미는 무엇인가요?

A **답변** : 질문 〈1〉에 대한 답입니다. 세례는 주님과 함께 죽고 주님과 함께 살아났다는 것을 외적으로 표하는 표와 인침이므

로, 그것이 있는 한 어떤 방식으로 세례를 베풀든지 그것은 중요한 것은 아닙니다. 항상 한 가지 방법만을 절대적으로 주장하는 것은 그것이 참으로 성경적이라는 의도가 분명히 드러나지 않는 한 잘못된 것입니다. 증명의 부담이 강하게 주장하는 쪽에 있는 것입니다.

질문 〈2〉에 대한 답입니다. 본래 가지고 계시던 관념이 옳습니다. 성령 세례를 따로 받아야 하는 것이 아니고 거듭나는 것이 성령 세례입니다.(싱클레어 퍼거슨의『성령』, 존 오웬의『성령론』, 안토니 후크마 등의 책의 보십시오.)

질문 〈3〉에 대한 답입니다. 세례를 구원에 필수적인 것으로 언급하는 것과 성령 세례를 세례 이후의 것으로 언급하는 이들이 잘못된 것입니다.

질문 〈4〉에 대한 답입니다. 그와 같은 것은 성경적 근거가 없는 주장입니다.

질문 〈5〉에 대한 답입니다. 항상 믿음으로 구원받는 것입니다. 구약에는 오실 메시아에 대한 계시를 믿음으로 구원받고, 신약에는 명확히 주어진 메시아와 그의 계시를 믿음으로 구원받는 것입니다.

_ 이승구 교수

012. 왜 지금은 초대 교회 때처럼 기사와 표적이 많지 않고 방언도 다른가?

Q **질문** : 구체적으로 성령의 역사가 나타나기 시작한 것을 오순절 이후로 볼 때, 초대 교회 때로부터 지금까지 시간은 많이 흘렀지만 성령 시대라는 것엔 차이가 없을 텐데요. 왜 지금은 성령의 능력으로 여러 가지 이적과 능력이 그때처럼 많지 않은 것일까요? 물론 그때도 사도들이 그런 일들을 했으니까 수적으로 많은 사람이 했다고는 말할 수 없지만, 앉은 자를 일으키고 보지 못하는 자의 눈을 뜨게 하는 등 아주 확실하고 큰 표적이 되는 일들이 일어났는데, 지금은 그렇게 확실한 표적이 일어나지 않는 것 같아요. 그리고 일반적으로 "어버버 어버버" 하는 것을 교회에서 방언이라고 인정하는 것 같은데, 성경에 묘사된 방언과는 차이가 있는 것 같거든요. 다른 나라의 언어로 자기도 모르게 말한다거나, 자음과 모음의 언어 체계를 갖추고 있는 말들이 확실하게 나온다거나 하는 식으로요. 그런데 교회에선 확실치 않은 발음으로 빠르게 나오는 말들도 방언이라고 하기에 궁금해서 질문합니다.

A **답변** : 그래서 벤자민 워필드 박사가 요즘의 기적들이나 신유 은사들이 가짜라고 아예 책을 한 권 쓰게 되었지요. 신유 은사의 실제를 조사해 보자, 과연 기독교 문서상에서 나타난 기적이나 사도적 신유 은사와 같은 정확한 증거가 있느냐는 말이죠. 초대 교회 시대

를 제외하면 그렇게 놀라운 기적이란 없다는 것입니다. 그래서 그는 결론짓기를 "사도적 은사의 종결이다."라고 강력하게 주장한 것입니다.

미국에서 1905년부터 챨스 파햄이 오순절 방언 운동과 치유 은사 운동을 광범위하게 일으키기 이전에는 그런 것들이 거의 없었습니다. 예를 들면, 1890년대까지 부흥 운동을 주도했던 챨스 스펄전이나, 드와이트 무디의 집회를 보게 되면, 전혀 그런 현상이 나타나지 않습니다. 이런 분들이 복음화 운동을 하고, 전도를 특수하게 성공하게 되었는데요, 물론, 성령의 역사와 권능에 대한 강조는 새롭고도 간절하게 체험됩니다. 하지만 결코 오늘날 일부 교회가 전개하는 은사 운동은 아니었습니다.

성령은 시대마다 하나님의 교회를 일으키고 부흥하게 하십니다. 자각과 갱신을 부어 주시는 것이지요. 하지만 요즘처럼 '예언 운동'이라고 떠들어대는 소위 '신사도 운동'이라고 하는 것은 전혀 성경적 근거가 없습니다. 도리어 성령은 그런 사람들에게서 감추어 버리십니다. 예수 그리스도를 위해서 죽고자 하지 않는데, 어떻게 역사할 수 있겠습니까? 예수 그리스도로만 만족하는 심령이 아닐진대, 어떤 성령이 역사하셔서 사사로운 개인의 미래를 향해서 예언을 주고 격려를 하시겠습니까?

저는 오늘도 성령의 움직임에 민감하지 못하는 문자주의 성경관을 깨트리고 싶은 사람입니다. 하지만 지금 살아서 움직이시는 성령님이 내 마음에 이런 감동을 주셨다, 혹은 내게 이렇게 말씀하신다, 혹은 내게 이렇게 지시하신다, 등등 결과적으로 내가 나타나는 모든 가르침은 가짜라고 생각합니다.

오직 하나님의 영광과 우리 주 예수 그리스도의 복음을 위해서 사용될 때에, 또 그렇게 사용하시고자 하실 때, 바로 그때에 성령님께서 친히 감화·감동하신다고 믿습니다. 하나님은 오늘도 살아계셔서 지금 이 순간에도 그의 말씀 안에서, 그의 영으로 역사하고 일하고 계십니다. 아멘.

_ 김재성 교수

013. 꿈, 환상, 예언 등과 같은 계시적 은사가 오늘날도 가능한가?

질문 : 요엘서 2장 28절을 보면 "그 후에 내가 내 영을 만민에 게 부어 주리니 너희 자녀들이 장래 일을 말할 것이며 너희 늙은이는 꿈을 꾸며 너희 젊은이는 이상을 볼 것이며 그 때에 내가 또 내 영을 남종과 여종에게 부어 줄 것이며"라고 기록되어 있습니다. 그렇다면 이 말씀처럼 오늘날에도 우리가 꿈을 통해 환상을 보고 예언을 하는 것이 가능한 것인지요? 그렇지 않으면 이 말씀을 어떻게 이해하는 것이 올바른 성경 해석인가요?

답변 : 먼저 사도행전 2장 16~18절을 잘 읽어 보시기 바랍니다. "이는 곧 선지자 요엘을 통하여 말씀하신 것이니 일렀으되 하나님이 말씀하시기를 말세에 내가 내 영을 모든 육체에 부어 주리니 너희 자녀들은 예언할 것이요 너희 젊은이들은 환상을 보고 너희 늙은 이들은 꿈을 꾸리라. 그 때에 내가 내 영을 내 남종과 여종들에게 부어 주리니 그들이 예언할 것이요" 이 말씀 바로 앞에 오순절 날에 임한 성령 강림에 관해서 기록되어 있습니다. 다락방에 모인 제자들이 다 성령의 충만함을 받고 성령께서 말하게 하심을 따라 각국의 방언으로 하나님의 큰일을 말합니다. 바대인과 메대인과 엘람인과 또 메소보다미아, 유대와 가바도기아, 본도와 아시아, 브루기아와 밤빌리아, 애굽과 및 구레네에 가까운 리비야 여러 지방에 사는 사람들과 로마로부터 온 나

그네 곧 유대인과 유대교에 들어온 사람들과 그레데인과 아라비아인들이, 제자들이 그들 지역의 언어(방언)로 하나님의 큰 일을 말하는 것을 듣게 되고 어찐 일이냐? 하며 다 놀랍니다. 어떤 이들은 제자들이 새 술에 취했다고 조롱합니다(행 2:1~13). 그러자 사도 베드로가 열한 사도와 같이 서서 이 사건이 어떻게 된 것인지 그들에게 알게 하려고 큰 소리로 설교를 시작합니다(행 2:14~15). 그는 설교에서 요엘서의 예언이 이루어진 것이 바로 오순절 성령 강림 사건이라는 것을 분명히 합니다. 오순절 성령 강림 사건이 바로 정확하게 요엘서의 성취라는 것을 지적하고 있습니다(행 2:16~18). 그래서 오늘날 우리가 이 계시적인 은사들을 받는다고 해서는 안 되는 것입니다.

이것은 이미 오순절 날에 이루어진 것들입니다. 소위 '신사도 운동'을 한다는 자들이 자꾸만 성경의 전체적인 문맥과 상관없이 해석해서 우리도 지금 예언, 환상, 꿈을 꾼다고 부추기고 있으니, 따라가지 마시기 바랍니다.

_ 김재성 교수

질문 : 고린도전서 14장 1절에 예언을 하려고 사모하라는 말씀이 있는데, 구체적으로 이 예언은 어떤 사례를 말하는지 알 수 없습니다. 예언이나 대언은 특별히 하나님께서 주시는 특별한 은총(은사)인 것으로 알고 있는데, 이사야, 아모스, 요엘, 에스겔(대언자) 등등 이런 분들과 같은 예언을 말하는지, 아니면 말세를 살아가는 이 세상 우리가 사모하여 얻을 수 있는 은사인지, 바울이 말하는 예언은 과연 어떤 것인지 궁금합니다.

답변 : 신약성경에서 '예언'(propheteia)은 어원적으로 '앞에서 말하는 것'이란 뜻을 가지고 있는데, 이것은 하나님 앞에서 말하는 것 곧 하나님의 말씀을 대언한다는 의미입니다. 따라서 꼭 미래의 일을 미리 말한다는 뜻보다도 하나님의 말씀을 사람들에게 전한다는 의미가 강합니다. 구약의 선지자들이 하나님의 말씀을 전했던 것과 같은 것입니다.

그런데 하나님의 말씀에는 과거와 현재와 미래의 일이 다 들어 있습니다. 지나간 출애굽의 사건이나 역사적 사건들을 가지고 말씀하시기도 하고, 현재의 상황을 가지고 말씀하시기도 하고, 또 미래의 일들을 말씀하시기도 합니다. 그러나 그 핵심은 하나님의 뜻을 전달하고 사람들로 하여금 회개하고 하나님께로 돌아오며 하나님 앞에 올바른 삶을 살게 하는 것이며, 단지 미래의 일들에 대해 점쟁이처럼 예언하는 것은 아닙니다. 또는 단지 호기심을 만족하게 해 주려고 미래에 어떤 일들이 일어나리라는 것을 말하는 데 있지도 않습니다. 중요한 것은 사람들이 하나님 앞에 바로 서서 올바른 삶을 사는 것입니다.

고린도전서 14장에서 '예언'은 특별한 은사 가운데 하나로 나옵니다. 초대 교회에는 예언하는 자들 곧 선지자들이 많이 있었는데 이들의 정확한 모습은 알기 힘듭니다. 에베소 2장 20절에는 사도들과 선지자들이 교회의 터가 되었다고 합니다. 그래서 하나님의 말씀을 전하는 자 곧 설교자로 이해되기도 하지만 또한 미래의 일을 예언하는 아가보와 같은 선지자도 있었습니다(행 11:28; 21:10~11).

어쨌든 특별한 은사로서 예언의 은사는 신약성경의 완성과 더불어 종결되었다고 보아야 합니다. 신약성경이 완성된 후에는 그 말씀을 풀어 전함으로 하나님의 말씀을 대언하게 됩니다. 그리고 그 말씀 중에는 미래에 관한 내용도 있습니다. 예수님의 재림과 세상의 종말, 심판과 부활 등은 다 미래에 관한 일들인데 성경에 들어 있는 내용입니다. 그런 점에서 우리는 미래의 일을 말한다고 할 수 있습니다. 그러나 꿈이나 환상이나 음성이나 이런 것들을 통해 무슨 계시를 받는다는 것을 우리는 인정하지 않습니다. 계시가 계속된다면 성경의 충족성과 종결성이 부정되기 때문입니다. 실제로 2세기의 몬타누스주의자들은 '새 계시'를 주장하다가 이단에 빠졌습니다. 오늘날 이단들도 대부분 성경 외의 직통 계시를 주장하는 잘못을 범하고 있습니다.

따라서 오늘날 우리는 (점쟁이 예언과 같은) 예언의 은사를 구하면 안 되고, 주어진 하나님의 말씀을 잘 알고 이해하도록 해야 합니다.

이를 위해서는 성령의 조명이 필요합니다. 따라서 오늘날 우리가 구해야 할 것은 성령의 조명, 인도하심이며 성령의 계시가 아닙니다. 하나님의 말씀이 우리 발의 등이요 길의 빛입니다(시 119:105).

_ 변종길 교수

Q 질문 : ⟨1⟩ 고린도전서 12장 1절에 '신령한 것'에 대해 알길 원한다고 바울이 고린도교인들에게 이야기하는데 여기서 말하는 신령한 것이라는 것은 무엇인가요?

⟨2⟩ 고린도전서 12장 31절에 '더욱 큰 은사'라고 하는데 영어로 보니 'higher'라는 단어를 씁니다. 이러한 단어의 뜻은 더 높은 은사, 즉 위계질서가 있다는 말처럼 들립니다. 그렇다면 고린도전서 12장 28~29절에서 이야기하는 사도, 선지자, 교사 등등의 순서대로 은사가 더 큰 것인지요?

A 답변 : ⟨1⟩ 고린도전서 12장 1절의 '신령한 것'은 정확하게 번역하면 '영적인 것들'이 됩니다. 12장 전체의 문맥을 보면 이것은 성령의 은사들을 가리킴을 알 수 있습니다.

⟨2⟩ 고린도전서 12장 31절의 '더욱 큰 은사'는 직역하면 '더 큰 은사들'이 됩니다. 복수임에 주의할 필요가 있습니다. 그리고 '더 크다'는 것은 '더 높다'로 번역할 수도 있습니다. 그래서 은사 중에도 낮은 은사와 높은 은사가 있는 것처럼 생각될 수 있습니다. 그러나 모든 은사를 높고 낮은 것으로 자리매김하는 것은 사도 바울의 의도가 아니었다고 생각됩니다. 다만 고린도교회가 방언 은사를 매우 높게 생각하고 강조했기 때문에 그런 것은 아니며 그것보다 더 큰(더 높은) 은사들

을 사모하라고 한 것입니다. 더 큰 은사의 한 예로 바울은 '예언'을 들고 있는데(14:1), 그 외에 또 어떤 은사들이 방언보다 더 큰(더 높은) 은사에 속하는지는 말하지 않습니다. 또 그렇게 위계질서를 세우는 것이 사도 바울의 목적도 아닙니다. 다만 방언은 고린도교회가 생각하는 것처럼 그렇게 높은 은사가 아니며 그보다 더 중요하고 높은 은사들이 있다는 의미에서 말한 것입니다.

_ 변종길 교수

Q **질문** : 하나님의 속성 중에 무소부재, 또는 편재하시는 속성이 있는 것으로 알고 있습니다. 성부 하나님도 편재하시고, 예수님도 육체로는 이 땅에 계셨지만 부활 승천하신 이후는 하나님 보좌 우편에 계시므로 신성은 편재하시고, 성령님도 무소부재하시고 편재하신다고 알고 있는데요, 그렇다면 궁금한 것은 편재해 있지만 기점이 있을 것이라는 생각이 듭니다. 성부 하나님과 예수님과 성령님의 편재하시는 기점은 어디로 보아야 하는지, 그리고 만일 기점이라는 개념이 성립된다면, 혹시 오순절 성령 강림 사건 이후 성령님의 편재의 기점이, 예수님이 이 땅에 오신 것처럼 이 땅으로 옮겨진 것으로 보는 견해는 가능한 것인지 궁금합니다.

A **답변** : 좋은 질문 주셨습니다. 다음의 두 가지 측면을 구별하지 않기 때문에 많은 성도가 오해하며 혼동하는 것을 잘 드러내주신 질문입니다. 하나는 하나님의 존재론적인 측면이고, 또 하나는 윤리 · 종교적 측면입니다. 이를 잘 구별하셔야 합니다.

'존재론적'으로는 삼위 하나님은 어디에나 다 계십니다. 안 계신 곳이 없는 것이지요. 성부, 성자, 성령의 삼위일체 하나님께서는 존재론적으로는 온 세상에 편재하셔서 온 세상을 가득 채우시며, 그것의 존재를 가능하게 하며 계십니다. 그러므로 존재론적 측면에서는 하나님이 오시며 가시는 것이 아닙니다. 하나님은 어디에나 항상 계시는 것이지요. 그러므로 기점이 있을 수 없습니다. 존재론적으로 삼위일체 하나님께서는 '하늘'에 계신 것과 같이 항상 하나님께서 창조하신 이 세상에 계십니다.

그러나 '윤리·종교적' 의미에서는 하나님께서 구속하신 그의 백성들과만 함께하십니다. 이것의 한 부분이 성령님의 내주하심입니다. 성령님은 윤리·종교적으로는 믿는 사람들 안에만 내주하십니다. 이를 위해서 성령님께서 교회 공동체에 임하여 오신 것이 오순절 성령 강림 사건입니다. 오순절 날에 임하셨던 성령님께서 구속 받은 성도들인 교회 공동체 안에 계시는 것입니다. 이 점에서는 '하늘'에서 오신 것이라고 할 수 있지요.

존재론적으로는 믿지 않는 사람들과도 함께 하시지만 윤리·종교적으로는 구속된 백성들과만 함께하시는 것입니다. 이 두 가지를 분명히 구별해 주시기 바랍니다.

_ 이승구 교수

Q **질문 :** 성경에는 '삼위일체'라는 단어가 등장하지 않지만 정통 교회에서는 이 '삼위일체론'을 고백하고 있습니다. 그렇다면, 그 이유가 무엇이며, 또 이와 유사하게 성경 가운데 해당 단어나 표현은 없지만 성도가 반드시 고백해야 하는 것들이 있다면 어떤 것들이 있는지도 질문 드립니다.

A **답변 :** 개혁교회의 중요한 신앙고백문서들 가운데 하나인 『하이델베르크교리문답』, 주의 날(Lord's Day) 8의 제24, 25문답은 삼위 하나님에 관한 보편적인 신앙에 대하여 묻고 답하는 부분입니다. 제25문답의 내용을 우선 참조하신다면 궁금증이 풀릴 것 같습니다.

"제25문: 오직 한 분 하나님만이 계시는데(신 6:4; 사 44:6; 45:5; 고전 8:4, 6), 왜 성부, 성자, 성령 세 위격을 말합니까?

답: 왜냐하면 하나님께서 자신을 그분의 말씀에서(창 1:2, 3; 사 61:1; 63:8~10; 마 3:16, 17; 28:18~19; 눅 4:18; 요 14:26; 15:26; 고후 13:14; 갈 4:6; 딛 3:5~6) 이 세 구별되는 위격들이 하나이며 참되고 영원한 하나님이라고 계시하기 때문입니다."

그러나 많은 크리스천이 하나님은 한 분이므로 '성부=성자, 성자=성령, 성령=성부'라고 잘못 생각하고 있지만, 삼위(三位)는 서로 구별됩니다. 『벨직신앙고백서』에서는 다음과 같이 가르칩니다. "아버지는 아들이 아니며, 아들은 아버지가 아니고, 그런 것처럼 성령님도 아버지 이거나 아들이 아닌 것이 분명하다. 삼위는 나뉘거나 융합되거나 혼합 되는 것이 아니다."

『웨스트민스터 신앙고백서』 제2장에는 다음과 같이 기록되어 있습니다: "하나님의 본체는 하나이시나 삼위로 계신다. 본질과 권능과 영광이 동일하신 성부 하나님, 성자 하나님, 성령 하나님이시다."

그러므로 우리는 '삼위일체'라는 술어(術語)가 성경에는 나타나지 않지만[2] 삼위일체 하나님이 계시며 각 위는 서로 구별된다는 것을 알아야 하겠습니다. 그래서 터툴리안이 이 술어를 처음 사용한 이후로 기독교는 삼위일체라는 술어를 사용해 오는 것입니다.

_ 최병규 박사

---

2) 처음으로 '트리니타스'(trinitas)라는 술어를 사용한 신학자는 서방신학의 아버지라고 불리는 터툴리안입니다.

Q **질문** : 초대 교회 성도들도 삼위일체 교리를 알고서 하나님을 섬겼나요?

A **답변** : 다른 대답 속에서 시사되었지만 성경에서는 하나님께서 삼위로 계시면서 한 하나님이심을 말하는 곳이 많이 있습니다. 제일 좋은 방식은 신약에서 예수님과 성령님과 성부 하나님의 관계를 생각해 보는 것입니다.

성경의 모든 가르침을 잘 종합하면 성자와 성부와 성령은 구별된 위격들(persons)이십니다. 그래서 서로 관계를 가지시지요. 그런데 이 삼위가 한 하나님이십니다. 이는 그 본질이 다 같다는(homoousios) 뜻과 함께, 삼위가 숫자적으로 하나시라고 말합니다.

그래서 아주 독특한 하나님의 존재 방식이 있는 것이고, 이를 터툴리안(A.D. 150-220) 때부터 삼위일체라는 용어로 불러 온 것입니다. 이 용어는 없어도 그 개념은 있었기에 하나님은 처음부터 삼위일체이셨으며, 신약 교회는 처음부터 삼위일체 하나님을 믿어 온 것입니다.

구약에도 삼위의 구별성과 일체성을 지시하는 계시가 있지요. 그러므로 우리들은 신구약의 가르침을 따라 우리가 섬기는 하나님을 삼위로 계시나 한 분이신 하나님으로 고백하는 것입니다. 이를 후에 삼위일체라고 해 온 것이지요.

이처럼 성경의 가르침을 명확히 하기 위해 교회 안에서 나타난 많은 용어가 있습니다. 별문제가 없는 한 선배들이 사용한 이런 용어들을 따라 사용하는 것이 좋습니다. 그런 용어들로 행위 언약, 은혜 언약, 구속 언약 등의 용어들, 천년설이라는 용어, 정확무오라는 용어, 조명이라는 용어, 이분설이라는 용어, 직접 거가라는 용어 등 수 많은 용어가 있습니다.

_ 이승구 교수

019. 삼위일체를 양태론으로 설명하면 왜 잘못인가?

Q **질문** : 삼위일체에 대한 설명을 양태론으로 하면 안 된다고 들었는데요. 역할을 가지고 설명하는 것에 대해서는 이해가 잘 안 돼서요. 만약 사람이 한 명 있으면 가정에서는 아버지, 직장에서는 누군가의 상사 등 한 명의 역할이 달라지는 것으로 설명하는 것도 양태론에 속하므로 안 된다고 들었어요. 근데 이 설명이 왜 부적절한 것인가요?

그리고 삼위일체에서 '위' 가 무슨 뜻인가요? 크리스천Q&A 답변 중에서 영어 설명해 주신 것을 보니까 '삼위' 는 three person이던데. 위는 '누군가를 지칭' 하는 의미인가요?

A **답변** : 하나님의 존재를 설명하고자 할 때에, 먼저 하나님에 대한 지식 혹은 하나님을 아는 지식의 특성을 이해해야만 합니다.

하나님은 사람의 연구 대상이 아닙니다. 왜냐면 태초에 하나님이 천지를 지으셨다고 하셨고, 더는 하나님이 누구이신가에 대해서는 아무런 말씀이 없습니다. 그리고 하나님을 체험하고 경험하는 이야기들을 통해서 알려 주시고 계십니다. 하나님의 존재적인 특성들은 성경에 계시되어진 것 안에서만 이해하려고 해야 한다는 말이지요.

질문하신 양태론이라는 말은 modalism이라는 영어를 번역한 단어인데, '삼위란 하나님의 세 형태'라는 개념입니다. 기능적 양태론이 있고, 역동적 양태론이 있습니다. 귀하께서 질문하신 것은 기능적 양태론에 대한 것입니다. 한 사람이 세 가지 기능, 혹은 모습을 하듯이 하나님께서도 그리하신다고 말한다면, 하나님의 존재적 특성을 왜곡하게 됩니다. 성부, 성자, 성령은 동시적으로 함께 임하시는 분이십니다. 어떤 때에만 성부 하나님의 모습으로 혹은 성부 하나님의 역할을 하시고, 어떤 경우에는 성자 예수님의 모습이나 기능을 하시는 것이 아닙니다. 그 하나님이 어떤 때는 성령님으로 역할을 하는 것이 결코 아닙니다. 따라서 양태론적 삼위일체론은 사용하지 말아야 합니다.

항상 동시에 세 위격을 가지고 계신 한 분 하나님께서 역사하시고 있습니다. 위격이라는 말은 품위, 품격, 인격, 성격 등으로도 다시 재해석될 수 있습니다.

대단히 어려운 사색입니다. 부디 한두 마디로 되지 않는 주제이니만큼, 우선 쉽게 쓴 책으로 밀라드 에릭슨, 『복음주의 조직신학』을 추천해 드립니다.

_ 김재성 교수

Q 질문 : 『기독교강요』를 보다가 삼위일체에 대해 칼빈이 설명하는 이런 내용을 읽게 되었습니다. "영원 속에서는 전과 후를 찾을 수가 없지만, 그럼에도 불구하고 삼위 하나님의 순서를 살피는 것이 전혀 무의미하다거나 쓸데없는 것이 아니므로, 성부를 먼저 생각하고, 그다음에 그에게서 성자가 나신 것으로 생각하며, 그리고 마지막으로 그 두 분에게서 성령이 나오시는 것으로 생각하는 것이다"(기독교강요, 1-13-18). 이와 같은 칼빈의 삼위일체에 관한 설명이 '성자 종속설'과 다를 것이 무엇입니까? 그리스도가 창조되었다는 것을 빼면, 성자 종속설과 다를 것이 없어 보여서요. 성부가 먼저 있었고, 성자가 그 이후에 성부로부터 탄생하셨으며, 성부를 가장 먼저로 보는 것이 비슷해 보입니다. '성자 종속설'과 위에서 언급한 칼빈의 삼위일체에 대한 성부, 성자, 성령에 대한 서술의 다른 점은 무엇입니까?

A 답변 : 칼빈의 삼위일체론은 종속설이 아닙니다. 말하자면 출생시킴과 출생의 '논리적 순서'인데, 이것 자체는 종속이 아니라, 삼위 간의 협의에 따른 결의를 말합니다. 즉 태어남과 파송 받음이 인간적으로 보면 열등하고 따라서 성자의 종속이라 오해할 수 있지만, 동등(호모우시오스)에 기초한 협의와 실행에는 종속이 없습니다.

_ 유해무 교수

021. '종말의 때를 성부 하나님만 아신다' 는 말씀을 삼위일체 하나님의 관계에서 어떻게 이해해야 할까?

질문 : 예수님께서 말씀하시기를, 종말의 때('그 날과 그 때')는 아버지만 아신다고 하셨습니다. "그 날과 그 때는 아무도 모르나니 하늘에 있는 천사들도 아들도 모르고 아버지만 아시느니라"(막 13:32). 그러면 이 말씀은 성자 예수님과 성령님은 모른다는 말씀이었나요? 만약 그렇다면 그것은 삼위일체 관계에서 어떻게 이해해야 하나요? 삼위일체 하나님의 각 위는 서로서로 다 알고 계시지 않나요?

답변 : 예수님께서 그 날과 그 때는 아무도 모른다고 하신 것은 신성으로 모르신다고 하신 것이 아님을 명심해야 합니다. 신성으로는 전지하십니다. 그러므로 인성으로는 '그것은 내 알 바 아니다. 그것은 성부 하나님의 고유 권한이다.' 라고 선언하신 것입니다. 그것이 예수님의 독특한 존재 방식의 신비입니다. 그러므로 이 세상의 그 누구라도 그 날과 그 때를 알 수 있는 것처럼 하는 것은 자신이 불신자임을 선언하는 것이니, 주님의 말씀을 믿지 않는 것이기 때문입니다. 항상 주의 말씀을 그대로 받아들이려고 하면 문제가 생기지 않습니다.

_ 이승구 교수

Q 질문 : 인간은 자신의 주위에서 일어나는 일들을 보면서 어디
까지가 하나님의 뜻이고 어디까지가 인간의 자유의지에 의해
서 일어난 일인지 알 수 있을까요? 인간의 자유의지로 일어난 일이 하
나님의 뜻 안에 있다고 이해해야 하나요? 그렇다면 인간이 자유의지를
발동하여 'A를 해야겠다.'라고 계획했던 것을 '아니지, B를 해야겠
다.'라고 바꿔서 행동하더라도 그것까지 모두 하나님의 뜻 안에 있다고
이해해야 할까요?

질문이 굉장히 난잡하고 두서없는 것을 이해해 주세요. 항상 머릿
속에 생각해 오던 질문인데 막상 글로 표현하고자 하니 너무 어렵습니
다.

결론적으로 제 질문은 "인간이 하는 일에서 어디까지가 하나님의
뜻이고 어디까지가 인간의 자유의지에 의한 일인지 알 수 있는가?"입
니다. 만약 이 질문에 대한 답변이 아니어도 하나님의 뜻이나 계획, 섭
리와 인간의 자유의지와 사건, 인간의 역사 등에 관해 제가 말씀드린
것과 연관해서 해 주실 수 있는 말씀이 있으시다면, 꼭 부탁드립니다.

A 답변 : 우선 '자유의지'라는 단어에 대해서 정확한 개념이 필
요합니다. 타락 이전에 에덴동산에 살던 아담과 이브는 자유
의지가 있었습니다. 하나님께서는 사람을 기계로 만들지 않으셨고, 자

신의 형상을 따라서 자율성을 갖고 살도록 창조하셨습니다.

그러나 타락 이후에, 에덴동산에서 추방당한 인간에게는 아담에게 주어졌던 것과 동일한 자유의지란 없습니다. 죽음을 향해서 가도록 규정된 상태에서 살고 있는데, 무슨 자유의지라고 할 수 있을까요? 자유의지에 대해서는 루터와 에라스뮈스가 논쟁을 했는데, 결국 루터는 '노예의지' 밖에 없다고 했습니다. 그래서 요한 칼빈은 인간의 의지는 '전적 부패성'이라는 상태에 놓여 있다고 풀이했습니다.

부패한 인간들에게는 하나님의 은혜로 인해서 살아가는 날 동안에 하나님이 허용하신 재량권, 임의적 결정권이 있습니다. 무슨 옷을 입고, 무엇을 하며, 어떤 일을 하든지, 쉬든지 각자 사람의 판단과 결정을 하나님께서는 허용도 하시고 존중하십니다. 단, 그 결정에 대해서 책임을 물으시되, 의로우신 하나님의 정확한 판단과 판결이 있습니다.

생육하고, 번성하고, 땅을 기경하고, 문화를 창조하는 노력을 기울이고, 의지와 뜻과 꿈을 가지고 결정하도록 허용을 받은 것입니다. 물론, 인간은 하나님의 크신 뜻과 섭리적 통치하에 있습니다. 그래서 각각 개개인을 향하신 하나님의 일반적인 뜻은 정확하게 알 수 있습니다. 성경에 기록된 바를 통해서, 우리 인간이 어떻게 살아야 할 것을 지시했습니다.

그러나 오늘 내가 어디에서 무엇을 해야 하는가는 자신의 책임이요, 동시에 자신의 특권이며, 임의대로 할 수 있도록 하나님께 허용 받았습니다. 단지, 세밀하신 하나님의 안목에서 벗어날 수 없으며, 그 모든 행동이 결국에는 하나님의 뜻을 이루는 도구로 사용됩니다.

우리 인간들이 내일 일을 모르고 살아가는데, 언제 죽을지 모르는 채 생존하고 있는데 무슨 자유의지가 있다는 말입니까? 하나님 앞에서 주어진 기간에만 제한적으로 살 수 있고, 허용을 받아서 살아가는 의존적인 존재입니다. 그럼에도 불구하고 기계가 아니라 인격체로 존중을 받아서 임의대로 살도록 존중해 주십니다.

_ **김재성 교수**

질문 : 범죄 이전 아담의 자유의지가 범죄한 이후에도 남아 있는지와 남아 있다면 어떻게 다른지 답변해 주셨으면 합니다. 그리고 가톨릭과 웨슬리안과 루터와 칼빈의 자유의지(범죄 이후)를 보는 관점이 서로 어떻게 다른지요?

답변 : 자유의지에 대하여 사람들이 혼동하는 가장 큰 이유는 자유의지(free will)와 자유선택(free choice)을 제대로 구분하지 못하기 때문입니다. 자유의지에 관한 한 모든 교파가 동일한 의견을 가지고 있습니다. 자유의지는 인간의 본질이기 때문에 자유의지가 없다는 말은 인간이 아니라는 말입니다. 따라서 타락 이후에도 자유의지는 그대로 남습니다. 문제는 타락 이후에 인간이 자유의지를 가지고 필연적으로 악만을 선택한다는 것입니다. 이것이 개신교 전체 입장이고, 가톨릭은 이것을 부정합니다. 루터파와 웨슬리와 개혁파의 차이는 은혜와 자유의지에 관한 것인데, 개혁파의 경우 불가항력적 은혜를 주장하고 루터파와 웨슬리안은 가항력적 은혜를 주장하는 점에서 차이가 납니다.

_ **이성호 교수**

024. 하나님께서 왜 선악과를 만드셔서 사람으로 죄를 짓게 하셨는가? 죄를 허용하신 것 아닌가?

Q **질문** : 하나님은 완전하신 분이신데, 왜 '선악과'를 만들어서 인간으로 하여금 죄를 짓게 하셨나요?

A **답변** : 의로우신 하나님께서 왜 죄를 허용하셨느냐는 것은 너무 큰 질문입니다. 자세한 논의는 여러 책 중에 폴 헬름의 『하나님의 섭리』(서울: IVP)를 참조해 찬찬히 읽어 주셔요.

한 가지만 말씀드리면, 결국 우리의 인격성을 인정하고 우리의 유익을 위해서 주께서 허용하셨다고 해야 한다는 것입니다. 물론 이를 통해서 필연적으로 무엇을 하시려고 하셨다고 하는 것은 하이퍼 칼빈주의라는 잘못된 사상을 주장하는 것이 됩니다. (하이퍼 칼빈주의는 칼빈주의가 아니고 칼빈주의를 왜곡해서 잘못된 길로 유도해 간 것입니다.)

우리는 하나님의 허용적 작정과 우리의 책임을 모두 인정하면서 생각해야 합니다. 그래야 성경적으로 생각하는 것이 됩니다.

_ **이승구 교수**

Q **질문 :** 인간의 창조와 관련하여 어느 분이 다음과 같이 말씀하셨다는 글을 읽었습니다. "인간이 존엄한 이유는 다른 동물과 다르기 때문이 아닌, 창조주 하나님이 특별하게 만나 주셨기 때문에 특별한 것입니다. 진정한 의미에서 신적 인간으로 거듭나게 된 것으로, 이는 창조 방법의 문제가 아니라는 것을 알 수 있습니다."

제가 생각하기엔 좀 생소하게 들려서요. 과연 이러한 주장에는 문제가 없는지요?

A **답변 1 :** 하나님은 사람을 동물들과는 다르게 지으셨습니다. 곧 "하나님의 형상대로" 지으셨습니다(창 1:27). 하나님의 형상에는 참된 '의'와 '거룩함' 등(엡 4:24) 여러 가지를 생각할 수 있는데, 또한 '영혼'이 있는 존재(창 2:24; 전 3:21)라는 사실도 중요합니다. 따라서 사람은 본질적으로 동물들과 다르며 하나님 앞에 존귀한 자입니다(시 8:4~8). 죄에 빠진 인간을 구원하기 위해 자기의 독생자를 보내어서 죽게 할 만큼 존귀한 존재입니다(요 3:16). 심지어 하나님을 알지 못하고 경배하지 아니하는 사람이라 할지라도 하나님은 여전히 사랑하시며 오래 참으십니다(마 5:45; 롬 2:4). 따라서 우리는 모든 인간을 존엄하게 여겨야 하며 인권을 존중해야 합니다. 그들 모두 다 하나님의 형상대로 지음 받았으며 하나님께서 사랑하시고 오래 참으시기

때문입니다(창 5:1, 3). 이런 맥락에서 우리는 북한에 있는 우리 동포들도 인간답게 살 수 있도록 기도하고 도와야 하며, 또한 그들에게도 복음이 전파되어 하나님께 돌아오도록 기도하고 또 할 수 있는 노력을 해야 합니다. 이것은 남한에 있는 우리 민족도 마찬가지이며 일본 사람들과 중국 사람들과 전세계 모든 사람을 향해서도 마찬가지입니다.

_ 변종길 교수

답변 2: 심각하게 잘못된 견해라고 여겨집니다. 진화론 적으로 인간을 이해하면서 기독교적인 의미는 하나님과의 관계성으로만 이해하려고 하는 잘못된 의미의 관계신학적 이해를 나타내는 분 같습니다. 위험하다고 여겨집니다.

_ 이승구 교수

답변 3: 그분은 칼빈을 비롯한 정통 신학자들의 견해와는 다른 사상을 지닌 것으로 보입니다. 왜냐하면 하나님께서는 창세기 1장 26절에서 볼 수 있듯이 인간을 '하나님의 형상을 따라 하나님의 모양대로' 지으셨기 때문입니다. 인간이 동물들과는 다른 이유는 '하나님께서 인간으로 하여금 다른 동물들을 포함한 이 세상의 모든 것들을 다스리도록 하셨다'는 데서 찾을 수 있습니다(창 1:26). 칼빈 같은 신학자는 이 부분에 대한 주석에서, "하나님께서는 인간을 세상의 주인으로 정하신 것은 사실이다. 하나님께서는 분명히 동물들이 인간에 복종하도록 하셨다"고 했습니다.

_ 최병규 박사

026. 하나님의 작정과 가룟 유다의 배신, 예수님은 왜 가룟 유다의 배신을 방치하셨나?

질문 : 저를 고민에 휩싸이게 하는 인물인 가룟 유다에 관한 질문입니다. '왜 예수님은 많지도 않은 제자 중 하나인 가룟 유다가 자신을 배반하게 방치하였는가?'에 대한 의문이 계속 듭니다. 예수님이 그를 불쌍히 여겼다면 회개하고 구원받을 수 있게 뭔가 다른 조치를 하셨을 것 같은데 그냥 구원사역의 제물로 그를 이용한 것일까요? 두서없지만 답변 부탁드리겠습니다.

답변 : 하나님의 구원계획은 우리가 측량할 수도 없고 헤아릴 수도 없습니다. 그러나 예수님의 제자 중 한 사람이 배반하는 것은 하나님의 뜻이었습니다. 이는 구약성경에 이미 예언된 것입니다(시 41:9; 요 13:18). 이 일에 사용된 사람이 가룟인 유다였습니다. 물론 이것은 하나님이 기뻐하시는 선하신 뜻은 아니었지만 하나님의 깊은 뜻에 속하는 것이었으며 하나님의 구원사역을 위해 필요한 것이었습니다. 예를 들어 TV 드라마에는 착한 주인공만 있는 것이 아니라 악당도 있습니다. 그래서 착한 주인공은 악당의 공격을 받아 많은 어려움을 당하지만 결국 구사일생의 반전을 통해 악당을 물리치고 승리하게 됩니다. 우리는 이런 드라마를 볼 때 긴장하고 손에 땀을 쥐면서 흥미진진하게 보게 됩니다. 그런데 어떤 시청자가 감독에게 "왜 저런 악당을 등장시킵니까? 그냥 다 착한 사람 되게 하면 안 되나요?"라고 항의할 수

도 있지만 감독의 생각은 다릅니다. 감독은 자신의 깊은 생각을 따라 각본대로 드라마를 전개해 나갑니다.

이와 마찬가지로 이 세상 역사는 하나님의 깊고 오묘한 뜻 가운데 전개되어 갑니다. 그 뜻을 우리가 다 알 수 없지만 분명한 것은 이 세상에는 악이 존재한다는 것입니다. 그리고 악의 세력은 아주 크고 많습니다. 그래서 이 세상에는 온갖 악이 횡행하며 기세를 떨치고 있습니다. 이런 것도 결국은 하나님의 작정 속에 다 들어 있는 것입니다. 하나님은 악을 기뻐하지 아니하시지만 이 모든 것이 하나님의 계획 속에 들어 있다는 말입니다. 참으로 어려운 것이며 우리가 다 알 수 없는 일입니다. 어쨌든 분명한 것은 이 세상에는 악이 많이 있고 악한 자들이 활개를 치고 있다는 것입니다. 그것 때문에 하나님을 믿는 자들이 고난을 겪으며 어려움을 많이 당합니다. 그러나 악인은 결국 하나님의 심판을 받아 멸망할 것이며, 예수님을 믿는 자들은 구원을 받아 영생복락을 누리게 될 것입니다.

이런 맥락에서 가룟 유다는 하나님의 이런 섭리를 이루기 위해 사용된 사람입니다. 악역을 맡았다고 볼 수 있지요. 그래서 예수님을 배반하고 대제사장에게 넘겨주게 됩니다. 그래서 예수님은 잡혀서 십자가에 못 박혀 죽게 되는 거지요. 하나님의 아들 예수님은 가까이 있는 자, 바로 자기 제자에게서 배반을 당하는 고난을 당하였습니다. 이런 것을 통해 예수님이 죄인의 손에 팔린다는 것을 보여 줍니다. 결국 가룟 유다는 악한 죄를 지었지만 하나님은 그런 것을 통해 자신의 뜻을 이루시는 것을 볼 수 있습니다.

그러면 가룟 유다가 잘못한 게 없지 않으냐? 가룟 유다에게 죄를 물을 수 있느냐? 하는 의문이 일어날 수 있습니다. 실제로『유다 복음』
이란 외경은 가룟 유다를 옹호하고 합리화하는 내용을 담고 있다고 합
니다. 그러나 우리는 결코 가룟 유다를 잘했다고 옹호할 수 없습니다.
주인공을 괴롭히고 위기에 빠뜨리는 악당을 잘했다고 칭찬할 수 없는
것과 마찬가지입니다. 이 세상에 악이 있음으로 하나님 백성의 모습이
더욱 빛난다고 해서 악한 자들을 잘한다고 칭찬할 수 없는 것과 마찬가
지입니다. 이 세상의 모든 사람은 각자 행한 행위에 대해 책임을 져야
합니다. 이것이 분명한 하나님의 뜻입니다. 그러나 하나님은 그런 악을
통해서도 자기 뜻을 이루시고 자기 영광을 나타내십니다. 이것은 하나
님의 깊은 뜻이고 오묘하신 섭리라고 할 수 있습니다. 따라서 하나님의
섭리라고 해서 (악한 일조차도) 다 옳다는 것은 아니라는 사실을 알 수
있지요.

하나님의 깊은 뜻은 피조물인 우리가 다 이해할 수 없습니다. 그
래서 신명기 29장 29절은 "오묘한 일은 우리 하나님 여호와께 속하였
거니와 나타난 일은 영구히 우리와 우리 자손에게 속하였나니 이는 우
리로 이 율법의 모든 말씀을 행하게 하심이니라"고 하였습니다. 따라서
우리는 나타난 하나님의 말씀을 지켜 행하는 것이 중요합니다. 하나님
의 뜻은 마지막 날에, 세상 역사가 끝났을 때에 알게 될 것입니다. 그
때에는 왜 이 세상에 악이 존재했는지, 왜 악인들이 번창하고 기세를
부렸는지에 대한 하나님의 섭리를 깨닫게 될 것입니다.

따라서 가룟 유다를 바라보는 예수님의 마음도 복잡했을 것으로
생각됩니다. 예수님은 하나님의 깊은 뜻을 아시는 가운데 가룟 유다를
제자로 택하셨으며, 자기를 팔 것을 아시면서도 3년이나 데리고 다니

셨습니다. 그래서 예수님은 틈마다 "너희 중 한 사람이 나를 팔리라."고 하셨습니다. 그리고 최후의 만찬 석상에서는 "인자는 자기에게 대하여 기록된 대로 가거니와 인자를 파는 그 사람에게는 화가 있으리로다 그 사람은 차라리 나지 아니하였더면 제게 좋을 뻔하였느니라"(마 26:24)고 하셨습니다.

따라서 가룟 유다 같은 사람은 참 불쌍한 사람이지요. 오늘날 이단들도 마찬가지입니다. 그러나 예수님을 믿는 우리는 하나님이 택하신 그릇입니다. 하나님의 뜻은 다 알 수 없지만 감사한 것은 하나님께서 우리를 택하시고 구원하셨다는 사실입니다. 그리고 우리는 사명을 받았습니다. 따라서 이 세상 사는 날 동안 복음을 전하고 하나님이 주신 일을 해야 합니다. 누가 택함을 받았는지 우리는 알지 못합니다. 우리는 최대한 복음을 전하고 노력할 따름입니다. 선택과 악의 문제는 하나님의 오묘한 일에 속합니다. 따라서 그런 문제는 하나님께 맡기고 우리는 분명히 나타난 일 곧 하나님의 명령을 지켜 행하도록 해야 합니다. 하나님의 뜻은 마지막 날에 밝히 알게 될 것입니다. 그러나 우리에게 하나님이 계시고 하나님이 우리를 사랑하시고, 또 우리에게 독생자를 주셔서 영생을 주셨다는 것은 너무나 감사한 일입니다.

_ 변종길 교수

027. 죄란 무엇이며, 죄 사함 받은 성도가 왜 죄를 지으며, 천국에서는 왜 죄를 범하지 않는가?

질문 : 요즘 방송매체들을 통해 듣는 각종 살인 사건 및 부정부패의 소식들을 듣다 보면 이 세상과 사람들이 얼마나 악한 존재인지 거듭 생각하게 됩니다. 교회에서는 이 같은 모습의 원인이 죄 때문이라고 가르치는데요, 그렇다면 그 죄(Sinful nature)란 무엇인지 궁금합니다. 아울러, 우리가 예수님의 이름으로 죄 사함을 받았다고 고백하는데, 만약 동일한 죄의 모습이 있다면 이것을 어떻게 이해해야 할지도 궁금합니다. 특별히 천국에서는 왜 아무도 죄를 범하지 않는 것인지도 궁금합니다.

답변 : 예, 사람들이 죄짓는 것으로부터 우리는 죄의 형성과 그 범위와 그 보편성이 큼을 잘 알 수 있습니다. 그리고 성경을 통해서 이렇게 모든 사람이 죄를 짓는 것은 그렇게 창조 받아서가 아니라 하나님의 선하신 창조를 인간이 고의로 뒤집은 타락에 기인한다는 것을 알게 됩니다. 타락한 사람은 인류의 첫째 범죄에 대한 죄책과 오염을 가지게 되는데, 이 첫째 죄에 대한 죄책(original guilt)과 첫째 죄로 말미암은 오염(original pollution) 두 가지를 합하여 원죄(original sin)라고 합니다. 아담과 하와는 그들이 잘못했으므로 원죄를 가지게 되었고, 그렇게 오염되었으므로 둘째 죄를 비롯한 계속 죄를 범하는 것입니다.

아담의 후예로 태어난 사람들은 모두다 이 원죄를 가지고 태어나는데, 그것은 아담이 우리의 언약적 머리였기 때문입니다. 그래서 아담만 죽은 것이 아니라 우리도 죽는 것이고 그 형벌을 같이 받는 것입니다. 마찬가지로 우리 모두 같은 부패성을 가지고 태어나는 것입니다.

그리스도의 속죄는 우리의 원죄와 자범죄에 대한 형벌을 대신 받으신 것입니다. 그리고 우리의 부패성도 성화의 과정을 통해서 극복하도록 해 주셨습니다. 그러나 성화가 점진적인 측면이 있다는 것은 그 부패성과 싸우는 일이 필요함을 말해 주는 것이지요. 그리스도인 안에는 이제 성령을 따라가려는 마음과 그에 따라가지 않고 부패한 인간성(성경에서는 이것을 '육체'라고 표현합니다)을 따라가려는 성향이 같이 있습니다. 그러므로 우리는 평생 육체(몸이 아닌 부패한 인간성)와 싸우면서 살아가야 합니다. 그러므로 우리는 항상 죄와 싸우는 그리스도의 정병이고, 그런 이들을 합하여 '전투하는 교회'(church militant)라고 할 수 있습니다.

죽어서 '하늘'에 있는 온전하게 된 의인들의 영은 전혀 죄를 범하지 않습니다. 영혼에 관한 한 그들은 성화가 완성되었기 때문입니다. 그러나 그들은 아직 몸을 가지고 있지 않습니다. 그래서 구속 역사가 극치에 이르기를 기다리고 있는 것입니다.

"새 하늘과 새 땅"에서는 모든 성도의 몸과 영혼이 다 온전하게 되어 전혀 죄를 범하지 않습니다. 그리스도의 온전한 승리가 공적으로 드러나는 것입니다.

_ 이승구 교수

질문 : 갈라디아서 5장 19~21절과 에배소서 5장에 나오는 죄를 범하면 '하나님 나라를 유업으로 받지 못한다'는 말씀이 예수님을 영접한 사람들에게도 해당되는 건가요?

"육체의 일은 현저하니 곧 음행과 더러운 것과 호색과 우상 숭배와 술수와 원수를 맺는 것과 분쟁과 시기와 분냄과 당 짓는 것과 분리함과 이단과 투기와 술 취함과 방탕함과 또 그와 같은 것들이라 전에 너희에게 경계한 것같이 경계하노니 이런 일을 하는 자들은 하나님의 나라를 유업으로 받지 못할 것이요(갈 5:19~21).

"그러므로 사랑을 입은 자녀 같이 너희는 하나님을 본받는 자가 되고 그리스도께서 너희를 사랑하신 것 같이 너희도 사랑 가운데서 행하라 그는 우리를 위하여 자신을 버리사 향기로운 제물과 생축으로 하나님께 드리셨느니라 음행과 온갖 더러운 것과 탐욕은 너희 중에서 그 이름이라도 부르지 말라 이는 성도의 마땅한 바니라 누추함과 어리석은 말이나 희롱의 말이 마땅치 아니하니 돌이켜 감사하는 말을 하라 너희도 이것을 정녕히 알거니와 음행하는 자나 더러운 자나 탐하는 자 곧 우상 숭배자는 다 그리스도와 하나님 나라에서 기업을 얻지 못하리니 누구든지 헛된 말로 너희를 속이지 못하게 하라 이를 인하여 하나님의 진노가 불순종의 아들들에게 임하나니 그러므로 저희와 함께 참예하는 자 되지 말라"(엡 5:1~7).

A **답변 :** 예수님을 믿는 사람은, 참으로 믿는다면, 그런 죄들을 지을 수가 없습니다(요일 3:9). 갈라디아서 5장 19~21절의 일들은 육체를 따라 사는 사람들 곧 그리스도 밖에 있는 사람들의 생활을 묘사한 것입니다. 에베소서 5장 5절도 성도가 아닌 자들, 하나님의 자녀가 아닌 자들을 가리킵니다. 따라서 예수님을 믿다가 혹 시험을 받아 일시적으로 죄에 빠졌을 경우엔, 진심으로 뉘우치고 회개하면 하나님께서 용서해 주시고 사랑으로 받아 주십니다. 이 말은 우리가 죄를 지어도 괜찮다는 것은 아닙니다. 세상 사람들처럼 '마음대로 죄짓고 살다가 나중에 회개하면 되겠구나.' 라고 생각하면 안 됩니다. 그런 사람에게는 나중에 회개의 기회가 안 주어질지도 모릅니다. 따라서 우리는 가능한 한 죄에 빠지지 않도록 조심해야 하며 최대한 노력해야 합니다. 그러나 예수님을 참으로 믿지만, 어떤 경우에 본의 아니게 또는 육신의 연약함으로 인하여 또는 다른 이유 등으로, 실수하고 죄를 지을 때가 있을 수 있습니다. 그럴 때에는 진정으로 뉘우치고 회개하면 하나님이 용서해 주시고 다시 받아 주십니다. 예수님의 피가 우리의 죄를 덮어 주시고 가리어 주십니다. 그렇지만 이미 지은 죄에 대해서는 경우에 따라 징계를 받거나 책임져야 하는 경우가 있습니다. 하나님의 사랑에서 끊어지는 정죄(단죄)는 없지만 징계가 있습니다. 왜냐하면 우리는 사생자가 아니라 하나님의 자녀이기 때문입니다(히 12:6~8). 다른 사람에게 해를 끼친 경우에는 책임을 지고 배상해야 하는 경우도 있습니다. 심지어는 감옥에 갈 수도 있습니다. 따라서 죄를 짓고 나서 회개하는 것보다 죄를 안 짓는 것이 훨씬 낫습니다. 그러나 중요한 것은 예수님은 우리의 죄를 용서해 주시며 또 흑암의 권세에서 건져 주셨다는 사실입니다. 이

는 우리로 죄에 대하여 죽고 의에 대하여 살게 하려 하심입니다(롬 8:5~13). 따라서 예수님을 믿는 사람이라면, 정말로 믿는 사람이라면, 갈라디아 5장 19~21절과 에베소서 5장 5절과 같은 죄들을(일상적으로) 지을 수가 없습니다. 우리 안에 계신 성령이 그러한 것을 못하도록 막으십니다. 따라서 지금 내가 참 마음으로 예수님을 믿는다면, 하나님을 아버지라 참 마음으로 부를 수 있다면, 염려하지 않으셔도 됩니다. 그러면 우리는 하나님의 자녀이며 결코 정죄함이 없으며, 우리를 그리스도 예수 안에 있는 하나님의 사랑에서 끊을 자가 없습니다(롬 8장).

_ 변종길 교수

Q **질문 :** 원죄는 많이 듣고 알고 있지만, 자범죄 성령모독죄 등 여러 가지 종류가 있는 것 같더라고요. 죄에도 종류가 있나요? 그럼 서로 다른 심판을 받게 되는 건가요?

A **답변 :** 예, 죄를 나누어 설명할 수 있습니다. 그러나 모든 죄는 다 근본적으로 하나님 앞에서 정죄 받아 마땅한 무시무시한 죄라는 것을 염두에 두어야 합니다. 그 토대를 가지고서 후에 다른 여러 구별을 시도할 수 있습니다. 원죄, 자범죄, 자범죄 가운데서 다른 모든 죄는 다 그리스도의 피로 사죄를 얻을 수 있는데, 성령을 훼방하는 죄는 사하심을 얻지 못한다고 하셨으니, 그것은 끝까지 십자가의 구속을 믿지 않는 것이거나 이 복음에 대한 명백한 성령의 증언이 있음에도 불구하고 고의로 복음을 훼손하고 왜곡하는 것들이라고 생각해야 합니다.

_ **이승구 교수**

Q **질문 :** 예수님을 믿으면 죄 용서함을 받는다고 하는데, 왜 우리
는 매일 회개해야 하나요? 회개란 무엇이며, 또 그 회개는 언
제까지 해야 하는지 질문 드립니다. 그리고 우리가 해야 하는 '회개' 와
요한일서 1장 9~10절에 나오는 '자백' 이라는 말과는 어떤 차이가 있나
요?

A **답변 :** '회개' 와 요한일서 1장 9~10절에 나오는 '자백' 이라는
말은 같은 말이라고 보는 것이 좋습니다. 성경에 관한 논의를
하면서 지나친 현학성을 발휘하여 서로 다른 단어가 사용되었으니 다
른 것이라고 말하는 것은 극단적인 태도이고 잘못된 것입니다. 성경의
단어들은 항상 그 의미를 전체적으로 살피면서 해석해야 합니다.

우리 주님의 십자가 구속으로 우리의 죄 용서가 이루어졌습니다.
그것을 철저히 인정하는 행위의 하나가 회개라고 할 수 있습니다. 그리
고 다른 측면이 믿음입니다. 그러므로 참으로 믿는 이는 회개하고, 참
으로 회개하는 사람은 주님의 십자가 구속과 이 일을 이루시는 삼위일
체 하나님을 믿습니다.

우리는 이미 믿었고, 주께서 십자가에서 죄를 용서하셨으므로 더
는 회개할 필요가 없다고 하는 것은 잘못된 주장입니다.

_ 이승구 교수

Q **질문 :** 예수께서 (이 땅에) 오시기 전에는 연옥이라든지 양심의 심판이 적용된 걸로 아는데요, 예수께서 오신 후 복음이 퍼져도 결국 죽을 때까지 예수라는 말을 들어 보지 못했던 사람은 어떻게 되나요? 예수께서 이 땅에 오신 후에도 양심법과 연옥에서의 (죽고 나서 복음 전함을 들음)이 적용되나요?

A **답변 :** 구원은 예수를 믿고 구원을 받으라는 전도와 권유와 권고의 초청을 통하여 실행하십니다. 그 이유는 단순하고 명쾌합니다. "누구든지 주의 이름을 부르는 자는 구원을 받으리라"(행 2:21)라고 하셨기 때문입니다. 전도하는 말을 잘 듣지는 않지만 이 방법 외에는 달리 사람을 감동하게 하는 길이 없습니다. "하나님의 지혜에 있어서는 이 세상이 자기 지혜로 하나님을 알지 못하므로 하나님께서 전도의 미련한 것으로 믿는 자들을 구원하시기를 기뻐하셨도다"(고전 1:21).

사람들은 이런 전도를 어리석게 여기고, 무식하게 왜 그러느냐고 짜증을 내기도 합니다. 그러나 단도직입적으로 "예수 믿으세요."라고 권유하는 이유는 무엇일까요?

예수 그리스도를 믿는다는 것은 자신이 하나님 앞에서 죄인이라는 것과 예수 그리스도를 믿음으로써 다시 하나님과의 화해를 이루는 것을 받아들인다는 말입니다. 여기서 예수 그리스도의 이름을 고백하는 자는 마음으로 이 믿음을 받아들이는 사람입니다.

사도 바울은 로마에 있는 성도들에게 다음과 같이 권유했습니다. "네가 만일 네 입으로 예수를 주로 시인하며 또 하나님께서 그를 죽은 자 가운데서 살리신 것을 네 마음에 믿으면 구원을 받으리라 사람이 마음으로 믿어 의에 이르고 입으로 시인하여 구원에 이르느니라 성경에 이르되 누구든지 그를 믿는 자는 부끄러움을 당하지 아니하리라 하니 유대인이나 헬라인이나 차별이 없음이라 한 분이신 주께서 모든 사람의 주가 되사 그를 부르는 모든 사람에게 부요하시도다 누구든지 주의 이름을 부르는 자는 구원을 받으리라"(롬 10:9~13).

사도행전 16장에 소개된 이야기를 살펴봅시다. 바울과 실라는 빌립보 지방에서 전도하다가 잡혀서 감옥에 갇히게 되었습니다. 그때 큰 지진이 나서 감옥이 무너져 내리고, 죄수들의 매인 것이 다 벗어졌습니다. 감옥을 지키던 간수는 참담한 처지에 놓이게 되었습니다. 갑작스럽게 닥친 놀라운 환경 변화로 인해 자신의 직무를 다하지 못했기 때문에 받게 될 질책이 두려웠습니다. 죄수들이 도망한 줄 생각했던 것입니다. 자결하려 했습니다. 그러나 그때 그의 자결을 막아서며 감옥에 그대로 남아 있는 죄수들이 있었습니다. 바울과 실라였습니다. 이처럼 선한 사람들이 죄수라고 할 수 있는가! 간수는 큰 감동을 받았습니다. 죄수들이 도망가지도 않고서 태연하게 자신의 자결을 막는 장면에서 엄청난 영적인 변화를 느꼈습니다. 그는 죽음의 자리에서 벗어나 살 방도를 찾았습니다. 빌립보 감옥이 무너진 현장에서 간수는 외쳤습니다. "내가 어떻게 하여야 구원을 받으리이까!" 간수의 이 외마디에 사도 바울은 구원이란 과연 무엇인가를 설명합니다. "주 예수를 믿으라 그리하면 너와 네 집이 구원을 받으리라!"(행 16:30~31).

하나님 앞에서 자신의 죄악을 고백하고, 무능력과 절망감을 인정하며, 주 예수 그리스도를 인격적으로 신뢰하며 따르는 사람이 영원한 구원을 얻습니다.

_ 김재성 교수

032. 복음을 들어 보지도 못하던 시대에 살았던 사람들의 구원은 어떻게 되는가?

Q **질문** : 기독교 교리에 관한 질문에 대답하기 곤란할 때가 있어서 질문 드립니다.

기독교 전파 이전에 우리나라에 살고 있었던 사람은 모두 지옥에 가게 되는 건가요? 또 지구상에는 아직 예수님이라는 단어조차 모르고 지내는 사람들도 있다고 하는데 그들 역시 구원받지 못하는 것 아닌가요? 이럴 경우 원죄로만 설명하기에는 너무 답변이 궁하여 도움을 요청합니다.

A **답변** : 복음을 듣지 못한 사람들은 어떻게 되는가? 구원을 받는가 받지 못하는가? 이것은 성도들에게 골치 아픈 문제입니다. 그러나 성경은 죄 있는 사람은 천국에 들어가지 못한다고 합니다. 왜냐하면 천국은 너무나 거룩하고 깨끗한 곳이며 조금이라도 죄가 용납되지 않는 곳이기 때문입니다. 따라서 천국에 들어가기 위한 방법은 두 가지뿐입니다. 첫째는 자기 스스로 전혀 죄를 짓지 않고 의롭게 되는 것입니다. 그러나 이것은 아담의 타락 이후로 불가능하게 되었습니다. "선을 행하고 죄를 범치 아니하는 의인은 세상에 아주 없느니라"고 하였습니다(전 7:20). 그래서 "의인은 없나니 하나도 없으며 깨닫는 자도 없고 하나님을 찾는 자도 없고 다 치우쳐 무익하게 되고 선을 행하는 자는 없나니 하나도 없도다"고 하였습니다(롬 3:10~12). 그래서 세

상의 모든 사람은 하나님의 심판을 피할 수 없게 되었으나 다른 사람의 공로를 힘입어 구원을 얻는 방법을 하나님은 마련해 주셨습니다. 곧, 우리의 모든 죄값을 하나님의 아들 되신 예수님이 대신 지불해 주시는 방법입니다. 이것은 우리가 빚을 많이 져서 파산 상태에 있을 때 다른 사람이 빚을 갚아 줌으로 파산 상태에서 벗어나서 자유인이 되는 것과 같습니다. 하나님의 아들 예수님이 우리의 모든 죄값을 십자가에서 대신 갚으심으로 우리는 죄 없다고, 의롭다고 선언받고 하나님과 화목하게 되었습니다. 순전히 다른 사람의 도움으로, 타력으로, 은혜로 구원받고 천국에 들어가게 된 것입니다. 그러면 복음을 전혀 듣지 못한 사람은 어떻게 될까요? 그런 사람은 자기 스스로 문제를 해결하는 수밖에 없습니다. 그러나 사람은 자기 스스로 죄 문제를 해결할 수 없다고 했습니다. 이 세상에 죄 없는 사람은 없으며, 자기 스스로는 죄를 씻을 수 없습니다. 그러면 결국 자기 죄에 따른 보응이 있을 수밖에 없습니다. 로마서 1장 18절은 이렇게 말합니다. "하나님의 진노가 불의로 진리를 막는 사람들의 모든 경건치 않음과 불의에 대하여 하늘로 좇아 나타나나니"라고 했습니다. 결국 사람은 각자 자기 죄에 대해 책임을 져야만 합니다. 여기서 주의할 것은 사람이 적당히 착하게 살았다고 해서 천국에 들어가는 것은 아니라는 사실입니다. 99%가 선하고 1%가 악하다고 해도, 그 악한 1% 때문에 천국에 들어갈 수는 없습니다. 왜냐하면 천국은 100% 깨끗한 곳이고 전혀 죄가 없는 사람만 들어갈 수 있는 곳이기 때문입니다. 따라서 복음을 듣지 못한 사람들을 심판하는 기준은 각자의 행함입니다. 각자 하나님 앞에서 올바르게 살았느냐? 죄가 있느냐 없느냐? 입니다. 이 기준에 의하면 하나님의 심판을 피할 사람은 아무도 없습니다. 따라서 오직 예수님을 믿어서 그의 피 공로를 힘입은 사람만 천국에 들어가게 됩니다. 이것은 우리의 행함 때문이 아니라 오직 예수님의 공로 때문입니다. 따라서 구원은 은혜요 하나님의 선물임을 알 수 있습니다. 복음을 듣지도 못한 사람을 하나님이 왜 심판하시느냐고 질문할 수도 있습니다. 그러나 성경은 하나님께서 자신을 피조물 가운데 분명히 알리셨다고 말합니다. 곧, 하나님의 영원한 능력과 신성을 그 만드신 만물에 분명히 보여 알게 하셨다고 합니다(롬 1:20). 고려청자를 보면 거기에 장인의 솜씨가 보입니다. 이와 마찬가지로 하나님이 지으신 피조물에는 필연적으로 그것을 지으신 하나님의 지혜와 능력이 나타나게 됩니다. 우리는 하나님이 지으신 산과 들과 강을 바라보며 살며 하나님이 주신 공기를 숨 쉬며 살아갑니다. 모든 것이 하나님의 손길이고 은혜입니다. 그런데도 불구하고 사람들이 하나님을 알지 못하고 감사하지 아니하고 경배하지 아니하는 것은 결국 그들에게 문제가 있기 때문입니다. 고장 났기 때문입니다. 원래 하나님이 지으신 사람은 자연 상태에서 스스로 하나님을 알고 경배하도록 되어 있었습니다. 그러나 어느 순간, 아담이 선악과를 따 먹었을 때에 그만 그것이 깨어지고 말았습니다. 그래서 그 후로는 결코 자기 스스로의 노력으로는 하나님을 알 수 없고 하나님을 경배하지 못하게 되었습니다. 이것이 타락의 결과입니다. 이것이 원죄입니다. 사람은 누구나 원죄를 가지고 태어나기 때문에 자연 계시를 통해서는 하나님을 알지 못하고 감사하지 못하고 경배하지 못하게 되었습니다. 그래서 예수 그리스도를 통한 특별 계시가 필요하게 되었으며 이 특별 계시를 받는 사람만 하나님을 알고 경배할 수 있습니다. 그래서 이것은 특별한 하나님의 은혜이며 은혜 위의 은혜입니다. 그러나 복음을 듣기 전의 사람들은 아무리 착하게 산다고 할지라도 이 특별 은혜가 없기 때문에 죄 용서함을 받지 못하고 구원의 은혜를 누리지 못하는 것입니다. 그러나 우리가 생각해야 할 것은 그들도 하나님의 일반 은혜를 누리며 한평생을 살았다는 것입니다. 하나님은 자비로우셔셔 악인과 의인에게 햇빛을 비춰 주시며 의로운 자와 불의한 자에게 비를 내려 주십니다(마 5:45). 하나님이 은혜를 주셔서 그 은혜를 누리며 한평생 살게 하셨습니다. 우리 하나님은 은혜로우시며 자비로우신 분이십니다. 그리고 하나님은 모든 것을 뜻대로 운행하십니다. 복음을 듣지 못한 사람들이 구원을 얻지 못하는 것도 결국은 하나님의 뜻 가운데 된 것입니다. 뿐만 아니라 현재 복음이 열심히 전파되어도 믿지 않는 사람들이 많습니다. 이처럼 믿는 자와 믿지 않는 자, 구원받는 자와 그렇지 못한 자가 나뉘는 분리의 원리, 선택의 원리는 결국 하나님의 섭리입니다. 하나님께서 세상 역사를 그렇게 운행하시는 것입니다. 따라서 우리는 구원받지 못하는 자들에 대해 너무 이상하게 생각하고 불평하기보다 우리가 구원 받은 사실에 대해 감사하고 찬양해야 할 것입니다(롬 9:19~24). 우리가 현재 다 이해하지 못하는 것은 마지막 날에 알게 될 것입니다(렘 30:24). 이 세상에는 우리가 알지 못하는 일들이 많습니다. 그러나 우리가 어떻게 하면 구원받고 또 우리가 어떻게 살아야 할지에 대해서는 성경에 충분하게 계시해 주셨습니다. "오묘한 일은 우리 하나님 여호와께 속하였거니와 나타난 일은 영구히 우리와 우리 자손에게 속하였나니 이는 우리로 이 율법의 모든 말씀을 행하게 하심이니라"(신 29:29).

_ 변종길 교수

033. 구약 시대에는 어떻게 구원을 받았는가?

Q **질문 :** 구약 시대와 신약 시대에도 율법으로 구원을 받을 수 있나요? 신약 시대에는 그리스도의 구속사역으로 인하여 믿음으로 말미암아 순종하는 자들에게 "영원한 구원"을 이루어 주셨습니다 (히 5:8~10). 그러면, 구약 시대에는 율법으로써 일시적 구원을 받았나요? 영원한 구원을 받았나요?

A **답변 :** 신약 시대뿐만이 아니라 구약 시대에도 예수 그리스도의 구속을 믿는 믿음으로 구원을 받습니다. 그 어떤 시대에도 율법을 지켜 구원받을 수 있는 시기는 없었습니다. 타락한 인간은 하나님의 뜻을 다 지켜 행할 수 없기 때문입니다.

구약 율법도 그것을 지켜 구원을 얻으라고 주신 것이 아님은, 제사 제도를 비롯한 수많은 의식법이 결국 인간의 죄를 속하기 위해 주어진 것인데, 그 죄는 구약의 속죄제 등을 통해 사해지는 것이 아닙니다. 그런 제도가 지향하여 보여 주는, 그리하여 급기야 그런 것을 온전하게 하려고 메시아로 임하신 예수님의 십자가 구속에서 사해지는 것이었기 때문입니다. 그러므로 구약 시대에는 오실 메시아에 대한 계시를 믿음으로 구원을 받고, 신약 시대는 이미 오셔서 구속을 이루신 예수님의 구속사역을 믿음으로 구원받는 것입니다.

_ 이승구 교수

034. '영적 구원'과 '영과 육이 영생을 얻은 구원'으로 나눌 수 있는가?

Q **질문 :** 교회에서 사경회가 있었습니다. 제가 다니는 교회는 합동 교단의 교회입니다. 이 사경회를 들으면서 의문이 있어서 질문을 드립니다. 합동교단의 의견과 타 교단의 의견을 같이 듣기를 원합니다. 강사는 예수의 피로는 영적 구원을 받을 수 있지만, 영과 육의 영생은 말씀을 알아야 한다고 합니다. 영으로 말씀을 받아야 영생을 한다고 합니다. 구원에 있어서 영적 구원과 영과 육이 영생을 얻는 구원을 나눌 수 있는지 알려 주십시오.

A **답변 :** 강사가 어떤 맥락에서 어떤 말을 하였는지 알 수 없기 때문에 이에 대해 판단은 하지 않겠습니다. 다만 여기에 올라온 질문에 대해서만 간단히 답변을 드리겠습니다.

　예수님의 피는 우리의 영혼과 육체 모두를 다 구원합니다. 예수님은 십자가에서 "다 이루셨다"고 말씀하셨으며(요 19:30), 이 구원은 우리의 영혼과 육체를 포함한 전 인간을 구원하신 것입니다. 아담의 타락 이후로 죄는 인간의 영혼뿐만 아니라 육체에도 들어왔으며, 우리의 전 인간이 타락한 것입니다. 우리는 마음으로 미워하고 악한 마음을 가질 뿐만 아니라 입으로도 범죄하고 또 손과 발로도 범죄합니다. 그래서 예수님은 우리의 모든 죄를 짊어지고 십자가를 지셨으며, 우리의 모든 죄를 위하여 죽으셨습니다. 따라서 우리가 예수님을 믿는 순간 우리의 모든 죄는 사함 받고 하나님의 자녀가 됩니다.

물론 구원의 실제적 집행에는 순서가 있습니다. 우리는 법적으로 죄 사함 받고 의롭다 함을 받았지만(법정적 의미), 우리의 실제 모습으로는 아직도 죄와 연약함이 있습니다. 우리의 영혼은 아직도 불완전하며 죄악된 것을 생각할 때가 많습니다. 특히 우리의 육체는 연약하여 죄를 지을 때도 잦고 또 피곤하고 병들다가 결국은 죽게 됩니다. 우리의 영혼이 원하는 것을 육신이 약하여 행하지 못하는 경우도 많습니다. 그러나 그럼에도 불구하고 우리는 죄 사함 받은 자이며 의롭다 함 받은 하나님의 자녀이기 때문에 우리에게는 결코 정죄함이 없습니다. 우리가 완전한 자가 되어서 정죄함이 없는 것이 아니라, 우리는 약하고 불완전한데도 불구하고 예수님의 피 공로 때문에 우리에게 정죄함이 없는 것입니다. 비록 징계는 있지만 정죄는 없습니다. 곧 우리를 모른다고 하시고 영원형벌에 처하는 일은 결코 없다는 말입니다. 우리는 우리의 연약함에도 불구하고 하나님의 사랑을 받았고, 지금도 받고 있으며, 앞으로도 영원토록 받을 하나님의 자녀입니다. 말하자면 우리는 지금 장애인이지만, 그러나 하나님의 사랑을 받는 장애인입니다.

우리의 이 연약한 육체 곧 '죽을 몸'(죽을 운명에 처해 있는 몸)은 마지막 날에 하나님께서 다시 살리실 것입니다. 이 부활을 보증하는 것이 바로 우리 안에 계신 성령이십니다. 하나님은 마지막 날에, 예수님 재림하실 때에 우리에게 주신 이 성령을 통해 우리의 죽은 몸도 다시 살리실 것입니다.

반면에 우리의 영혼은 우리의 육체가 죽는 순간 육체를 떠나 하늘나라(낙원, 천당)로 가게 됩니다. 우리의 영혼은 육체의 죽음을 통해 죄에서 완전히 해방되며 참 자유를 누리게 됩니다. 우리의 영혼은 낙원에서 그리스도와 함께 생명의 교제를 누리다가 마지막 날에 예수님과 함께 다시 올 것입니다. 그러면 그때에 완전히 거룩해진 우리 영혼은 다시 살아난 영광스러운 육체와 재결합하여 영원히 헤어지지 않고 죽지 않는 새사람이 될 것입니다. 그때에 우리의 구원은 최종적으로 완성되는 것입니다.

이 모든 것은 예수님께서 십자가에서 이루어 주신 공로로 말미암아 가능하게 되었으며, 우리는 오직 예수님을 믿음으로 이 은혜를 값없이 얻게 되었습니다. 따라서 우리의 구원과 영생과 영원복락은 오직 예수님의 공로에 의한 것이며 하나님의 은혜로 우리에게 주어지는 것입니다.

_ **변종길 교수**

질문 : 예정론에 대해서 바른 설명 부탁합니다. 예정론은 운명론 개념인가요? 지금 혼돈이 좀 와서 그렇습니다.

답변 1 : 예정론은 아주 독특한 성경적인 사상입니다. 운명론, 숙명론, 기계적 결정론은 모두 다 이교도들과 철학자들이 만들어 낸 것입니다. 질문하신 운명론은 전혀 예정론과 상관이 없습니다. 운명론은 운명 즉 행운과 불운이 떠돌아다니면서 근거 없이 사람과 결합해서 행운아와 불운아가 만들어진다는 것입니다.

과거의 어떤 시점에 미래의 일이 이미 결정되었다는 운명론에는 그 누구가 결정한다는 주체가 없습니다. 운명론을 아주 실제로 설명해 드리자면, 화투놀이, 카지노의 놀음, 복권당첨 등을 예로 들 수 있습니다. 이런 것들을 과연 누군가가 결정한다고 생각하나요? 과학적이고도 수학적인 확률이 들어 있나요? 운명은 전혀 미리 누군가에 의해서 결정해진 것이 없습니다. 그러니 엉터리 사상입니다. 아무도 책임을 지지 않으면서도 사람은 당해야 한다는 것은 모순된 사상입니다. 여러분을 속이는 엉터리 진리입니다. 운명이란 없습니다. 물론 숙명론자들이 말하는 것도 없습니다. 오직 하나님의 창조, 섭리 가운데 보호와 간섭이 있습니다.

예정은 구원에 관한 하나님의 결정인데, 확신을 주시고자 하는 것입니다. 오직 구원에 적용해서 말씀하는 것이지, 지금 직업이나, 결혼이나, 모든 일이 미리 기계처럼 결정되었다는 것이 아닙니다.

_ 김재성 교수

답변 2 : 세계는 하나님의 창조와 섭리 아래 있으므로 칼빈은 하나님의 '섭리'라는 것은 '운명'이나 '운명적인 우연'이라는 것과는 반대되는 것이라고 보았습니다. 그는 "천하만사가 우연에 의하여 일어난다"고 하는 생각을 가리켜 '사악한 주장'이라고 했습니다. 그 사악한 주장 때문에 하나님의 섭리에 대한 참 교훈이 모호하게 되었을 뿐만 아니라 거의 매몰되다시피 되었기 때문입니다(칼빈, 『기독교강요』, 1권 16장 2절).

_ 최병규 박사

Q **질문** : 웨슬레와 칼빈의 구원론에서의 결정적 차이점은 무엇일까요? 웨슬레주의도 돌트신경을 받아들이나요? 나아가 4대 표준문서를 수용하나요?

A **답변** : 알미니안은 도르트 정의를 받아들이지 않지요. 웨슬리안 알미니안도 역시 받아들이지 않습니다. 『웨슬리안도 도르트 신경』, 『벨직 신앙고백서』, 『하이델베르크 요리문답』 등은 받아들이지 않습니다. 『웨스트민스터 신앙고백서』도 받아들이지 않지요. 웨슬리안은 성경을 사랑하고 삼위일체 하나님을 사랑하는 열심 있는 그리스도인들입니다. 그런데 그리스도 안에서 그들에게 일어난 구원에 대해서 부정확하게 설명합니다.

그 대표적인 예가 (1) 믿은 후에 중생한다고 표현하는 것이며, (2) 완전 성결이 이 세상에서 가능하다고 말하는 것입니다. 물론 그 내용은 "불완전한 완전"이라고 잘 설명하십니다. 그러므로 완전 성결이라는 용어를 안 써 주시기를 부탁하는 것이지요.

주님을 사랑해서 온전해지기를 노력한다는 점에서는 차이가 없습니다. 모든 그리스도인은 그렇게 해야지요. 그런데 그런 노력의 어떤 단계를 '완전 성결'과 같이 표현하면 오해의 여지가 많기에 그리하지 않으시기를 요청하는 것입니다.

그리고 성경만을 중심으로 신학적 논의를 하였으면 하는 기대가 있습니다. 성경을 중심으로 하면서도 이성, 전통, 경험(역사) 등을 상당히 중시하는 정도가 우리가 그리하는 것과 차이를 보이기에 기본적으로 성경을 최종적 논의의 근거로 했으면 하는 바람이 있지요.

마지막으로 예지 예정의 문제점을 생각해서 하나님께서 미리 아시는 근거가 하나님의 미리 정하심이라고 하면 좋습니다.

_ 이승구 교수

037. 성령의 불이 없으면 구원받지 못하는가?

질문 : 며칠 전 지인의 질문으로 한 단체의 사이트를 방문하게 되었습니다. 그리고 그 사이트에 게시된 동영상을 살펴볼 수 있었습니다. 해당 동영상에서는 그 단체의 대표되시는 분께서 마지막 때에 예수님의 재림이 있는데, 그때 우리 마음에 '불'이 없으면 구원받지 못한다고 합니다. 아마도 '성령의 불'을 지칭하는 듯한데, 과연 그 불이 우리 구원의 조건이 되는지 질문 드립니다. 끝으로 '임파테이션' 이란 무엇을 뜻하는 것인지도 질문 드립니다.

답변 : '성령과 불'이라는 언급은 예수님의 사역에 대해서 세례 요한이 언급한 것입니다. "나는 너희로 회개하게 하기 위하여 물로 세례를 베풀거니와 내 뒤에 오시는 이는 나보다 능력이 많으시니 나는 그의 신을 들기도 감당하지 못하겠노라 그는 성령과 불로 너희에게 세례를 베푸실 것이요"(마 3:11). "요한이 모든 사람에게 대답하여 이르되 나는 물로 너희에게 세례를 베풀거니와 나보다 능력이 많으신 이가 오시나니 나는 그의 신발끈을 풀기도 감당하지 못하겠노라 그는 성령과 불로 너희에게 세례를 베푸실 것이요"(눅 3:16).

그럼 불이란 무엇인가? 구원의 조건인가? 예수 그리스도를 믿는 믿음의 고백 이외에 구원의 조건이 따로 있을 수 없습니다. 따라서 불이란 오순절 성령 사역을 지적한 말씀입니다. 예수님이 왕의 보좌에 오르신 후에, 승천하신 이후에 메시아를 알리시는 사역을 성령을 통해서 하고 계시는데, 사도행전 2장에 보면, 그 성령이 오순절에 불의 혀같이 갈라지는 현상과 함께 오셨다고 했습니다. 그래서 모든 민족에게 구원 얻을 날을 주셨지요.

'임파테이션'은 '능력 전달'이라는 말인데, 빈야드 운동을 하던 존 윔버에게서 나온 말이지요. 능력을 받은 자가 다른 사람에게 안수를 통해서 전달된다고 주장하였지요? 우리 장로교회에서는 안수를 받은 사람이 아니면, 함부로 아무나 안수할 수 없다고 가르치고 있습니다.

_ 김재성 교수

질문 : 우리가 구원은 받아도 '힘써 순종하면서 살아야만' 천국에 갈 수 있나요? 예수님의 공로로 구원받긴 해도 '순종'이 없으면 구원받지 못하게 되나요? 우리가 구원의 확신은 어떻게 가질 수 있나요?

답변 : 베드로전서 1장 8~9절을 보십시오. "너희가 예수를 보지 못하였으나 사랑하는도다 이제도 보지 못하나 믿고 말할 수 없는 영광스러운 즐거움으로 기뻐하니 믿음의 결국 곧 영혼의 구원을 받음이라"

구원의 방법은 예수 그리스를 향한 믿음입니다. 믿음을 주실 때에 구원의 확신과 확증도 함께 주십니다. 성화는 우리의 의무이고 노력인데, 구원의 선물을 받은 자에게 마땅히 주시는 영적인 축복이요 조건이 아닙니다. 우리는 열심히 노력해야만 합니다. 하지만 부족해도 받아 주십니다.

에베소서 2장 8~9절을 읽어 보십시오. "너희가 그 은혜를 인하여 믿음으로 말미암아 구원을 얻었나니, 이것이 너희에게서 난 것이 아니요 하나님의 선물이라, 행위에서 난 것이 아니니, 이는 누구든지 자랑치 못하게 하려 함이니라"

_ 김재성 교수

Q 질문 : 마태복음 7장 21절에 "주여 주여 하는 자마다 천국에 들어갈 것이 아니라"는 말씀이 있죠. 그리고 마태복음에 신랑을 맞으러 나간 열 처녀 비유가 소개되어 있잖아요? 여기서 '열 처녀'는 다 믿는 사람들이었는가요? 그들이 다 믿는 사람들이었는데도 그중에 다섯은 천국에 가지 못했는가요?

A 답변 : 기본적으로 열 처녀 비유는 비유입니다. 비유를 교리로 읽으려 하면 무리가 따릅니다. 비유에는 많은 과장이 등장하기도 하고 현실 세계와는 다른 모습들이 소개되기도 합니다.

열 처녀 비유에서도 미련한 다섯 처녀들을 매몰차게 내치는 일은 현실 세계 속에서는 있음직하지 않은 일입니다. 종말의 때에 있을 일에 비추어 특정 상황이 강조되고 있는 것이지요. 이들이 오늘날 우리가 이해하는 방식대로 믿는 사람 또는 구원받은 사람들이냐 하고 묻는 것은 이 비유의 초점을 빗나가는 질문입니다.

이 비유의 핵심은 신랑(주님)의 오심에 대한 준비의 자세에 있습니다. 그것이 믿는 자이든 누구이든 준비되지 않은 자는 신랑과 함께 잔치에 들어가지 못합니다.

특히 주님의 오심이 지연되는 상황 속에서는 이 깨어 있는 믿음과 삶의 준비가 더욱 중요합니다. 왜냐하면 주님은 "생각하지 않은 때에"

(마 24:44) 오실 것이기 때문입니다. 열 처녀 비유의 결론도 이것입니다. "그런즉 깨어 있으라 너희는 그 날과 그 때를 알지 못하느니라"(마 25:13).

_ 최승락 교수

Q **질문** : ⟨1⟩ 우리는 예수님을 믿음으로 구원을 받지요? 그렇다면, 믿어서 구원을 받은 자의 악행에 대한 보응은 존재하지 않나요?

⟨2⟩ 어떤 사람이 동성애자를 두고 "지옥을 향해 전력 질주하는 자"라며, 그를 위해 기도하자고 말합니다. 그렇다면 행위로 인한 구원은 없지만, 행위가 구원에 영향을 주나요? 다시 말하면, "동성애가 곧 지옥 가는 것"을 의미합니까? 같은 맥락에서, "자살하면 지옥에 간다"는 주장을 하는 분도 더러 있던데, 이러한 인간의 어떤 행위가 곧 구원을 가름한다는 주장은 성경에서 말하고 있는 건가요?

A **답변 1** : ⟨1⟩ 믿음으로 구원받은 자라 할지라도 항상 선한 일만 행하는 것은 아닙니다. 늘 부족함이 있고 때로는 죄를 지을 때도 있습니다. 이런 믿는 자의 죄 또는 악행에 대해서는 두 가지로 나누어서 생각해 보아야 합니다. 첫째로, 예수님을 믿는 자라 할지라도 육신의 연약함 곧 육신적인 것을 인하여 짓는 죄들이 있습니다. 무지하여 또는 실수로, 때로는 알면서도 고의적으로 짓는 죄들이 있습니다. 이런 육신의 연약함과 부족함에 대해서는 예수님께서 십자가에서 우리의 육신의 모든 죄를 담당하시고 벌을 받으셨습니다. 따라서 그리스도 예수 안에 있는 자에게는 결코 정죄함이 없습니다(롬 8:1). 그렇지만 이런 사람에게 책망이나 징계가 없다고 말할 수는 없습니다. 오히려 하나

님께서 사랑하시기 때문에 징계가 있습니다(히 12:7). 징계가 없다면 사생자요 참 아들이 아닙니다(히 12:8). 물론 용서가 있습니다(요일 1:9). 용서도 있고 징계도 있다고 봐야 합니다.

그런데 이 경우에 마지막 날 심판 때에 구원은 받지만 벌은 없느냐 하는 의문이 생깁니다. 한편으로는 우리 믿는 자들도 마지막 심판대에서 자기 행위에 대해 잘잘못을 계산한다고 합니다(롬 14:12). 다른 한편으로는 우리가 마지막 심판 때에 심판에 이르지 아니한다고 합니다(요 5:24). 그래서 우리는 지옥에 가는 영원 형벌 심판은 받지 않지만 잘잘못에 대해서는 판단을 받되, 잘한 것에 대해서는 칭찬을 받고 잘못에 대해서는 용서받는다고 보는 것이 좋을 듯합니다. 즉, 예수님을 믿는 자에 대해서는 모두 다 영생을 얻고, 행한 선행에 대해서는 상급이 있다고 보는 것입니다. 잘못에 대해서는 뭔가 판단은 받지만 형벌은 사함 받는다고 보는 것입니다.

둘째로, 믿는다고 하면서도 악행을 함부로 행하는 경우입니다. 예를 들면 교회에 다니면서도 예사로 간음하고 밥 먹듯이 거짓말하고 사기 치고 심지어 살인까지 저지르는 경우입니다. 이런 경우에는 그 사람의 믿음은 거짓이며 참 믿음이 없다고 보아야 합니다. 믿음은 있는데 행함이 악하여 구원 못 받는 것이 아니라 그 사람의 믿음은 가짜이며 따라서 구원이 없다고 보아야 합니다. 우리는 믿음도 좋고 행함도 좋다고 말하든지, 믿음도 없고 행함도 나쁘다고 말해야지, 믿음은 좋은데 행함이 나쁘다고 말하면 안 됩니다. 그런 사람의 믿음은 거짓이며 가짜입니다. 그러면 어느 정도의 악행이면 믿음이 없다고 봐야 하는지에 대해서는 명확한 기준을 정하기 어렵습니다. 또 그런 것은 우리가 해야 할 일도 아닙니다. 그런 것은 하나님이 하실 일이며 최종적으로는 하나님만이 아시고 판단하실 일입니다.

그러나 우리는 최대한 성결하게, 올바르게 살려고 노력해야 합니다. 이것은 우리가 행함으로 구원받기 때문이 아니라, 구원받은 자가 마땅히 해야 할 일이기 때문입니다. 우리를 부르신 하나님이 거룩하시므로 우리는 거룩해야 합니다. 최소한 거룩하게 살려고 노력해야 하는 것입니다. 우리는 예수님을 믿음으로 구원받았기 때문에 무슨 죄를 지어도 상관없다고 주장한다면, 그 사람은 구원받지 못한 사람임이 분명합니다. 아무리 뜨겁게 찬송하고 기도할지라도, 아무리 성경을 좔좔 외우고 안다고 할지라도 참 믿음이 없는 사람입니다. 왜냐하면 그 사람 안에 거룩한 영, 성령이 계신다면 그렇게 죄책감도 없이 마음대로 죄를 지을 수는 없기 때문입니다.

⑵ 동성애는 성경에서 큰 죄인 것이 분명합니다. 하나님이 가증하게 여기시는 죄입니다. 그러나 그렇다고 해서 동성애자를 향하여 지옥 갈 자라고 말하는 것은 옳지 않습니다. 물론 교리적으로는 옳겠지만 그렇게 말하는 것은 하나님의 사랑을 나타내며 복음을 전하는 데에 전혀 도움이 되지 않습니다. 우리는 그들을 불쌍히 여기며, 그것이 큰 죄임을 가르쳐 주고 그런 죄에서 돌이키도록 기도하고 권면하고 도와주어야 할 것입니다. 물론 그들이 끝끝내 돌이키지 않을 때 심판하시는 것은 하나님의 몫입니다. 그러나 우리가 심판하는 것이 아닙니다. 지옥 가고 안 가고는 하나님이 판단하시고 행하실 일이며, 우리가 그런 결과를 가지고 사람을 비난하거나 위협하면 안 됩니다. 물론 우리는 성도들에게 진리를 가르치는 측면에서 그런 것을 가르칠 수 있습니다. 성경이

가르치는 바가 무엇인지 가르칠 수 있고 가르쳐야 합니다. 그러나 믿지 않는다고, 악을 행한다고 그러면 다 지옥 간다고 위협하는 것은 조심해야 합니다. 그러면 전도도 안 되고 도리어 기독교인들을 욕하고 하나님의 영광을 가리게 됩니다. 우리는 하나님의 사랑을 나타내어야 합니다. 불신자들도, 세상 사람들도, 원수들도 사랑해야 합니다. 이것이 예수님의 가르침입니다. 우리는 우리가 해야 할 일을 잘 감당해야 하며, 그 외의 일은 하나님이 알아서 하실 것입니다.

_ 변종길 교수

답변 2 : 여기에 나온 두 가지 질문이 모두 다 매우 도전적인 질문으로 생각됩니다. 믿는 자에게는, 그가 성령의 역사로 주어지는 선물인 참된 신앙을 갖게 되었다고 한다면, 악행이라는 것을 범하면 회개하고 눈물을 흘리며 참회하게 됩니다.

그리고 동성애자에 대해서는 중보기도를 하지만, 인정하거나 받아들일 수 없습니다. 하나님의 사랑에는 의로움과 거룩함이 본질을 이루고 있습니다. 하나님에게 거역하는 추악함과 반항심을 무작정 동정심으로 받아들이는 분은 아닙니다.

위 두 가지 질문에 대해서는 인간 중심적으로 생각하려고 하지 말고, 참된 신앙인이란 어떤 행위를 하는 사람이 되는 것인지 조금만 더 깊이 생각해 보라고 권하고 싶군요. 믿음에는 거룩한 행동이 수반되는 것입니다. 결코 분리할 수 없습니다. 만일 참된 선행이 없다면, 그 믿음 자체가 문제가 있는 것이지요. 야고보서 2장에서 지적되는 것입니다.

_ 김재성 교수

답변 3 : 지금 우리 사회는 성적 소수자들(예, 동성애자)의 권리를 보호하려고 하는 입법 청원이 계속되고 있습니다. 그러나 우리가 분명히 알아야 할 것은 동성애자들을 위한 권익을 보호해 주기 위하여 성경적 개념의 결혼 제도를 양보하기 시작하면 그것은 성적 소수자들을 위한 입법이 가능하게 되고 그 결과 기독교는 기독교 진리를 마음 놓고 전할 수 없는 때가 오게 된다는 사실입니다. 목회자들은 강단에서 더는 동성애에 대한 성경의 진리를 전파할 수 없게 될 것이며 고소당할 수 있는 상황이 전개될 것입니다. 그러므로 우리는 미국의 34,000개 흑인 교회로 구성된 흑인교회연대(National Black Church Initiative)가 동성결혼을 허용한 미장로교(PCUSA)와 관계를 단절한 것처럼 지혜와 용기를 가지고 동성애를 반대하고 성에 대한 성경의 가르침을 고수해야 하겠습니다.

_ **최병규 박사**

Q **질문 :** 하나님은 우리 성도들을 구원하실 때 영원히 구원하시는가? 아니면 도중에 그 구원을 취소시키기도 하는가? 또한 "하나님에 의해 구원받은 성도들이라 할지라도 인간의 입장에서는 (인간에 의해) 그 구원이 취소될 수도 있다."라는 괴이한 말들이 떠도는데, 이러한 시각이 '정통 보수 신앙'인가요 아니면 '사이비 이단 신앙'인가요? 알기 쉽고 상세하게 성실히 답변하여 주신다면 깊은 감사를 드리겠습니다. 그리고 하나님의 인치심이 구원의 날(재림의 날)까지 이루어지는 것인데, "하나님의 구원의 능력이 인간의 능력보다도 더 못하다."라는 것이 과연 진리인가요? 아니면 비진리인가요?

A **답변 1 :** 하나님의 구원은 성령의 인 치심으로 적용되어집니다. 그래서 영원하신 하나님의 작정이 이루어지게 됩니다. 하나님의 구원은 마치 도장을 찍어서 확정을 짓는 것과 같이, 결코 바꿔지거나 지워지지 않습니다.

에베소서 4장 30절, "하나님의 성령을 근심하게 하지 말라 그 안에서 너희가 구원의 날까지 인 치심을 받았느니라" 에베소서 1장 13절, "그 안에서 너희도 진리의 말씀 곧 너희의 구원의 복음을 듣고 그 안에서 또한 믿어 약속의 성령으로 인 치심을 받았으니"

_ 김재성 교수

답변 2 : 어떤 설교자는 '하나님의 전적인 은혜로 구원받은 자라고 할지라도 율법을 지키지 않으면 하나님 보시기에 믿지 아니하는 자로 인정되어 안식에 들어갈 수 없다' 라고 설교했습니다. 또 어떤 이는 말하기를 '하나님의 전적인 은혜로 구원받은 자라 할지라도 그 구원을 잃어버릴 수 있다' 고까지 했습니다. 그러나 우리는 비록 우리가 연약하고 죄를 범하게도 되지만 우리의 구원이 영원하다는 것을 확신해야 합니다. 『웨스트민스터 신앙고백서』 17장 1절은 성도의 '궁극적 구원' 에 관하여 다음과 같이 말하고 있습니다: "하나님이 그의 사랑하시는 자 안에서 받아들이시고 성령으로 효력 있게 부르시고 거룩하게 하신 자들은(they)… 은혜의 상태로부터 전적이거나 최종적으로 타락할 수 없고, 끝까지 확실히 견인(Perseverance)하여 영원히 구원을 얻을 것이다."

다음 성경 구절들은 이러한 궁극적 구원에 관한 교리를 뒷받침해 줍니다. 빌립보 1장 6절: "너희 속에 착한 일을 시작하신 이가 그리스도 예수의 날까지 이루실 줄을 우리가 확신하노라" 요한복음 10장 28~29절: "내가 저희에게 영생을 주노니 영원히 멸망치 아니할 터이요, 또 저희를 내 손에서 빼앗을 자가 없느니라. 저희를 주신 내 아버지는 만유보다 크시매 아무도 아버지 손에서 빼앗을 수 없느니라"

_ 최병규 박사

Q **질문** : 구원받아서 천국 가면 받는 상급의 정도가 다르고, 구원은 받되 그 받는 영광도 다르다고들 하는데(딤후 2:10), 구원의 등급이 있는 것일까요?

A **답변 1** : 구원의 등급이나 차등은 없습니다. 구원은 사람들이 주고받는 거래나 선물과는 근본적으로 성격이 다릅니다. 구원은 죄와 허물로부터 죽어야 마땅한 죄인들을 건져 주시고자 선포하신 하나님의 약속이 성취되는 것입니다. 죄에 대한 진노와 형벌에서 건져 주시는 구원, 그 자체에는 급수의 차별이란 전혀 없습니다.

세상에서 보편화된 상급의 개념이 자꾸만 구원에도 적용되어서 혼란을 일으킵니다. 예를 들면 우리가 학교에서 공부를 잘하면 상을 줍니다. 그와 마찬가지로, 선한 일을 많이 하면 좋은 하늘나라에서도 상급이 높고 크다고 생각합니다. 그러나 하나님께서는 전혀 세상의 기준과는 다른 은혜를 적용하십니다.

천국에 들어가는 것을 비유로 말씀하신 예수님은 농장에서 일하는 일군들에게 품삯을 동일하게 주신다고 했습니다. 마감 시간 직전에 들어와서 일한 사람도 하루에 해당하는 품삯을 주셨습니다. 마태복음 20장 1~16절에 보면, 하루 한 데나리온의 임금을 주기로 하였는데, 해질 무렵에 들어온 사람들이나 일찍부터 나와서 일한 사람에게나 똑같이 대가를 주셨습니다. 일부는 불평했지만 약속하신 대로 은혜를 베풀어 주신 것입니다.

구원은 예수 그리스도와의 인격적인 관계를 맺게 되어서, 하나님이 주시는 영생을 누리는 것입니다. 영생은 하나님에게서 나오는 선물입니다. "죄의 삯은 사망이요 하나님의 은사는 그리스도 예수 우리 주 안에 있는 영생이니라"(롬 6:23).

_ 김재성 교수

답변 2 : 천국에 상급이 있는가?

요즈음 천국에 상급이 없다고 주장하는 사람들이 많습니다. 그래서 많은 사람이, 심지어 신실한 성도들조차도 과연 천국에 상급이 있는 것일까? 하는 의문을 가지고 있습니다. 물론 이런 의문은 우리가 가질 수 있는 것이며, 성도라면 누구나 한 번쯤 고민해 보아야 할 문제이기도 합니다. 과연 천국에 가면 상급이 있는 것이며 또 상급에 차이가 있는 것일까요?

하늘에 상이 많다

신약성경에 보면 '상'에 대해 말하고 있는 구절들이 많습니다. 예수님 때문에 욕을 얻어먹고 핍박을 당하는 천국 백성을 향해 예수님은 "기뻐하고 즐거워하라. 하늘에 너희 상이 큼이라."라고 말씀하십니다 (마 5:12). 여기서 '상'(misthos, 미스또스)은 원래 노동자에게 노동의 대가로 지급하는 '임금, 삯'(pay, wages)이란 뜻인데, 또한 어떤 일에 대한 대가로 갚아 주는 '보상'(reward, recompense)을 의미하기도 합니다. 이것이 구체화될 때에는 보상(報償)으로 갚아 주는 '상' (賞, a reward)을 의미합니다.

그런데 이 '상'을 모든 성도가 동등하게 받는 '구원'이나 '영생'의 의미로 볼 수는 없습니다. 왜냐하면 "하늘에서 너희 상이 크다"고 말하기 때문입니다. 여기서 '크다' (polus, 폴뤼스)는 말은 원래 '많다'는 뜻입니다. 상이 '많다'는 것은 '적다'에 대비되는 개념입니다. 즉, 상을 많이 받는 사람도 있고 적게 받는 사람도 있다는 말입니다. 어떤 사람의 주장처럼 '천국 자체'를 '상' (보상)이라고 했다면 '많다'고 말할 수 없었을 것입니다. 그뿐만 아니라 여기에 약속된 '많은 상'은 예수님 때문에 욕을 얻어먹고 핍박을 당할 때에 주어지는 보상입니다. 이 것을 '천국 자체'로 본다면 우리의 '행위'로 천국에 들어간다는 행위구 원이 되고 맙니다.

그뿐만 아니라 예수님은 "선지자의 이름으로 선지자를 영접하는 자는 선지자의 상을 받을 것이요, 의인의 이름으로 의인을 영접하는 자는 의인의 상을 받을 것이요, 또 누구든지 제자의 이름으로 이 소자 중 하나에게 냉수 한 그릇이라도 주는 자는 내가 진실로 너희에게 이르노니 그 사람이 결코 상을 잃지 아니하리라."라고 하셨습니다(마 10:41~42). 여기에 보면 각자 자기가 행한 대로 받는 '상'이 있음을 알수 있습니다. 냉수 한 그릇으로 얻는 '상'은 '구원'이나 '영생'이 아닙니다. 만일 그렇다면 자기의 '선한 행위'로 구원받는다는 말이 될 것입니다. 따라서 여기서 말하는 '상'은 각자의 선행에 대해 하나님께서 갚아 주시는 보상으로서의 '상'이란 뜻입니다. '구원'과는 구별되는 별도의 '상급'이 있다는 것을 말합니다.

하나님의 기쁘신 뜻

그 외에도 성경에는 '상'에 대해 말하고 있는 구절들이 아주 많습니다. 그중에는 물론 천국에 들어가는 것, 영생 얻는 것 자체를 '상' 또는 '보응'으로 말하는 경우가 있습니다(계 11:18; 롬 2:6~7). 이 경우의 '상' 또는 '보응'은 구원이나 영생과 동일시할 수 있습니다. '영생' 또는 '구원'은 모든 성도가 받는 '기본적인 상'이며 '제일 큰 상'이라고 할 수 있습니다.

이런 의미 외에 구원받은 자가 각자 행함에 따라 받게 될 '상' 또는 '보상'에 대해서도 많이 말하고 있습니다(마 6:1; 눅 6:35; 고전 3:8, 14~15; 9:17, 18; 고후 5:10; 빌 3:14; 히 10:35; 11:26; 계 22:12; 마 16:27; 막 10:40; 롬 14:10~12 등). 이 '상' 또는 '보상'은 사람마다 다르며, 각자의 행함을 따라 하나님이 주십니다.

이렇게 상급에 차이가 나는 것은 하나님의 기쁘신 뜻이며 하나님의 공의에 부합합니다. 천국에서는 모든 것이 다 똑같으며 상급의 차이가 없다고 주장하는 것은 인간의 생각을 따른 것이며 하나님의 기쁘신 뜻을 거부하는 것이 됩니다. 마치 공(功)을 많이 세운 신하에게 임금이 상을 내리려 할 때, 신하들 사이에 위화감이 조성된다는 이유로 상을 반대하는 것과 같습니다. 그런 신하는 임금의 호의와 기쁜 뜻을 무시하는 대죄를 짓게 됩니다.

영광에 있어서의 차이

그러나 우리가 선한 일을 했으니 마치 마땅히 상을 받을 권리가 있는 것처럼 생각하는 것은 옳지 않습니다. 그런 것은 가톨릭의 공로사상입니다. 상은 '권리'(權利)가 아니라 주는 자의 '호의'(好意)입니다. 우리는 하나님이 명하신 일을 다 한 후에 "우리는 무익한 종입니다. 우리의 하여야 할 일을 한 것뿐입니다."라고 고백하여야 합니다(눅 17:10). 마치 상을 받는 신하가 "성은이 망극합니다. 신은 마땅히 할 일을 했을 따름입니다."라고 말하는 것과 같습니다. 이처럼 '상'은 어디까지 하나님의 은혜이며 선물입니다.

그렇다면 우리가 천국에서 받게 될 상은 구체적으로 무엇일까요? 성경은 이에 대해 구체적으로 말하지 않습니다. 물론 예수님을 믿는 자는 모두 다 천국에서 영생과 구원을 누리고 또 천국의 기쁨과 주님과의 복된 교제를 누릴 것입니다. 이것은 모든 성도가 다 받는 공통의 상입니다. 그러나 그 외에 각자 행한 대로 받는 상(보상)이 또 있습니다.

이 상에 대해서는 우리가 구체적으로 알지 못하며 또 굳이 알려고 할 필요도 없습니다. 이에 대해 화란의 개혁주의 신학자 헤르만 바빙크(Herman Bavinck)는 그의 『개혁교의학』 제4권 제일 마지막에서 각자 '영광에 있어서 차이'가 있다고 말합니다. "구원은 모든 사람에게 동일하다. 그러나 빛남과 영광에 있어서 차이가 있습니다."(par. 580) 이처럼 우리는 예수님의 피로 구원받아 다 천국에 가지만 각자 행한 일을 따라 하나님의 인정과 칭찬과 영광이 있을 것입니다. 이것으로 족하며 이에서 지나치는 것은 인간의 사변이며 교만입니다.

_ 변종길 교수

043. 크리스천에게도 심판 날에 악행에 대한 심판이 있고, 선행에 대한 상급이 있는가?

Q **질문** : 우리 크리스천도 최후의 심판 날에 자기가 행한 죄악들에 대하여 심판을 받나요? 또 우리가 행한 선행들에 대하여도 다른 크리스천들과 차별 있게 상급을 받나요?

A **답변** : 저는 다음 구절을 믿습니다. "동이 서에서 먼 것같이 우리의 죄과를 우리에게서 멀리 옮기셨으며"(시 103:2). 그래서 우리의 믿는 자들은 마지막 심판 날에 자신의 죄에 대한 형벌이 없다는 확신을 가지고 있습니다. 그러나 하나님은 의롭고 공정하신 분이시므로, 이미 우리의 잘못에 대해서 이 세상에서 사는 날 동안에 가장 합당하신 방법과 시기에 모든 책임을 요구하신다고 봅니다. 우리의 선행에 대해서 하나님의 상급을 받게 됩니다. 그래서 요한 칼빈은 두 가지 은혜라고 강조했습니다. 믿음으로 값없이 구원을 받게 되는 것이 첫 번째 은혜요, 작은 선행이라도 보답과 상급을 주시니 이것이 바로 두 번째 은혜입니다. 지극히 작은 선행이라도 보상해 주실 터입니다. 단, 하나님의 영광을 위해서 순수하게 드려진 것에 대해서 하는 말이죠. 자랑이나, 자기 영웅심에서, 혹은 자기만족으로 하는 일들은 이미 칭찬을 받았으니 상급을 이 세상에서 받은 것입니다. 오직 이름 없고, 상급 없는 순수한 선행이 상급을 받습니다.

_ 김재성 교수

044. 몸과 육의 구별은?

 질문 : 몸과 육의 구별에 대하여 알고 싶습니다.

답변 1 : 몸과 육의 구별은 대단히 복잡한 문제입니다. 왜냐하면 두 단어 모두가 대단히 폭넓은 의미 범주를 지니는 단어들이기 때문입니다. 우리말 몸은 헬라어 소마와, 육은 사륵스와 '대체로' 일치합니다.

헬라어 소마는 육체적 몸, 사회적 몸, 인격적 구성체 등의 의미로 쓰입니다. 사륵스 역시 사람의 육체적 부분, 육체적 연약성, 영과 대립하는 죄성 등의 의미로 쓰입니다. 그래서 어떤 경우에는 두 단어의 의미가 겹치는 부분도 있습니다. 특히 인간의 신체를 가리키는 경우 두 단어는 중립적 의미에서 별 나쁜 뜻 없이 사용됩니다. 그뿐만 아니라 우리의 '몸' (소마)은 하나님과 타인과의 책임 있는 관계를 형성하는 데 있어서 불가피한 통로가 됩니다. 이를 부정하면 우리의 신앙은 추상적인 것이 되고, 더 나쁜 경우에는 영지주의적 이원론에 빠지게 됩니다.

'육체' (사륵스)라는 단어가 중립적 의미로 쓰일 수도 있지만 어떤 경우에는 매우 부정적 의미로 사용됩니다. 특히 이것이 성령과 대립하는 위치에 놓일 때 그렇습니다. 로마서 8장 6절이나 갈라디아서 3장 3절, 빌립보서 3장 3절 등이 대표적입니다. 그뿐만 아니라 바울의 독특한 문구 "육신(육체)을 따라"는 대체로 부정적 의미가 강합니다. "너희가 육신대로 살면 반드시 죽을 것"(롬 8:13)이라는 강한 표현이 그렇습니다. 따라서 바울은 더는 육신을 따라 행동하거나 자랑하지 않습니다(고후 10:3; 11:18).

정리하자면, 대체적으로 '몸'이 보다 중립적 의미에서 하나의 관계성의 구성체를, '육'이 보다 부정적 의미에서 성령과의 대립체를 가리킨다고 볼 수 있겠습니다. 그러나 이것은 '대체적으로' 그렇다는 말입니다.

보다 안전한 것은 개념을 미리 고정해 놓지 말고, 관련 단어들이 나올 때마다 문맥 속에서 그 의미를 융통성 있게 결정해 가는 방법입니다.

_ 최승락 교수

답변 2 : 우리는 하나님의 형상을 다루면서 인간의 여러 측면을 살펴보게 됩니다. 성경에서는 하나님의 형상 이외에도 인간을 묘사하고 지칭하는 주요한 말들이 나오는데, 이것들은 주로 인간의 육체성과 내면성을 그립니다. 성경은 하나님과의 관계성의 관점에서 인간을 말합니다. 그러므로 성경은 인간을 전체로 보고 있습니다. 성경의 이런 관점과는 무관하게 인간의 내면성을 일방적으로 강조하는 경향이 일반적이지만 하나님의 형상으로 살아가기 위해서는 육체성도 반드시 요구됩니다.

인간은 육체로 외면화됩니다(창 47:18; 삼상 31:10, 12; 나훔 3:3; 마 10:28; 눅 12:23; 롬 1:24; 12:1; 고후 5:6). 성경은 인간의 행동들을

신체의 부분들을 빙자하여 표현합니다. 눈, 입과 입술, 혀, 목구멍, 귀 등이 대표적 표현들이요, 얼굴은 구약에서만 2,000회 이상 나타납니다.

'영혼(네페쉬)'은 구약에서 755회 나오며, 칠십인역은 600회가량 '혼'으로 번역하고 있습니다. 이는 인간의 특정 부분이 아니라, 생령인 인간(창 2:7), 또는 인간의 종속성을 말합니다. '네페쉬'는 몸을 떠나서 존재하지 않습니다. 네페쉬는 하나님께 속했습니다(겔 18:4). 네페쉬는 살아서 하나님 앞에서 응답하며 책임 있는 인격적 존재인 인간을 지칭합니다. 그러므로 하나님이 네페쉬를 사망이나(시 116:4, 8), 환난에서 (삼하 4:9) 건지시니, 네페쉬는 야웨께 피할 수 있습니다(시 57:1). 야웨는 네페쉬를 축복하십니다(시 23:3). 또한 네페쉬는 야웨를 사모합니다 (사 26:9; 시 33:20; 42:1). 시편 84편 2절에서는 네페쉬(영혼), 레브(마음), 바샤르(육체)가 교체되면서 모두 야웨 하나님을 사모함을 보여 줍니다(시 63:1 참고). 영혼은 목마르며(잠 25:25), 배고파합니다(시 107:9). 그러나 네페쉬가 범죄하면 죽습니다(겔 18:4). 이처럼 이 영혼이 몸과 무관하다는 의미에서 순전히 정신적인 것으로 이해된 적은 한 번도 없습니다.

신약에서 '프쉬케'(혼)는 '조에'(생명)와 비교될 때, 구체적으로 혈육과 결합해 있는 생명을 말합니다. 그러므로 죽이고, 죽고, 미워하고 또 핍박할 수 있습니다. 또 죽음의 위협 하에 있습니다(고전 15:45). 프쉬케는 자체적으로 존속할 수 없으며 죽음과 부패에 종속됩니다. 이 점에서 육(肉)과 혈(血)의 동의어입니다. 구체적 생명이지, 일반적인 생명의 현상(phenomonon of life in general)을 말하지는 않습니다. 마태복음 10장 28절에서는 육체보다 더 존속하는 인간의 측면이 프쉬케로 표현됩니다. 마태복음 11장 29절의 '너희 심령'(렘 6:16)은 그냥 '너희'라는 죽음에 예속된 인간을 말합니다. 즉 마지막 심판 때 하나님께 회계해야 함을 뜻합니다. 그러므로 육체적 삶도 하나님의 축복이기 때문에, 혼이 육에서 해방될 때 평안을 얻는다는 헬라사상과는 다릅니다. 프쉬케는 하나님이 주셔서 육체적 삶으로 가시화되어 영생에로 유지됩니다(눅 21:19, 이 본문은 불멸의 혼이 장래에 비로소 획득된다고 가르치지는 않습니다). 이는 건강이나 부도 아니며, 하나님께서 지속해서 공급하시니까 죽음으로도 제한받지 않습니다. 그렇다면 헬라식으로 영과 육을 나누고, 지상적 삶과 천상의 삶을 나누는 구분은 극복됐습니다.

'프쉬케'는 구체적 인간의 삶입니다. 그러므로 전인을 지칭한다. 또 기쁨, 슬픔, 사랑, 미움의 좌소입니다. 내적 삶이라 할 수도 있습니다. 마음과 연관되어서 신앙의 좌소이기도 합니다. 육체적 삶이라 하지만 육체와 동일시되지는 않습니다. 다만 하나님이 주신 생명을 이 육체적인 측면에만 한정시킬 때, 프쉬케는 상실됩니다(눅 12:20, 어리석은 부자). 그러면서도 프쉬케는 죽음으로만 끝나지 않는 생명입니다. 즉 하나님이 지속해서 주시는 신실하심 때문입니다.

육(肉)을 뜻하는 '바사르'는 구약에서 270회 나오며(창 2:23, 24; 시 56:5; 65:3; 렘 32:27), 신약에서는 '사륵스'로 번역됩니다. 하나님의 피조물인 인간이 바사르입니다. 즉 하나님 앞에 서 있는 인간의 모습 그대로입니다. 그렇다면 인간을 육과 영으로 나눌 수 없습니다. 구별할 수 있다면, 하나님과 인간의 구별입니다. 육체는 인간의 육체이며, 인간을 가시적으로 만드는 육체입니다. 때로는 혈육을 뜻하기도 합니다(창 2:23; 29:14; 삿 9:2). 바사르는 육체이지 허상이 아닙니다. 바사르는 루아흐(창 6:3; 민 16:22; 27:16; 사 31:3; 욥 3:1), 레브(겔 44:7, 9; 시 84:3) 등과 대비됩니다. 때로는 바사르가 생명을 뜻하기도 합니다(창 9:4; 신 12:23; 욥 14:22). 바사르는 인류(신 5:26; 시 65:3; 145:21), 동물과 인류(창 6:17; 9:16)를 뜻합니다. 돌 같은 마음보다는 살 같은 마음이 낫습니다(겔 11:19; 36:26). 그러나 대체로 바사르는 영이신 하나님과 비교될 때, 허무하며 무력하고(창 6:3; 사 31:3; 40:6; 렘 17:5; 시 56:5; 78:39; 욥 10:4). 특히 죽을 존재(창 6:3; 단 2:11; 욥 10:4)임을 보여 줍니다. 인간은 스스로 아무 힘도 없는 연약한 존재입니다(사 31:3; 40:6; 시 78:39).

신약에서 '사륵스'는 피조된 존재인 인간을 지시합니다(롬 3:20; 갈 2:16). 즉 하나님에게 의존적이라는 뜻이며, 이 경우 특히 성령에 의존적입니다(갈 5:1 이하). 인간의 지상적 존재를 지시하기도 하며(빌 1:22, 24; 고후 10:3), 한시성과 제한성이 포함됩니다. 나아가 사륵스는 특히 하나님을 항거하는 탕자인 인간의 전체 모습을 표현합니다(롬 8:6~9; 갈 5:19~21; 롬 7:14). 육도 죄와 같이 인간을 예속시키는 힘입니다(롬 7:14, 18; 8:6, 12; 갈 5:16). 육은 죄의 정욕을 인간 속에 활동하게 해서 사망을 이루게 합니다(롬 7:5). 로마서 7장 12~14절은 중생된 상태에서도 성령과 육 사이에서 분열되어 있는 인간의 모습이 나옵니다. 죄는 하나님의 저급한 부분에 붙어 있지 않고, 인간 그가 부패했습니다. 지상적 삶이 죄는 아니지만 육을 따라 사는 것은 죄입니다. 그러므로 육은 하나님을 떠난 인간으로서, 육과 피는 하나님을 알 수 없으며(마 16:17), 하나님의 나라를 유업으로 받을 수 없습니다(고전 15:50).

몸을 뜻하는 '소마'도 육체성을 표현합니다. '사륵스'와 비교하여 볼 때, 이 말은 대체로 긍정적으로 쓰입니다. 몸은 장차 부활할 것입니다(고전 15:35~44). 그리스도 안에 있는 우리의 장래 모습은 소망 중에 현존하며, 세상적 몸에 있는 생명을 의미 있게 합니다(고후 5:10; 빌 3:21). 하나님은 우리의 죽을 몸도 살리실 것입니다(롬 8:11; 6:12; 8:23). 여기서 몸은 죄 아래 있음을 보여 줍니다. 몸이 심판을 받을 것이므로(고후 5:1~10), 몸을 잘 보존해야 합니다(간음, 고전 6:16~18). 왜냐하면 주님으로 인하여 구속받은 몸은 성령의 전이기 때문입니다(고전 6:19). 성령이 떠난 몸은 죽었습니다. 그러므로 몸의 주인은 하나님이십니다(롬 12:1). 그러면서도 몸이라는 말은 한 부분이 아니라 전인을 지칭합니다.

육체성을 표현하는 성경의 가르침을 종합하여 볼 때, 구원이란 육체성(성생활)에서 영성(靈性, 율법 연구나 금욕)으로 전환함이 아닙니다. 인간은 육체성과 영성 양자를 다 하나님에게서 분리할 수도 있고, 하나님을 위해 바칠 수도 있습니다. 육체성 그 자체가 나쁜 것이 아니라, 그 위에 삶을 세울 때 나쁩니다. 그러면 육이 인간을 지배하게 됩니다. 구속이란 육체성을 폐기하는 물리적, 형이상학적인 사건이 아닙니다.

_ 유해무 교수

질문 : 우리 영혼은 언제 생기는가요? 태아로 수정될 때부터 영혼이 있나요? 영혼도 죽게 되나요?

답변 : 여러 가지 접근이 있었고, 가능한 한 가장 성경적인 것으로 여겨지는 것으로 답하자면 영혼 직접 창조설입니다. 이 견해는 하나님의 섭리 가운데서 정자와 난자가 결합하여 새로운 인간 생명이 시작되는 그 순간에 인간의 영혼이 창조된다고 봅니다.

피조물이므로 그 자체가 영원성을 지니지 못하지만 하나님께서 몸과는 달리 영혼은 지속해서 존재하게 하셨다고 보아야 합니다. 바로 그런 뜻에서 우리 주님께서도 "몸을 죽이는 자들을 두려워하지 말고, 몸과 영혼을 능히 지옥에 멸하시는 분을 두려워하라"고 하신 것입니다. 누군가 나를 죽여도 그것은 내 몸을 죽일 뿐 내 영혼은 죽일 수 없다는 것이지요. 그러나 하나님께서는 몸과 영혼에 영원한 형벌을 주신다는 뜻을 전달하는 것입니다.

그러므로 정리하자면, 인간 영혼은 수태되는 그 순간에 창조됩니다. 그때 인간 생명이 시작되는 것이기도 하지요. 그리고 이렇게 창조된 영혼은 계속 있도록 창조하셔서 구속된 자들은 죽음 후에도 곧바로 하나님께서 계신 하늘에 있다가 예수님의 재림 때에 몸과 합하여 부활하게 됩니다.

끝까지 믿지 않는 분들은 죽은 후에 그 영혼이 지옥의 고통을 받다가 부활 후에 몸과 영혼이 지옥에 던져져 영원한 형벌을 받는 것입니다. 그러므로 우리가 때를 얻든지 못 얻든지 항상 전도에 힘써야 합니다.

_ 이승구 교수

046. '영'과 '영혼'은 서로 같은가, 다른가?

Q 질문 : 영혼은 언제 어떻게 생기나요? 영혼이 죽기도 하나요? '영'이라는 말과 '영혼'이라는 말은 같은 뜻인가요? 아니면 다른 의미인가요?

A 답변 : 영, 영혼을 다루는 데 있어서, 인간을 지칭하는 성경상의 단어는 매우 다양합니다. 너무 한 단어에만 집착하면, 영, 영혼을 자꾸만 어떤 기관으로 간주하게 됩니다. 과학적인 용어처럼 한 가지 단어가 사람의 구성체 일부를 의미하는 것이 아닙니다. 영이 머무는 곳이 따로 있고, 어떤 부분은 육체로 따로 떨어져 있다는 생각을 조심해야 합니다. 영, 영혼은 사람의 통합적인 전체성을 의미하고 있고, 전인격적이며, 총체적이며, 통전적인 명칭입니다.

칼빈은 영혼을 하나님의 형상이라고 해석했습니다. "지혜, 의로움, 거룩함"이지요. 고린도전서 1장 30절[3]을 매우 중요한 구절로 해석합니다.

1) 영혼은 헬라어로 프뉴마(pneuma)입니다. 영어로는 spirit입니다. 고린도후서 2장 13절, 데살로니가전서 5장 23절을 참고하세요. 또한 영으로 번역되는 헬라어로 nous라는 단어가 있는데, 우리 성경에는

---

3) "너희는 하나님으로부터 나서 그리스도 예수 안에 있고 예수는 하나님으로부터 나와서 우리에게 지혜와 거룩함과 구원함이 되셨으니"

마음, 혼, 영어로는 mind, spirit 두 가지로 번역되어 있습니다. 누가복음 24장 45절, 로마서 12장 2절, 빌립보서 4장 7절을 보세요.

한국어로 혼이라는 단어는 헬라어 프시케(psyche)인데 마태복음 10장 28절, 39절, 누가복음 1장 46절, 요한계시록 18장 13절에 나옵니다. 한국어 성경에 마음, 심장, 중심이라는 단어는 헬라어로 카르디아(cardia)입니다. 영어로는 heart, mind인데, 마태복음 15장 18~19절, 로마서 2장 5절, 야고보서 4장 8절 등에 나옵니다.

사람의 어떤 기관이 그대로 어디에 있는 것이라는 과학적 대입은 곤란합니다. 인간은 하나님의 형상이기에 다른 동물과는 근본적으로 차이가 납니다. 어떤 몸의 기관이나 일부에 대해서 언급하더라도 내부 혹은 외부의 구별이 나오기도 합니다. 성경은 '몸'과 '영혼'의 통일성을 말하고 있고, '감정'과 '사상'을 서로 교차적으로 사용합니다.

그래서 자꾸만 한두 가지 구성 요소 중에 하나로 영, 영혼을 구별하려는 것은 하나님의 영광을 반영하는 인간의 모습을 왜곡하게 만들 수 있습니다.

2분법적인 관점은 헬라(그리스) 철학자 플라톤과 영지주의자들이 만들어 낸 이원론이 큰 영향을 미쳤습니다. 성경에 나오는 인간의 복합성(multiplicity), 이중성(duality) 등에 주목해야 합니다.

2) 영혼은 창조되었습니다. 하나님은 지금도 사람을 창조하신다고 믿습니다. 창조의 시점은 신비입니다. 전지전능하신 하나님은 무에서 모든 만물을 말씀으로 창조하였습니다. 그래서 우리 인간의 영혼을 각각 창조하신 것으로 믿습니다. 영혼선재설이 있지만 성경에서 말씀하는 사상이 아닙니다.

3) 사람이 죽은 후에는 영혼이 어떻게 존재하느냐에 대해서 여러 학설이 있습니다.

첫째, 연옥설이 있습니다. 중간상태에서 머물다가 거룩하게 된 후에야 천국으로 간다는 것이지요. 일종의 영혼불멸설입니다. 이것은 기독교적 관점이 아닙니다. 임마누엘 칸트가 신과 사람의 미덕은 불멸하다고 주장했습니다.

둘째, 영혼변형설이 있습니다. 사람이 죽은 후에는 영혼이 따로 떨어져서 유령과 같이 머물러 있다는 헬라사상과 동양사상이 있습니다.

셋째, 죽은 후에는 영혼이 멸절된다는 영혼멸절설도 있습니다.

넷째, 영혼수면설이 있습니다. 잠을 자고 있다가 부활의 날, 재림의 날에 다시 깨어난다는 것이지요. 종교개혁자들은 이런 사상에 이의를 제기하였습니다. 사람은 죽은 후에 자연적인 불멸에 이르지 못합니다.

다섯째, 새로운 신체설이 있지요. 영원한 몸으로 새로 바뀐다는 것입니다. 로마가톨릭에서 많이 지지하고 있지요.

여섯째, 1942년 화란 개혁교회 총회에서 결의한 바에 따라서 답변을 합니다. 죽은 이후에 혼, 혹은 영혼이 존재하되, 그러나 영혼불멸설은 아닙니다. 이와는 조금 다르게 죽은 후에도 영혼이 연속성을 유지한다는 것뿐입니다(요 11:25). 왜냐하면 아직 부활의 영광을 입지 못했기에 여전히 임시적인 상태입니다. 그러나 지속적인 존재를 가진다고 봅니다.

믿는 성도들은 안식과 휴식 가운데서 그리스도와 함께 교통하면서 구원을 즐거워할 것이요, 불신자들은 지옥에 떨어져서 고통을 당할 것입니다(눅 23:43; 빌 1:23).

마지막 날에 성도들은 영원한 구원을 얻을 것입니다. 영광스러운 존재가 회복될 것이고, 주어질 것입니다(계 14:13; 6:11~13).

불신자들은 영원한 형벌을 받아서 더 이상 존재가 허락되지 않을 것이라고 봅니다.

_ 김재성 교수

질문 : 유산된 아이나 중절수술로 태어나기 전에 죽은 아기들은 어떻게 되는 건가요? 지옥에 가는 건가요? 아니면 영이 생성되지 않았기 때문에 다른 경우가 되나요?

답변 : 복중의 아이의 신분과 존재는 하나님이 이미 태중에서부터 알고 감찰하고 관계하시는 대상이라고 시편 기자는 말합니다(시 139:13~16). 복중의 아이는 영이 생성되어 있지 않다는 것은 개혁신학적으로 볼 때 잘못된 이해이고, 잉태되는 그 순간부터 영혼이 들어와서 생육하는 존재로 이해하는 것이 성경적입니다. 인간은 영과 육이 떨어질 수 없는 존재 즉 영으로 기동하고 움직이는 육체이고, 육체로 체현되어(embodied) 나타나는 영이기도 합니다. 육체가 생장한다는 것은 영이 있기 때문입니다. 태아는 복중에 있어 육체가 미성숙한 상태에 있는 존재일 뿐이지요.

그러면 복중에서 죽은 태아는 지옥 가느냐? 그것도 성경적으로 근거가 없는 말입니다. 복중의 태아의 구원 여부는 하나님의 신비에 속한 것으로 볼 수밖에 없습니다.

_신원하 교수

Q 질문 : 우리가 죽으면 우리의 영혼은 하나님께 가는 것을 알고 있어요. 그러면 하나님 앞에서 어떤 상태로 있게 되나요? 그곳에서 이 땅에 있는 가족들을 위해서 기도할 수 있나요?

A 답변 : 사후세계에 대한 개혁주의 신학자들의 해설은 그리 많지 않습니다.

첫째로, 영혼 수면설이 있습니다. 죽은 후에 우리 영혼이 수면상태에 있다가 다시 주님의 재림 시에 깨어난다고 합니다. 주로 16세기 유럽 종교개혁 시대에 재세례파에서 주장한 것입니다. 둘째로, 몸과 영혼의 중간멸절설이 있습니다. 마치 지옥멸절설과 같이 없어진다는 것입니다. 죽음의 상태에서 부활을 기다린다는 것이지요. 네델란드 신학자 텔더(Telder)가 1960년에 출판한 책에서 주장했는데, 그가 속한 총회에서 1963년 거부된 사상입니다. 셋째로, 영혼안식설입니다. 우리 개혁주의 입장에서 지지하는 학설입니다. 휴식을 취하면서 그리스도와 함께 하나님의 위로를 받는다는 것이지요. 이를 입증하는 성경에 몇 가지 예가 있습니다. 예수님이 누가복음 20장 38절에서 "죽은 자의 하나님이 아니요, 산자의 하나님이다."라고 하신 것입니다. 아브라함의 하나님, 이삭의 하나님, 야곱의 하나님은 살아 있는 자들의 하나님이시다. 즉, 이 믿음의 조상들은 살아 있다는 뜻으로 봅니다. 요한 칼빈은 이 구절을 통해서 재세례파의 '영혼수면설'을 반대하는 것입니다. 하나님은 지금도 아브라함, 이삭, 야곱을 보호하신다는 것이 칼빈의 핵심적인 설명으로 이해하시면 됩니다. 빌립보서 1장 23절, 누가복음 23장 43절에도 역시 같은 내용입니다. 저는 스데반이 순교할 때 "주 예수여, 나의 영혼을 받아 주소서."(행 7:59)라고 한 말을 매우 중요한 믿음의 고백이자 기도라고 봅니다. 예수님은 "나는 부활이라 나를 믿는 자는 영생이 있고, 죽을지라도 살리라."(요 11:25)고 하셨음을 기억해야 합니다.

그 밖에도 영혼의 변혁설이 있지요. 우리 영혼이 새로운 형태로 변형된다는 주장입니다. 최근에 나온 학설로는 새로운 신체설(new corporality)도 있습니다. 전혀 다른 형태로 존재하는 양식을 취한다는 주장입니다. 그러나 이 두 가지 설을 지지할 수 없습니다. 이것은 거의 예수님의 변형된 신체와 같은 주장인데, 이것은 아직 우리가 주님의 재림을 기다려서 얻어야 하는 "영광스러운 몸"이기 때문입니다. 죽은 직후에 얻는다는 것은 너무나 앞서가는 이론입니다.

로마가톨릭에서는 연옥설이 있지요. 우리 영혼이 그곳에서 대기하다가 두 번째 기회를 얻어서 거룩하게 되면 천국으로 올라간다고 합니다. 중세 시대에 만들어진 연옥설은 아주 어린 나이에 억울하게 죽은 어린아이들, 전쟁의 영웅들, 전염병의 희생자들에 대한 위로의 신학에서 나온 것이지요. 성경에 근거는 없습니다.

_ 김재성 교수

Q 질문 : 안녕하세요? 우리는 흔히 사람이 죽으면 "천국에 가셨습니다."라고 합니다. 하지만 천국에는 예수님의 재림 때 가지 않습니까? 무덤 속에 묻힌 자들이 먼저 일어나서 천국에 가지 않습니까? 그리고 또 예수님이 십자가에 못 박혀 돌아가실 때 한 죄인은 예수님께 간청을 했죠. 그때 예수님은 "너는 나와 낙원에 있으리라"하셨습니다. 그러면 낙원과 천국은 같은 개념인가요? 그리고 지옥 가는 사람도 죽자마자 지옥에 가는 건지요? 예수님 재림하실 때 심판을 받아 지옥에 가는 거 아닌가요? 천국과 지옥은 대체 언제가며, 예수님 재림하실때 천국과 지옥에 간다면 그동안 영혼은 어디에서 머무는지 질문 드려요.

A 답변 : 믿는 자가 죽으면 '낙원' 즉 옛 분들이 '천당'이라고 하는 곳으로 갑니다. 물론 '천당'과 '천국'이라는 말은 구분해야 할 필요가 있습니다. 왜냐하면 '천국'은 이 땅에서도 이미(already) 시작되었으며 그 완성은 미래(not yet)에 있을 것이고, 그것이 최종적으로 완성되는 단계를 '새하늘과 새땅'이라고 할 수 있겠기 때문입니다.

『웨스트민스터 신앙고백서』 제32장은 다음과 같이 가르치고 있습니다: "사람들의 육체는 죽은 후 흙으로 돌아가 썩게 되나(창 3:19; 행 13:36) 그들의 영혼은 죽지도 않고 잠자지도 않으며(which neither die nor sleep) 불멸의 본질을 가져서 그것을 주신 하나님께로 즉시 돌아간다(눅 23:43; 빌 1:23; 고후 5:6~8)."

『하이델베르그 교리문답』(Heidelberg Catechism, 1563) 제57문에서는 몸의 부활이(resurrection of the body) 당신에게 주는 위로는 무엇인가를 묻고 있는데, 그에 대하여 다음과 같이 답하고 있다: "이 생명이 끝난 후에 나의 영혼은 머리이신 그리스도에게로 즉시 인도되고(눅 16:22; 23:43; 빌 1:21~23), 나의 이 몸은(this my body) 그리스도의 권능에 의해서 일으켜져 나의 영혼과 다시 합해져서(with my soul) 그리스도의 영화로우신 몸과 같이 될 것이다(욥 19:25~26; 요일 3:2; 빌 3:21)."

"구원받지 않고 죽는 이들에 대하여는 『웨스트민스터 신앙고백서』 32장 1절에서 다음과 같이 가르치고 있습니다: "사람들의 육체는 죽은 후 흙으로 돌아가 썩게 되나…… 악인의 영혼은 지옥에 던져져서 그곳에서 고초와 흑암 가운데 지나며 큰 날의 심판 때까지 갇혀 있다(눅 16:23~24; 벧후 2:9). 그리고 심판 날에 악인들이 어떻게 될 것인가에 대하여는 『웨스트민스터 대교리문답』 제89문답에서 다음과 같이 가르칩니다: "심판 날에 악인은 그리스도의 좌편에 두어지고, 명백한 증거와 그들 자신의 양심의 분명한 확증이 있은 후, 공정한 정죄 선고를 받을 것이요, 하나님의 존전과 그리스도와 그의 성도들, 그의 모든 거룩한 천사들과의 영광스러운 사귐에서 쫓겨나, 지옥에 던져져 마귀와 그의 천사들과 함께 몸과 영혼이 다 같이 영원히 고통의 형벌을 받을 것이다(마 25:33, 41~43; 롬 2:15~16; 눅 16:26; 살후 1:8~9)."

_ **최병규 박사**

Q 질문 : 구약성경에 보면 이스라엘 역대 왕들의 죽음에 대하여 선한 왕과 악한 왕의 차이가 없이 동일하게 '그의 조상들과 함께 누워 자는' 것으로 기록되어 있습니다. 이 표현대로 한다면 선한 왕이나 악한 왕이나 사후에 같은 곳으로 갔다는 뜻이 될 수 있지 않겠습니까? 이 표현을 어떻게 해석해야 할까요? '조상들과 함께 자게 되었다' 는 표현은 조상들이 있는 곳으로 갔다는 표현은 아닐 텐데 말입니다.

A 답변 : "그 열조에게로 돌아갔더라"라고 번역될 수도 있는 그 표현은 죽음을 표현하는 히브리적 표현법의 하나입니다. 또 다른 표현이 "음부에 내려갔다"는 표현입니다. 이 모든 것이 어떤 장소로 간 것을 뜻하는 것이 아니라 죽었다는 것을 히브리식으로 표현하는 것입니다. 물론 이 표현 때문에 후대 유대인들 사이에서는 죽음 후에 실제로 음부라는 곳으로 내려간 것처럼 생각하여 여러 질문이 나오기도 하였지만 그것은 표현법에 미혹된 생각이라고 할 수 있습니다. 그러므로 이런 표현은 모두 '죽었다' 는 말의 히브리적 표현으로 보는 것이 옳습니다.

그리고 죽은 후에 하나님을 섬기고 간 자들은 하나님께서 맞아 주시고, 그 앞에서 기쁨과 즐거움을 누리는 것으로 표현되어 있습니다.

후대에 이를 낙원이라고 표현하여 죽은 신자들은 '낙원'(paradise), 또는 하나님께서 계신 곳으로 묘사되는 '하늘'(heaven)에 있게 되는 것으로 이해할 수 있습니다.

이에 비해서 하나님을 섬기지 않은 악인들은 소망이 없고 영원히 형벌을 받는 것으로 묘사됩니다. 신약의 더 밝은 빛에 의하면 불신자들이 가는 곳이 지옥(hell)으로 언급됩니다.

그리고 신약의 빛에서 볼 때 이 모든 이들이 다 부활하되, 하나는 생명의 부활로 또 하나는 정죄(심판)의 부활로 나타나게 되지요. 그래서 신자들은 새 하늘과 새 땅에서 영원히 살고, 불신자들은 지옥에서 그 몸과 영혼이 영원한 고통을 당하게 되는 것으로 가르쳐지고 있습니다.

_ **이승구 교수**

Q **질문 :** 우리 믿는 자들의 죽음 이후에 육체의 부활은 언제 있나요?

A **답변 :** 예수 그리스도의 재림과 동시에 마지막 심판이 있고, 육체의 부활이 연계되어 있습니다. 예수 그리스도의 영광의 몸과 같이 새로운 몸을 갖게 됩니다(빌 3:21).

이 부활은 예수님의 재림에 연관된 가장 중요한 요소입니다. 사도행전 24장 15절에 보면, 의로운 자와 불의한 자들, 모든 죽은 자들의 부활을 언급하고 있지요. 다니엘 12장 2절, 요한복음 5장 28~29절, 요한계시록 20장 12~15절은 모두 다 '생명의 부활'과 '저주의 부활'을 언급하고 있습니다.

죽은 자들의 부활은 우리들의 상상이나 이해를 훨씬 초월하는 하나님의 기적입니다. 그러한 죽은 자들의 부활이라는 성경의 가르침은 예수님의 부활이 곧 근거이자, 시작이요, 상징이며, 사인이지요.

회의주의자들과 불신자들이 별의별 소리를 다 하여 이 죽은 자들의 부활사상을 거부하고 있습니다. 사도행전 23장 8절에 보면, 사두개인들이 부활을 믿지 않았다고 증언하지요.

사도 바울은 그리스 아테네에서(행 17:32), 고린도에서(고전 15:12) 육체의 부활을 의심하는 자들에게 집요하게 파고들어서 부활을 증언하고 있습니다. 성령의 재창조사역은 영혼의 중생에서부터 시작해서 육체의 부활로 그 절정에 달하게 됩니다.

_ 김재성 교수

Q **질문** : 기독교는 부활의 종교입니다. 예수님의 부활이 확실한 증거라고 믿습니다. 부활하신 예수님께서 의심 많은 도마에게 손을 보고 옆구리의 창 자국을 보고 믿음 없는 자가 되지 말고 믿는 자가 되라고 하신 것을 보면, 부활 후에도 이 세상에서의 상처나 흔적이 있을 것으로 보입니다. 질문은 늙고 병든 상태이거나 어떤 사고로 처참한 모습으로 부활하지 않을 것 같은데 부활의 모습은 성경적으로 몇 살 정도의 모습으로 다시 사는 것입니까? 고견을 기다립니다.

A **답변** : 중요한 질문이군요. 우리 몸의 '부활' 은 기독교 신앙의 핵심 교리 중의 하나입니다. 우리 몸이 부활하게 될 것이라는 사실은 우리에게 큰 위로를 줍니다.

바울 사도는 고린도에 있는 크리스천들에게 보내는 서신에서 말하기를, "그리스도께서 다시 사신 것이 없으면 너희의 믿음도 헛되고 너희가 여전히 죄 가운데 있을 것이요 또한 그리스도 안에서 잠자는 자도 망하였으리니 만일 그리스도 안에서 우리의 바라는 것이 다만 이생뿐이면 모든 사람 가운데 우리가 더욱 불쌍한 자라 그러나 이제 그리스도께서 죽은 자 가운데서 다시 살아 잠자는 자들의 첫 열매가 되셨도다 사망이 사람으로 말미암았으니 죽은 자의 부활도 사람으로 말미암는도다 아담 안에서 모든 사람이 죽은 것 같이 그리스도 안에서 모든 사람이 삶을 얻으리라"(고전 15:17~22)고 했습니다.

그러면 성경과 신앙고백서들은 최후에 있을 '부활'에 관하여 어떻게 말하고 있을까요?

『하이델베르크 교리문답』(Heidelberg Catechism) 제57문에서는 몸의 부활이(resurrection of the body) 당신에게 주는 위로는 무엇인가를 묻고 있는데, 그에 대하여 다음과 같이 답하도록 가르칩니다: "이 생명이 끝난 후에 나의 영혼은 머리이신 그리스도에게로 즉시(immediately) 인도되고(눅 16:22; 23:43; 빌 1:21~23), 나의 이 몸은(this my body) 그리스도의 권능에 의해서 일으켜져 나의 영혼과 다시 합해져서(with my soul) 그리스도의 영화로우신 몸과 같이 된다는 것이다(욥 19:25~26; 요일 3:2; 빌 3:21)."

마지막 날 부활할 때 우리는 '이 세상에서 살 때 지녔던 바로 그 몸'을 입게 될 것입니다. 『웨스트민스터 신앙고백서』 제32장 2절에서도 마지막 날의 부활에 대하여 다음과 같이 가르칩니다: "마지막 날에 살아 있는 자들은 죽지 않고 변화될 것이다(살전 4:17; 고전 15:51~52). 죽은 자들은 모두 본래와 같은 몸으로 부활할 것이다. 이 부활체는 질적으로는 전과 다를 것이나 같은 몸으로 영혼과 다시 결합하게 될 것이다(고전 15:42~44)."

흔히들 부활 때에는 자신이 이 세상에서 살 때 지녔던 몸과는 전혀 다른 제3의 몸을 가지게 될 것으로 생각하는 듯합니다. 그러나 고백서들은 한결같이 부활 시에 입게 될 몸이란 이 세상에 살 때 가졌던 그 몸이라고 가르칩니다. 비록 그 성질은 다르다 하더라도 본래 가졌던 그 동일한 몸(all the dead in Christ shall be raised up, with the self-

same bodies, and none other, although with different qualities)
과 다시 결합될 것임을(shall be united again) 강조하고 있음을 볼 수
있습니다.

『벨직 신앙고백서』 제37장 '마지막 심판' 부분에서도 "모든 죽은
자들은 무덤에서 일으킴을 받아 그 영혼과 몸이 연합되어 예전에 살던
모습으로 화할 것"(their spirits being joined and united with their
own bodies in which they lived)이라고 가르칩니다.

그러면, 우리가 하나님의 능력으로 부활하게 될 때, 몇 살 정도의
나이로 부활하게 될까요?

많은 이들이 호기심을 가지고 우리가 부활하게 될 때에는 예수님
께서 십자가에 못 박히시고 죽으시고 부활하실 때의 그 나이 정도가 아
니겠느냐고 추측하기도 합니다. 그러나 성경은 우리가 부활할 때 어느
정도의 나이의 상태가 될 것이라고 가르치지 않습니다. 성경이 언급하
지 않고 있는 부분에 대하여 지나친 호기심을 가져서 안 되겠습니다.
우리의 구원과 신앙의 준칙인 성경(딤후 3:15~14)이 언급하고 있지 않
은 것을 우리가 알 수는 없습니다. 다만 거룩하신 성삼위 하나님께서
그분께서 바라시는 거룩하고 완전한 상태로 우리를 부활시키실 것이므
로, 우리는 믿음 안에서 강하고 담대하고 평온하게 주님을 섬기면서 생
활하면 되겠습니다.

_ **최병규 박사**

Q 질문 : 신자의 부활체와 불신자의 부활체는 같은 성질을 가지고 있나요? 신자의 부활체는 예수님의 부활을 통해 이해하면 되는 것 같은데, 불신자의 부활체는 어떻게 이해해야 하나요? 어떤 공통점과 차이점이 있나요?

A 답변 : 성경에서 믿지 않는 사람들의 부활에 대해서 언급한 구절은 두 군데 있습니다. 요한복음 5장 29절과 사도행전 24장 15절입니다. 이런 구절들이 지지하는 것은 불신자들도 부활 후에 신자들처럼 변화된 육체를 경험할 것이라는 사실입니다. 그래서 마지막 심판대에 서게 될 것이고, 대심판을 받게 될 것이라고 해석합니다. 그러고 나서 불신자들은 영원한 형벌에 처해 지게 될 것이라는 종말론적 관점이 배면에 담겨 있습니다.

그러나 멸절설 (annihilationist)을 주장하는 자들은 불신자들은 죽은 후에나, 혹은 어떤 이들은 대심판 이후에는 아예 존재 자체가 소멸해서 없어질 것이라고 봅니다. 그러나 심판론을 견고하게 지지하는 성경 구절이 많기 때문에, 불신자들도 부활에 참여했다가 다시 영원한 멸망(perdition)에 떨어질 것이라는 견해가 보편적입니다. 그렇게 되려면, 감옥이나 형벌로 묘사되는 곳에 변화된 육체성을 가진 자들이 들어가야만 하는데, 거지 나사로와 부자의 이야기에 담긴 내용을 적용해 보면, 부자도 죽은 후에 현세에서의 모습과 연계된 정체성을 유지하고 있었다고 추론할 수 있습니다. 물론, 불신자들의 부활체는 믿는 자들이 장차 가지게 될 영광스럽고 완벽한 부활체는 아닙니다. 고린도전서 15장에서 제시하고 있는 부활체는 믿는 자들에게 주신 것이기 때문입니다.

_ 김재성 교수

Q **질문 :** 고린도전서 15장 29절, "만일 죽은 자들이 도무지 살아 나지 못하면 죽은 자들을 위하여 세례를 받는 자들이 무엇을 하겠느뇨"에서 죽은 자들을 위하여 세례를 받는 자들이란 누구입니까? 이 구절이 도무지 무슨 말인지 알 수 없습니다. 우리가 받는 세례가 죽은 자를 위하여도 받는 것입니까?

A **답변 :** 이 구절은 어려운 구절에 속합니다. 그러나 전체적으로 사도 바울이 부활을 논증하는 가운데 나온다는 것을 생각할 필요가 있습니다. 고린도에는 심지어 죽은 자들을 위하여 세례받는 자들이 있었는데, 이것은 죽은 자들이 다시 산다는 사실에 대한 반증(反證)이라는 것입니다. 여기서 바울은 죽은 자들을 위해 세례받는 것이 옳으냐 그르냐에 대해서는 말하지 않습니다. 사실 잘못된 것이지만 일단 그런 것은 제쳐 놓고, 그렇게 죽은 자들을 위해 세례받는다는 사실이 부활을 증언한다는 논리입니다.

터툴리안은 죽은 자들을 위한 세례에 대해 말합니다(『말시온 논박』 V,10). 물론 그는 그런 것을 거부합니다. 에피파니우스 (Epiphanius)는 이단들이 세례받지 않고 죽으면 다른 사람이 대신하여 세례를 받았다고 합니다(『이단논박』 1, 28). 크리소스톰은, 말시온주의 자들은 만일 세례 준비자가 세례받지 않고 죽으면 다른 사람을 세례 침대에 눕히고 문답한 후 죽은 자를 위해 세례를 주었다고 합니다. 이런 관행들은 다 잘못된 것이지만 부활의 사실을 전제하고 있다는 것을 보여 줍니다. 만일 죽은 자들이 도무지 살지 못한다면 죽은 자들을 위하여 세례받는 자들이 무엇을 하겠느냐? 무슨 소용이 있느냐? 따라서 그런 잘못된 행동조차도 부활이 있다는 것을 나타낸다는 논리입니다.

성경은 마지막 날에 모든 사람의 부활이 있다는 것을 가르칩니다. 의인의 부활과 악인의 부활이 있습니다(행 24:15). 다르게는 생명의 부활과 심판의 부활이 있습니다(요 5:29). 그러나 악인의 부활은 영원 형벌 받기 위한 부활이기 때문에 의미가 없습니다. 의인의 부활, 생명의 부활만이 참된 의미가 있습니다. 예수님을 믿고 죽은 자는 생명의 부활을 누리게 됩니다. 믿음이 중요하며 세례는 그것에 따르는 의식일 따름입니다. 정상적인 경우에는 세례를 받는 것이 옳고 당연합니다. 그러나 특별한 경우에 세례를 받지 못하고 죽었다 하더라도 예수님을 믿고 죽었다면 그 사람은 생명의 부활에 참여하게 됩니다(롬 10:9~10).

_변종길 교수

Q **질문** : 고린도전서 15장 29절에 보면 "죽은 자를 위한 세례"라는 구절이 나옵니다. 무슨 뜻인지요?

A **답변** : 간단히 하자면, 1840년대부터 몰몬교에서만 죽은 자를 위한 세례를 시행하고 있습니다. 동방정교회, 로마가톨릭교회와 정통 복음주의교회에서는 금지하고 있습니다. 이 구절에 대한 요한 칼빈의 설명에 따르자면, "죽은 자를 위한 세례"는 "죽음이 가까이 이른 때에 성도에게 주는 세례"라고 해석했습니다. 이 구절을 해석한 영국 틴데일 성경해설에서도, 이 구절은 사도 바울이 죽은 자를 위한 세례를 허용하지 않았다고 재해석하고 있습니다. 저도 본문의 전체구조에 대한 면밀한 접근을 해 보면, 그 해석에 동의합니다.

_ **김재성 교수**

Q **질문** : ⟨1⟩ 베드로전서에 보면 "저가 또한 영으로 옥에 있는 영들에 전파하시느니라"(3:19). "이를 위하여 죽은 자들에게도 복음이 전파되었으니"(4:6)라는 구절이 나옵니다. 죽은 자들에게 복음이 전파되는 기회가 있는 것인지 궁금합니다.

⟨2⟩ 옥에 있는 영혼들에게 복음을 전파하셨다는 의미는 무슨 뜻인지요? 베드로전서 3장 19절 말씀, "저가 또한 영으로 옥에 있는 영들에게 전파하시니라"는 뜻이 어떤 의미인지 궁금합니다. 이 구절에 대해서 D지역 김 모 목사님은 '옥'이라는 표현이 아직 구원받지 못한 육체, 즉 현재 이 세상을 살아가고 있는 지옥을 향해가는 육신을 입은 영혼들에게 천국 복음을 전하는 것이라고 해석하시던데, 이 구절이 난해 구절이라 여러 신학자분들의 의견이 일치하지 않고 다양하기 때문에 더 이해하기가 어렵습니다.

A **답변** : 이 구절은 난해 구절이며 역사상 수많은 사람이 오해하고 잘못 해석해 왔습니다. 여전히 어려운 구절입니다만, 죽은 자들에게 다시금 회개의 기회가 주어지지 않는다는 것은 성경의 분명한 가르침입니다. 칼빈을 비롯한 종교개혁자들은 가톨릭에 반대해서 이것을 분명하게 강조했습니다. 그러나 베드로전서 3장 19절의 의미가 무엇인지에 대해서는 칼빈 자신도 해석하지 못하고 엉뚱하게 답하고

말았습니다.

여러 견해가 있지만 간단하게 필자의 견해를 말씀드리겠습니다.

〈1〉 여기서 '영으로'는 '성령으로'라는 뜻입니다(18절 참조). 따라서 그리스도의 '영혼'이 '옥에 있는 영들'에게 갔다는 것은 맞지 않습니다. 19절이 말하는 것은 그리스도께서 '성령'으로 역사하셨다는 것입니다.

〈2〉 그렇다면 이것은 선재하신 그리스도께서 노아 시대에 성령으로 노아에게 찾아가셔서 노아를 통해 당시 사람들에게 복음을 전하셨다는 뜻으로 이해할 수 있습니다. 곧, 노아가 당시 세상에서 복음을 전파했는데(벧후 2:5은 '의의 전파자 노아'라고 말하고 있음) 이것은 노아가 자신의 힘으로 한 것이 아니라 성령으로 복음을 전한 것입니다(벧전 1:12). 그런데 성령은 곧 '그리스도의 영'이니 당시 하늘에 계신 그리스도는 성령으로 노아를 통해 옛 세상에 복음을 전하신 것이 됩니다. 여기서 개역한글판의 '전파하시니라'(현재)는 맞지 않습니다. '전파하셨느니라'(과거)가 맞습니다. 개역개정판의 '선포하시니라'(현재)도 마찬가지로 틀린 번역입니다. 과거 시제로 번역해야 맞습니다. 19절의 말씀을 노아 시대에 성령을 통한 그리스도의 복음 전파 활동으로 보는 것은 어거스틴(Augustine)과 테오돌 베자(Theodore Beza), 그리고 고마루스(Gomarus) 등 정통 신학자들의 견해이기도 합니다.

〈3〉 따라서 여기의 '옥에 있는 영들'은 가톨릭에서 생각하듯이 지옥에 있는 영들(전체)이 아니라 노아 시대에 불순종하던 자들을 가리킵니다. 곧, 노아 시대에 노아의 복음 전파를 듣고도 회개하지 않던 자들인데, 이들은 회개하지 않았기 때문에 물로 심판받아 다 죽었으며 그 영혼들은 지옥에 갔습니다. 그래서 지금 '지옥에 있는 영들'이지만 그들이 과거에 이 세상에 살아 있을 때에, 그들에게 복음을 전했다는 것입니다. 이 해석이 옳은 것은 20절에서 베드로 자신이 직접 그렇게 설명하고 있기 때문입니다. "그들은 전에 노아의 날 방주 예비할 동안 하나님이 오래 참고 기다리실 때에 순종치 아니하던 자들이라"고 말하기 때문입니다.

〈4〉 여기서 우리는 베드로의 어법을 잘 이해할 필요가 있습니다. 왜 노아 시대에 불순종하던 자들을 '옥에 있는 영들'이라고 했느냐 하는 의문이 들 것입니다. 그러나 베드로가 이렇게 말한 것은 이상한 것이 아닙니다. 그때 불순종하던 자들이 지금 어떤 운명에 있는가를 말하기 위해 자연스럽게 그렇게 말한 것입니다. 예를 들어 생각해 봅시다. 어떤 사람이 말하기를 "천국에 계신 제 할아버지는 100여 년 전에 미국 선교사에게서 복음을 받고 예수님을 믿었어요."라고 한다면, 이 말은 할아버지가 천국에서 복음을 받았다는 뜻은 아닙니다. 지금 천국에 계신 할아버지께서 전에 땅에 계실 때에 복음을 받았다는 뜻입니다. 그래서 지금은 천국에 계시다는 뜻이지요. 이와 마찬가지로 베드로도 전에 노아 시대에 땅에 있을 때에 복음을 듣고도 순종치 아니하던 자들이, 지금은 지옥에 있는데, 그들이 살아 있을 때에 그리스도께서 성령으로 노아를 통해 복음을 전하셨다는 뜻입니다. 같은 맥락에서 베드로전서 4장 6절의 "죽은 자들에게 복음이 전파되었다"는 말씀을 이해할 수 있습니다. 곧, 지금은 죽었지만 그들이 살아 있을 때에 그들에게 복음이 전파되었다는 말입니다.

〈5〉 베드로전서 3장 19절의 말씀을 잘 이해하기 위해서는 '선재하시는 그리스도'와 '구약 시대의 그리스도의 사역', 그리고 '구약 시대의 성령의 사역'에 대해 잘 이해할 필요가 있습니다. 예수님은 이 땅에 오시기 전에도 계셨으며 하늘나라에서 하나님 아버지와 함께 성령으로 우주 만물을 다스리고 계셨습니다. 그리고 성령은 구약 시대에도 활동하셨는데, 특히 선지자들과 성도들에게 강하게 역사하셨습니다(벧전 1:11). 이 성령은 '그리스도의 영'으로서 그리스도의 뜻을 이루는 것입니다. 그래서 그리스도는 구약 시대에도 성령을 통해 활동하셨으며, 성령은 또한 선지자들 속에서 또한 노아를 통해 복음을 전하는 사역을 하셨던 것입니다.

이상이 제가 이해한 것을 간단히 말씀드린 것입니다. 물론 개혁교회 신학자들 가운데도 다르게 해석하는 분들이 있다는 것을 말씀드리며, 이 구절은 아주 어려운 난해 구절이라는 것을 다시 말씀드립니다. 그리고 여기에 제가 말씀드린 것은 또한 어거스틴과 테오돌 베자(칼빈의 제자), 그리고 17세기 초반 화란의 정통 개혁주의 신학자인 고마루스의 견해와 같다는 것도 다시 말씀드립니다.

_ 변종길 교수

Q **질문 :** 안녕하세요. 저는 태어날 때부터 자연스레 교회를 다니게 되어서 19살인 지금까지 다니고 있는데요, 신앙심은 괜찮고 예수님 믿는 마음도 변함은 없는데 문득 드는 생각이 있어서요. 세상에서 죽은 후에 심판을 받고 천국에 가면 평화롭게 영원토록 행복하게 살 수 있겠죠……. 그런데 이 세상에서도 '유한' 이라는 게 존재하므로 더욱 열심히 살고, 끝이 있으므로 아름다운 것이 많은데, 천국에 가면 영원히 몇백 년, 몇천 년, 몇만 년, 몇억 년 계속 '무한' 하게 생활하는 것이라면, 과연 행복할까? 하는 생각이 갑자기 드네요. 어이없고 이상하게 들리시지요? 순수하게 너무 궁금해서 그래요. 영원, 어떠할까요?

A **답변 :** 청년 시절을 진지하게 살고 계신 분같이 여겨집니다. 신앙으로 살고 계시군요. '죽음 이후의 문제' 에까지 관심 가지고 계시는 것이 귀하게 보입니다. 사나 죽으나 인간의 유일한 위로는 하나님에게서 옵니다. 그래서 시편의 기자는 "주를 가까이함이 내게 복이라"고 말했던 것 같습니다. 그리고 로마서에서는 만물이 주님께로 돌아간다고 합니다. 우리를 지으신 하나님을 가까이하는 것은 정말 복된 것이죠. 신앙심이 괜찮다고 하셨는데, '신앙' 이라는 것은 주 하나님을 우러러보고 가까이 가는 것이 아닐까요? 하나님이 우리의 창조주이시

며 구원자이시니 하나님 안에서만 참된 안식과 영원한 위로와 소망과 기쁨이 있는 것이겠죠. 죄인 된 우리 인간들이 주 예수 그리스도를 믿어 구원 얻고 거룩하신 하나님의 은총을 받으며 즐겁게 살다가 성삼위 하나님께로 돌아간다는 것은 우리에게 큰 위로가 됨을 믿습니다.

'시간'과 '영원'의 개념에 대해서는 여러 견해가 있습니다. 시간을 영원과는 질적으로 다른 개념으로 본 학자도 있고, 영원을 시간의 끝없는 연장으로 본 이들도 있습니다. 어쨌든 성경은 우리들에게 가르쳐 줍니다. 이 세상에서 사는 성도들이 죽을 때에는 육신은 흙으로(물론 부활의 때를 기다립니다), 영혼은 주 하나님께로 돌아간다고 합니다. 우리를 지으시고 구원하신 하나님의 품 안에 안기어 안식하는 것, 그리고 재림 이후에 영원히 사는 것은 축복일 것입니다. 그것을 이 세상의 '시간 측정' 방식으로 이해할 필요는 없겠습니다. 우리는 이 세상에서 우리의 존재 양태인 '시간'과 '공간'의 제약 속에 살고 있지만 하나님의 나라에 가서는 (최후에 새 하늘과 새 땅이 이뤄질 것이라고 성경은 가르칩니다.) '영원' 속에서 존재하게 될 것이기 때문입니다. 그러므로 그때가 되면 너무 지루하지 않겠는가, 하는 의문은 가질 필요가 없을 것 같습니다.

이 세상은 잠시 지나갑니다. 사는 날 동안 우리 모두가 주 하나님의 말씀대로 살아서 하나님을 기쁘시게 하고, 이웃들을 위로 격려하는 가운데 주 예수의 복음을 전해야 하겠습니다. 성삼위 하나님의 은총이 질문하신 분과 함께하시기를 기원합니다.

_ **최병규 박사**

058. "이 세대가 지나가기 전에 모든 일이 다 이루어지리라"(눅 21:32)에서 '이 세대'의 의미는?

Q **질문 :** 신학 진학을 꿈꾸고 있는 고등학생입니다. 누가복음 21장 32절의 말씀을 읽는 도중에 궁금한 것이 생겼습니다! 제가 얼핏 배우기론 성경은 오류가 없는 진리라고 들었습니다. (물론 해석의 차는 있을 수 있겠지만) 그렇다면 "내가 진실로 너희에게 말하노니 이 세대가 지나가기 전에 모든 일이 다 이루어지리라"(눅 21:32)는 이 말씀은 한 세대를 30년 정도로 보는 일반적인 세대(Generation)를 말씀하시는 게 아닌가요? 여기서 세대를 그런 의미로 본다면, 예수님께서 그 말씀을 하신 이후로 이미 몇 천 년이나 지났으니, 그 세대는 다른 의미가 있는 걸까요?

A **답변 :** 예수님이 지적하신 그 사건들은 모두 다 가까운 장래에 일어났습니다.

첫째, 성전이 무너졌습니다. 주후 70년에 로마가 독립을 시도하는 이스라엘을 진압하기 위해서, 티토 장군 휘하의 정예군을 파견하게 됩니다. 그 침공으로 이스라엘이 멸망하였던 것을 의미하는 것이지요. 그러니까, 30년이나 40년 정도의 시간이 지났을 때에 실제로 성전이 무너지는 일이 일어났습니다(6절). 둘째, 가짜 예수가 종말을 예언하리라고 하였습니다(8절). 셋째, 전쟁들이 일어날 것이고, 소란스러운 일들이 일어나리라 하셨습니다(9절). 넷째, 27절까지 자세히 세어 보면 모두 18가지가 실제로 벌어졌습니다.

요엘서 2장 28절에서 요엘 선지자가 예언한 바가, 예수님의 말씀을 직접 들은 세대가 성령의 강림을 체험함으로 이루어졌습니다. 예수님의 말씀을 직접 들은 세대가 지나기 전에 이루어진 것입니다. 예수님의 말씀을 들은 자들은 모두 다 알게 되었던 것입니다. 물론 아직은 완전한 종말이 찾아온 것은 아닙니다. 예수님의 예언에는 먼 훗날에 이루어질 것들이 포함되어 있습니다. 그 세대에 이루어진 예언의 내용이라 하더라도, 완성된 형태로 최종 재림의 순간에 이루어질 것입니다.

_ 김재성 교수

059. 세대주의 전천년설이란?

Q **질문** : 종말에 관하여 다양한 주장들이 있는 것으로 압니다. 전천년설, 후천년설, 무천년설 등. 일반 성도들이 이해하기 어려운 이 용어들이 각각 어떤 것을 말하는 것인지 궁금합니다. 또한, 이와 관련하여 '세대주의 전천년설'이란 것이 무엇을 말하는 것인지도 궁금합니다. 그리고 정통 교회에서 이 '세대주의 전천년설'을 주장하는 것도 옳은 것인지 질문 드립니다.

A **답변** : 천년기설은 요한계시록 20장에 나타나는 '천 년'을 어떻게 볼 것인가에 따라서 예수님께서 재림하시고 '천 년 왕국'이 온다는 설(천년기전 재림설, 이를 전천년설이라고 합니다), 예수님이 재림하시기 전에 '천 년 왕국'이 있고 그 후에 재림이 있다는 설(천년기후 재림설, 이를 후천년설이라고 합니다), 그리고 요한계시록이 말하는 천 년은 문자적 천 년이 아니고 '교회 시대'가 '천 년 기간'이라고 보는 교회 시대 천년설(무천년설)이 있는데, 이 셋은 다 받아들일 수 있는 견해입니다. 어떤 것이 더 옳은가는 성경 전체의 구조와 어떤 생각이 더 잘 조화되는가를 생각해야 하지만 셋 다 좋은 견해이고 어떤 견해를 취해도 됩니다. 어느 하나의 입장만을 택해야 한다고 하는 것은 위험한 것이 될 수 있습니다. 다 허용하면서 "그래도 나는 이 견해가 더 옳다고 본다."는 정도의 말은 할 수 있습니다.

단지 세대주의적 전천년설은 1. 재림 전에 참 신자들의 휴거와 이 땅에서 진행되는 큰 환란을 말하여 참 신자는 큰 환란을 받지 않는다고 주장하는 점, 2. 천 년 기간 동안에 예루살렘 중심으로 이스라엘이 회복될 것을 주장하는 점(그래서 Back to Jerualem 등의 용어를 사용하지 말라고 하는 것입니다), 3. 천 년 기간 동안 예루살렘에 성전이 세워지고, 십자가 구속을 기념하는 제사가 다시 시행된다고 주장하는 것, 4. 그리고 유대인과 교회를 두 가지 다른 구원의 프로그램으로 주장하는 점에서 바른 성경 해석으로 여길 수 없습니다.

그러나 세대주의자들이 이단은 아니고, 단지 성경 해석이 잘못된 것이지요. 죠지 래드가 그랬던 것처럼, 또 피터 릴백 교수가 그랬던 것처럼, 이전에 세대주의였던 분들이 바른 성경 해석으로 돌아오기를 위해 늘 기도하고 애써야 합니다.

_ 이승구 교수

Q **질문** : 종말의 시대에 사는 저희 신자들은 항상 깨어있어야 하는데, 신약 시대가 끝이 나고 7년 대환란의 기간에는 어떠한 일이 일어나며, 어떻게 준비해야 하는 건가요?

A **답변** : 말세의 징조들에 대해서 답변 드립니다. 먼저, 말세가 되기 직전에 7년간 대환란이 있으리라는 말을 하고 있는데, 성경에 '칠 년 대환란'이라는 말은 없습니다. 다니엘서 9장 27절에 나오는 기간에서 마지막 이레, 즉 칠 년을 종말과 연결해서 나온 말입니다. 다니엘 9장 25~27절, "그러므로 너는 깨달아 알지니라 예루살렘을 중건하라는 영이 날 때부터 기름 부음을 받은 자 곧 왕이 일어나기까지 일곱 이레와 육십이 이레가 지날 것이요 그때 곤란한 동안에 성이 중건되어 거리와 해자가 이룰 것이며 육십이 이레 후에 기름 부음을 받은 자가 끊어져 없어질 것이며 장차 한 왕의 백성이 와서 그 성읍과 성소를 훼파하려니와 그의 종말은 홍수에 엄몰됨 같을 것이며 또 끝까지 전쟁이 있으리니 황폐할 것이 작정되었느니라 그가 장차 많은 사람으로 더불어 한 이레 동안의 언약을 굳게 정하겠고 그가 그 이레의 절반에 제사와 예물을 금지할 것이며 또 잔포하여 미운 물건이 날개를 의지하여 설 것이며 또 이미 정한 종말까지 진노가 황폐케 하는 자에게 쏟아지리라 하였느니라"

요한계시록을 죤 넬슨 다비(J. N. Darby, 1800~1882)와 같은 세대주의자들처럼 문자적으로 해석하는 경우에 정확하게 7년간 지속하는 대환란이라는 개념이 크게 부각되는 것입니다.

7년 대환란이라는 것을 마치 고정된 개념으로, 정확하게 7년으로 계산되는 숫자로 읽지 마시고, 다른 성경과 연관해서 읽어야 할 것입니다. 예를 들면, 재림의 시기에 언급은 디모데후서 3장 1절, 요한일서 2장 18절에 '마지막 날에'로 나옵니다. 이 시기는 주님의 승천에서 재림까지의 기간이 다 포함된다고 해석됩니다.

재림의 징조라는 단어는 마태복음 16장 3절에 매우 충격적인 사건들이어서 분명히 알게 될 것임을 언급하였습니다. 마지막 날에 대한 징조를 묻는 제자들에게, 예수님이 주신 대답은 마태복음 24장, 마가복음 13장, 누가복음 21장에 나와 있습니다. 마태복음 24장에는 예수님의 재림에 있을 징조들의 세 단계가 나오고 있습니다.

첫째, 슬픔과 고통이 시작됩니다(마 24:8). 둘째, 큰 환란이 있습니다(마 24:21). 셋째, 인자의 재림이 있습니다(27절).

첫 단계에서는 미혹의 영들과 거짓 그리스도들이 등장합니다. 전쟁과 전쟁의 소문이 있습니다. 기근과 지진, 배도, 미움, 불법의 성행, 사랑이 식는 현상이 나타납니다. 그러나 모든 족속에게 복음이 선포됩니다.

둘째 단계에서는 전에 볼 수 없었던 혹독한 핍박이 있게 됩니다. 거짓 선생들이 기적과 표적들로 미혹합니다. 히브리서 12장 26절, 요한계시록 13장 1~7절, 17장 13절, 데살로니가후서 2장 2절 이하에 보면, 불법을 행하는 사악한 자가 나타나서 활동하다가 결국 예수님의 심판으로 멸망하게 됩니다. "악한 자의 임함은 사탄의 역사를 따라 모든 능력과 표적과 거짓 기적과 불의의 모든 속임으로 멸망하는 자들에게 임하리니, 이는 저희가 진리의 사랑을 받지 아니하여 구원함을 얻지 못함이니라"(살후 2:9~10).

셋째 단계에서 예수님이 우주적으로 재림하는 징조가 나타납니다. 인자가 위대한 권능과 권세로 나타납니다. 전 세계에서 선택된 자들을 모으시고자 천사들을 보내십니다(마 2:14).

_ 김재성 교수

Q **질문** : 〈1〉 마태복음 24장 40~42절과 25장 1~13절은 휴거가 있으니 깨어 있으라는 내용으로 이해하고 있습니다. 그렇다면 믿음이 없는 사람과 깨어 있지 않은 성도는 휴거되지 못하나요?

〈2〉 1번 질문 마태복음에 나타나는 휴거에 관한 내용이 데살로니가전서 4장 13~18절(휴거, 서로 위로하라) 내용과 일치되는 내용인가요?

〈3〉 데살로니가전서 4장 13~18절 내용을 기준으로 하여 교회의 휴거는 한 번만 있는 것인가요? 아니면 두 번 있는 것인가요? 다음 구절들을 참고해서 답변 부탁드립니다. {참고: 요한계시록 4장 1절, [이리로 올라오라. 사도 요한의 휴거 또는 교회의 휴거]; 요한계시록 7장 1~17절, [능히 셀 수 없는 큰 무리가 흰옷을 입고 손에 종려 가지를 들고 보좌 앞과 어린양 앞에 서 있음. 신구약 교회의 휴거(영적인 이스라엘의 휴거) 모습. 환난을 통과하면서 하나님께 보호받는 신구약 교회의 모습]; 요한계시록 11장 11~12절, [두 증인의 휴거에 관한 내용]; 요한계시록 19장 6~10절, [어린양의 혼인 잔치로서 휴거의 내용]}

A **답변 1** : 〈1〉 우선 '휴거'라는 용어 문제입니다. '휴거' (rapture)란 세대주의에서 많이 사용하는 용어로 전통적으로는 사용하지 않는 용어입니다. 따라서 우리는 세대주의적 의미의 '휴

거'는 반대합니다. 그런 것은 없습니다. 성경이 말하는 것은 마지막 날에 예수님이 다시 오실 때 땅 위의 성도들이 공중으로 끌어올리어 공중에서 주를 영접한다는 것입니다(살전 4:17). 이것은 세대주의에서 말하는 휴거와 다릅니다. 세대주의에서는 휴거가 된 후에 또 세상에 남은 사람들이 있고 …… 세상 역사가 계속되고 하는 것 등인데, 성경이 말하는 것은 예수님 재림 때에 성도들이 공중에서 주님을 영접하는 것입니다. 이것은 한 번뿐이고 그러면 세상 역사가 끝이 납니다.

〈2〉 마태복음 24장 40~42절의 '데려감을 당하는 것'도 재림 때에 공중으로 끌어 올리어 주님을 영접하는 것과 같은 것입니다. 예수님이 다시 오실 때 죽은 자들이 일어나서 천국(낙원)에서 예수님과 함께 오는 영혼(살전 3:13)과 결합하여 새로운 완전한 사람을 이루게 됩니다. 부활한 육체(영광스러운 몸, 썩지 아니하는 몸, 신령한 몸)와 완전히 성결해진 영혼이 만나 다시는 헤어지지 않는 결합을 하는 것입니다. 그래서 새 하늘과 새 땅에서 영원히 사는 것입니다. 예수님 재림 시에 살아 있는 성도들은 그 몸이 영광스럽게 변화되어 공중으로 올라가서 주님을 영접하게 될 것입니다. 이들도 새 하늘과 새 땅에서 영원히 살게 될 것입니다. 그때는 이 땅도 다 변화되고 우주도 변화되어서 새 하늘과 새 땅이 될 것입니다.

〈3〉 요한계시록 4장 1절의 "이리로 올라오라"는 것은 휴거가 아닙니다. 이것은 사도 요한에게 주신 말씀인데, 천상 세계의 일을 보여주겠다는 의미입니다. 그래서 요한은 성령에 감동되어 하늘의 보좌와 거기 있는 일들을 보게 된 것입니다. 요한의 영혼이 직접 하늘나라에 올라가 보았는지는 알 수 없으나, 성령에 감동되어 천상 세계에 대해 예수님께서 보여 주시는 것들을 보았다고 볼 수 있습니다, 어쨌든 휴거와는 관계없는 일입니다.

〈4〉 요한계시록 7장 1~17절도 휴거에 대한 말씀이 아닙니다. '십사만 사천'이나 '셀 수 없는 큰 무리'는 동일한 집단으로 '땅에서 속량함을 받은 자들'(계 14:3)을 가리킵니다. 곧, 온 세상에서 택하심을 받아 구원함을 받은 사람들 전체를 가리킵니다. 유대인들 중에서뿐만 아니라 이방인들 중에서, 곧 온 세상에서 구원받은 자들의 총합을 가리킵니다. '환난'은 아담의 범죄 후로 세상 끝날까지 늘 있는 것이며 어떤 특정한 사건을 가리키는 것이 아닙니다. '큰 환난'이란 것도 마지막 때 예수님 직전에만 있는 것이 아니라 역사상 큰 환난이 많이 있었습니다. 주후 70년의 예루살렘 멸망 직전의 사건에 대해서도 '큰 환난'이라 했으며(마 24:21), 야곱이 가나안 땅에 있을 때에도 '큰 환난'이 있었다고 합니다(행 7:11). 주후 1세기 말 도미티아누스 황제 치하에서도 큰 핍박이 있었는데, 요한계시록 7장 14절은 그때의 핍박을 염두에 두고 '큰 환난'이라고 말한 것으로 생각됩니다. 따라서 세대주의자들이 마지막 종말 직전에 닥칠 '7년 대환난' 운운 하는 것과는 관계없는 것입니다. 그런 것은 성경에 없는 것인데 세대주의자들이 임의로 해석해서 갖다 붙인 것입니다.

〈5〉 요한계시록 11장 11~12절도 휴거에 대한 말씀이 아닙니다. 11절에서 "3일 반"은 7일의 절반으로서 '환난의 때'를 상징하고, 12절에서 "하늘로 올라가니"란 것은 휴거가 아니라 교회의 승리를 상징적으로 보여 주는 것으로 보아야 할 것입니다. 악한 세력의 교회 공격은 결국 실패하고, 하나님의 영으로 말미암아 교회가 승리한다는 것을 상징적으로, 회화적으로 보여 주는 것이지요.

〈6〉요한계시록 19장 6~10절의 '어린양의 혼인 잔치'는 세상 역사가 끝나고 나서 구원받은 모든 성도들이 재림하신 예수님과 기쁨의 재회를 하는 것을 나타내는 것인데, 앞에서 말한 공중에서 예수님을 영접하는 것과 내용상 같은 것입니다. '혼인 잔치'란 것은 정혼한 상태에 있는 우리 신부들(성도들)이 신랑 되신 예수님과 결혼함으로써 뗄 수 없는 완전한 결합, 충만한 교제에 들어간다는 의미입니다.

〈7〉전반적으로 볼 때 질문자는 세대주의자들의 견해에 (어느 정도) 서서 질문하기 때문에 모든 것이 혼란스럽습니다. 그러나 이것은 질문자만 그런 것이 아니라 오늘날 온 세상에 세대주의가 널리 퍼져 있기 때문에 많은 사람들이 잘못된 견해에 빠져 있습니다. 특히 미국에서 나오는 대중적인 책들과 소설들을 통해 온 세상에 퍼져 있습니다. 그러나 이런 세대주의는 20세기에 들어와서 미국을 중심으로 퍼진 견해이며, 그 전에는 거의 없었던 견해입니다. 2천 년 기독교 역사에서 비교적 최근에 퍼져서 온 세계 교회를 오염시키고 있는 견해입니다.

우리는 전통적으로 교회가 가져 왔던 종말론이 무엇인지를 배워야 하겠으며 성경을 바로 배워야 하겠습니다. 문제는 목사님들이 전통적인 견해를 잘 모르고 통속적인 세대주의에 많이 빠져 있다는 것이겠지요. 그러니 평신도들이 갈피를 못 잡는 것입니다. 참 문제가 많습니다. 그러나 전통적인 견해, 개혁주의 견해를 바로 배우고 아는 것은 건전한 신앙생활을 위해 매우 중요합니다. 요한계시록에 대한 건전한 해석을 위해서는 고려신학대학원 교수회 지음, 『요한계시록 주석』을 참고하시기 바랍니다. 간단간단하지만 올바른 견해가 무엇인지를 잘 정리해 주고 있습니다.

_ 변종길 교수

답변 2 : 휴거에 대한 답변을 드립니다. 먼저 예수님의 재림 때에 벌어질 상황 전개에 대해서 어떤 이해를 하고 있어야 하는가를 풀어 보고자 합니다. 휴거에 관련된 문제의 본질에 대해서 먼저 개괄적인 이해가 필요합니다.

휴거라는 단어는 성경에 직접 나와 있지 않습니다. 데살로니가전서 4장 17절에 '들려' 라는 단어가 나오는데, 헬라어 '하르파게소메타' 라는 말을 라틴어로 번역할 때에 '라피에무르' 로 적으면서, 그 단어에서 영어 단어 '휴거' (랩튀)가 나오게 된 것입니다.

먼저, '휴거' 라는 단어와 관련해서 한국 교회에는 상당히 오랫동안 퍼진 하나의 개념이 있습니다. 세대주의 종말론입니다. 세대주의자들은 예수 그리스도의 재림이 두 단계로 이뤄진다고 말합니다. 첫 단계 재림에서는 그리스도께서 완전히 땅에 내려오시는 것이 아니라, 공중의 어느 지점까지 내려온다고 합니다. 이때 모든 참된 신자들이 부활한다는 것입니다. 그리고 그때까지 살아 있는 성도들도 홀연히 변화하여 영화롭게 된다고 봅니다.

그때에 하나님의 백성들의 휴거가 일어난다는 것이지요. 즉 죽음에서 일어난 신자들과 변화된 신자들이 구름 속에 들림을 받아 강림하시는 주님을 공중에서 만나게 된다고 합니다. 교회라 불리는 신자들이 그리스도와 함께 하늘로 올라가서 그와 함께 칠 년 동안 어린양의 혼인 잔치에 참여하며 기쁨을 나눈다는 것입니다.

교회가 하늘에 남아 있게 되는 7년 동안에, 땅 위에서는 수많은 사건이 일어나게 될 것이라고 해석합니다. 첫째, 다니엘서 9장 27절에 예언된 환난이 시작되며, 그 후반부는 대환난이라고 부릅니다. 적그리스도, 곧 바다로부터 올라온 짐승이 경배를 요구하여 잔인한 통치가 있으리라고 합니다. 둘째, 무서운 심판들이 그때에 땅 위에 거하는 자들에게 임하게 되는데, 이들 중에는 자칭 교회라고 주장하는 구원받지 못할자들도 포함됩니다. 셋째, 수많은 이방인 무리와 선택받은 유대인들이구원받게 될 것이며, 넷째, 땅의 왕들과 짐승의 군대들 그리고 거짓 선지자가 연합하여 하나님의 백성을 공격하게 된다고 말합니다.

세대주의자들은 이제 다시 7년 기간 중 마지막 때에 그리스도께서교회와 함께 영광 중에 다시 이 땅 위에 오실 것이라고 합니다. 그리스도께서 완전히 땅 위에 서실 것이고, 아마겟돈 전쟁에서 그의 적들을멸망시킬 것이며, 예루살렘에 그의 보좌를 세우시고, 천 년 동안 통치를 시작하실 것이라고 말합니다.

세대주의자들이 주장하는 휴거에 관련한 것은 전환난기 휴거설입니다. 그러나 성경 어디에도 이런 2단계 구조로 재림이 이루어진다고강조된 곳이 없습니다. 오히려 전천년기설을 주장하는 다른 학자들 (죠지 래드, 로버트 건드리)은 이중재림설을 철저히 비판합니다.

이중재림 이론과 전환난기 휴거설의 문제점을 지적해 드립니다. 세대주의자들이 휴거를 묘사하고 있다고 주장하는 데살로니가전서 4장 16~17절을 살펴봅시다. "주께서 호령과 천사장의 소리와 하나님의나팔 소리로 친히 하늘로부터 강림하시리니 그리스도 안에서 죽은 자들이 먼저 일어나고 그 후에 우리 살아남은 자도 그들과 함께 구름 속으로 끌어 올려 공중에서 주를 영접하게 하시리니 그리하여 우리가 항상 주와 함께 있으리라"

이 구절에서 분명한 것은 두 가지로 압축됩니다. 첫째, 재림 시에 주 안에서 죽은 자들이 일으킴을 받을 것이다. 둘째, 살아 있던 모든 신자는 변화하여 영화롭게 될 것이다(참조 고전 15:51~52).

그러나 이 구절에서 예수님이 재림하셔서 죽음에서 일으킴을 받은 자들과 변화 받은 성도들을 공중으로 이끌어서 하늘로 돌아갈 것이라고 하는 말씀은 없습니다. 어디에 있을 것인지에 대해서, 어떻게 이런 일이 벌어지는지에 대해서 다른 곳에서는 전혀 언급이 없습니다. 하늘에서 7년간 거하다가 다시 천 년 동안 주님과 함께 있으리라는 설정은 단순한 추론이지요.

"공중에서 주님을 영접하기 위해"라는 구절은 헬라어 원문에 "에이스 아판테시스"라는 전치사구를 사용해서 표현하고 있습니다. "아판테신"이라는 헬라어는 일반적으로 다음과 같이 사용되었습니다. 고위층 방문객이 한 도시에 도착하면 당국자들이 영접하기 위해서 그 도시 밖으로까지 마중을 나갔다가 다시 돌아오는 습관이 있었습니다. 바울 사도도 역시 부활한 자들과 변화한 자들이 예수님을 영접하고자 구름 속에 들림 받아서 공중에 올라가서 기쁨으로 만난 후에, 주님과 함께 지상으로 돌아올 것을 암시하고 있다고 봅니다. 그곳 형제들이 우리 소식을 듣고 압비오 광장과 트레이스 타베르네까지 맞으러 오니(에이스 아판테신)"라고 하였습니다. 거기 형제들이 바울을 영접하기 위해서 로마에서 밖으로 나와서 영접하여서 다시 바울과 함께 로마로 되돌아갔습니다.

마태복음 25장 6절에서도, "신랑이로다 맞으러 나오라(에이스 아 판테신)"는 문구에서도 사용되었는데, 역시 지혜로운 다섯 처녀처럼 신 랑을 맞으러 나갑니다. 즉 주님을 맞이하려 공중에 올라갑니다. 이 처 녀들은 그 후에 신랑과 함께 혼인 잔치에 들어갔듯이 다시 만나고 난 후에 사랑스럽고 행복한 교제를 지속하게 됩니다. 반드시 하늘에서만 지속해서 7년간 있어야 할 필요가 있나요? 성경 어디에도 그런 말은 없 습니다.

그리스도의 재림은 두 단계로 일어나는 것이 아닙니다. 대환난 후 에 일어나게 될 단일 사건입니다. 한 차례 공중에서 주님을 영접하기 위해 구름 속으로 올려질 것이며, 이런 만남을 한 후에 교회는 다시 새 하늘과 새 땅에 내려와서 그리스도와 함께 있게 될 것입니다.

성경에 사용된 재림 관련 용어는 매우 제한적인 의미를 지닙니다. 우리 현세의 인간들은 제약을 받은 언어를 사용하고 있어서 결코 하나 님의 세계를 다 꿰뚫어 볼 수 없고 다 이해할 수 없습니다. 죽음 후 생 명이 어떻게 전개될 것인가에 대해서 극히 제한적인 이해에 그치게 됩 니다. 따라서 성경을 억지로 풀려고 해서는 안 됩니다. 스스로 가진 언 어 이해나 지식으로 완전히 초월적이며, 초시간적이며, 초역사적이며, 초자연적인 재림 이후의 세계를 풀어낼 수 있다고 생각해서는 안 됩니 다.

요한계시록 1장 7절, "볼지어다 그가 구름을 타고 오시리라 각 사 람의 눈이 그를 보겠고"라고 했습니다. 디도서 2장 11~13절에는 "하나 님 구주 예수 그리스도의 영광이 나타나심을 기다리게 하셨으니"라고 하였습니다. 눈으로 볼 수 있는 나타나심이며 아무도 부인할 수 없는 객관적인 사건이 될 것입니다. 그리고 영광스러운 재림이 될 것입니다. 그래서 첫 번째 오심은 비천한 성육신이었다면(사 53:2~3; 빌 2:7~8), 두 번째 오심은 영광스러운 영화가 함께하는 오심이 될 것입니다. 모든 인류로부터 영광의 재림 때에 높임을 받으실 것입니다. 그의 백성인 우리도 그가 다시 오실 때에 영광 중에 그와 함께 나타날 것입니다(골 3:4). 영광스러운 정복자, 만유의 심판자, 온 세상의 구속주, 만왕의 왕, 만주의 주님으로서 그리스도는 다시 오실 것입니다.

_ **김재성 교수**

Q **질문 :** 앞선 질문에 대하여 답변해 주셔서 감사드립니다. 마태복음 24장 40~42절과 마태복음 25장 1~13절 말씀이 데살로니가전서 4장 13~18절 말씀(계 19:6~10 말씀)과 동일한 내용으로 휴거는 단 한 번만 있게 된다는 것은 이해가 되었습니다.

그렇다면 〈1〉 마태복음 24장 40~42과 마태복음 25장 1~13절 말씀에서 보듯이 '깨어 있지 못한 성도'는 휴거되지 못하는 것인가요? 즉 '깨어 있지 못한 성도'는 데려감을 당하지 않고 버려둠을 당하는 것인가요? 궁금합니다.

〈2〉 데살로니가전서 4장 13~18절 말씀이 요한계시록 19장 6~10절 말씀과 동일한 내용의 말씀이라면, 환난 전 휴거와 환난 중 휴거는 전혀 없고, 오직 환난 후 휴거만 있다는 뜻인가요? 그렇다면 교회는 7년 대환난을 통과하면서 요한계시록 19장 6~10에서 휴거(공중 들림)된다는 뜻인가요? 이것도 궁금합니다.

위의 두 질문을 드린 것은 보다 더 정확한 개념의 휴거(공중 들림)를 알고자 함입니다. 속 시원한 답변 주시면 감사하겠습니다.

A **답변 :** 〈1〉 마태복음 24장 42절에서 "깨어 있으라"는 것은 언제 주님이 다시 오실지 모르니 늘 깨어 있으라, 영적으로 나태하지 말고 경성하고 있으라는 말입니다. 40~41절에서 데려감을 당하

고 버려둠을 당한다는 것은 두 사람의 운명에 대한 것인데, 곧 예수님을 믿는 사람은 데려감을 당하고 그렇지 않은 사람은 버려둠을 당한다는 말입니다. 꼭 깨어 있는 사람이 데려감을 당한다는 말은 아닙니다. 36~41절의 말씀의 결론으로 "그러므로 깨어 있으라"는 것입니다. 데려감을 받는 사람은 예수님을 믿는 사람, 구원받은 사람, 택함받은 사람이라고 봐야 합니다. 물론 그런 사람은 원칙적으로 깨어 있는 사람이라고 봐야 하겠지요. 그러나 "깨어 있으라"는 것은 예수님을 믿는 자들에게 주는 교훈입니다. 교훈의 말씀을 구원에 너무 밀착시켜 연결하면 곤란합니다.

〈2〉 '휴거'란 말은 쓰지 않는 것이 좋습니다. 세대주의에서 많이 쓰는 말이고 전통적 개혁주의에서는 사용하지 않는 용어로 압니다. 다시 말씀 드리지만, 예수님이 다시 오실 때, 마지막 재림 때 땅 위의 성도들이 다 공중으로 올라가서 주님을 영접합니다. 이것을 '휴거'라고 한다면 그것은 마지막 재림 때뿐입니다. '7년 대환난'이란 것도 맞지 않는 용어입니다. 세대주의에서 많이 사용하는데, 마치 그런 게 있는 것처럼 많은 사람이 오해하고 있습니다. 성경에 '7년 대환난'이란 것은 없습니다. 요한계시록에 '한 때와 두 때와 반 때' 또는 '마흔 두 달' 또는 '1,260일' 같은 표현이 나오는데 다 '3년 반'에 해당하는 기간입니다. 이런 기간은 다 상징적 의미를 가지는 것으로서 환난의 기간, 복음 전파의 기간을 의미합니다. 문자적으로 꼭 '3년 반'이란 뜻이 아닙니다. 따지자면 예수님의 초림부터 재림까지가 다 환난의 기간이고, 이 기간이 또한 복음 전파의 기간입니다. 따라서 마지막 종말 때에, 예수님 재림 직전에 문자적으로 '7년 대환난'의 기간이 있는 것처럼 말하는 것은 잘못된 것입니다. 환난 전 휴거, 환난 중 휴거, 환난 후 휴거 등의 이론들과 용어들도 다 잘못된 것입니다. 오늘날 이 세상에는 잘못된 이론들과 용어들이 너무 많아서 사람들을 혼란스럽게 하고 있습니다. 그러나 가만히 성경을 보십시오. '7년 대환난'이란 표현이 어디에 나옵니까? 환난은 예수님 초림 이후로 언제나 있었습니다. 따지자면 아담의 범죄 이후로 이 세상에는 항상 환난이 있었습니다. 때때로 큰 환난이 있었고요. 물론 마지막 종말 때가 가까워올수록 환난도 더 많아진다고 할 수는 있습니다. 그러나 꼭 문자적으로 7년 동안의 환난에 대해 말하는 것은 없습니다.

요한계시록 전체에 대해 올바른 이해가 필요합니다. 앞에서 소개해 드린 고려신학대학원 교수회가 쓴 『요한계시록 주석』을 읽고서 전체적인 성경 해석의 방향을 바로 잡으시기 바랍니다. 헨드릭슨의 『요한계시록 주석』도 좋습니다. 필립 휴즈나 포이쓰레스의 『요한계시록』도 좋습니다.

_ 변종길 교수

063. 하나님 나라, 이 땅에 이미 임했는가(막 9:1)? 아니면 잠시 임했다가 지금은 없는가?

Q 질문 : "또 그들에게 이르시되 내가 진실로 너희에게 이르노니 여기 서 있는 사람 중에는 죽기 전에 하나님의 나라가 권능으로 임하는 것을 볼 자들도 있느니라 하시니라"(막 9:1). 마가복음 9장 1절의 말씀이 틀림이 없다면, 천국은 2,000년 전 예수님 당시 이미 이 땅에, 우리에게 임했다고 볼 수 있나요? 아니면 예수님 부활/승천 때 있었던 이적을 가리켜 천국이 잠깐 임했다가 지금은 없다고 봐야 하나요?

A 답변 : 마가복음 9장 1절에 대해서는 여러 해석이 있습니다. 예수님의 재림 때로 보기도 하고 예루살렘 멸망 때로 보기도 하고 오순절 성령 강림 사건을 가리킨다고 보기도 합니다. 그러나 이런 견해들은 다 문제가 있으며 바로 이어 나오는 변화 산 사건을 가리킨다고 보는 것이 제일 옳아 보입니다. 왜냐하면 그때는 베드로와 야고보와 요한 세 사람만 예수님과 동행하였으며 그 놀라운 광경을 보았기 때문입니다. 이들이 변화 산에서 경험한 것은 하나님의 나라가 권능으로, 능력으로 임하는 것이었습니다. 하나님의 영광 중에, 성령의 능력으로 임한 하나님의 나라를 그들은 체험한 것입니다.

하나님의 나라 또는 천국은 죽고 나서 저 세상에 가야만 임하는 것이 아니고 이 세상에서도 임합니다. 예수님은 말씀하시기를 "내가 하나님의 성령을 힘입어 귀신을 쫓아내는 것이면 하나님의 나라가 이미 너희에게 임하였느니라"고 하셨습니다(마 12:28). 따라서 현재 임한 하나님의 나라도 있고 앞으로 임할 하나님의 나라도 있습니다.

정리하면 세 종류의 하나님 나라로 나누어 생각할 수 있습니다. 1) 현재 이 땅에 임한 하나님의 나라(현세 천국). 2) 현재 저 세상에 있는 하나님의 나라(내세 천국; 낙원, 천당, 셋째 하늘). 3) 미래에 종국적으로 이루어질 하나님의 나라(미래 천국; 새 하늘과 새 땅, 신천신지). 성도들의 영혼들이 현재 쉬고 있는 곳은 낙원, 천당, 셋째 하늘이라 불리는 내세 천국입니다. 현세 천국은 성령의 능력으로 이 땅에서 이루어지고 있는 하나님의 나라인데 참 교회가 이에 해당한다고 할 수 있습니다. 새 하늘과 새 땅 곧 미래 천국은 예수님이 재림하실 때 곧 만물이 새로워질 때, 낙원에서 온 영혼들과 부활한 육체가 결합하여 영원히 거하게 될 천국입니다.

예수님을 믿는 우리는 지금 이 땅의 하나님 나라에 살고 있습니다. 왕은 하나님 또는 예수님이며, 우리는 하나님 나라의 백성입니다. 그러나 이 땅의 하나님의 나라는 불완전하며 그 안에 살고 있는 우리에게는 죄와 연약함이 있습니다. 그러나 성령이 함께하셔서 우리를 도우시고 우리를 위해 기도해 주십니다. 따라서 연약한 우리는 이 땅에서 하나님을 바라보며, 받은 구원에 감사하며 믿음으로 나아갑니다. 영원한 천국을 바라보며, 이 땅에서 하나님의 나라를 위해 열심히 사는 하나님의 백성입니다.

_ 변종길 교수

질문 : 우리가 죽으면 가게 되는 천국과 새 하늘과 새 땅의 차이는 무엇인가요? 요한계시록 22장 1~2절처럼, 새 하늘과 새 땅에는 진짜 '수정같이 맑은 생명수의 강', '생명나무', '열두(12) 가지 실과' 등이 있나요? 거룩한 성 새 예루살렘은 '진짜 성(城)'인가요?

답변 : 우리가 죽으면 하나님께서 계신 곳인 '하늘'(heaven)에 가게 됩니다. 이곳은 하나님과 예수님이 계신 장소입니다. 죽은 성도들의 영혼이 이곳에서 하늘 영광 가운데서 삼위일체 하나님과 교제하며 있게 되지요. 이곳을 예수님은 당시 유대인들과 같이 '낙원'(paradise)이라고 부르기도 했습니다. 우리 조상들은 그곳을 '천당'이라는 번역으로 부르기도 했습니다.

그러다가 우리 주 예수 그리스도께서 이 땅에 오실 때에 온 세상이 '새 하늘과 새 땅'으로 변화하게 됩니다. 우리는 부활한 몸을 가지고 이 새 하늘과 새 땅에서 영원히 살게 되지요. 그곳의 영원한 생명성, 열매 많음, 풍성함 등으로 생명나무, 생명수 등으로 표현해 주고 있습니다. 그런 나무가 있음을 부인할 필요는 없지요. 그러나 중심은 그 새 하늘과 새 땅의 풍성함을 말하는 표현이라는 데에 있다는 것입니다.

'새 예루살렘'은, 다른 해석도 있기는 하지만 그 새 하늘과 새 땅에 있게 되는 하나님 백성들인 교회의 온전함을 표현하는 표현이라고 보는 해석이 제일 좋은 해석입니다. 이에 대해서는 윌리엄 헨드릭슨 등 좋은 주석들을 보시면 도움이 될 것입니다.

_ 이승구 교수

065. 유다서 1장 6~7절에서, 자기 처소를 떠난 천사들이 음란한 행위를 했다는 말인가?

Q **질문** : 유다서 1장 6~7절과 관계된 질문입니다. "6절. 또 자기 지위를 지키지 아니하고 자기 처소를 떠난 천사들을 큰 날의 심판까지 영원한 결박으로 흑암에 가두셨으며 7절. 소돔과 고모라와 그 이웃 도시들도 그들과 같은 행동으로 음란하며 다른 육체를 따라가다가 영원한 불의 형벌을 받음으로 거울이 되었느니라"

6절에 보니까 자기 지위를 지키지 아니하고 자기 처소를 떠난 천사들을 가두어 두셨다고 합니다. 그런데 7절에 소돔과 고모라와 이웃 도시들도 '그들과 같은 행동으로 음란하며, 다른 육체를 따라갔다'고 합니다. 그러면, 천사들도 (사람과) '음란한 행위' 즉 '간음'을 한 것인가요?

A **답변** : 이 구절은 참 오해하기 쉽게 되어 있습니다. 저도 전에는 많이 갸우뚱하고 질문자처럼 의문을 가졌으니까요. 그러나 천사들은 예수님의 말씀에 의하면 "장가도 아니 가고 시집도 아니 간다"고 합니다(마 22:30). 따라서 천사들이 무슨 육체적 관계를 하거나 음란을 한다는 것은 말이 안 되지요. 이 구절은 사실, 문제가 안 되는 구절인데 엉뚱하게 난해 구절이 되었습니다. 왜냐하면 우리말 성경이 잘못 번역해서 생긴 문제이기 때문입니다.

여기 7절의 "그들과 같은 행동으로 음란하며"로 되어 있는데, '그들'은 '이들'로 번역해야 맞습니다. 헬라어 '투토이스'는 '이'(this)란 뜻의 '후토스'의 복수 여격형입니다. 따라서 "소돔과 고모라와 그 이웃 도시들도 이들과 같은 방식으로 음란하며……"로 번역해야 맞습니다. 영어 번역 성경들에서도 7절에서 "이들과 같이"를 생략하고 있는 것들이 많아서 불분명한데 NASB에 보면 "… in the same way as these…"로 분명하게 드러내고 있습니다.

그러면 '이들'은 누구일까요? 6절에서 말하는 '천사들'이 아니라 4절에서 말한 경건치 않은 '이단들'을 가리킵니다. 곧 유다 당시에 아주 색욕적이고 음란한 이단들이 있었는데, 과거에 소돔과 고모라와 그 이웃 도시들이 이들 이단들과 같은 모양(방식)으로 음란하며 동성애를 행하다가 불(fire)의 형벌을 받아 멸망했다는 것을 말하는 것입니다. 곧, 유다 당시의 악한 이단들은 소돔과 고모라와 마찬가지로 멸망할 것을 경고한 것입니다. 이 사실은 8절에서 "꿈꾸는 이 사람들도……"라고 하여 '이 사람들'은 곧 유다 당시의 색욕적인 이단들을 가리킴이 분명하게 드러납니다.

그런데 전에 개역한글판 번역이 7절의 이 부분을 "저희와 같은 모양으로"라고 잘못 번역했는데, 개역개정판에서 '저희'를 '그들'로 바꾸었을 뿐 원문에 기초하여 바로잡지는 않았습니다. 그래서 많은 오해와 혼란을 불러일으키고 있는 것입니다. 올바른 성경 번역이 얼마나 중요한가 하는 것을 알 수 있습니다.

_ **변종길 교수**

질문 : 요한계시록 8장 3~4절에 보면 "또 다른 천사가 와서 제단 곁에 서서 금 향로를 가지고 많은 향을 받았으니 이는 모든 성도의 기도들과 합하여 보좌 앞 금단에 드리고자 함이라 향연이 성도의 기도와 함께 천사의 손으로부터 하나님 앞으로 올라가는지라"라고 되어 있습니다. 그러면, 우리가 기도할 때마다 천사가 그 기도를 하나님께로 가져가는 것인가요? 만약, 천사가 우리 기도를 하나님께로 가지고 가는 것이 옳다면, 내 곁에는 나만을 보호하기 위한 천사가 있다고 할 수도 있지 않을까요? 수호천사가 있다고 할 수 있을 것 같은데요. 이 부분에 대해 정확하게 알고 싶습니다.

답변 : 요한계시록의 표현은 비유적 표현입니다. 하나님께서 우리의 기도를 들으신다는 것을 강조하는 표현입니다. 그러므로 이 구절에 근거해서 수호천사를 생각하면 안 됩니다. 천사들은 하나님을 섬기는 것이므로 천사들의 사역에 독자적 의미를 부여하지 않는 것이 좋습니다.

_ 이승구 교수

Q 질문 : 우리 각자들을 보호해 주는 수호천사가 있나요? 우리는
성령님의 보호를 받는 것인가요 아니면 수호천사의 보호를 받
는 것인가요? 천사들은 우리 인간과 관계해서 어떤 역할을 하고 있나
요?

A 답변 : 마태복음 18장 10절에서 예수님은 "이 작은 자 중의 하
나도 업신여기지 말라 저희 천사들이 하늘에서 항상 하나님의
얼굴을 뵈옵느니라"고 하셨습니다. 가톨릭에서는 이 구절에서 수호천
사 교리를 주장합니다(cf. 히 1:14; 행 12:15). 각 개인은 각각 수호천사
를 가지고 있다고 주장합니다(Maldonatus). 그러나 칼빈은 그런 견해
를 반대하고 천사들은 교회 전체를 돌본다고 합니다. 그 후의 신학자들
사이에도 의견은 엇갈립니다.

그러나 필자가 보기에 성도 각자 각각의 수호천사를 가지고 있다
고 보기에는 어려운 것 같습니다. 그것은 가톨릭적이고 또한 복음이 들
어오기 전에 로마인들이 가졌던 수호신 사상과 연결되는 것 같습니다.
하지만 천사들은 우리 성도들을 섬기는 영들입니다(히 1:14). 그 성도들
가운데에는 물론 어린아이들도 포함되어 있습니다. 따라서 우리는 어
린아이들을 무시하면 안 된다는 말씀입니다.

_ **변종길 교수**

Q **질문** : 마귀는 사탄인가요? 그럼 귀신은 마귀와 어떤 관계인가요? 만약 마귀가 사탄이라면, 사탄은 한 명이니까, 우리 찬송가에 "마귀들"이라고 복수로 사용한 것은 잘못된 표현인가요? 귀신, 마귀, 사탄의 관계에 대하여 말씀해 주시기 바랍니다. 영어 단어에서 devil, Satan의 용례도 좀 설명해 주십시오.

A **답변** : 귀한 질문에 감사드립니다. 우리나라 성도들이 많이 혼동하는 문제의 하나입니다. 원수 또는 대적자라는 일반적 의미를 지닌 '사탄'이라는 말이 점차 고유명사화되어 '하 사탄'(그 대적자)를 하나님의 대적자인 존재를 지칭하는 말로 사용하는 것이 일반화되어 사탄이라는 이름이 형성되었습니다(이를 영어로도 히브리어를 음역하여 Satan이라고 합니다). 이런 의미의 사탄은 하나님의 피조물인 천사 중 하나가 타락한 존재이고, 그와 함께 타락한 천사들은 우리 말 성경에서 직역하여 '악한 영들'이라고도 하고 때로는 '귀신들'이라고 번역했습니다.

이들의 우두머리에 해당하는 사탄은 때로 '마귀'라고 번역합니다. 그러므로 이때 마귀는 불교에서 말하는 마귀나 이 세상의 다른 종교적 배경에서 마귀라고 일컫는 존재와 다른 존재입니다. 이런 존재를 영어에서 The Devil이라고도 표현합니다. The Devil(Greek: διαβολος or diabolos = 'slanderer' or 'accuser').

　　그러므로 기독교에서 말하는 마귀는 사탄과 동의어로 사용되는 것이라면 항상 단수로 일컬어져야 합니다. 그러므로 '마귀들'이라는 말은 옳은 말이 아니므로 수정되어야 마땅합니다. '귀신들'이라는 표현은 있을 수 있습니다. 그러나 이때도 그 귀신들이 우리나라 전통 사상이 말하는 귀신들이 아니고 성경이 말하는 타락한 천사들은 악한 영들이라는 뜻으로 이해돼야 합니다(evil spirits or demons).

_ 이승구 교수

질문 : 선지자들의 계시는 세례 요한의 때까지(마 11:13)라는 것은 성경 말씀을 통해서 알 수 있습니다. 그리고 마지막에는 예수님을 통해서 말씀하신다는 히브리서 1장의 말씀이 있는데요, 그러면 사도들의 계시를 인정하는 성경적 근거가 있는지와 이 계시가 사도들까지만이라는 성경적 근거가 무엇인지 궁금합니다.

답변 : 사도 요한의 계시록 마지막 구절을 기억하십니까? 여기에다가 더 보태지도 말고 빼지도 말라고 하셨지요. 특별계시의 종결에 대해서 그 이상 더 얼마나 강력한 증거가 있겠습니까? "내가 이 책의 말씀을 듣는 각인에게 증거하노니 만일 누구든지 이것들 외에 더하면 하나님이 이 책에 기록된 재앙들을 그에게 더하실 터이요, 만일 누구든지 이 책의 예언의 말씀에서 제하여 버리면 하나님이 이 책에 기록된 생명나무와 및 거룩한 성에 참예함을 제하여 버리시리라"(계 22:18~19).

사도직의 종결을 설명합니다. 사도행전 1장에 보면, 사도직은 오순절 사건 이전에 맛디야를 추가하여 교회의 기초석으로 사용하려는 예수님의 의도대로 채워졌습니다. 그리고 오순절 이후에 사도행전 9장에서 사도 바울이 추가되었습니다. 더는 사도나 선지자가 사도행전이나 그 후의 서신서들에서 추가되었다는 성경의 기록이 없습니다. 그런데 어찌하여 지금 사도직이나 선지자직을 받아서 예언한다는 말을 하는 것인가요? 고린도전서 15장 9절에서 사도 바울은 "나는 사도 중에 지극히 작은 자라 내가 하나님의 교회를 핍박하였으므로 사도라 칭함을 받기에 감당치 못할 자로라"고 했습니다. 결국, 이 구절은 사도의 종결을 의미하기도 합니다.

맛디야와 사도 바울이 추가되기 전까지 교회가 발전하지 않은 것도 아니요, 기초가 놓이지 못한 것도 아닙니다. 사도 바울의 회심 이전에 수천 명이 교회에 가입한 것을 보십시오. 사도들과 선지자들을 중심으로 에베소서 2장에 나오는 하나님의 집을 건설하는 사역들은 매우 견고하게 진행되어가고 있었던 것입니다.

_ **김재성 교수**

Q **질문 :** '사도'라고 하는 직분은 분명히 성경에 나오는데 왜 오늘날에는 없다고 하나요?

A **답변 : 사도적 은사의 특수성**

개혁주의 신학에서는 특별 계시인 성경의 완성과 사도의 제한성을 근거로 방언과 예언 은사의 종결을 주장합니다. 이에 반하여 신비적이며 급진적인 성령 운동에 매진하는 오순절 교단에서는 모든 은사가 사도 시대 이후로 똑같이 지속한다는 연속설을 내세웁니다. 회복설은 2001년 이후로 나온 피터 와그너의 신사도 운동이 주도하고 있습니다. 이들은 오순절파 은사 운동에서 주장하는 계시적인 예언 은사의 회복을 주장합니다. 마지막 시대에 사도직을 다시 복원해 주셨다는 것입니다. 어거스틴과 초대 교회의 전통을 잇는 개혁주의 정통 신학에서는 사도적 은사의 특수성을 고려하여 예언과 방언 은사는 종결된 것으로 믿습니다. 다시 말하지만 개혁주의 교회는 성령의 역사가 종결되었다고 주장하는 것이 절대 아닙니다. 성령은 지금도 더 다양하고 더 차원 높게 역사하고 계시면서 사람의 생각을 넘어서서 오직 하나님의 말씀을 근거로 사역하고 있음을 믿습니다.

사도직은 한시적이었고, 은사들도 특수하였다

예언과 방언의 은사가 지금도 지속하느냐, 회복되었느냐, 종결되었느냐에 대한 해답을 찾기 위해서 우리는 개혁주의 신학자들이 주목했던 기본적인 가르침에 유의해야 합니다. 무엇보다도 중요한 것은 이들 두 가지 은사들이 모두 사도적 은사라는 점입니다. 사도직이 한시적으로 그쳤다는 신약성경의 가르침을 따라서, 개혁주의 교회에서는 예언과 방언 은사들도 종말의 날이 오기 이전에 중지되었다는 입장을 취합니다. 물론 이 은사를 통해서 주셨던 성령의 감동과 인도하심은 지속됩니다. 성령의 역사가 종결되었다고 말하는 것이 아니라, 오직 사도들의 사역이 종결됨과 동시에 특수한 목적으로 주어진 은사들은 임시적 성격을 띠고 있었기에 종결되었다는 것입니다[Richard B. Gaffin Jr. "A Cessationalist View", in Are Miraculous Gifts for Today? Wayne A. Grudem, ed. Grand Rapids: Zondervan, 25~64; 한국어 번역본을 참고할 것, 개핀, 『기적의 은사는 오늘날에도 있는가?』 이용중 옮김(부흥과 개혁사, 2011)].

사도의 역할은 초대 교회의 기초를 놓는 것이었습니다. 그들의 증언과 증거는 교회가 주 예수 그리스도를 따르는 데 있어서 핵심을 이루고 있습니다. 사도들은 임시적이요 한시적인 생애를 살아갔습니다. 따라서 사도들은 제한된 기간에만 활동하였습니다. 역시 그들에게 주어진 은사와 특수한 사명도 종결되었습니다. 이제 더는 사도는 없습니다. 그래서 그 사도들이 행사하는 특별한 은사들도 역시 중단될 수밖에 없는 것입니다. 신약성경 전반에 걸쳐서 사도들의 임무는 매우 특수한 지역에 한정되어 있음이 드러납니다(고후 8:23; 빌 2:25; 행 14:4, 14).

그리스도의 사도직분에 대해서 더 중요한 부분은 그 숫자가 극히 제한되어 있었다는 증거들입니다. 고린도전서 12장 28절, 29절에 보면, 사도의 수가 많지 않았음을 지적하는 강한 어법이 구사되고 있습니다: "하나님이 교회 중에 몇을 세우셨으니 첫째는 사도요 둘째는 선지자요 셋째는 교사요 그다음은 능력을 행하는 자요 그다음은 병 고치는 은사와 서로 돕는 것과 다스리는 것과 각종 방언을 말하는 것이라 다 사도이겠느냐 다 선지자이겠느냐 다 교사이겠느냐 다 능력을 행하는 자이겠느냐"

신약성경에서 그토록 중요한 직분자가 바로 사도인데, 그리고 신약성경 기록에 이름이나 사역이 나오지 않는 사도는 거의 없다고 볼 때에, 그 수는 극히 제한적입니다. 사도직은 단지 교회사의 첫 세대에 한정되고 있을 뿐입니다. 사도직이 일시적이요 제한적이며 그 숫자가 매우 적다는 것은 성경 여러 곳에 나타나 있습니다. 첫째, 사도에게는 직접 부활하신 예수 그리스도를 눈으로 목격하고 귀로 들은 자라는 제한적인 특성이 요구됩니다(행 1:8, 22; 4:33; 10:41; 요 15:27). 가룟 유다 대신에 맛디아를 뽑을 때에 분명하게 지적하고 있으며, 바울을 사도로 인정하는 논의에서도 역시 그러함을 알 수 있습니다. 이런 관점에서 바울은 자신이 사도 중에서 가장 마지막에 임명된 자라고 자신의 직분에 대해 스스로 언급하였습니다(고전 15:8, 9, 참고구절 고전 4:9).

사도적 특별 은사의 종결

사도들에 의해서만 계시적 은사가 최종적으로 주어졌기에 더는 예언이 없습니다. 사도 요한은 그의 서신에다가 더 보태지 말고 삭제하지도 말라고 계시의 종결을 선언했습니다. "내가 이 책의 예언의 말씀을 듣는 각인에게 증거하노니 만일 누구든지 이것들 외에 더하면 하나님이 이 책에 기록된 재앙들을 그에게 더하실터이요 만일 누구든지 이 책의 예언의 말씀에서 제하여 버리면 하나님이 이 책에 기록된 생명나무와 및 거룩한 성에 참여함을 제하여 버리시리라"(계 22:18~19).

지금 가장 큰 문제는 이런 사도적 활동의 권위와 교훈을 인정하고 따라가는 신앙인의 자세가 계속해서 줄어들고 있다는 사실입니다. 특히 성령 운동이라는 이름 아래 성경의 충분성과 권위를 존중하려 하지 않는 계시 은사 지속 운동이 혼란스럽게 전개되고 있습니다.

거듭 성경이 가르치는 바대로 성령의 사역은 지금도 계속된다는 사실에 대해서는 이의가 없습니다. 그러나 성령의 특수한 사명을 받아서 사역했던 사도적 직분은 종결되었습니다. 사도직은 특수직이었습니다. 오늘날에 일어나는 표적이나 기적들이 사도들이 행하던 것과는 근본적인 차이가 있음을 인정해야만 합니다. 사도들은 하나님의 뜻에 따라서 전혀 오류가 없이 계시적인 은사를 사용하였습니다. 사도들에게 은사를 주신 성령은 지금도 모든 은사를 주셔서 사역하게 하지만 거기에는 구원역사의 진행과 함께 시대적으로 제한된 은사가 있었고, 시기적으로 종결된 은사가 있음을 인정해야 합니다. 성령은 영원토록 변함없이 은사들을 주시는 분이시지만 사도적인 은사들만이 교회를 세우는 계시적인 것입니다. 그래서 사도들이 증언하던 것은 기록으로 남아서 전수되었고, 우리는 그 계시에 따라서 성령의 인도하심을 받고 있는 것입니다.

은사 지속설을 주장하는 사람들 가운데서도 상당수는 오늘날에 더는 사도가 없다는 점을 인정하는 사람들입니다. 그렇다면 그들은 엄밀한 의미에서 사도직 종결론자들입니다. 전달 수단으로 예수님에 의해서 직접 임명을 받은 사람들만이 합법적으로 대행자가 될 수 있었음을 인정한다면 그들도 역시 직분 종결론자들입니다.

그런데 문제는 사도직 직분과 사도적 은사는 서로 다르다고 분리함으로써 하나는 종결되었지만 하나는 지금도 지속한다는 새 이론을 주장하는 데 있습니다. 침례교 신학자 웨인 그루뎀은 사도의 직분은 종결되었지만 은사는 지속된다고 주장해서 큰 파문과 혼란을 일으키고 있습니다[Wayne A. Grudem, The Gift of Prophecy in the New Testament and Today (1988); idem, Systematic Theology, 906~911]. 그루뎀은 계시적인 예언 은사는 사도들에게만 주어졌다고 인정하면서도, 일반적인 예언 은사와는 차원이 서로 다른 은사들이라고 구분합니다. 그러나 그 주장은 어디에 근거하여 예언을 두 가지 차원으로 나눌 수 있는지 분명치 않습니다. 그는 소위 작은 예언들은 언제나 지속하고 있다는 것입니다. 그래서 그는 존 윔버의 빈야드 운동에 대해 격찬한 바 있습니다. 지금 빈야드 운동에 이어서 신사도 운동이 전개되고 있는데, 이런 일련의 연속주의자들이 혼란을 빚어내고 있음에 주의해야 합니다.

웨스트민스터 신학대학원 교수로 오랫동안 교회론을 가르친 클라우니 박사는 성경의 충족성과 성령의 조명이라는 부분을 그루뎀이 소홀히 취급하였다고 반박합니다. 그는, 성령은 새로운 계시를 날마다 새로 내려 주심으로써 성도들을 이끄는 것이 아니라, 성령의 세미한 조명을 통해서 성경을 사용하여 지혜와 지식의 말씀으로 성도들을 인도하고 있다[Edmund P. Clowney, The Church (Downers Grove: IVP, 1995), 298~300.]고 주장합니다.

사도는 예수님이 직접 선택했을 뿐만 아니라, 그들의 활동에 권위를 부여해 주신 사람입니다. 그런데 직분은 사라지고 은사는 남아 있다는 것은 의미가 없습니다. 부활하사 승천하신 예수님께서 은사를 그들에게 주셨기 때문입니다(엡 4:8, 11). 모든 은사가 곧 직분자들이 되게 하는 것은 아닙니다. 그러나 그리스도에게 받는 모든 직분에는 그리스도에게서 오는 은사들이 주어졌습니다. 그리고 사도들이 그들의 은사를 사용할 때 오류가 없도록 성령께서 돌아보셨습니다. 그 사도직을 수행하게 만드는 은사들 역시 성경의 정경을 최종적으로 정리하고 종결된 사도직과 긴밀한 관계를 맺고 있습니다.

성경의 최종 기록자들의 직분이 종결되었다면, 그 후대의 속사도들에게는 주어지지 않는 은사가 무엇입니까? 계시적인 말씀의 은사들이 사도들과 함께 종결되었다면, 지금도 그들이 받았던 계시적 예언의 은사들이 지속한다고 말할 수 없습니다(갈 1:11~12; 살전 2:13). 교회의 초석이 놓이던 초대 교회 시대에 교회의 모든 것들이 충분히 세워지도록 계시해 주셨다면, 지금 우리 시대에 사도적 은사가 더는 존재할 필요가 없습니다. 사도가 지금도 살아 있어서 교회의 모든 결정을 하는 것이 아니라고 한다면, 사도적 권위와 동등한 사도적 은사들이 지금도 지속한다고 주장하는 것은 이상한 일입니다.

_ 김재성 교수

071. 예배에서 사도신경을 고백하지 않으면 이단인가?

질문 : 사도신경에 대해 다음의 네 가지 질문들을 드립니다. 사도 신경은 누가 만들었고, 또 어떤 과정을 통해서 만들어졌나요? 사도신경을 예배 시간 가운데 고백하지 않으면 이단인가요? 침례 교회에서는 사도신경을 받아들이지 않는다고 하는데 그런가요?

답변 : 사도신경은 성경에 나타난 사도적 가르침을 총괄해서 세례 문답 등의 목적으로 로마 교회에서 150년경부터 사용되던 것이 5세기, 6세기, 7세기 등에 오늘날 우리가 사용하는 내용으로 확정된 것입니다.

사도신경을 믿는 것은 참된 교회 됨의 필요조건이나 충분조건은 아닙니다. 이외에 이신칭의를 받아들여야 참으로 복음을 믿고 선포하는 참된 교회라고 할 수 있습니다.

침례교회도 사도신경의 내용을 받아들입니다. 그 내용을 믿는 것이지요. 그러나 예배 중에는 오직 성경에 있는 것만을 사용한다는 원칙에 따라 사도신경을 사용하지 않는 것이지요. 오직 성경에 있는 것만을 사용하려는 그런 정신이 철저했으면 합니다.

다른 교회들은 사도신경이 성경의 가르침을 잘 요약한 것이라고 믿기에 예배 중에서 사도신경을 사용해서 우리의 믿는 바를 하나님께와 온 세상 앞에 공표하는 것입니다.

어떤 교회가 사도신경의 내용을 믿지 않는다면 이단인 것은 분명합니다. 동방 정교회는 사도신경보다는 니케아신경을 사용해서 신앙을 고백하지만 내용으로는 사도신경을 믿는다고 할 수 있습니다. 그러므로 이 내용을 믿고 예배 중에서도 고백하는 것이 좋을 것입니다.

참고: 이승구, 『사도신경』(서울: 엠마오, 2004, 개정 3판 2쇄, 2011)

_ 이승구 교수

Q **질문 :** 하이델베르크 문답이던가요? 크리스천이라면 알아야 할 것이라는데, 무엇인지 정말 궁금합니다. 소요리문답이 무엇인지 어디서 유래되었는지 어떻게 하는 것인지도 알려 주시고, 또 소요리문답과 비슷한 것이 있다면 그것도 알려 주세요!

A **답변 :** 귀하께서는 교리에 관한 정말 중요한 질문을 하셨군요. 『하이델베르크 문답』은 『하이델베르크 교리문답』(Heidelberg catechism)을 말합니다. 종교개혁 시절 1563년 독일의 하이델베르크 (Heidelberg)에서 만들어진 교리문답이라 그 지역의 이름을 붙였습니다. '교리문답'이란 기독교 교리를 문답형식(질문과 답)으로 가르치기 위해 만든 교리교육의 아주 오래된 방법입니다. 『하이델베르크 교리문답』은 어른들에게 신앙을 요약해 가르치려고 만들어진 것입니다.

『소교리문답』이란 것이 있습니다. 이것은 어린이를 위한 것입니다. 어른을 위한 것은 『대교리문답』이라고 부릅니다. 대표적인 것이 있다면 1646년쯤에 만들어진 『웨스트민스터 대교리문답』(Westminster Larger Catechism)과 『웨스트민스터 소교리문답』(Westminster Shorter Catechism)입니다. 물론 이 문답도 예상하셨겠지만 영국 런던의 웨스트민스터 사원(Westminster Abbey)에서 만들어졌기 때문에 붙여진 이름입니다.

『웨스트민스터 소교리문답』이 어떻게 구성되어 있는지 살펴볼까요? 소교리문답 제1문을 봅시다.

"1문: 사람의 제일 되는 목적이 무엇입니까?

답: 사람의 제일 되는 목적은 하나님을 영화롭게 하고 하나님을 영원토록 즐거워하는 것입니다."

이런 방식으로 107가지 문답으로 구성되어 있답니다. 좋은 책은 최근 성약출판사에서 나온 『웨스트민스터 소교리문답』이 있습니다.

『하이델베르크 교리문답』의 제1문을 볼까요?

"1문: 살아서나 죽어서나 당신의 유일한 위로는 무엇입니까?

답: 살아서나 죽어서나 나는 나의 것이 아니요, 몸도 영혼도 나의 신실한 구주 예수 그리스도의 것입니다. 그리스도께서는 그의 보혈로 나의 모든 죗값을 완전히 치르고 나를 마귀의 모든 권세에서 해방하셨습니다. 또한 하늘에 계신 나의 아버지의 뜻이 아니면 머리털 하나도 땅에 떨어지지 않도록 나를 보호하시며, 참으로 모든 것이 합력하여 나의 구원을 이루도록 하십니다. 그러하므로 그분은 그의 성령으로 나에게 영생을 확신시켜 주시고, 이제부터는 마음을 다하여 즐거이 그리고 신속히 그를 위해 살도록 하십니다."

어때요? 꽤 길다는 것을 볼 수 있지요? 어른을 위한 것입니다. 그렇지만 내용은 훨씬 상세하게 설명되어 있습니다.

_ 임경근 박사

질문 : "하나님의 창조사역이 '문자 그대로' 6일 만에 이루어졌다"는 말씀과, "태양은 성경 기록대로 4일에 만들어졌다. 해와 달이 없으므로 인간의 기준인 하루를 잴 수 없으며, 6일은 해가 뜨고 달이 지는 인간의 24시간(하루)과는 상관없이 하나님의 '때'와 '시간'을 나타내는 말이므로 그것이 인간의 6일과 같다고 볼 수 없다."는 말씀을 들어 무엇이 맞는지 답을 찾는 중입니다.

철학자 김용규 님이 저술한 『백만장자의 마지막 질문』이라는 책에서, 그는 "여기서 우리가 알아야 할 것은, 기독교 근본주의자들이 견지하는 성서문자주의(biblical literalism)가 정통 기독교 신학에선 벗어난다는 사실이다. '오직 성서로(sola scriptura)'를 외치며 성서 해석에 유난히 엄격했던 칼빈마저 성서를 문자 그대로 해석하려 한 문자주의를 경계했다."라고 말하고 있습니다.

성경에 쓰여 있는 문자 그대로 이해하는 '성서문자주의'와, 성경에 오류가 있으며 있는 그대로 믿는 '성경무오설' 혹은 개혁주의 신학의 성서해석은 다른가요? 다르다면 무엇이 다르고, 어느 것이 더 올바르다고 볼 수 있을까요?

답변 : 우리는 성경의 문자를 중요하게 여기지만, 문자주의적 성경 해석은 너무 지나쳐서 상징적으로 해석해야 할 것도 문

자 그대로 보는 문제점을 가지고 있습니다. 예를 들어 "골방에 들어가서 기도하라"는 말씀도 문자 그대로 이해하면 모여서 기도하는 기도회를 부정하게 됩니다. 그러나 예수님의 이 말씀은 하늘에 계신 하나님을 바라보고, 하나님의 칭찬만 바라보고 기도하라는 뜻이지 꼭 장소적으로 골방에 들어가서 기도해야만 한다는 뜻은 아닙니다. 또 구제할 때에 "오른손이 하는 것을 왼손이 모르게 하라"는 것도 마찬가지입니다. 이런 것도 그 의미를 살펴서 이해해야지 문자 그대로 이해하면 안 되는 것입니다. 더 나아가서 "만일 네 오른 눈이 너로 실족케 하거든 빼어 내버리라."는 말씀도 문자 그대로 이해하면 큰일 납니다. 반드시 그 의미를 살펴서 바로 이해해야 합니다.

이런 문자주의적 해석은 특히 요한계시록을 해석할 때 큰 문제를 야기합니다. 144,000을 문자 그대로 이해한다든가, 3년 반을 문자 그대로 이해하여 마치 마지막 때에 3년 반, 3년 반 합 7년간의 대환난이 있는 것처럼 해석하는 것들은 다 잘못된 문자주의적 해석입니다. 상징적으로 해석해야 할 것을 문자적으로 해석하는 데서 오는 오류입니다. 세대주의자들과 극단적 보수주의자들 또는 잘못된 이단들에게서 이런 해석을 많이 발견할 수 있습니다.

그러나 건전한 개혁주의에서는 성경을 성경으로 풀되 원어와 문맥을 잘 살펴서 대부분의 경우는 문자적 의미를 존중하여 문자적으로 해석하되, 상징적으로 해석해야 할 곳은 상징적으로 해석합니다. 그 단어와 구절과 문맥과 성경 전체를 잘 살펴서 가장 올바른 해석을 하는 것이지요.

창세기 1장의 6일에 대해서는 개혁주의 신학자들 사이에도 의견이 나누어집니다. 아직 태양이 만들어지기 전의 하루에 대해서는 오늘날의 24시간으로 볼 수 없다는 견해, 그리고 지구의 자전 속도가 달라질 수도 있기 때문에 시간이 똑같지 않다는 견해, 그래서 창세기 1장의 하루는 일정한 기간/시대로 봐야 한다는 견해도 있고, 또 창세기 1장이 꼭 과학적인 사실을 말하고자 함이 아니고 그 말하고자 하는 의도를 따라야 한다고 보는 견해 등이 있습니다. 그러나 칼빈과 같은 개혁자와 또 엄격한 보수주의자들 중에는 오늘날과 같은 하루로 보아야 한다고 주장하기도 합니다.

그리고 위 질문 중에 하나 잘못된 부분이 있습니다. '성경무오설'은 성경에 오류가 없다고 보는 견해입니다. 우리는 성경무오설을 믿으면서, 문자주의적 성경 해석은 반대하고 개혁주의적 성경 해석을 따릅니다.

_ 변종길 교수

Q **질문** : 성경 해석에서, 그리고 설교를 하는 데에 상상력을 사용
하는 것에 대해서 질문을 드리고 싶습니다.

근본적으로, 성경 해석과 설교에서 상상력을 동원해도 될까요? 그
러니까, A라는 본문이 있으면, 그 A라는 본문의 사건이 어떤 모습이었
을까 상상하는, 곧 구체화나 이미지화를 넘어서, A라는 상상을 하는 것
말입니다.

최근에 들은 설교 중에 이런 내용이 있었습니다. 누가복음 19장
28~36절의, 벳바게와 베다니에서 아무도 타지 않은 나귀를 제자들이
주가 쓰시겠다는 한마디 말만 듣고 쉽게 가져올 수 있었던 것은, 옛날
부터 벳바게와 베다니에 사는 한 사람이 스가랴서의 말씀을 읽고 그 말
씀을 자신을 통해 이뤄주시길 바라는 마음으로 항상 나귀를 바깥에 묶
어 두었고, 그것이 가문 대대로 계속 계속 행해 내려오면서 결국 예수
님 대에 이루어졌을 것이라는 상상을 하면서 설교자는 설교를 전개했
습니다. 이렇게, 상상력을 동원한 성경 해석이나 설교가 건전한지 궁금
합니다. 만약 상상이 가능하다면 어느 정도까지가 가능할 수 있을지,
그렇지 않다면 왜 그런지도 궁금합니다! 감사합니다.

A **답변** : 성경을 설교하면서 어느 정도의 상상력을 동원하는 것
은 불가피한 일입니다. 특히 성경 인물이 그 당시 그때 얼마나

힘들었을까? 얼마나 고민했을까? 또는 얼마나 기뻤을까? 등에 대해 생각해 볼 수 있습니다. 예를 들어 창세기 12장에서 가나안 땅에 기근이 들어 아브라함이 사라와 함께 애굽으로 내려갈 때, 아브라함은 얼마나 실망했겠습니까? 하나님의 약속을 받았지만 복을 받기는커녕 도리어 기근을 만났습니다. 아들은커녕 양식도 안 주셨습니다. 이럴 때 할 수 없이 양식을 구하러 애굽으로 내려가는 아브라함의 마음이 얼마나 좌절되고 실망했겠습니까? 이런 아브라함의 마음에 대해 어느 정도 상상해 보고 설명하는 것은 좋습니다.

그러나 그 상상이란 것이 도를 벗어나거나 성경에 어긋나면 안 됩니다. 질문자의 위 예에서와 같은 것은 근거가 없고 타당하지 않습니다. 상상력을 동원하더라도 성경의 근거를 가지고 말해야 하며 건전한 상식에 맞아야 합니다. 어디에서 그런 자료를 구했는지 알 수 없으며, 일반 상식으로도 타당해 보이지 않습니다. 이런 것은 성경 해석이 잘못되었다고 봐야 할 것입니다. 성경 원어와 문맥, 그리고 성경 전체의 내용을 고려해서 해석해야 합니다. 건전한 주석들을 참고하는 것도 도움이 됩니다.

_ **변종길 교수**

Q **질문** : 창세기 1장 1절의 창조를 '무(無)에서 유(有)의 창조'라
배웠습니다. 그런데 S대 종교학과 B 교수님의 히브리어 수업
에서 창세기 1장 1절의 창조를 '카오스에서 코스모스의 창조'라고 가르
치는 걸 들었습니다. 그 근거는 유대 문헌이고요. 무에서 유의 창조는
교리상으로 아주 중요한 문제라 생각합니다. 무에서 유의 창조에 근거
가 되는 문법적, 문헌학적 근거는 무엇이며, 이 사실을 부정하는 분들
이 주로 내세우는 근거는 무엇입니까?

A **답변** : 아주 큰 질문을 하셨네요. 제대로 설명하려면 논문을
하나 써야 하겠지만 되도록 간략하게 답변하겠습니다. 창세기
1장 1절의 번역과 해석은 오랫동안 논쟁이 된 구절입니다. 이 본문은
구문상 네 가지 번역이 가능합니다.

첫째, "하나님이 천지를 창조하실 시초에……" (땅이 공허했다: 2
절). 이것은 1절을 2절의 시간 종속절로 보는 것이죠. 이 견해는 11세기
유대인 비평가 이븐 에즈라가 처음으로 제시한 것입니다.

둘째, "하나님이 천지를 창조하실 시초에" (그때 땅이 공허하고: 2
절은 삽입절), "하나님이 가라사대……" (3절) 이 번역은 2절을 설명하
기 위한 삽입구로 보고, 1절을 3절의 종속절로 보는 것이죠. 이것은 10
세기 유대인 주석가 라쉬가 주장한 것입니다(물론 좀 더 이른 랍비문헌

을 따른 암시는 있지만). 이 견해는 몇몇 영어 번역에도 반영되어 있습니다(NEB, NAB, TEV).

셋째, "태초에 하나님이 천지를 창조하시니라"를 전체 창조의 타이틀로 보는 것입니다. 2~31절까지는 천지 창조에 대한 실제적인 설명이 되는 것이죠. 그렇지만 이것이 문제가 되는 것은 2절의 첫 글자가 "그리고"로 시작되기 때문에 1절을 제목으로 보기가 어렵습니다.

넷째, 전통적인 견해는 "태초에 하나님이 천지를 창조하시니라"를 첫 창조행위의 주절로 보는 것이죠.

사실 넷째 견해를 제외한 나머지 견해는 하나님의 창조가 무에서 창조한 것이 아니라 혼돈이라는 기존 물질에서 창조한 것으로 보는 해석입니다.

여기서 조금 더 설명하자면 첫 번째와 두 번째 번역은 두 가지 점에 근거를 두고 있습니다. 하나는 문법적이고 다른 하나는 문화적입니다. 첫 단어 '태초에'와 둘째 단어 '창조하다'를, 문법적으로 관사가 없기 때문에 '창조'(부정사)의 연계형로 보는 것입니다(2:4; 5:1). 그래서 '창조하기 시작할 때'로 번역이 됩니다. 또 다른 하나의 근거는 바빌로니아 창조신화 '에누마 엘리쉬'의 첫 두 글자인데, 그 뜻은 'when above'입니다. 그래서 창세기도 시간을 나타내는 종속절로 시작한다는 것입니다.

이 견해를 따르면 하나님의 창조 이전의 혼돈 상태의 물질은 어디서 왔느냐는 물음이 생깁니다. 그러나 두 창조 기사에 어느 정도 유사성이 있다고 해서 창세기가 바빌론아 창조신화와 같이 창조 전에 물질이 존재했다는 것을 암시한다고 보기는 어렵습니다. 성경은 하나님께서 천지와 모든 것을 창조하셨다고 했는데 말입니다. 혼돈이라는 창조 이전의 물질에서 질서로 창조했다는 것은 신화적인 요소를 반영한 해석이라고 볼 수밖에 없습니다.

'무에서 창조'라는 말에 대한 또 다른 거부감으로 그 표현이 외경(마카비2서 7:28)에 언급되었다는 것입니다. 물론 이것은 정경으로서 창조를 정의하는 것은 아니지만 정경의 내용을 설명해 주는 것으로 볼 수 있을 것입니다. 또한, 문법적으로 첫 글자(태초에)가 관사가 없다고 해서 반드시 연계형으로 보아야 할 필요는 없습니다. 성경에는 관사가 없이도 독립형으로 사용되어 시간을 나타내는 구로 사용된 용례가 있기 때문입니다(사 40:21; 41:4, 26; 46:10).

그래서 네 번째 전통적인 견해는 구문상 문법적으로뿐만 아니라 성경의 전체 사상에 맞는 것으로 볼 수 있습니다. 물론 하나님이 혼돈을 창조하지는 않았습니다(사 45:18). 그러나 2절의 혼돈은 하나님이 창조하시는 과정으로서 땅의 임시적인 상태를 묘사하는 것이라고 할 수 있습니다. 첫 절을 시간을 나타내는 독립구로 보는 것은 마소라 악센트의 지지를 받습니다. 첫째 단어에 분리 악센트(티프하)를 찍어서 두 번째 단어와 분리해서 읽을 것을 권했습니다. 또 주전 2세기에 헬라어로 번역된 칠십인 역도 '태초에'라고 번역하고 있습니다. 창조기사에는 '무에서 창조'(creatio ex nihilo)란 말이 없지만 내용상으로 하나님께서 아무 것도 없는 가운데서 천지를 창조하셨다고 보는 것이 옳습니다. 이것을 부인하는 이론이 새로운 관점으로 보여서 흥미로운 면이 있지만 기독교 교리와 성경의 바른 해석에 혼동을 가져다줍니다.

_ 신득일 교수

질문 : 창세기에 보면 하나님께서 천지를 창조하실 때에 궁창 위에 물과 궁창 아래의 물로 나누셨다고 되어있는데 궁창 위의 물이 뭔가요? 정말 궁금합니다.

답변 : 먼저 궁창에 대한 적절한 이해가 필요합니다. 창세기 1장 8절에 하나님께서 궁창을 '하늘'이라 부르셨다고 되어 있습니다. 그런데 '하늘'에는 여러 가지가 있을 수 있으므로 앞뒤 문맥에 따라 구별해야 합니다.

예를 들어 1. '새가 하늘을 날아다닌다.'고 했을 때의 하늘은 대기권내의 공중을 의미하는 것입니다. 2. '별들이 하늘에 떠 있다.'고 했을 때의 하늘은 우주 공간을 의미합니다. 3. '하나님은 하늘에 계시다.'고 했을 때의 하늘은 물리적인 3차원적 우주 공간을 넘어서는 다른 차원의 영역을 의미하는 것이라고 보아야 할 것입니다.

창조 둘째 날에 나누신 '궁창 위의 물과 궁창 아래의 물'에서의 궁창은 지구를 둘러싸고 있는 대기권을 의미하는 것으로 보는 것이 적절하다고 생각됩니다.

오늘날에도 하늘 아래의 물(바다, 강, 호수, 지하수 등)이 있고 하늘 위의 물(구름, 수증기, 안개 등)이 있습니다.

그런데 창조 둘째 날의 궁창 위의 물은 아마도 지구 대기권에 존재했던 수증기층이라고 추정됩니다. 오늘날보다도 훨씬 많은 양의 수증기가 있었을 것입니다.

대홍수가 시작될 때 40일 동안 폭우가 쏟아져 내리는 데, 이는 오늘날의 구름과 수증기 정도의 양으로는 설명할 수 없는 훨씬 많은 양의 강우량입니다. 그러므로 대홍수 이전에는 오늘날보다 비교할 수 없을 정도의 많은 양의 수증기층이 지구 대기권이나 또는 성층권에 걸쳐서 존재했을 것으로 추측해 볼 수 있습니다.

궁창 위의 물은 오늘날의 구름과 같은 형태가 아니었을 것입니다. 대홍수 이전에는 구름이 존재하지 않았을 것으로 생각됩니다. 왜냐하면 창세기 2장 5절에 '여호와 하나님이 땅에 비를 내리지 아니하셨고'라고 기록되어 있습니다. 구름을 이용한 비를 내리는 대신에 창세기 2장 6절에 기록된 대로 '안개'를 통해 지표면에 수분을 공급하셨다고 여겨집니다.

_ 김명현 박사

077. 에덴동산이 지금도 지구에 존재하고 있는가?

Q **질문 1** : 저는 중학교 1학년입니다. 오래전부터 에덴동산은 과연 지구에 있는지 궁금했습니다. 답변 주시기 바랍니다.

질문 2 : 에덴동산은 지도상으로 볼 때 어느 곳이었나요? 그리고 지금도 존재하고 있는지 궁금합니다. 혹시 지금은 에덴동산이 이 땅에 없다고 한다면, '에덴동산'의 영적인 의미가 있나요?

A **답변 1** : 옛날 처음 창조되었을 때의 에덴동산은 지구에 있었다고 봅니다. 그러나 인류의 타락으로 인해 창조 세계가 하나님의 통치에서 벗어나 무질서의 상태로 전환되었기 때문에, 지금 현재에는 옛 에덴의 상태는 존재하지 않는다고 보아야 합니다.

_ 장세훈 교수

답변 2 : 성경에서 보도하는 것을 문자적으로 받아들인다면 에덴동산의 위치는 티그리스와 유프라테스 강의 근원이 되는 곳일 것입니다(창 2:8~14). 현재 지형으로 보면 이 강의 근원이 있는 곳은 흑해와 반 호수 사이의 아르메니아 산맥 일대가 될 것입니다. 그러나 성경의 보도를 현대인의 관점에서 보고 지도에 표기하기 어려운 점이 있습니다. 왜냐하면, 이 표현은 고대 사람의 우주관을 염두에 둔 표현으로 보아야 할 것입니다. 그래서 에덴동산이 지리적으로 분명히 존재한 것이지만 본문의 강조점은 에덴동산의 역할에 있는 것으로 보입니다. 즉 지리적인 관심보다는 우주적인 기능을 설명하고 있습니다. 에덴동산은 하나님이 계시는 곳으로서 거기서 나오는 물이 온 세상에 생명을 공급한다는 의미가 더 큰 것입니다. 물론 지금은 그 동산이 존재하지 않는다고 봐야 하겠죠.

또 지리적으로 이해한다고 해도 노아홍수 이전의 강의 근원과 이후의 근원이 같은지도 모르는 일입니다. 아마도 홍수로 말미암아 대대적인 지각변동과 지리적 변화가 있었을 것으로 여겨지는데 그 지형을 같은 것으로 주장할 수 없다면 더 위치를 지적하기가 어려울 것입니다.

에덴동산의 의미를 간단하게 설명한다면 그곳은 하나님이 거하시는 곳으로서 일종의 성소라고 할 수 있습니다. 하나님의 임하심은 생명을 주는 물의 공급원이자 모든 피조물의 생명과 힘의 근원이 되는 것입니다. 이 개념은 성경에도 잘 나와 있습니다: 성전에서 나오는 생명수(겔 47:1~12), 어린양의 보좌에서 흘러나오는 생명수 강(계 22:1~2). 타락 후 에덴동산은 하나님이 임하시는 성전의 지성소와 같은 곳으로서 사람이 접근할 수 없는 곳이 되어 버렸습니다. 그러나 구원을 통한 회복은 하나님과의 친밀한 교제가 이루어지는 상태로 회복될 것입니다. 하나님의 완전한 임하심 가운데 친밀한 교제를 이루는 것이 구원의 목표라고 한다면 에덴동산이 의미하는 것은 우리의 지향점이 될 것입니다.

_ **신득일 교수**

078. 아담 이전에 사람들이 존재했는가?

질문 : 창세기 1장 28절에서 사람을 하나님의 형상대로 남자와 여자로 만드셨다는 말씀과 창세기 2장 7절에서는 여호와 하나님이 땅의 흙으로 사람을 지으시고 생기를 그 코에 불어 넣으시니 사람이 생령이 되었다는 말씀에서 하나님께서 사람에게 생명을 주심으로 사람의 지으심을 알 수 있습니다. 그리고 지은 사람을 에덴동산에 두셨다는 말씀(2:8)으로 지음 받은 사람은 다 에덴동산에 있었음을 알 수 있습니다. 그리고 2장 18절에 보면 사람이 혼자 사는 것이 좋지 않아 돕는 배필을 지으리라 하시고 2장 19절에는 느닷없이 아담이라는 사람이 등장하고 그의 갈비뼈를 취하여 여자를 만드셨다고 말씀하십니다. 이 말씀들을 살펴보면 최초의 지음을 받은 사람은 에덴동산에 있는 아담과 그의 여자밖에 없었습니다. 그런데 창세기 4장 14~15절 말씀을 보면 14절에, 아담의 첫째 아들 가인의 말 중에 "나를 만나는 자마다"와 15절에, "모든 사람"에게서 라는 언급이 있습니다. 그렇다면 지음 받은 사람이 아담과 그의 아내 외에 또 있었다는 생각이 듭니다. 어떻게 말씀을 받아야 할까요?

답변 : 이 문제는 창세기 1장과 2장의 관계를 보는 관점에 따라서 다른 해석이 나옵니다. 창세기 1장의 사람은 2장의 아담과 다르지 않습니다. 창세기 2장을 또 다른 창조로 보면 아담 이전에

사람이 있었다는 말이 됩니다. 그런데 1장의 사람이란 말은 히브리어 보통명사로서 '아담'입니다. 그래서 창세기 2장은 제2의 창조가 아니라 창조의 면류관이 되는 인간 창조에 초점을 맞추어 좀 더 상세하게 설명하고 있는 것으로 보아야 합니다. 이것이 교리적으로도 문제가 없는 관점입니다.

창세기 4장 14절의 "나를 만나는 자마다 나를 죽이리이다"는 일차적으로 미래의 일로 볼 수 있습니다. 창세기 5장 4절에 의하면 아담이 셋을 낳은 후에 죽을 때까지(800년) 자녀를 낳았다고 했는데 수십 대에 걸친 자녀들 가운데서 수백 년을 같이 살면서 피의 보복을 두려워한 것입니다.

또한 성경의 족보가 선별적이라고 할 때 가인이 문제를 일으킨 상황에서도 가인과 아벨 이외에 다른 사람이 있었다는 말이 됩니다. 즉 아담의 후손으로서 성경에 기록되지 않는 자녀들이 있을 수 있다는 것입니다. 그러면 백 살이 넘은 아담에게서 수 대에 이르는 후손이 이미 있었다는 말이 됩니다.

이 두 관점 중에서 어떤 관점을 취하든지 창세기 4장 14절의 내용이 아담 이전에 사람이 존재했다는 여지는 주지 않습니다. 도움이 되기를 바랍니다.

_ **신득일 교수**

079. 가인이 두려워했던 사람들은 구체적으로 누구인가?

Q **질문** : 창세기 4장에서 동생 아벨을 죽인 가인이 여호와께 저주를 선고를 받은 후, "주께서 오늘 이 지면에서 나를 쫓아내시온즉 내가 주의 낯을 뵈옵지 못하리니 내가 땅에서 피하며 유리하는 자가 될지라 무릇 나를 만나는 자마다 나를 죽이겠나이다." 하며 두려워합니다. 여기서 가인이 두려워했던 사람들은 구체적으로 누구를 뜻하는 것인가요? 앞뒤 문맥상으로 보면 '아담과 하와의 가족 이외의 사람들'인 것 같은데요, 신학적으로 보면 난해한 문제인 것은 분명해 보입니다.

A **답변** : "무릇 나를 만나는 자마다 나를 죽이겠나이다"(창 4:14b)란 표현은 분명히 신학적으로 많은 논쟁을 불러일으켰습니다. 이 문장의 난해성 때문에 일부 주석가들(Gunkel, Westermann)은 편집상의 문제로 보았습니다. 그들은 편집자가 이런 문제가 있는지 모르고 창세기 3, 4장을 2장 다음에 배치했다는 것입니다.

그렇지만 그것은 이 해석 문제를 해결하는 데 별로 도움이 되지 않습니다. 여기서 문제가 되는 표현은 "나를 만나는 자"를 현재로 볼 것인가 아니면 미래로 볼 것인가 하는 것입니다. 이 단어는 분사형이기 때문에 해석자가 시제를 결정할 수밖에 없습니다.

'만나다'를 현재로만 보는 자는 아담과 하와 이외에 다른 가족이 있다는 것을 전제로 이 표현을 썼다고 합니다. 그래서 역사적으로 이 부분에 대한 이해 때문에 심각한 신학적인 문제를 야기했습니다. 그것은 아담 이전에 사람이 있었다는 가설입니다(Preadamite hypothesis). 이 가설은 아담은 단지 유대인의 조상이고 인류의 조상이 아니라는 것입니다. 인류의 조상은 창세기 1장에서 창조된 사람으로서 다른 기원을 가진다고 주장합니다(Isaac de la Peyrère). 이 이론은 교회의 엄청난 반대를 겪었습니다. 왜냐하면 이 가설이 기독교의 핵심 교리인 구원론을 부인하는 기초를 제공하기 때문입니다.

이 동사를 미래로 보는 자는 가인이 두려워한 자는 아담과 하와의 후손이라고 합니다. 아담과 하와 이외에 아무도 없다고 생각되기 때문에 앞으로 태어날 사람들에게서 아벨에 대한 피의 복수를 두려워한 것이라고 합니다. 사실 아담과 하와는 셋을 낳은 후에도 팔백 년을 살면서 자녀를 낳았고(창 5:4), 셋은 구백십이 세를 살았습니다(창 5:8). 그 당시 한 세대는 수백 년이었기 때문에 성경에 기록되지는 않았지만 그 사이에 엄청난 수의 사람이 태어났을 것으로 봅니다. 그래서 성경을 권위 있는 하나님의 말씀으로 믿는 학자들은 가인이 두려워한 자는 미래의 자손들이라고 일치된 견해를 갖고 있습니다.

성경 해석은 한 단어의 시제가 모든 것을 결정하지는 않습니다. 시제가 다른 가능성을 가졌을 경우는 성경 전체의 내용과 조화를 이루어야 할 것입니다. 이것은 억지로 짜 맞추는 것이 아니라 성경 전체의 흐름을 따라 성경이 주고자 하는 메시지를 받는 것이 중요하다는 말입니다.

저는 개인적으로 앞의 두 시제를 다 수용합니다. 즉 가인이 그 말을 할 때도 기록되지 않았지만 존재했을 여러 자매와 동시대라고 할 수 있는 미래의 후손들이 그의 두려움의 대상이 되었다는 것입니다.

_ **신득일 교수**

Q **질문 :** 창세기 6장 2절 말씀에 "하나님의 아들들이 사람의 딸들의 아름다움을 보고 자기들이 좋아하는 모든 여자를 아내로 삼는지라"는 말씀에서 하나님의 아들들이란 하나님이 흙으로 빚어 만든 아담의 후손을 말하는 것인지요, 또한 사람의 딸들은 누구를 말하는지 혼란스럽습니다. 사람은 하나님이 창조하신 피조물인데 누구는 하나님의 아들이고 누구는 사람의 딸이란 말인가요?

A **답변 :** 난해 구절입니다. 여기서 '하나님의 아들들'을 천사들로 보는 사람들이 있습니다. 옛날의 유대인들이 그렇게 보았고, 현대 신학자 중에도 그렇게 보는 사람들이 많이 있습니다. 그러나 천사들이 사람의 딸들과 결혼한다는 것은 불가능합니다. 천사들은 결혼하지도 않고 아기를 낳지도 않습니다. 이것은 예수님께서 직접 말씀하셨습니다. "부활 때에는 장가도 아니 가고 시집도 아니 가고 하늘에 있는 천사들과 같으니라"(마 22:30).

따라서 '하나님의 아들들'은 천사들이 아니라 경건한 자손들을 가리킨다고 보아야 할 것입니다. 신명기 32장 5절에 보면, 모세가 타락한 이스라엘을 향하여 이렇게 말합니다. "그들이 여호와를 향하여 악을 행하니 하나님의 자녀가 아니요 흠이 있는 사곡한 종류로다." 여기서 '하나님의 자녀'는 원어로 '그의 아들들'이라고 되어 있는데, 곧 '하나님의 아들들'을 가리킵니다. 참된 이스라엘 백성, 경건한 이스라엘 자손을 가리킵니다. 호세아 1장 10절의 '하나님의 아들들'과 시편 73편 15절의 '주의 아들들'도 같은 의미입니다. 따라서 여기 창세기 6장 2절의 '하나님의 아들들'은 경건한 셋의 자손들을 가리킨다고 보아야 할 것입니다. 곧 하나님을 믿는 자들을 가리킵니다. 그렇다면 '사람의 딸들'은 하나님을 믿지 않는 여자들, 곧 불경건한 세상 여자들을 가리킵니다.

따라서 본문의 의미는 경건한 셋의 자손들이 그저 아름다운 것만 보고서 믿음이 없는 세상 여자들을 취하여 아내를 삼음으로 말미암아 불경한 자손들이 태어나게 되고, 그래서 온 세상에 죄악이 관영하게 되었다는 것입니다. 그래서 결국 하나님은 옛 세상을 홍수로 벌하시게 되었다는 것입니다.

_ 변종길 교수

Q 질문 : 욥기 1장 6절, 2장 1절에서 나오는 '하나님의 아들들'은 누구를 지칭하는 말인가요?

이 구절이 창세기 6장 2절; 호세아 1장 10절; 시편 73편 15절; 신명기 32장 5절 등에서 나온 '하나님의 자녀', '하나님의 아들들', '주의 아들들' 등과 어떤 관련이 있는지 알 수 있을까요?

A 답변 : 구약에서 '하나님의 아들들' 또는 '하나님(여호와)의 자녀'라는 말이 사용될 때 그 표현은 문맥에 따라서 해석해야 합니다. 욥기에서 말하는 하나님의 자녀는 하나님의 천상회의에 참석한 천사들을 의미합니다(욥 1:6; 2:1). 그러나 이 본문을 다른 구절에 적용하면 곤란한 상황이 생깁니다. 용어가 같다고 해서 뜻이 같은 것은 아닙니다.

특히 창세기 6장의 경우는 해석의 어려움을 줍니다: "하나님의 아들들이 사람의 딸들의 아름다움을 보고 자기들이 좋아하는 모든 여자를 아내로 삼는지라"(창 6:2). 이 경우 '하나님의 아들들'에 대한 견해는 크게 세 가지로 정리할 수 있습니다. 첫째, '하나님의 아들들'은 전통적으로 믿음의 계통인 셋의 후손이라는 것입니다. 거기에 대한 성경적 근거는 "너희는 너희 하나님 야웨의 자녀라"(신 14:1)라고 합니다. 여기서 '너희'는 이스라엘이기 때문에 믿음의 자녀가 하나님의 자녀라고 하는 것은 틀린 말이 아닙니다. 그러나 노아홍수 이전에는 이스라엘 자체가 존재하지 않는데 그 상태에서 이 본문을 적용하는 것은 적합하지 않습니다. 둘째, 유대인들의 전통을 따라서 '하나님의 아들들'을 천사로 보는 것입니다. 여기에 대한 성경적 근거는 욥기에 나타납니다: "하나님의 아들들이 야웨 앞에 서고"(욥 1:6). 이 문맥에서는 '하나님의 아들들'은 천사가 되어야 합니다. 그러나 창세기 문맥에서 볼 때 천사가 사람과 결혼한다는 것은 가능하지도 않고 성경 사상에 맞지도 않습니다. 셋째, 이 '하나님의 아들들'을 고대사회의 왕이나 영웅호걸로 보는 것입니다. 이것은 고대문헌에서는 자주 나타나는 표현입니다. 성경에서도 하나님께서 바로 앞에 나아가는 모세를 신이 되게 하겠다고 하셨습니다(출 7:1). 고대사회에서는 특별한 능력을 가진 사람이나 위대한 통치자를 '신들의 아들'이라고 불렀습니다. 창세기 본문에서도 고대의 용사들은 바로 '하나님의 아들들'로 보아야 할 것입니다. 문맥상 1절의 '딸들'과 2절의 '딸들'은 같은 딸입니다. 이것은 일반 여성을 일컫는 말이지 불신자를 가리키는 것이라고 볼 수는 없습니다. 또 2절의 하나님의 아들과 4절의 하나님의 아들은 같은 것입니다. 그들이 낳은 아들들이 고대의 용사라는 것은 그들의 유전자가 달랐다는 것으로 이해할 수 있을 것입니다. 그래서 이 본문의 '하나님의 아들들'에 대한 번역은 고대의 문학적 용법을 따라서 '신들의 아들들'이라고 번역하는 것이 해석상 오해를 없앨 수 있을 것입니다. 나머지 본문의 '하나님의 아들'은 '이스라엘' 또는 '언약의 자녀'로 볼 수 있습니다.

_ **신득일 교수**

Q **질문** : 구약 시대에 멜기세덱은 누구였나요? 구약의 멜기세덱은 예수님과 어떤 관계인가요? 오늘날에도 멜기세덱이 있나요?

A **답변** : 1. 구약 시대에 멜기세덱은 누구였나요?

멜기세덱은 아브람이 메소포타미아의 동맹군을 무찌르고 조카 롯과 그의 가족과 소유물을 찾아서 돌아오는 도중에 만난 살렘 왕입니다. 살렘은 예루살렘이란 뜻으로서(시 76:2) 그 도성의 왕이었습니다. 그 이름의 뜻은 '의의 왕'이란 말입니다. 멜기세덱은 아브람에게 떡과 포도주를 주고 "지극히 높으신 하나님의 제사장"으로서 그를 축복하였습니다(창 14:18). 그는 가나안 이방 신이 아니라 천지의 주재가 되신 하나님을 믿는 자로서 아브람과 같은 하나님을 섬기는 왕인 동시에 제사장이었습니다(창 14:22). 그는 아브람의 승리로 인하여 하나님을 찬양했습니다. 아브람은 멜기세덱이 같은 참된 하나님을 섬기는 것으로 판단하고 그에게서 선물과 축복을 받고 십일조를 바쳤습니다. 이것은 멜기세덱이 족장의 제사장으로서 자기보다 더 높은 위치에 있음을 인정한 것으로 볼 수 있습니다. 멜기세덱이 가나안 땅에 있으면서도 하나님에 대해 믿음을 가진 것은 아브람의 선택 이후 하나님의 계시가 아브람과 그 자손에게 초점을 두게 되지만 그 전에 이스라엘 밖에서 보편적으로 주어진 계시로 믿음을 가진 '남은 자'라고 볼 수 있습니다. 그는 제사장 혈통이 아니라 직접 하나님으로부터 제사장 직분을 가졌다고 하겠습니다.

2. 구약의 멜기세덱은 예수님과 어떤 관계인가요?

멜기세덱과 예수님은 단지 직분에서 관계가 있습니다. 예수님은 멜기세덱의 반차를 따른 제사장이십니다(히 5:6). 이것은 예수님의 제사장직이 멜기세덱의 특징을 지녔다는 것입니다. 멜기세덱과 예수님은 다 같이 '의의 왕'이요 '평강의 왕'이십니다(히 7:1~2). 또 둘은 제사장의 가계를 따르지 않은 독특한 제사장입니다(7:3). 그리고 둘은 제사장으로 영속적으로 존재합니다(7:3). 멜기세덱이 계속적으로 제사장으로 남는다는 것은 그리스도의 영원한 제사장직을 강조하기 위한 것으로 보입니다. 멜기세덱은 레위의 조상인 아브라함보다 높기 때문에 그를 축복하고 그에게서 십일조를 받았습니다(7:4~10). 레위인의 제사장직은 불완전한 것입니다. 그러나 멜기세덱의 반차를 따른 그리스도의 제사장직은 신적인 맹세로 확정된 것입니다(7:20~22). 그리고 멜기세덱의 반차를 좇은 제사장직은 불변하고 영원한 성격을 지닙니다(7:23~25). 멜기세덱이 제사장직에서 그리스도의 모형이 되는 것은 예수님의 제사장직이 제사장 가문과 연결되지 않고 하나님의 특별한 임명에 의한 것이기 때문입니다. 그가 부모도 없고 시작도, 끝도 없다는 말은 그 직분이 가계와 무관한 것을 의미합니다. 멜기세덱은 그 점에서 "하나님의 아들과 닮았을 뿐이지" 결코 하나님의 아들과 같을 수가 없습니다(7:3).

3. 오늘날에도 멜기세덱이 있나요?

원형(그리스도)이 나타나면 모형(멜기세덱)은 의미가 없습니다. 멜기세덱은 역사적인 인물로서 더는 존재하지 않지요. 다만 그의 제사장적인 특징은 그리스도의 제사장직에서 영원히 지속할 뿐입니다.

_ **신득일 교수**

질문 : 사무엘상 28장 7~25절에는 신접한 여자가 사울의 요청에 따라 죽은 사무엘의 영을 불러올리고 그 영이 사울에게 말하는 대목이 나옵니다. 여기서 사무엘의 영이 누구입니까? 귀신(사탄)입니까? 아니면 진짜 사무엘의 영입니까? 죽은 자의 영이 불러올려진 것은 기독교적이 아닌데 말이지요. 또 신접한 여자의 능력을 어떻게 보아야 할까요? 신을 접한다면 그 신은 무엇입니까?

답변 : 사울이 엔돌의 신접한 여인을 만나서 벌어진 사건은 독자를 당황스럽게 합니다. 성경은 신령술사나 복술자, 무당이나 신접한 사람을 경계하고 이스라엘 공동체가 용납하지 말 것을 명하고 있죠(출 22:18; 레 20:6; 신 18:9~12). 그런 술사나 복술자들은 하나님의 계시를 거슬러 거짓을 말하기 때문에 듣지 말라고 했습니다(렘 27:9~10).

그러나 이 경우는 좀 다른 각도에서 다루어야 할 것 같습니다. 문제는 어떻게 이런 일이 일어날 수가 있으며 또 그것을 문자적으로 받아들일 수 있는가, 라는 것입니다. 이것이 신접한 여인이 정말 사무엘의 영을 불러올린 것인지, 아니면 사울의 단순한 심리적 현상을 표현한 것인지, 아니면 사탄이 사무엘의 인격으로 나타난 것인지 모를 일입니다.

그런데 본문에서 몇 가지 사항은 분명하게 나타납니다. 첫째, 한

신이 올라왔다는 것입니다. 이것은 문자적으로 '하나님'(elōhīm)과 같은 표현으로 되어 있으나 그렇게 번역할 수 없습니다. 이 단어는 계속 복수로 연결되기 때문입니다. 둘째, 본문의 해설자는 그가 사무엘이라고 합니다. 이것은 신접한 여인이나 사울의 표현이 아닙니다. 셋째, 신접한 여인이 놀란 것은 이 일이 아주 이례적이라는 것을 의미합니다. 이것은 자신도 감당할 수 없는 일이 일어났다는 것입니다. 즉 자신이 행한 일이 아니라는 것을 암시하는 대목입니다. 넷째, 그 신이 하는 말은 하나님의 계시를 전달하는 것입니다. 그것은 사울이 성전의 법칙을 어김으로써 하나님께서 이미 그를 버리셨다는 것과 그가 블레셋과 치르는 전투에서 패배할 것이라는 예언입니다.

이런 점을 고려할 때 이 일은 심리적인 현상이나 환상도 아니고 또 사탄이나 신접한 여인이 강신술을 행한 것도 아닙니다. 이 일은 하나님께서 사무엘의 영을 통하여 계시를 주셨다고 볼 수 있습니다. 물론 이것은 이성으로 완전히 이해될 수 있는 성격은 아닙니다. 사울의 이런 행위는 그의 죽음의 동기가 됩니다(대상 10:13~14). 하나님은 이런 불신앙의 사건을 통해서도 자신의 진실한 계시를 주실 수 있는 분이십니다.

_ 신득일 교수

질문 : 사무엘상 13장에 보면 아직 다윗이 출생하기도 전에 요나단은 블레셋을 이긴 장수였는데, 그렇다면 다윗과 요나단은 나이 차이가 많은 것 같습니다. 통상 우리는 두 사람의 관계가 막역한 친구 사이라 하는데 신앙적인 친구겠지요? 제가 볼 때는 대략 30세 정도는 차이가 있을 것 같은데요. 귀중한 답변을 부탁드립니다.

답변 : 두 가지 질문을 하셨습니다. 하나는 나이, 하나는 관계의 성격.

첫째, 나이 문제: 성경이 서로의 나이를 정확하게 알려 주지 않으니까 궁금한 생각이 들죠. 사울의 나이를 언급한 사무엘상 13장 1절, "사울이 왕이 될 때에 사십 세라 그가 이스라엘을 다스린 지 이 년에"는 히브리어 본문이 훼손되어서 사울의 나이를 정확하게 계산할 수 없습니다. 히브리어 본문을 문자 그대로 번역하면 "사울이 한 살에 왕이 되어 이 년을 다스렸다"고 해야 할 것입니다. 한글성경은 40세에 왕이 되었다고 했고, 가장 일반적인 현대 영어번역(New International Version)은 칠십인 역 루키안 역본을 따라서 30세에 왕이 되었다고 번역했습니다. 이 말은, 사울이 약 40년을 통치했다고 본다면, 70세 혹은 80세 조금 넘어서 죽었다고 볼 수 있다는 것입니다. 사울이 왕이 되었을 때 요나단은 군대의 지휘관이었습니다. 그때 나이가 20세 내지 30

세는 되었을 것입니다. 그러면 요나단도 50세 혹은 60세에 죽었을 것이다. 그러면 그때 다윗의 나이가 30세였기 때문에 20년의 간격은 충분히 생각할 수 있을 것입니다. 참고로 James Jordan은 그의 특강에서 두 사람이 30년 정도 나이 차이가 난다고 했습니다.

둘째, 관계의 성격: 사실 다윗은 아버지뻘의 친구를 두고 있었던 것입니다. 그들은 막역한 친구 관계였지만 단순한 믿음의 친구로 보아서도 안 됩니다. 다윗과 요나단의 관계가 모범적인 우정으로 제시되고, 그들의 우정을 그리스도인들이 본받아야 한다는 것이 이 둘의 관계가 보여 주는 메시지가 아닙니다. 조금 더 말씀드리면 이 관계의 중요한 점은 정통성 없는 왕위 계승자였던 다윗이 어떻게 해서 왕이 되었는가를 보여 주는 것입니다. 다윗은 이미 기름 부음 받은 메시아였고 요나단은 그것을 알았는지는 몰라도 자신의 마음에 합한 왕을 그 백성에게 주시려는 하나님의 섭리에 순종했던 것입니다. 아버지와의 관계를 어렵게 만들면서까지 자기에게 돌아올 왕관을 다윗에게 돌린 요나단의 행위는 메시아가 오는 길을 여는 믿음의 행위였습니다. 요나단의 우정은 자기보다 어리고 신분이 비천한 다윗이었지만 궁극적으로는 자신이 순종할 메시아의 조상에 대한 사랑과 배려였습니다. 하나님은 다윗에 대한 요나단의 사랑을 통하여 인류에 대한 구원계획을 점차 이루어 가셨습니다. 이런 관점에서 이 둘의 관계는 우정에 대한 단순한 모범이 되어서는 안 될 것입니다. 동성애적 관계는 더더욱 아닙니다.

재미있는 해석이죠?

_ 변종길 교수

085. 이사야 7장 14절의 "처녀"와 "아들"을 문맥적으로 볼 때 어떻게 이해해야 하는가?

질문 : 이사야 7장 14절에서 "그러므로 주께서 친히 징조를 너희에게 주실 것이라 보라 처녀가 잉태하여 아들을 낳을 것이요 그의 이름을 임마누엘이라 하리라"라는 말씀은 예수 그리스도의 탄생을 예표하는 것으로 알고 있습니다. 그렇다면 상충하는 것이 15~16절[4]에서 "그가 악을 버리고 선을 택할 줄 알 때"를 어떻게 이해해야 하는지, 그리고 이 본문이 일차적으로 이사야가 아하스에게 가까운 미래를 예언한 것으로 볼 때, 예수 그리스도를 말하기 이전에 이 본문에서 아이는 누구를 의미하는지를 알고 싶습니다. '처녀'와 관련해서도 동정녀 마리아에게서 탄생하신 예수 그리스도로 해석하면 문제가 없어 보이지만, 히스기야 탄생이나 그 외 인물의 탄생을 언급한다면 '처녀' 또한 모순되는데, 이 본문을 어떻게 이해해야 하나요?

답변 : 수 세기 동안 논쟁해 온 이사야 7장 14절에 관한 질문에 대해서 논문을 써서 설명해도 학문적으로 시원한 답을 드리기 어렵습니다. 저는 이 짧은 지면에 가장 간략하게 답을 드리겠습니다. 이와 관련해서 두 가지를 질문하셨습니다. 첫째, 이 아이가 누구인가?

---

4) "그가 악을 버리며 선을 택할 줄 알 때가 되면 엉긴 젖과 꿀을 먹을 것이라 대저 이 아이가 악을 버리며 선을 택할 줄 알기 전에 네가 미워하는 두 왕의 땅이 황폐하게 되리라"(사 7:15~16)

둘째, 이때 '처녀'를 어떻게 이해해야 하는 가입니다. 뒤의 질문에 먼저 답을 하겠습니다.

〈1〉 먼저 구약의 '처녀'에 대한 번역 문제입니다. 한글 개역개정에서 "보라 처녀가 잉태하여 아들을 낳을 것이요 그의 이름을 임마누엘이라 하리라"(14b)로 번역한 '처녀'로 번역된 '알마'는 일반적으로 처녀를 포함하여 결혼은 했지만 아직 아이를 낳지 않은 '젊은 여인'을 가리킵니다(창 24:43; 출 2:8; 시 68:25; 잠 30:19). 원래 이 말이 속성상 '처녀'란 의미가 아니지만 구약에서는 지시대상(referent)을 그렇게 적용했습니다. 그래서 대부분의 영어 번역과 칠십인역, 시리아역과 같은 고대 번역이 '처녀'(virgin)로 번역함에도 불구하고 몇몇 영어 번역(RSV, NRSV)과 네덜란드, 독일어, 불어 성경도 '젊은 여인'으로 번역했습니다. 정말 아하스 시대에 처녀가 아이를 낳는다고 한다면 문제가 되겠죠. 그렇지만 '처녀'라고 번역해도 해석상 아무런 문제가 없습니다. 이것은 가까운 미래에 일어날 예언이기 때문에 예언할 당시에 처녀가 결혼해서 아이를 낳게 될 것이라는 말로 이해할 수 있기 때문입니다. 역사적으로 그 여인이 누구인지를 말하기는 어렵지만 왕족일 것으로 보입니다.

〈2〉 이 아이가 누구인지에 대해서 대해서는 몇 가지 견해가 있습니다. 전통적으로 이 아이가 예수 그리스도를 가리키는 것으로 설명했습니다. 왜냐하면 역사적으로 연결할 가능성이 없다고 보았기 때문입니다. 특히 칼빈이 이 견해를 취합니다. 그러나 구약의 역사적 문맥에 맞지 않는 해석이라고 생각합니다. '임마누엘'이라는 아이를 유다의 여인들이 낳은 아이들이라는 집단으로 보려는 학자도 있습니다. 그렇지만 본문은 개인적인 대상을 지칭하고 있으므로 왕족과 관계가 있을 것입니다. 실제로 앗수르를 물리친 유다 왕 히스기야로 볼 수도 있겠지만 시기와 연도가 잘 맞지 않습니다. 그래서 조금 더 가능성이 있는 것은 '임마누엘'과 '마헬살랄하스바스'가 관련이 있다는 것입니다(8:3). 임마누엘과 마헬살랄하스바스는 둘 다 앗수르에서 벗어난다는 징조가 되었고 어릴 때 행동의 시기도 비슷합니다(7:14~16; 8:4). 또 이사야 8장 8절에서 '임마누엘'이라고 부르는 것도 후자와 관련됩니다. 물론 마헬살랄하스바스는 임마누엘이란 이름과 다르지만 그 뜻이 '급히 약탈하다'란 의미로서 하나님께서 심판 중에 어떻게 함께하시는지를 암시합니다. 그래서 이사야가 공주와 같은 왕족과 결혼하여 낳은 아들로 추측할 수 있을 것입니다. 그 아이가 징조가 되어 이스라엘은 앗수르에게서 해방될 것이고 그 임마누엘이 궁극적인 구원자가 되시는 예수 그리스도의 예표가 되는 것입니다(마 1:23).

_ **신득일 교수**

Q **질문 :** 마가복음 2장 14절에 "알패오의 아들 레위"라고 기록되었는데, 이 레위는 세리 마태가 맞지요? 그런데 야고보의 아버지도 알패오더라고요(막 3:18). 그러면 레위와 마태는 형제인가요? 아니면 아버지의 이름이 같은 건가요? 성경에서는 관련된 언급은 없는 것 같은데 혹시 역사적으로 발견된 사실이 있나요?

A **답변 :** 아주 섬세한 부분을 질문해 주셨군요. 신학생들도 잘 모르는 질문입니다. 전통적으로 알패오의 아들 레위(막 2:14)와 세리 마태는 같은 사람으로 봅니다. 예수님에 의해 부름 받았고, 세관에 앉아 있었다는 점에서 둘 다 세리이며 따라서 세리 마태(마 10:3)와 다른 사람이라고 보기 어렵습니다. 그러나 알패오의 아들 레위와 세리 마태는 다른 사람이라고 주장하는 학자들도 있습니다. 마가복음 3장 18절에 열두 사도의 명단 중 '알패오의 아들 야고보'가 나오는데, 만일 알패오의 아들 레위가 세리 마태와 같은 인물이었다면 열두 사도를 소개할 때 이렇게 '마태'와 '알패오의 아들 야고보'를 따로 소개하지 않고 '알패오의 아들들인 마태와 야고보'로 소개하지 않았겠는가 하는 것이 주된 이유입니다. 물론 이런 주장도 일리는 있지만, 이것은 여기의 '알패오'가 같은 인물이라는 전제에서만 가능한 것입니다. 즉, 알패오라는 아버지가 레위와 야고보를 아들로 두고 있었다고 볼 때만

가능한 것입니다. 그러나 '알패오의 아들 레위'라고 할 때의 알패오와 '알패오의 아들 야고보'라고 할 때의 알패오는 동명이인일 가능성이 충분히 있습니다. 여기 마가복음 3장 18절의 '알패오의 아들 야고보'라고 기록한 것은 '야고보'가 하도 많아서 앞에 나온 '세배대의 아들 야고보'와 구별하기 위해서입니다. 따라서 이것은 레위의 아버지인 알패오와 동일인물인 알패오를 말하고자 함이 아니라 세배대의 아들과 구별된다는 것을 말하기 위함입니다. 따라서 동명이인으로 볼 이유가 있는 것입니다. 무엇보다도 성경에서 세리 마태와 세관에 앉아 있던 레위 사이에 불가분리의 밀접성을 보기 때문에 세리 마태의 다른 이름이 곧 레위였다고 보는 것이 가장 무난한 것입니다. 그래서 열두 사도 중의 '알패오의 아들 야고보'는 또 다른 사도로 보는 것이 합당합니다.

_ 변종길 교수

Q **질문 :** 달란트 비유에서, 달란트를 남긴다는 의미가 무엇인지요? 남긴다는 것이 무슨 업적을 쌓는 건가요? 아니면 족적을 남기는 건가요? 아니면 주변에 좋은 영향을 끼치는 건가요? 예를 들어 음악의 달란트를 받았다면, 그 재능을 남긴다는 건 어떤 모습으로 나타나야 하는 건가요?

A **답변 :** 달란트 비유는 마태복음 25장 14~30절에 나옵니다. 집 주인이 먼 길을 떠날 때에 자기 종들에게 자기 소유를 맡기고 떠났는데, 각기 그 능력을 따라 달란트를 맡겼습니다. 어떤 종에게는 다섯 달란트, 다른 종에게는 두 달란트를, 또 다른 종에게는 한 달란트를 맡겼습니다.

여기서 '달란트'는 하나님께서 우리 각자에게 주신 재능 또는 능력을 의미합니다. 소위 '달란트'라고 하는 좁은 의미의 재능, 타고난 소질만 의미하는 것이 아니라 넓은 의미에서 하나님이 주신 모든 능력, 잠재력을 의미한다고 볼 수 있습니다. 자기가 알고 있는 능력뿐만 아니라 알지 못하는 능력도 포함하며, 나아가서 그 사람이 처한 모든 상황이나 처지까지 다 포함하는 넓은 의미로 이해해야 하겠습니다.

하나님이 우리 각자에게 주신 이 능력(달란트)은 또한 우리에게 요구하시는 사명, 과제가 됩니다. 왜냐하면 하나님은 우리에게 아무 목적 없이 그냥 주시지는 않기 때문입니다. 하나님은 우리에게 바라시는 것이 있고 요구하시는 것이 있습니다. 이것이 우리에게 사명이 되고 과업이 됩니다. 즉, 우리의 주인 되신 하나님은 우리가 이 달란트를 활용하여 많이 남기기를 원하십니다. 따라서 우리는 이 세상에 살 때 하나님이 우리에게 주신 달란트를 활용하여 최대한 많이 남겨야 합니다. 곧, 하나님이 기뻐하시는 열매를 많이 남겨야 합니다. 이것은 단지 전도나 선교만이 아니라 하나님이 원하시고 기뻐하시는 모든 것이 되겠습니다. 그것은 '모든 착함과 의로움과 진실함'이라 할 수 있고(엡 5:9), 또는 '의로움과 공평함'이라 할 수 있습니다(사 5:7). 쉽게 말하면 모든 '착한 행실'이라 할 수 있습니다(마 5:16). 이것에는 물론 복음 전파 곧, 전도와 선교도 포함됩니다.

이러한 열매는 '공로'가 결코 아닙니다. 왜냐하면 우리는 우리 자신의 달란트를 가지고 일해서 남긴 것이 아니라 하나님이 우리에게 주신 달란트를 가지고 활용한 것이기 때문입니다. 우리는 그저 청지기(관리인)로서 우리에게 맡겨진 임무를 다했을 뿐입니다. 사실은 하나님이 맡기신 임무를 제대로 하지 못한 불충한 종이라고 해야 마땅합니다. 따라서 우리는 하나님이 우리에게 맡기신 일을 다 한 후에 "주여, 저는 불충한 종입니다."라고 고백해야 마땅합니다.

물론 사명을 잘 감당한 종은 그렇지 못한 종에 비해, 그래도 주인이 주신 달란트를 가지고 열심히 일해서 남긴 것이 있지 않으냐고 말할 수 있습니다. 물론 이것은 사실이고, 이에 대해서는 주인의 칭찬이 있습니다. "착하고 충성된 종아, 네 주인의 즐거움에 참여할지어다."고 하는 칭찬을 받게 됩니다(마 25:21, 23). 그러나 그럴 때에도 우리는

"마땅히 해야 할 일을 했을 뿐입니다."라고 고백해야 합니다. 왜냐하면 우리가 그렇게 일해서 남길 수 있었던 것도 하나님이 우리에게 힘주시고 도와주시고 성령으로 인도해 주셔서 가능했기 때문입니다.

따라서 우리는 이 세상에 사는 날 동안에 열심히 살아야 하고 올바르게 살아야 합니다. 내 인생이니까 내 마음대로 산다고 생각하면 안 됩니다. 하나님이 주신 인생이라 생각하고 열심히 살아야 합니다. 특히 하나님께서 내게 주신 능력, 달란트가 무엇인지를 생각하면서 그 달란트를 활용해서 최대한 많이 남기도록 해야 합니다. 여기서 주의해야 할 것은 '하나님이 기뻐하시는 열매'를 맺어야 한다는 것입니다. 그저 자기 사업만 많이 하고 인간적인 업적만 많이 낸다고 하나님이 기뻐하시는 열매가 풍성한 것은 아닙니다. 하나님이 기뻐하시는 열매라야 합니다. 예를 들면, 오늘날 상황에서 헌금을 많이 하고 빚을 많이 내어서 크고 화려한 예배당을 지어 놓고서 "하나님, 하나님을 위해 큰일을 했습니다. 하나님이 기뻐 받으시옵소서!"라고 한다고 해서 하나님을 위해 열매를 많이 맺었다고 할 수는 없습니다. 이런 것이 아니라 주위의 가난한 자들을 위해 구제를 많이 하고 어려운 학생을 위해 장학금을 많이 주고 사회봉사 활동을 많이 한다면, 그것은 하나님이 기뻐하시는 '의의 열매'를 많이 맺은 것이라 할 수 있습니다(빌 1:11). 물론 복음 전파를 위해, 선교를 위해 충성 봉사한 것도 의의 열매를 많이 맺은 것이 됩니다.

우리는 각자 주어진 환경에서 최선을 다하여야 합니다. 학생은 열심히 공부해서 하나님의 영광을 위해, 하나님의 나라를 위해 많은 일을 해야 합니다. 직장에 다니는 사람, 사업하는 사람도 자기가 맡은 일을 정직하게, 성실하게, 부지런하게 잘 감당하여서 주위에서 인정받고 하나님께 영광을 돌리도록 해야 합니다. 이렇게 하는 것이 달란트를 많이 남기는 것입니다.

_ 변종길 교수

088. 은 삼십(30)을 환산하면?

Q 질문 : 가룟 유다가 받았던 예수님의 몸 값 '은 삼십'을 오늘 우리 돈으로 환산하면 얼마가 되는지 궁금합니다.

A 답변 : 마태복음 27장 3절에 언급된 '은 삼십'의 가격이 오늘 날 얼마인지 정확히 알기는 어렵습니다. 왜냐하면 여기서 언급된 '은'은 '알귀리온'이란 헬라어인데 이 단어는 '은'이란 뜻도 있지만 실제적으론 (일반적 의미의) '돈' 또는 '은으로 주조된 돈'을 의미하는 뜻으로도 쓰이기 때문에 정확히 어떤 동전을 의미하는지 알 수 없기 때문입니다. 신약성경의 다른 문맥에서 '알귀리온'은 그저 '돈'이라는 의미로 사용되기도 합니다(예, 마 25:18, 27 – 문맥적으로 '달란트'로 이해됨; 눅 19:15, 23 – '므나'로 이해됨). 여기서 '은 삼십'은 스가랴 11장 12~13절에 근거해서 메시아 – 문자적 적용을 반영하는 저자의 의도 가운데 동전의 화폐가 정확히 무엇이었는지 밝히지 않은 것 같습니다. 다만, 마태복음 27장 7절에서 묘지 용도의 가치가 있는 '토기장이의 밭'을 살 수 있는 값어치임을 볼 때 푼돈은 아니었던 것이 분명합니다.

_ 허 주 교수

089. 성만찬이 있었던 다락방과 오순절에 성령이 강림했던 다락방이 같은 장소인가?

질문 : 오순절 날에 성령님이 임하였던 다락방과 예수님의 성만찬이 있었던 다락방을 동일한 장소로 볼 수 있을까요?

답변 : 오순절에 성령이 강림한 사건은 누가가 기록한 사도행전 2장에 소개되어 있는데, "그들이 다 같이 한 곳"(행 2:1)에 모인 것을 소개합니다. 여기서 말하는 "한 곳"(에피 토 아우토)이 사도행전 1장 13절의 "다락방"(휘페로스)과 같은 장소인지는 확실히 알 수 없습니다. 또한 사도행전 1장 13절의 "다락방"이, 누가복음 22장 12절과 마가복음 14장 15절에서 언급된 예수님의 성만찬이 있었던 "다락방"(아나가이온)과 같은 곳인지는 더 분명치 않습니다. 이유는 성경 저자 자신이 이 사실을 직접 밝히고 있지 않기 때문입니다. 이런 이유로 성경 주석가들은 누가복음 22장의 "다락방"과 사도행전 2장의 "한 곳"을 동일한 장소로 해석하지 않는 입장이 대다수입니다.

_ 허 주 교수

Q **질문 :** 마가복음 16장 17절에 보면 "믿는 자들에게 이런 표적이 따르리니 곧 그들이 귀신을 쫓아내며 새 방언을 말하며"라고 말씀하시는데요, 그럼 극단적으로 구원받은 사람은 다 방언을 해야 하는지, 또 새 방언은 무엇을 말하는지 궁금합니다.

A **답변 :** 방언 문제에서 바로 마가복음 16장 17절, 그 구절이 문자적으로 직접 개인에게 적용해야 하는 문제를 놓고서 상당한 혼란이 있습니다. 결론을 말씀드리면, 믿는 자에게 그런 신비로운 표적이 따르게 됩니다만, 항상 누구에게나 그런 것이 아니었지요? 사도행전에서나 후에 나오는 신약성경 전체를 볼 때에, 신비한 치유와 기적의 능력은 사도들이 중심이 되었습니다. 성도들 누구라도 아무나 그런 능력을 행하지는 못했습니다. 그래서 "새 방언을 말하며"라는 구절은 사도행전 2장의 사건을 염두에 두고 말씀하신 것으로 이해해야만 한다고 봅니다. 모든 성도에게 다 하신 말씀이 아니라는 뜻이지요.부활 직후 갈릴리에서 열한 명의 사도들에게만 주신 말씀이지요. 그들은 교회의 터가 되었습니다. 예수님을 의심하고 버리고 도망하던 그들이 장차 새로운 확신과 능력과 언어로, 전 세계에 나아가서 메시아 복음 선포자가 될 것을 의미하는 구절로 받아야 마땅할 것입니다.

_ **김재성 교수**

091. 여자는 머리에 (뭔가를) 쓰고 기도(예언)하라는 명령, 현대 교회가 지켜야 할 명분인가?

질문 : "무릇 여자로서 머리에 쓴 것을 벗고 기도나 예언을 하는 자는 그 머리를 욕되게 하는 것이니 이는 머리 민 것과 다름이 없음이라 만일 여자가 머리에 쓰지 않거든 깎을 것이요 만일 깎거나 미는 것이 여자에게 부끄러움이 되거든 쓸지니라"(고전 11:5~6). "만일 여자가 긴 머리가 있으면 자기에게 영광이 되나니 긴 머리는 쓰는 것을 대신하여 주신 연고니라"(고전 11:15).

이 말씀을 보면 여자가 기도할 때 뭘 꼭 쓰라고 하는데 이것은 왜 그런 것인가요? 현대 교회에도 지켜져야 할 명분인가요?

답변 : 어려운 주제에 대해 질문을 하셨군요. 고린도전서 11장 2~16절에 보면, 사도 바울이 여자의 머리에 쓰는 문제에 대해 말합니다. 여자가 기도나 예언을 할 때에 머리에 무엇을 쓰고 하라고 말합니다(5, 6절). 이 문제에 대해서는 몇 가지 견해가 있습니다.

이것은 당시 헬라–로마 문화의 문제로 여기는 사람들이 있습니다. 당시 풍속이니까 오늘날 따를 필요가 없다는 것이지요. 그러나 사도 바울은 여기서 이것을 당시 문화나 풍속의 문제로 말하지 않습니다. 창조 질서의 문제로 말하고 있습니다(3, 7~9절). 곧 하나님께서 남자와 여자를 지으신 원리의 문제로 접근하고 있습니다. 그리고 천사들로 인하여 권세 아래 있는 표를 두어야 한다고 말합니다(10절). 이것은 문화적 문제가 아닙니다.

　이 말씀을 따라 실제로 머리에 모자나 무엇을 쓰는 사람들도 있습니다. 교회에 와서 예배드릴 때에 여자는 머리에 무엇을 쓰고 예배드립니다. 이런 사람들은 매우 보수적이고 경건한 사람들인데 네덜란드와 미국 등에 이런 사람들이 있습니다.

　그러나 15절에 보면 "긴 머리는 쓰는 것을 대신하여 주셨다"고 말합니다. 따라서 긴 머리가 있으면 머리에 안 써도 된다고 볼 수 있습니다. 필자는 이 견해가 합당하다고 생각합니다. 전체 문맥을 보면 여자가 머리를 밀면 안 된다는 것에 초점이 있다고 생각됩니다. 여자가 아주 짧게 깎거나 빡빡 밀면 여자에게 부끄러움이 된다는 것(6절)에 초점이 있습니다. 따라서 여자는 머리를 밀지 말고 긴 머리를 해야 한다는 것입니다. 어느 정도 긴 머리이어야 하는지에 대해서는 언급이 없습니다. 헬라어 '코메'는 꼭 '긴(long) 머리'라는 것에 초점이 있는 것은 아니고, 어떤 사람은 '단정한 머리'로 보기도 합니다. 어쨌든 전체 문맥은 여자가 머리를 빡빡 깎으면 안 된다는 것에 강조점이 있다고 생각됩니다.

　따라서 오늘날 여성들이 예배 드릴 때에 머리에 모자나 무엇을 쓰고 예배 드려도 되고, 또 까까머리나 짧은 머리가 아니라면 안 써도 됩니다. 왜냐하면 긴 머리는 쓰는 것을 대신하여 주신 것이기 때문입니다. 어쨌든 이것을 당시의 문화나 풍속의 문제로 돌리는 것은 본문에 맞지 않는다고 생각됩니다.

_ 변종길 교수

092. 성경에서 말하는 복(福)의 종류는 여러 가지인가?

Q **질문** : 성경에서 복의 종류는 여러 가지인가요? 한글로는 '복', 영어로는 'bless'나 'blessed', 'blessing' 밖에 보지 못해서, 원어에서는 복의 종류가 있다고 생각조차 못 해봤습니다. 혹시 성경에서 말하는 복이 히브리어와 헬라어로 보면 여러 가지 종류가 있나요?

A **답변** : 복의 종류가 여러 가지 있다기보다도 사람들이 복에 대해 어떻게 생각하느냐 하는 것이 중요합니다. 어떤 것을 복이라고 생각하느냐에 따라 여러 가지가 있을 수 있겠지요.

성경은 복에 대해 정의를 내리지 않고 어떤 사람이 복 있느냐에 대해 많이 말합니다. 대표적으로 시편 1편 1~2절이 있습니다. "복 있는 사람은 악인의 꾀를 좇지 아니하며 죄인의 길에 서지 아니하며 오만한 자의 자리에 앉지 아니하고 오직 여호와의 율법을 즐거워하여 그 율법을 주야로 묵상하는 자로다." 여기에 사용된 '복'이란 단어는 히브리어로 '아쉬레이'입니다. 행복(happiness)이란 뜻입니다. 신약에서는 '마카리오스'(makarios)란 단어가 사용되고 있는데 '복 되다'(blessed)란 뜻입니다.

헬라어 '마카리오스'(고대형은 '마카르')는 원래 '저 세상에서 복된 자들의 섬에 사는 신들과 같은 복된 상태'를 나타내는 데 사용되었다고 합니다(TWNT, IV, 365). 이 세상에는 고통과 수고가 많기 때문이지요. 이 세상의 고통과 수고를 벗어난 신들의 복된 상태를 나타내었다고 합니다. 동양의 '무릉도원'과 비슷한 개념입니다. 그 후로 '마카리오스'는 대개 이 세상에서 물질이 많아서 가난한 자들의 고통에서 벗어난 부자들의 상태를 가리키는 데 많이 사용되었다고 합니다. 물질적인 복이지요. 철학자들이 주장하는 '내적 복'의 개념은 대중들에게서는 거리가 멀었다고 합니다.

좀 다른 맥락이기는 합니다만 '율로기아'(eulogia)란 단어도 있습니다. 동사는 '율로게오'(eulogeo)입니다. 히브리어로는 '바라크'입니다. 이 단어는 1) 복 주다, 2) 복을 빌다, 축복하다는 의미로 사용됩니다. '복 주다'는 것은 하나님이 인간에게, 나아가서 피조물에게 선사하시고 은혜를 베푸시는 것을 말합니다. 두 번째 의미인 '복을 빌다, 축복하다'는 것을 인간이 하나님께 복을 내려 달라고 간구하는 것을 의미합니다. 야곱이 자기 아들들에게 축복했다는 것은 아들들을 위해 하나님께 복을 빌었다는 의미입니다. 우리나라 사람들이 자꾸만 하나님께 축복해 달라고 기도하는데, 국어적으로 보면 틀린 말입니다. 하나님은 우리에게 축복하는 것이 아니고 복을 주시는 것입니다. 우리가 축복하고 하나님은 복을 주십니다. 그럼에도 불구하고 자꾸만 축복해 달라고 말하는 것은 '복 주다'라고 말할 때 '복'이란 단어가 외자(한 음절)이므로 외자의 불안정성, 불명확성 때문에 두 음절 단어인 '축복'을 자연히 선호하기 때문이라고 생각됩니다. 그러나 '축'(祝)은 분명히 '빌 축'이기 때문에 의미상 맞지 않습니다. 그러나 히브리어의 '바라크'와 헬라어의 '율로게오', 그리고 영어의 'bless'가 다 '복을 주다'는 뜻도 되고

'복을 빌다'는 뜻도 되기 때문에, 우리말에서도 '축복하다'의 혼란은 앞으로도 피하기 어려울 것으로 생각됩니다. 결국은 국어사전에서 의미를 수정하는 길밖에 없지 않나 생각됩니다.[5]

어쨌든 사람들은 복 받기를 원하고 복을 사모합니다. 문제는 어떤 복을 사모하느냐? 무슨 복을 바라느냐? 하는 것입니다. 이런 상황에서 성경은 어떤 자들이 복이 있는가, 어떤 사람이 참으로 복 있는 자인가를 말합니다. 예수님은 역설적이게도 "심령이 가난한 자는 복이 있나니 천국이 저희 것임이요"라고 말합니다(마 5:3). '심령이 가난하다'는 것은 오해하기 쉽습니다만 '영적 의미에서 가난한 자/고난받는 자/핍박받는 자'를 의미합니다. 물질적인 개념이 아니라 영적인 의미에서, 하나님을 믿는 믿음 때문에 이 세상에서 고난당하고 핍박받으며 사는 자, 그래서 오직 하나님만 바라보고 믿음으로 사는 자입니다. 곧 성도들, 참된 성도들을 의미합니다. 이들이 복된 이유는 비록 이 세상에서는 고난을 겪지만 '천국'이 그들의 것이기 때문입니다. 고통과 눈물과 죽음이 없는 '천국'과 '영원한 복락'이 바로 그들의 것이라는 것입니다. 시편 기자는 이것을 "하나님을 가까이함이 내게 복이라"고 하였습니다(시 73:28).

---

5) 표준국어대사전(http://stdweb2.korean.go.kr/search/View.jsp)에 보면, 축복을 명사로는 "「1」 행복을 빎. 또는 그 행복. 「2」『기독교』 하나님이 복을 내림."이라고 정의하고, 동사로는 "「1」 행복을 빌다. 「2」『기독교』 하나님이 복을 내리다."로 정의하고 "축복을 빌다/고통받는 이에게 축복을 내리소서."를 예문으로 제시한다. 따라서 최근 표준국어대사전은 축복을 '복을 빌다.'라는 문자적 의미로서만 아니라 기독교가 현재 보편적으로 통용하는 의미로도 정의하고 있다.

이 세상을 사는 우리에게는 그 무엇보다도 '하나님'이 우리의 복입니다. 하나님께서 우리의 아버지가 되시고 우리의 기도를 들으시며 우리를 보호하시고 지켜 주십니다. 죽음 후에 부활과 영원한 생명을 주시고 천국(낙원, 새 하늘과 새 땅)에서 영원히 살게 해 주십니다. 아니, 지금 이미 우리에게 영생을 주셨습니다. 왜냐하면 "유일하신 참 하나님과 그의 보내신 자 예수 그리스도를 아는 것"이 곧 영생이기 때문입니다(요 17:3). 그래서 "내 말을 듣고 또 나 보내신 이를 믿는 자는 영생을 얻었고(has, 현재)"라고 합니다(요 5:24). 따라서 예수님을 믿는 우리가 이 세상에서 가장 복되고, 참으로 행복한 자라고 할 수 있습니다.

_ 변종길 교수

질문 : 원래 안식일, 그러니까 하나님께서 6일 동안 천지를 지으시고 일곱째 날에 쉬신 그 안식일이 Saturday, 토요일이 맞나요? 그럼 하나님께서는 (지금 우리가 판단하는 달력상에서) 일, 월, 화, 수, 목, 금, 6일 동안 세상을 지으시고 토요일에 안식을 취하셨으며 예수님께서 다시 사신 안식 후 첫날, 곧 일요일을 우리가 주일로 기념하여 현재 예배를 드리고 있다고 생각하는 것이 바른가요?

답변 : '토요일에서 주일(일요일)로 변경된 사유'에 대해서 『웨스트민스터 신앙고백서』 21장 7절은 다음과 같이 가르쳐 줍니다: "그리스도의 부활 이후로는 주의 첫째 날로 바뀌어 (창 2:2, 3; 고전 16:1, 2; 행 20:7) 성경에서 주의 날로 불리고 있다(계 1:10)."

필립 샤프도 그의 『교회사』에서 우리는 그 이유를 '사도적인 선례'에서 찾을 수 있다고 했는데, 우리는 다음과 같은 몇몇 성경 구절들을 보아도 사도 시대부터 점차 주일을 지켜왔던 것을 짐작할 수 있겠습니다.

요한복음 20장 1절: 예수님이 주일의 첫째 날에 죽은 자 가운데서 부활하심. / 요한복음 20장 19절: 예수님이 주일의 그 첫날 저녁에 열 명의 제자들 앞에 나타나심. / 사도행전 20장 6~7절: 드로아에서 주의 첫날에 예배드리기 위해 모이고, 바울이 설교함. / 고린도전서 16장 2

절: 매 주일 첫날에 헌금을 비축해 둠. / 요한계시록 1장 10절: 주의 날에 사도 요한이 성령의 감동을 받음.

그리고 사도들 시대 직후인 '아주 이른 시기부터' 교회는 주일을 지켜왔다는 사실을 몇몇 문서를 통하여 확인할 수 있습니다. 107년경 교회의 지도자 익나티우스가 쓴 『마그네시아인들에게 보내는 편지』에서는 '주일'을 지켰던 흔적을 다음과 같이 알려 주고 있습니다: "만일 구습을 따르던 사람들이 더는 안식일을 지키지 않고 '주의 날'을 지키는 새로운 소망에 이르게 되었다면, 우리의 삶도 주님을 통하여 새로워진 것이다."

그 외에도 여러 예가 있지만, 또 한 가지 예를 더 들자면, 155년경 저스틴 마터가 쓴 『첫 번째 변증서』에는 일요일마다 사람들이 예배드렸던 사실에 대하여 다음과 같이 기록하고 있습니다: "일요일이라고 부르는 날마다 도시에 사는 사람이나 시골에 사는 사람이나 한곳에 모입니다. 사도들의 글이나 선지자들의 글을 시간이 허락하는 대로 오래 읽습니다. 독경자가 읽기를 마칠 때에 사회자는 강론을 통해서 그 고상한 교훈들을 모방하도록 권면합니다."

필립 샤프는 저스틴과 관련하여 다음과 같이 말했습니다: "저스틴은, 주간의 첫날을 기독교 예배일로 정한 이유를 설명하면서, '그날에 하나님께서 흑암과 혼돈을 몰아내셨기 때문이며, 예수께서 죽은 자들 가운데서 살아나시고 모인 제자들에게 나타나셨기 때문이다'라고 했다."

_ 최병규 박사

질문 : 당연히 바깥에서 식사하는 게 아닌 건 알고 있는데요, 지금까진 '외식'이라는 것이 남들에게 보이는 행위인 줄 알고 있었어요. 그래서 기도하는 것을 사람들 보이는 데서 하는 것, 금식할 때 표정을 일그러뜨리는 것 등이 외식에 포함된다고……. 근데, 이런 의미 외에도 외식의 다른 의미가 있나요? 그리고 이 의미는 맞는 건가요?

답변 : 성경에서 '외식'은 겉으로 꾸민다는 뜻입니다[바깥 외 (外), 꾸밀 식(飾)]. 헬라어 원어는 '휘포크리시스'인데, '인 체 가장하는 것'을 말합니다. 요즘 말로는 '위선'이라고 많이 말하지요.

복음서에 보면 예수님께서 바리새인들의 외식(위선)을 많이 비판하시고 책망하셨는데요, 그 이유는 그들이 하나님을 바라보지 않고 사람들에게서 칭찬받고 존경받으려고 했기 때문입니다. 예를 들면 구제할 때에도, (구제는 참 좋은 것이고 꼭 해야 합니다만), 바리새인들은 자기가 구제했다는 것을 사람들 앞에 떠벌리며 알렸습니다. 그 이유는 그렇게 해서 사람들에게 칭찬받기 위해서였습니다. 그뿐만 아니라 기도할 때에도 사람들이 많이 모이는 장소에서 기도했습니다. '나는 기도 많이 하는 사람'이라는 것을 사람들에게 알려서 칭찬받으려고 한 것이지요. 기도는 하나님께 아뢰어서 하나님께 인정받고 응답받는 것인데,

그런 것조차도 사람들에게 칭찬받고 존경받는 수단으로 사용했으니, 바리새인들은 경건을 자신의 이익을 위해 사용한 가증한 인본주의자들임을 알 수 있습니다.

그래서 예수님은 이런 바리새인들의 인본주의 종교를 강하게 비판하시면서 하나님과의 은밀하고 내적인 관계를 강조하셨던 것입니다. 그래서 한국 교회는 구제할 때에도 "오른손이 하는 것을 왼손이 모르게 하라."는 예수님의 가르침을 따라 몰래 구제하는 것이 옳다고 생각하는 사람들이 아주 많습니다. 그러나 예수님의 이 말씀의 뜻은 하나님의 칭찬을 바라보고 하라는 뜻이지 꼭 사람들이 모르게 하라는 것은 아닙니다. 예를 들어 구제할 때 꼭 한밤중에 몰래 쌀자루를 던져 넣어야만 하는 것은 아닙니다. 오히려 예수님은 우리의 착한 행실을 사람들이 보고서 하늘에 계신 하나님께 영광을 돌리게 하라고 하셨습니다(마 5:16). 어떤 면에서는 오늘날 한국 교회가 선한 일을 하는 것을 세상 사람들이 보게 할 필요가 있습니다. 중요한 것은 우리가 사람의 칭찬을 바라고 하는 것이 아니라 오직 하나님을 바라보고 하나님의 칭찬만 바라며 하나님께 영광 돌리는 마음으로 하는 것입니다.

기도도 마찬가지입니다. 꼭 골방에서만 기도해야 하는 것이 아니라 하나님을 바라보고 하는 기도가 중요합니다. 이처럼 우리가 하나님을 바라보고 한다면 여러 명이 모여서 기도하는 것도 좋고 필요합니다. 초대 교회는 예루살렘 다락방에 모여서 함께 기도할 때에 하나님의 큰 역사가 일어난 것을 봅니다. 따라서 우리의 마음의 태도가 중요한 것이지 외적인 모습이 중요한 것이 아니라는 것을 알 수 있습니다.

_ 변종길 교수

095. 폐기된 율법과 지켜야 할 율법은 무엇인가?

질문 : 율법폐기론, 도덕폐기론이 잘못된 것임을 압니다. 그렇다면, 613가지 율법 중에서 우리가 지켜야 할 것들은 무엇이고, 더는 지키지 말아야 할 것들은 대표적으로 무엇이며, 그것들을 구별할 [즉 지킬 것과 지키지 않아도 되는(혹은 지키지 말아야 할)] 방법은 무엇입니까? 예를 들어, 우리는 살인하지 말라는 계명은 지키지만 구약의 절기는 이제는 따르지 않습니다. 십계명을 모두 따르지만 속죄제, 속건제 등의 제사를 드리지 않고, 또 부정한 동물과 정한 동물을 가릴 것 없이 자유롭게 음식을 먹습니다. 율법 중에서 지켜야 할 것과 더는 지키지 말아야 할 것들을 어떻게 구분할 수 있을까요?

답변 : 구약에 언급된 율법은 편의상 언약법, 의식법, 정결법, 도덕법, 시민법으로 나눕니다. 기본적으로 구약의 율법과 새 언약 성도의 삶 사이에는 연속성과 불연속성이 있습니다. 연속적인 것은 이 시대에도 계속 적용되는 것이고, 불연속성은 더는 적용되지 않는 것입니다. 여기서 의식법과 시민법, 정결법은 폐기되었습니다. 왜냐하면 예수께서 골고다에서 모든 의식을 완전히 성취하심으로써 그림자는 실체가 되었기 때문입니다(골 2:17). 옛 언약의 제사에서 그려진 것들이 그리스도의 희생을 통해 영원히 가시화되었습니다. 그래서 정결법과 의식법 그리고 시민법과 관련된 규례, 즉 씨를 섞어서 뿌리는 것이

나 실을 섞어서 베를 짜는 것, 또 정한 음식과 부정한 음식의 구분, 안식년과 희년 규정, 이자 규정 등과 같은 것은 지금은 유효하지 않습니다. 그러나 언약법과 도덕법은 여전히 유효합니다. 우상 숭배, 살인, 도적질, 거짓말, 간음, 동성애와 같은 규정은 현대 그리스도인에게도 적실성이 있습니다.

그렇다고 해서 의식법과 정결법 그리고 시민법이 현대 그리스도인에게 아무런 의미가 없는 것은 아닙니다. 그 규정의 영적인 의미, 그 정신은 그대로 유지됩니다. 정한 음식과 부정한 음식에 대한 규정은 그리스도인이 거룩한 삶을 추구해야 한다는 것을 가르쳐 줍니다. 그러나 다른 방식으로, 즉 성령의 인도를 따라 살아야 할 것을 말합니다. 희년의 경우도 마찬가지입니다. 우리는 희년을 지킬 필요가 없습니다. 그러나 희년의 정신, 즉 이웃 사랑, 평등, 자유의 정신을 실천하며 살아야 할 것을 가르칩니다. 현대인은 이자를 받아도 상관이 없지만 그 기본 정신은 이웃 사랑입니다.

제사도 영적인 의미가 있습니다. 십자가의 희생은 모든 악으로부터 완벽한 대속을 가져다주었고 우리는 이것을 성찬식에서 기념합니다. 구약의 의식적인 제사는 무의미하지만 그 의미는 산 제사로 나타납니다(롬 12:1; 히 13:15~16; 벧전 2:5). 우리는 감사의 산 제사를 드리면서 찬양의 제물로 하나님 이름의 영광을 노래하고 고백합니다. 은혜의 시대에 우리는 이전의 제사 의식의 연속성을 볼 수 있습니다. 왜냐하면 제사 후에 준비된 축제의 음식은 가난한 자와 이방인, 과부와 고아에게 혜택을 주었기 때문입니다. 그리스도의 희생은 우리의 모든 것을 가지고 감사의 산 제사를 드리라고 부릅니다.

이 관점에서 보면 율법의 명령을 처음 받은 이스라엘과 같이 이제 영적인 이스라엘은 이 명령에 순종하면서 하나님과의 관계를 유지해야 합니다. 왜냐하면 그리스도께 속한 자는 모두 아브라함의 자녀이기 때문입니다(갈 3:29). 이 해석의 중요한 원리는 계시역사의 전진입니다.

_ 신득일 교수

096. 교회가 구약 시대의 율법(의식법, 시민법)을 더는 지키지 않아도 되는 이유는 무엇인가?

Q 질문 : 구약 시대의 율법 중 할례, 여러 제사, 율법들, 먹으면 안 되는 음식들의 구분 등, 여러 가지 금기들과 법 등을 우리가 이제는 지키지 않아도 되는 이유는 무엇인가요?

A 답변 : 구약의 율법은 크게 세 가지로 분류할 수 있습니다. 의식법과 시민법과 도덕법입니다. 이 중 의식법은 제사와 절기, 음식법 등과 같은 것인데 이런 것은 몸(실체)이 되신 그리스도께서 오심으로 완성되었기 때문에 오늘날 우리가 더는 지키지 않습니다. 즉, 그런 의식법들은 그림자와 같은 것으로서 그 몸(실체)은 그리스도의 것입니다(골 2:17). 예를 들면, 구약의 모든 제사 제도는 그리스도께서 십자가에서 자기 몸으로 다 이루셨습니다. 따라서 우리는 단번에 다 이루신 그리스도를 믿고 감사하는 것이며, 다시는 제사를 드릴 필요도 없고 또 드려서도 안 됩니다. 그렇게 하는 것은 그리스도의 십자가 죽음을 헛되게 하며 욕보이는 것이 됩니다.

시민법은 이스라엘의 국가와 관련된 법인데, 살인자를 처형하는 형법과 같은 것들입니다. 이런 것들은 주후 70년에 이스라엘 국가가 멸망함으로 자연히 소멸하였습니다. 예수님은 이 땅에 오셔서 교회를 세우셨으며, 교회는 정치적 권력이나 외적 강제로 다스리는 것이 아니라 하나님의 말씀으로, 성령의 능력으로 온유와 겸손으로 다스립니다.

따라서 교회에서 최고의 벌은 출교이며, 그 이상의 벌에 대해서는 국가의 기능에 또는 하나님의 손에 맡깁니다.

그러나 십계명과 같은 도덕법은 결코 폐지되지 않았으며, 사도 바울도 폐지되었다고 말하지 않았습니다. 사도 바울이 율법이 폐하여졌다고 말하는 것은 우리를 정죄하는 기능으로서의 율법의 기능이 폐하여졌다는 의미입니다. 예수님과 바울은 도덕법을 오히려 더욱 강조하고 있습니다. 예를 들면, "살인하지 말라"는 제6계명은 단지 외적 살인만이 아니라 "형제를 미워하지 말라"는 것으로 심화되고 있습니다. 따라서 신약 시대에도 이런 율법은 여전히 성도의 삶의 표준으로서 기능하고 있습니다. 이것을 율법의 나침반 기능 또는 제3효용이라고 합니다.

그러나 우리는 율법의 도덕법을 지킬 때에도 그냥 구약의 문자 그대로 지키는 것이 아니라 이제는 "그리스도 안에서" 지킵니다. 부모를 공경하는 것도 신약 시대에는 "주 안에서 공경하라"고 합니다. 우리는 이제 모든 것을 그리스도 안에서, 그리스도의 빛 아래에서 행해야 합니다. 그럴 때에는 사랑과 용서가 더욱 중요하게 부각됩니다. 그리스도께서 우리를 사랑하신 것처럼 우리도 서로 사랑해야 합니다. 이것이 그리스도께서 우리에게 주신 새 계명인데(요 13:34), 이는 또한 옛날부터 있던 계명이기도 합니다(레 19:18). 그래서 형제 사랑은 옛 계명인 동시에 또한 새 계명입니다(요일 2:7~8).

따라서 사랑이 아주 중요하고 또 사랑은 율법의 완성입니다(롬 13:10). 온 율법이 사랑의 계명 안에 다 들어 있습니다. 이 말은 사랑만 있으면 율법은 필요 없다는 말이 아니라, 율법의 모든 계명이 "네 이웃을 네 자신과 같이 사랑하라"고 하신 말씀 속에 다 들어 있다는 말입니다. 즉, 그 안에 다 포함되어 있다는 의미입니다. 마치 헌법의 기본권 조항 안에 그 하부 법인 인권에 관한 법률의 모든 조항이 다 포괄되어 있는 것과 마찬가지입니다. 따라서 헌법상의 "인간답게 살 수 있는 권리(기본권)"가 여러 법률과 시행세칙들을 통해 실현되듯이, 이웃 사랑의 대계명이 율법의 여러 계명들(예: 살인하지 말라, 간음하지 말라, 도적질하지 말라 등등)을 통해 실현되고 구체화됩니다. 따라서 율법은 사랑을 실천하는 구체적 방법이며 표현입니다. 따라서 신약 시대에는 사랑만 있으면 되고 율법은 필요 없다고 주장하는 '율법 폐기론'은 잘못임을 알 수 있습니다. 그들은 사랑을 실천하는 구체적인 방법에 대해 하나님보다도 자기가 더 잘 안다고 생각하는 교만한 자들입니다.

그리고 의식법과 시민법이 폐지되었다는 말은 그 문자적 시행이 종료되고 더는 시행하지 않는다는 의미입니다. 그렇지만 그 의미와 가치는 영원합니다. 예를 들어, 레위기에 나오는 여러 제사 제도들은 예수님의 죽으심 이후로 더는 문자적으로 시행되지는 않지만, 그 제사 제도의 의미와 가치는 오늘날에도 여전히 살아 있습니다. 왜냐하면, 그것들은 다 하나님이 말씀하신 것이기 때문입니다. 하나님이 말씀하신 것은 언제 어디서 하셨더라도 영원한 가치를 가집니다. 왜냐하면, 하나님의 영원한 지혜에서 나온 말씀이기 때문입니다. 실제로 레위기의 제사 제도는 그리스도의 죽음의 의미를 이해하는 데 큰 도움이 됩니다. 따라서 오늘날에도 성도들은 (비록 초신자들에게는 좀 어렵긴 하지만) 레위기를 읽어야 하고 또 공부해야 합니다. 왜냐하면 그것은 그림자로서 예수 그리스도를 가리키고 있기 때문입니다. 구약의 어느 한 구절도 우리에게 필요 없거나 의미 없는 것은 없습니다. 비록 오늘날 우리에게 문자적으로 시행되지 않는다 할지라도, 또 우리가 그 의미를 다 이해하지 못한다 할지라도, 하나님의 말씀은 영원합니다. 천지는 없어져도 하나님의 말씀은 일점일획도 떨어지지 않고 다 이룰 것이기 때문입니다.

_ 변종길 교수

Q **질문 :** 제가 옛날에 어떤 책을 읽었는데요, 그 책에서 다음과 같은 말이 있었는데 궁금해서 질문을 올립니다. 〈1〉 666이라는 숫자가 짐승을 뜻하는 네로 황제를 가리킨다고 하던데요. 네로 황제를 상징하는 숫자가 왜 666인가요? 〈2〉 예수님을 상징하는 숫자가 888이라는 이야기가 있던데 그 이유는 무엇인가요? 〈3〉 옛날에는 기도문에는 '아멘' 대신에 '99'라는 숫자를 쓰기도 했다는데 그 이유는 무엇인가요? 〈4〉 13이라는 숫자가 기독교적으로 불행을 상징하는 숫자라고 하던데 그 이유는 무엇인가요? 그러면서 '13일의 금요일'이라는 말을 사용하기도 하는데 그럼 금요일이 기독교적 사건과 어떤 연관이 있나요?

A **답변 :** 〈1〉 666이라는 숫자가 짐승을 뜻하는 네로 황제를 가리킨다고 하던데요. 네로 황제를 상징하는 숫자가 왜 666인가요?

요한계시록 13장 18절의 '육백육십육'에 대해 예로부터 많은 해석이 있었습니다. 그중 널리 퍼져 있는 해석 중 하나는 로마 황제 네로(54~68년 통치)를 가리킨다는 견해입니다. 라틴어 '네로 카이사르'(Nero Caesar)를 히브리어로 옮기면 '네론 케사르'(nron qsr)가 되는데, 각각의 알파벳의 숫자를 합치면 666이 된다는 것입니다. 참고로 헬라어, 라틴어, 히브리어는 알파벳 각각이 숫자의 값을 가지고 있습니다 (위 히브리어 '네론 케사르'의 경우 nun =50, resh = 200, waw = 6, nun = 50, qoph = 100, samech = 60, resh = 200). 그러나 이런 해석은 문제가 많으며 우리가 받아들일 수 없습니다. 그 이유는 다음과 같습니다.

1) 요한계시록은 헬라어로 기록되었습니다. 그 수신자들은 에베소를 중심으로 한 소아시아의 여러 교회입니다. 그들은 당시에 대부분 이방인이며 헬라어를 읽고 사용했습니다. 그런데 네로 카이사르의 이름을 왜 히브리어로 바꾸어서 계산해야 할까요? 이해할 수 없는 것입니다.

2) 위 히브리어로 옮긴 것도 철자가 맞지 않습니다. '카이사르'(Caesar)를 히브리어로 제대로 옮기려면 히브리어 철자 '요드'(영어의 i에 해당)가 들어가야 하는데 위 히브리어에는 빠져 있습니다. 즉 '케사르'로 옮길 것이 아니라 '카이사르'로 옮겨야 한다는 말이지요. 그러니 억지로 666에 맞추기 위해 불완전한 철자를 사용했다고 볼 수 있습니다.

3) 요한계시록의 기록 연대에 대해서는 여러 견해가 있지만 그래도 여러 기록과 정황으로 볼 때 도미티아누스 황제 말기인 95~96년경으로 보는 것이 제일 적합합니다.

이레니우스의 책에 직접적으로 '도미티아누스 통치 말기'에 출판되었다고 기록하고 있지요. 사도 요한이 밧모 섬에 유배된 것도 그때쯤이며, 96년 말경에 사면되어 돌아온 것으로 보입니다(도미티아누스 사후 새 황제 취임 때 사면되어 돌아왔다고 기록되어 있음). 따라서 요한

계시록의 기록 시기는 도미티아누스 황제 때이며, 네로 황제는 이미 죽고 없었습니다. 따라서 당시 사람들이 '네로 황제'를 경배하거나 두려워할 이유는 없는 것이지요. 네로가 다시 살아난다고 당시 사람들이 믿었다고 하는 네로 신화를 여기 사도 요한이 염두에 두었다고 하는 주장은 생각해 볼 가치도 없는 것입니다. 사도 요한이 무슨 미신이나 신화를 받아들인 것이 아닙니다.

4) 따라서 우리는 요한계시록 13장의 '666'에 대해 상징적으로 해석하는 전통적인 개혁주의 견해가 타당해 보입니다. 곧 6은 7에 하나 모자라는 수이며, 인간으로서는 최대한에 도달한 수입니다. 따라서 이것은 하나님의 안식에 미치지 못하는 인간의 교만을 나타내는 수이며, 6이 세 개 겹친 것은 인간의 교만이 극에 달한 것을 의미하며 곧 적그리스도를 의미합니다. '적그리스도'라고 할 때 꼭 특정의 한 인물만 생각할 필요는 없고, 이 세상에서 활동하고 있는 사탄의 세력, 마귀의 세력을 가리키는데 특히 정부 권력을 통해 역사하며 성도들을 핍박하며 마귀를 경배하게 하는 세력 전체를 가리킨다고 볼 수 있습니다. 요한계시록이 기록된 당시는 로마 제국이었으며, 특히 그 정점에 있는 로마 황제가 적그리스도였는데, 로마 황제는 성도들에게 황제 숭배를 강요하고 핍박하였습니다. 당시의 황제는 도미티아누스였습니다.

〈2〉 예수님을 상징하는 숫자가 888이라는 이야기가 있던데 그 이유는 무엇인가요?

이 숫자는 성경에 나오지 않고 성경과 관계없습니다. 그러나 글자와 숫자를 가지고 신비한 해석을 하는 '게마트리아' 학파의 방법을 따라 예수의 헬라어 '예수스'(Iesous)를 숫자로 풀이하여 합하면 888이 됩니다. 헬라어로 I(요타) = 10, 긴 e(에타) = 8, s(시그마) = 200, o(오미크론) = 70, u(윕실론) = 700, s(시그마) = 200.

그러나 정통 기독교는 이런 게마트리아 학파의 신비적 해석을 받아들이지 않습니다. 성경 어디에도 예수님을 888로 보는 곳이 없습니다.

〈3〉 옛날에는 기도문에는 '아멘' 대신에 '99'라는 숫자를 쓰기도 했다는데 그 이유는 무엇인가요?

처음 듣는 이야기입니다. 아마도 추측건대 다음의 이유 때문으로 생각됩니다.

헬라어로 '아멘'은 'Amen'으로 표기하는데, 여기서 e는 짧은 e가 아니고 긴 e 즉 에타입니다. 웹상으로 장모음을 표시할 수가 없어서 그냥 e로 표기했으니 양해 바랍니다. 대문자로는 H로 표기합니다. 차라리 대문자로 표기하고 설명하는 게 더 낫겠습니다. AMHN. 여기서 헬라어 A = 1, M = 40, H = 8, N = 50, 따라서 다 합하면 99가 나오지요. 그래서 아마도 아멘 대신에 99로 썼을 수도 있겠다 싶은데, 과연 고대 기독교인들 가운데 실제로 그렇게 했는지는 불분명합니다.

〈4〉 13이라는 숫자가 기독교적으로 불행을 상징하는 숫자라고 하던데 그 이유는 무엇인가요? 그러면서 '13일의 금요일'이라는 단어를 사용하기도 하는데 그럼 금요일이 기독교적 사건과 어떤 연관이 있나요?

이것은 서양 사람들의 미신입니다. 특히 13일의 금요일을 불행하게 보는데 이것은 기독교와 관련이 있습니다. 최후의 만찬 도중에 가룻 유다가 나가서 예수님을 배신하게 됩니다. 그런데 최후의 만찬에 참여한 사람들은 예수님과 열두 제자들, 그래서 13명이었습니다. 아마도 이 사실에서 13을 불행하게 보는 미신이 나오게 되었다고 보는 견해가 있는데 확실히 알 수도 없습니다. 하나의 추측입니다. 금요일을 불행하게 보는 것은 예수님이 십자가에 못 박혀 돌아가신 날이 금요일이기 때문입니다. 성경에 안식일 전날이라고 나오는데, 유대인들의 안식일은 토요일(정확하게는 금요일 해 지고 나서부터 토요일 해 질 때까지)이므로, 예수님이 돌아가신 날은 금요일이 됩니다. 그래서 서양 사람들은 금요일에는 불행하게 여기며 가톨릭 신자들은 금요일에 고기를 먹지 않는다고 합니다.

그러나 13일과 금요일을 불운의 숫자와 날로 여기는 것은 미신입니다. 우리는 그런 미신적인 생각에서 벗어나야 하며 하나님의 말씀을 따라 바로 사는 것이 중요합니다.

_ **변종길 교수**

098. 축자영감설과 유기적영감설은 무엇인가?

질문 : 축자영감설과 유기적영감설은 무엇이며, 개혁주의 신학에서는 둘 중에 어떤 것을 지지하나요? 혹시 개혁주의 신학의 성경관에서도 의견이 나뉘는가요?

답변 : 영감의 방법을 설명할 때에 개혁주의자들은 유기적 영감설(organic inspiration theory)을 받아들입니다. 디모데후서 3장 16절과 베드로후서 1장 21절에 근거하여, 성경의 원저자이신 하나님께서는 인간 기록자의 나이, 성별, 경험, 지식, 역사적 환경, 기억, 반응, 재능 등을 사용하되, 하나님의 뜻을 드러내도록 그들의 저작 과정에서 생각, 단어, 언어 선택, 문체 스타일까지 관여하신 것이라고 받아들입니다.

축자영감설은 영감의 범위를 정할 때에 하는 말입니다. 마태복음 5장 17~48절에 나와 있듯이, 성경의 일점 일획이라도 다 영감되었다는 말이지요. 성경은 일부분에만 하나님의 계시가 들어있는 것도 아니고 사상적으로만 영감을 받은 것도 아니라는 말이지요.

개혁주의에서는 유기적영감설과 축자영감설을 다 받아들입니다.

_ 김재성 교수

099. 공관복음서는 어떤 복음서들을 가리키며, 따로 구별하여 명명한 이유는 무엇인가?

Q **질문** : 공관복음서는 어떤 복음서를 말하는 것이고, 그렇게 따로 이름을 붙인 이유는 무엇인가요?

A **답변** : "공관복음서"에서 사용된 "공관"이라는 말은 한자로 共觀으로 표현되는데, 이 말은 "함께 보다"라는 의미이지요. 영어로는 "공관복음서"를 헬라어 용어를 빌려 "the Synoptic Gospel"이라고 합니다. 역시 synopsis는 "함께 봄"이라는 의미를 말합니다. "공관복음서"는 사복음서 중에서 마태복음, 마가복음, 누가복음, 이렇게 세 복음서를 함께 부를 때 사용하는 학술적 용어로서, 이 세 복음서는 내용, 형식, 구조 등이 상호 간에 매우 유사함으로, 요한복음과 구별하여 이 세 복음서를 함께 관찰하고 연구하게 되면서 "공관복음서"라는 용어가 생성된 것입니다. 이런 배경 속에서 과거의 국내외 주석 중에는 한 권의 책 안에서 마태복음, 마가복음, 누가복음을 함께 주석한 경우도 자주 있었습니다.

_ 허 주 교수

질문 : 성경 외의 경전을 '외경'이라고 하고, 실존한다고 들었습니다. 성서와 관계가 있으니 '외경'이 붙었겠지만, 굳이 구약과 신약 성서와 구분하여 '외경'이라고 한 이유는 무엇인가요? 그리고 종류에는 어떤 것들이 있으며, 그것을 사용하는 종파나 종교는 있나요? 사도들이 어떻게 죽었는가(순교했는가)에 관한 내용도 더러 있다는데, 그중 하나가 베드로의 '십자가에 거꾸로 달려 순교한' 내용도 있다고 하던데요. 사실인가요?

답변 : '외경'은 기독교회가 받아들이는 성경(이것을 '정경'이라 함) 외에 한때 교회 안에서 읽히고 일정한 권위를 누렸으나 정경이 아닌 것으로 배척된 것을 가리킵니다. 이것을 '외경'이라고 부르는 것은 우리말 번역의 문제이며 원래는 '아포크리파'(Apocrypha)라 부르는데, 그 뜻은 '감춰진 것들'이란 의미입니다. 이것은 기독교회 초기에 이단들이 비밀리에 사용하던 경전이라는 뜻에서 유래된 것으로 보고 있습니다. 예를 들면 히브리 복음, 베드로 복음, 나사렛 복음, 에비온 복음, 도마 복음, 애굽 복음 등이 있으며, 그 외에도 바울 행전, 베드로 행전, 베드로 묵시록 등 많이 있습니다. 이런 신약외경들은 처음에 영지주의 이단들이 많이 사용한 것으로 생각됩니다. 이런 신약외경들은 개신교뿐만 아니라 가톨릭교회에서도 배척하고 있습니다.

문제가 되는 것은 '구약외경' 입니다. 가톨릭교회에서는 구약과 신약 사이에 구약외경을 더 가지고 있으며 그들은 이것을 '둘째 정경'(deutero-canon)이라고 부르면서 '첫째 정경'(proto-canon)과 똑같은 권위를 가진 것으로 받아들이고 있습니다. 구약외경에는 유딧, 토빗, 마카비서, 솔로몬의 지혜, 시락의 지혜, 수잔나, 벨과 용 등이 있습니다. 이것들은 원래 유대의 문학 작품이었는데, 유대인들의 히브리어 성경에는 없는 것들이었습니다. 그런데 주전 2~3세기경에 이 히브리어 성경(구약)을 헬라어로 번역할 때 번역자들이 구약과 함께 이런 유대 문학 작품들을 번역하였습니다. 그래서 칠십인역 성경(헬라어 구약)에 이 '외경들' 이 들어오게 되었는데, 주후 4세기에 제롬이 라틴어로 번역할 때 이 외경들도 함께 번역했습니다. 그래서 라틴어 성경인 벌게이트(Vulgate)에 이 구약외경이 들어온 것이지요. 가톨릭교회는 이 구약외경도 정경과 마찬가지의 권위를 가진 것으로 받아들입니다.

그러나 종교개혁자들은 이런 외경을 배척하고 원래 유대인들이 경전으로 가졌던 히브리어 구약성경만을 구약정경으로 받아들였습니다. 신약정경에 대해서는 개신교나 가톨릭교회나 동일합니다.

구약외경들의 내용은 책에 따라 다르지만 "전설 따라 삼천리"와 비슷한 전설적인 이야기들도 있고, 경건한 사람들의 이야기들, 유대 민족의 항쟁사를 기록한 역사서들, 그리고 인간의 문학적 상상력을 발휘하여 지어낸 작품들이 많습니다. 그럼에도 불구하고 가톨릭교회에서 외경을 포기하지 않는 이유는 역사적으로 벌게이트 역본을 최고 권위 있는 것으로 받아들인 점도 있고, 또 마카비서에 '연옥설' 을 지지하는 구절이 나오기 때문입니다. 참고로 가톨릭이 중요하게 여기는 '연옥설' 은 외경인 마카비서 외에는 전혀 성경적인 근거가 없습니다. 그래서 연옥설 때문에라도 가톨릭은 외경을 포기할 수 없는 것입니다.

사도들의 순교 이야기는 대개 신약외경이나 고대 기록들에 나옵니다. 베드로의 순교 이야기는 외경인 베드로 행전에 나오는데, 머리를 아래로 하여 십자가에 거꾸로 달려 죽었다고 합니다. 외경의 기록은 다 믿을 수 없고 그중에는 잘못된 내용도 있지만, 그렇다고 다 틀린 것은 아니고 참고할 만한 내용들도 있습니다. 베드로의 순교 이야기는 특별히 반박되는 것도 없고 해서 대체로 믿을 만한 것으로 보는 것 같습니다.

외경에 대해 좀 더 알고 싶으시면 책을 읽고 공부를 좀 하셔야 합니다. 신학교에 들어오면 체계적으로 배울 수 있기는 한데, 우선 간단히 말씀 드렸습니다. 조금이라도 도움이 되기를 바랍니다.

_ **변종길 교수**

Q 질문 : 현대인의 성경, 표준새번역, 새번역, 공동번역에서 서신들을 보면 모두 존칭어(높임말)입니다. 예를 들어 '~합니다.' 라는 식으로 끝납니다. 그런데 개역개정과 개역한글 번역에서는 존칭어가 없습니다. 예를 들어 '~가 너희에게 있을지어다.' 라는 식입니다.

서신서의 경우에, 헬라어에는 존칭어가 있나요? 존칭어가 없다면, 바울이 각 교회와 사람들에게 개역개정과 개역한글에서 볼 수 있듯이 명령 혹은 지시, 하달 정도의 어조로 대했다고 봐야 하나요? 존칭어가 있다면, 개역개정과 개역한글에서는 왜 존칭이 없이 번역을 했나요?

A 답변 : 성경 번역에서 존칭 사용의 문제는 쉽지 않은 문제입니다. 여러 가지로 고려해야 할 요소가 많기 때문입니다. 전에는 '하다' '하라' 체가 많이 사용되었으나 최근에는 '합니다' '하십시오' 등의 체가 많이 사용되고 있습니다.

그러나 이렇게 번역하면 친근함과 정중함은 있지만 간결성과 위엄은 떨어집니다. 특히 성경은 하나님의 말씀이기 때문에 위엄과 무게는 대단히 중요한 문제입니다. 하나님의 말씀은 힘 있게, 권위 있게, 엄중하게 다가와야 할 때가 많은데 현대 번역은 이런 것을 제대로 살리지 못할 때가 많습니다. 이것은 우리가 옛날의 사극을 볼 때 임금이 오늘날의 문체로 '합니다', '하십시오'라고 하면 권위가 떨어지고 실감이 나지 않는 것과 같습니다.

서신서 같은 경우는 다르지 않느냐고 생각할 수 있지만, 다른 한 편으로 그것은 단지 인간의 편지만이 아니라 또한 하나님의 말씀이라 는 측면이 있어서 판단하기 어렵습니다. 단지 인간 바울의 편지라면 그 냥 '합니다', '하십시오'가 좋아 보이지만, 그 편지는 또한 하나님의 말 씀이기 때문에 '한다', '하라'가 더 좋을 수도 있습니다. 여기에 대해서 는 사람마다 판단이 다를 수 있습니다.

그러나 어쨌든 성경 원어에는 이런 존칭어가 없습니다. 헬라어나 히브리어나 동사 어간이나 어미에 존칭이란 것이 따로 없습니다. 인칭 대명사도 마찬가지로 구별이 없습니다. 예를 들어 베드로가 예수님에 대해 신앙고백을 할 때 "주는 그리스도시오 살아계신 하나님의 아들이 니이다."(마 16:16)이라고 되어 있지만(개역한글판, 개역개정판), 원문 을 직역하면 "너는 그리스도요 살아 있는 하나님의 아들이다."가 됩니 다. 헬라어로는 존칭이냐 아니냐의 구별이 없기 때문에 '쉬'(you)라고 하면 2인칭 단수 대명사로 두루 쓰이는 것이지 대상의 높고 낮음에 따 른 구별이 없습니다. 따라서 베드로가 예수님에 대해 '너'라고 해도 아 무 문제가 없습니다. 존칭을 따지는 한국 사람들에게 문제가 될 따름입 니다. 동사어미에서도 아무 구별이 없는 것도 마찬가지입니다.

따라서 존칭을 쓰는 것은 한국과 아시아 몇 개 국에서 문제가 되 는 것이며 성경 원어에는 그렇지 않습니다. 따라서 존칭을 쓰고 안 쓰 고 하는 것이 절대적 진리의 문제인 것처럼 접근하는 것은 옳지 않음을 알 수 있습니다. 상대적인 문화의 문제입니다. 중요한 것은 그 대상을 향한 우리의 마음의 문제, 태도의 문제, 그리고 실제 행동의 문제입니다. 요즘 '~님' 자를 남발하면서도 실제 마음에는 존경심이 없고 실제 행동에서 뒷받침이 되지 않는다면 그런 '~님'은 말뿐인 형식적인 '님'이 될 것입니다. 따라서 우리는 우리의 형식적인 언어보다도 마음을 더 중요시하고 실제 삶을 더 중요시하는 문화를 가꾸어 나가야 할 것입니다.

_ 변종길 교수

질문 : 킹제임스 번역(KJV, 흠정역 등)이 모든 번역본 중에서
가장 권위 있다거나, 킹제임스 번역만이 가장 맞다, 하는 주장
(다른 여타 번역들은 오류가 있다거나 왜곡되어 있다는 주장도 포함)은
어떻게 이해해야 합니까?

답변 : 'K.J.V [(King James Version, 일반적으로는
AV(Authorized Version)로 알려짐]가 아주 훌륭한 번역이긴
하지만, 그런데도 KJV만을 '영감된 유일한 하나님의 말씀'이라고 주
장하는 것은 옳지 못하다고 봅니다.

KJV는 James 왕 치세 시기인 1604년(제임스 6세와 1세가
Hampton Court Conference 소집)에 시작되어 1611년에 출판되었습
니다. KJV의 신약성경은 흔히 알려진 TR(Textus Receptus=received
text, '표준원문' 혹은 '공인본문') 및 일부는 라틴어 벌게이트
(Vulgate)역에서 헬라어로 번역한 몇 구절, 구약성경은 70인역
(Septuagint)과 마소라 본문(Masoretic Text)을 바탕으로 번역되었습
니다. 'TR'이라고 하는 말은 에라스뮈스 이후인 1633년에
Bonaventure와 그의 조카 Abraham Elzevir에 의해 간행된 1633년
판 발행인 서문에서 등장합니다(Textum ergo habes, nunc ab
omnibus receptum: in quo nihil immutatum aut corruptum

damus = "so you hold the text, now received by all, in which (is) nothing corrupt."].

이 KJV 번역은 에라스뮈스(Desiderius Erasmus: 1469~1536)가 편찬한 '헬라어 신약성경' 및 그와 유사한 흐름 속에서 발전되어져 왔던 여러 판본으로부터 영향을 받은 것입니다.

에라스뮈스 역시 1516년 바젤에서 '헬라어 신약성경'을 출간할 때, 그 당시까지는 성경의 사본이 많이 발견되지 않은 시기였으므로 대략 6개 정도밖에 안 되는 사본들을 참조했습니다(1, 1rK, 2e, 2ap, 4ap, 7, 817; 제2판에서는 Minuscule 3도 사용함). 게다가 그는 다른 여러 사본들을 참조하여 헬라어 신약성경을 편찬했는데, 요한계시록의 마지막 6절을 포함하고 있는 사본을 구할 수 없어서 라틴어 성경인 벌게이트역에서 그 여섯 절을 헬라어로 번역해 넣어야 했습니다.

물론 에라스뮈스가 편찬한 그 신약성경의 초판에는 '인쇄상 실수도 많이' 나타났습니다. 왜냐하면 너무 서둘러서 찍었기 때문입니다(1519년에 거의 다 수정됨). 에라스뮈스는 신약성경의 개정본을 모두 합해서 5번 발행했습니다(1516, 1519, 1522, 1527, 1535).

요한계시록을 제외한 성경들에 에라스뮈스가 해 놓은 주해와 석의는 영어로 번역되었고, 1547년에는 모든 교회에 사본이 배포될 정도였습니다. 츠빙글리는 1516년에 에라스뮈스의 헬라어 성경 초판 가운데 바울서신을 필사했으며, 루터는 1519년의 제2판을 토대로 1522년에 발트부르크 성에서 독일어 성경을 번역했습니다.

스테파누스 편집본들 가운데 1550년 판과 1551년 판, 그리고 베자의 1598년 판이 1611년 킹제임스 성경의 주 원천이 되었었다고 전해집니다(물론 누구의 편집본에 더 영향을 받았는가에 대한 연구도 다양하게 이뤄져 왔습니다). 스테파누스의 헬라어 본문은 에라스뮈스의 4, 5판과 아주 일치하며, 베자가 계속 간행했던 헬라어 본문은 KJV에 방대하게 사용되었다고도 합니다.

KJV만을 고집하는 하는 이들로는 '여러' 부류가 있는 것으로 전해집니다. 그 가운데 일부는 영역 성경인 KJV에 의하여 마치 히브리어 성경이나 헬라어 성경이 교정될 수 있는 것처럼 생각하는 이들도 있습니다.

물론 KJV 성경이 훌륭한 번역이기도 하지만, 그 성경이 번역될 때까지는 근현대의 많은 신학자가 소중한 가치가 있는 것으로 여겨왔던 여러 '헬라어' 사본들이 발견되지 못했습니다. 그러므로 우리는 KJV만이 변개되지 아니한(nothing corrupt) 말씀이라고 주장하는 것을 주의해야 하겠습니다.

_ **최병규 박사**

Q **질문 :** 다름이 아니라 최근에 철학적인 책들을 보는 도중에 플라톤 사상의 영향을 받았던 기독교라는 내용이 있어서 질문 드립니다. 바울이 전도하러 간 그리스 아테네에서 소피스트들에게 전도했지만 소수만이 받아들였다고 합니다. 그렇다면 철학의 영향을 받지 않았던 초대 교회의 특징이 무엇이었는지 궁금하고, 플라톤 사상의 영향을 받았다고 하는 내용은 어떻게 해석되어야 하나요?(플라톤 및 그리스 철학이 인본주의적 사고인지라 질문)

A **답변 :** 초기부터 기독교는 유대 이스라엘을 넘어서 헬라(그리스) 문화권에 있는 사람들에게 전파되었습니다. 당연히 그들의 말과 사고 체계로 복음을 전해야 했습니다. 대표적인 예로 신약성경은 모두 히브리어가 아니라 헬라어로 쓰였습니다. 사도 바울도 철학에 능통하였으나 복음을 받아들였다고 해서 그 철학을 완전히 다 버렸다기보다는 그중에서 거짓된 것들을 배설물로 여겼다고 보는 것이 더 옳습니다. 사도가 죽은 이후에 신자들, 특히 2세기 변증가들은 헬라철학에 심취하였다가 복음을 받아들인 분들이 많았습니다. 그중에 어떤 사람들은 복음을 받아들이고 나서도 철학에 의존하기도 하였지만 대부분의 교부가 철학을 사용하여 성경의 진리를 보다 분명하게 하려고 하였습니다. (철학에 영향을 받았다는 말과 철학을 사용하였다는 말은 분명

히 구별해야 합니다.) 대표적인 예가 삼위일체의 교리였습니다. 이후에도 철학과 신앙의 관계는 항상 논란이 되었는데 '이해를 추구하는 신앙'이라는 개념이 교회 안에 보편적으로 자리를 잡게 되었습니다.

_ 이성호 교수

Q **질문** : 마르시온 사상, 가현설, 영지주의 등 이단적 사상에 대해서 배웠습니다. 그러나 영지주의에 대해 더 자세히 알고 싶은데, 영지주의가 무엇인지 알 수 있을까요?

A **답변** : 영지주의(Gnosticism) 사상은 초기 기독교를 혼란스럽게 했던 이단 사상 가운데 하나입니다. 이 사상은 독단적이고 균형이 없는 주관성을 띠었기 때문에 많은 분파가 생겨났습니다. 지리적으로 볼 때 영지주의자들을 이집트 혹은 알렉산드리아 학파(바실리데스, 발렌티눗 등)와 시리아 학파(사투르니누스, 바르데사네스, 타티아누스 등)로 구분할 수 있습니다. 교리적 성격을 기준으로 분류해 보면, 영지주의는 혼합주의를 표방하면서도 이교의 요소와 유대교의 요소와 기독교의 요소 등을 지니면서 발전했습니다. 그들 가운데는 시몬파, 니골라당, 배사교(Ophites), 마니교, 케린투스, 발렌티누스, 유스티누스, 마르시온, 타티아누스, 엔크라테이아파 등등 무수히 많습니다(이에 대해서는 필립 샤프의『교회사』제2권 '니케아 이전의 기독교'의 영지주의 부분을 읽으십시오).

'영지주의'라는 말은 '지식'(knowledge)을 뜻하는 그리스어 그노시스(γνῶσις, gnōsis)라는 말에서 유래했습니다. 사실 그들의 분파가 너무 다양해서 한마디로 설명하기란 어렵습니다. 그러나 대체로 '그노시스 사상'은 인간이 조물주(Demiurge, '데미어지' 혹은 '데미우르고스')에 의하여 창조된 물질 세계를 피하고 영적인 세상을 받아들여야 한다고 가르쳤습니다. 영지주의자들은 물질 세계를 하나님(God)으로부터 직접 창조되었다기보다는 그들이 어떤 중재적인 존재(an intermediary being)라고 여긴 Demiurge에 의하여 창조되었다고 보았습니다. 대부분의 영지주의 체계에서는 이 '데미어지'를 불완전하다고 여겼으며 어떤 경우에는 악하다고 여기기까지 했습니다. 영지주의에서 '데미어지'는 물질이나 육체 등 좀 불완전하고 하부 세계의 대표자처럼 여겼고, 하나님의 세계(the world of God)는 상부 세계로 표현되고 영혼과 완전과 관계있다고 보았습니다. 그들은 하나님의 세계를 영원한 것으로 보고 물질적 부분이 아니라고 본 것입니다. 그래서 그들은 비전의(esoteric) 혹은 직관적인 지식(intuitive knowledge)이라고 할 수 있는 '영지'를 깨달아야 한다고 강조했습니다. 그 '그노시스'가 물질 세계로부터 영혼의 구원에 이르는 길이라고 믿은 것이죠. 한마디로 영지주의는 인간이 구원을 얻는 길은 자기 밖으로부터 오는 어떤 힘에 의한 것이 아니라 그들이 '신비로운 지식'으로 여겼던 '그노시스'(Gnosis)에 의해 가능하다고 생각한 것입니다.

영지주의의 여러 분파에서는 '예수님'에 대한 견해가 좀 다르게 나타납니다. 어떤 영지주의자들은 예수님을 이 땅에 '그노시스'를 가져오시기 위하여 성육신해 오신 지고의 존재(the supreme being)의 구현자로서 묘사했는가 하면, 또 어떤 경우에는 지고의 존재가 육신으로(in the flesh) 오셨다는 것을 단호하게 부인하면서 예수님은 그노시스를 통하여 신성(divinity)을 획득했던 단지 사람이었다(merely a human)고 가르쳤습니다.

당시의 영지주의에 대하여 잘 분석하며 비판했던 교부는 이레니우스(Irenaeus, 130~200)였습니다. 그가 영지주의 이단을 비판했던 책이 『이단 논박(Against Heresies)』입니다. 이 책은 초기교회사에서 귀한 유산 중의 하나이며, 영지주의적 이단들에 대해 설명하고 비판하면서 동시에 기독교 신앙에 대하여 잘 변호하고 있습니다. 이레니우스는 이단들에 대하여 소개하면서, 그것을 논박하기 위하여 다시 '성경'으로 돌아갔습니다. 그는 이단(영지주의)들의 성경 해석을 '불경한 성경 해석'(impious interpretations of these heretics)으로 일컬었습니다. 이레니우스는 이단을 논박하기 위하여 성경과 교회의 일치된 신앙(unity of the faith of the Church throughout the whole world)에 호소했습니다.

_ **최병규 박사**

질문 : 성경에도 그리스 로마 신화와 관계된 어떤 이야기가 나오나요? 아르테미스 신에 관한 얘기도 나온다는 말을 들은 적이 있는 것 같아서 확인해 보고 싶어요.

답변 : 성경에도 그리스 및 로마 신화와 연관된 이야기가 여러 군데에 나옵니다. 사도행전 14장에 보면, 사도 바울은 바나바와 더불어 1차 전도여행을 다니던 길에 루스드라에서 날 때부터 앉은뱅이인 사람을 고쳐 준 적이 있습니다. 이 놀라운 기적을 보자 그곳 사람들은 이 두 사람을 신과 같은 존재로 여겨 자기네들이 아는 그리스의 신화에 나오는 신들의 이름을 붙여, 바나바를 제우스(Zeus, 개역한글에는 '쓰스')라고 하고 바울을 헤르메스(Hermes, 개역한글에는 '허메')라고 불렀습니다. 제우스는 아폴로 신전의 주신(主神)이며 로마에서는 주피터(Jupiter), 영어권에서는 이 두 표현 외에도 조브(Jove)라고 불리기도 했습니다. 바울에 비교된 헤르메스는 제우스의 아들로서 신들의 전령 혹은 사자라고 불렸는데, 언변이 뛰어난 바울을 루스드라 사람들은 헤르메스라고 불렀던 것입니다.

헬라 문화권에 속해 있던 사람들은 자신이 살던 지역에 서로 다른 그리스 신화에 나오는 여러 신을 섬기는 경향이 있었습니다. 사도행전 19장에는 바울이 3차 전도여행 때 에베소 지역에서 복음을 전하여 여러 이적을 행하는 사건이 기록되어 있습니다. 바울이 두란도 서원을 지어 복음을 가르쳤던 에베소라는 지역은 당시 국제무역의 중심이었고 고대 종교의 핵심적인 도시 중의 하나였습니다. 다산을 상징하는 여러 유방을 가진 아르테미우스 (Artemis, 대부분의 한국어 성서에는 아데미)라는 여신을 특히 숭배하였는데, 당시 5만 명을 수용할 수 있는 신전 뜰이 있었고, 여신은 18개의 유방을 갖고 있는 여신의 모습이 새겨진 3m의 기둥이 세워지기도 하였습니다. 바울이 방문했을 당시 아르테미우스 여신의 모형 신전을 만들어 팔던 데메드리오(Demetrius)라는 사람이 예수 복음 전파로 말미암아 사업이 망하게 되자 바울과 그 일행을 고소하는 장면이 소개됩니다.

_ 허명수 교수

2부

106-133

이단, 단체, 교파

106. 이단과 사이비의 차이는 무엇인가?

Q **질문** : 흔히 교회에서 이단을 지칭할 때 '이단'과 '사이비'라는 말을 혼용해서 사용하더라고요. 이 두 단어가 같은 것인지, 아니면 유사한 것인지, 그렇지 않으면 차이가 있는 것인지 궁금합니다. 나아가 '이단'과 '이단성' 혹은 '사이비'와 '사이비성'이라는 단어가 어떻게 다른지도 질문 드립니다.

끝으로 각 교단에서 발표된 〈이단 및 사이비 단체 목록〉들을 보았는데요, 이와 같은 선별은 누구에 의해서 어떻게 이루어지는 것이며, 나아가 교단마다 발표한 결과가 차이가 있던데 이를 어떻게 이해해야 하는지도 질문 드립니다.

A **답변** : 네, 좋은 질문입니다. 교단마다 '이단', '이단성', '사이비', '불건전집단', '주의/주시' 등의 표현을 사용하여 정통 기독교에서 떠난 단체들에 대하여 규정해 왔습니다. 질문하신 분도 고민하시듯이, 사실 그 문제는 간명할 것 같으면서도 그렇지 않기도 한 문제였습니다. 그래서 2004년 6월 9일과 7월 15일에 개최된 한국기독교총연합회(한기총)와 한국장로교총연합회(한장연) 양 이단대책위원회(이대위) 간의 연석 세미나를 통하여 그 개념을 다음과 같이 정립하였습니다(당시 발제자들: 정행업 교수, 황호관 목사, 최병규 박사 등. 당시 저는 한장총 이대위 서기이면서 동시에 한기총 이대위 전문위원이

었으므로, 저의 제의로 한기총과 한장총이 '연석 세미나'를 하게 되었습니다. 그러나 처음에는 한기총 이대위 단독으로 개최하려 했던 것입니다).

(1) 이단 사이비 규정 기준: 이단 사이비 규정의 기준은 신구약성경이다. 그리고 사도신조(신경)와 니케아 신조와 콘스탄티노플 신조와 칼케돈 신조와 종교 개혁 전통과 각 교단의 신조이다.

(2) 이단: 이단이란 본질적으로 교리적인 문제로서, 성경과 역사적 정통 교회가 믿는 교리를 변질시키고 바꾼 '다른 복음'을 말한다.

(3) 사이비: 사이비란 이단적 사상에 뿌리를 두고 반사회적 반윤리적 행위를 하는 유사기독교를 말한다.

(4) 이단성: '사이비'란 용어를 이단성이 있음을 나타내는 정도의 측면에서 사용한 경우는 '이단성'의 용어로 대치할 수 있다.

물론 그 이후에도 몇몇 교단들이 새로이 정립해 보려고 한 것으로 압니다만, 향후 교계가 좀 안정되고 나면, 연합기관 차원에서 이 문제를 다시 한 번 확립하여 '규정'에 있어서 보편적인 기준을 마련할 필요가 있겠습니다. (가능하면 2004년도에 확립한 기준을 공유하는 것으로 재확인하면 좋을 것으로 생각합니다).

_ **최병규 박사**

Q **질문 :** 안녕하세요. 소위 이단이라고 규정된 단체에는 구원이 없는 건가요? 제가 알고 믿기에는 오직 예수 그리스도를 믿는 믿음과 고백으로 구원을 얻는 것으로 알고 있는데, 이단 교리 중에서도 정통 교회와 동일한 구원론을 가진 이단도 있지 않습니까? 예를 들면 다락방 같은……

A **답변 :** 매우 중요한 문제를 질문하셨습니다. 이것은 아주 중요 한 문제입니다. 이단은 성경의 가르침에서 너무 빗나가서 기독교라고 할 수 없는 집단들에 대해서 붙이는 명칭입니다. 따라서 이단에 속한 사람에게는 구원이 있을 수 없습니다.

여기서 중요한 것이 우리가 철저히 성경에 충실해야 한다는 점입니다. 물론 이단이 아닌 사람들도 성경에 충실하지 않은 생각과 주장을 하는 경우가 있습니다. 그것을 잘못된 가르침이라고 정확히 지적해야 합니다. 그래서 우리의 모든 생각과 주장이 성경의 가르침에 충실하도록 하는 것이 필수적입니다.

그런데 오랜 역사 속에서 '이런 것은 명확히 이단적인 것' 이라고 규정 되었음에도 불구하고, 계속해서 그런 주장을 반복하는 분들은 이단이라고 하지 않을 수 없고, 그들에게는 구원이 없습니다. 예를 들어서 다음 같이 중요한 교리들을 부인하거나 왜곡하는 분들은 이단입니다.

1. 성경이 말하는 삼위일체 하나님을 제대로 인정하지 않는 사람들

(1) 아리우스주의자들처럼 성자가 피조된 하나님이라거나, 성자가 영원 중에서 있지 않았던 때가 있었다고 하거나, 성자가 예배와 기도의 대상이 아니라고 주장하는 사람들.

(2) 양태론자들처럼 성부가 곧 성자고 성자가 곧 성령이라고 주장하며, 이에 따라 성부가 주관하던 시대가 있고, 성자 시대가 있고, 이제는 성령 시대라고 주장하는 사람들.

(3) 삼위일체 하나님의 창조를 부인하는 사람들.

2. 그리스도의 양성과 한 인격을 부인하는 사람들

(1) 그리스도의 온전한 신성을 인정하지 않는 사람들.

(2) 그리스도의 온전한 인성을 인정하지 않는 사람들.

(3) 그리스도의 신성과 인성이 완전히 분리된 것처럼 시사를 주어 결국 그리스도 안의 두 인격을 주장하는 사람들.

(4) 그리스도의 신성과 인성이 합하여 제3의 성질이 된 것처럼 생각하는 사람들.

(5) 동정녀 탄생을 부인하는 사람들.

3. 성령님의 온전하심을 파괴하는 성령 훼손당들.

4. 인간의 몸과 영혼을 바르게 인정하지 않는 사람들

(1) 영혼이 더 중요하기에 영혼만 구원되는 것이라고 주장하는 영

지주의자들과 같은 견해를 말하는 사람들.

(2) 사람이 죽으면 귀신이 된다고 주장하는 사람들.

5. 구원론적 이단들

(1) 펠라기우스 주의와 여러 종류의 자력구원을 주장하는 사람들.

(2) 반-펠라기우스주의자들(Semi-Pelagianism).

(3) 중생된 날(날자)을 중생한 모든 사람이 알 수 있다고 하는 사람들.

(4) 중생된 사람은 절대로 죄를 범하지 않으니, 그런 것은 몸이 범하는 것이라고 주장하는 사람들.

6. 교회론적 이단들

(1) 성찬에서의 화체설을 주장하는 사람들, 성체 자체를 너무 중시하는 사람들.

(2) 성찬이 제사라고 하는 사람들.

(3) 다른 면에서는 옳으나 너무 순결한 교회를 주장하여 자신들만 교회라고 주장하는 도나티스트주의자들과 비슷한 견해를 주장하는 사람들.

7. 종말론적 이단들

(1) 죽은 후에 성도들의 영혼이 하나님께서 계신 곳인 '하늘'(heaven)에 있다가 그리스도 재림 때에 부활하여 몸과 영혼이 합하여 온전한 사람으로 새 하늘과 새 땅에서 영원히 있게 된다는 것을 부인하

는 사람들.

(2) 그리스도의 문자적 신체적 인격적 가시적 재림을 부인하는 사람들.

(3) 이 세상에 살 동안 끝까지 믿지 않는 사람들이 죽으면 그 영혼이 '지옥'(hell)에서 고통을 당하고, 부활 후에 그 몸과 영혼이 다 지옥에서 영원히 고통당하는 영원한 형벌을 받는다는 것을 부인하는 사람들.

(4) 예수님의 재림 날짜를 예언하는 사람들.

8. 성경론적 이단들

(1) 성경의 영감과 무오성을 믿지 않는 사람들.

(2) 우리 시대에는 하나님의 특별 계시를 우리가 성경에서만 발견할 수 있다는 것을 부인하는 사람들.

이와 같은 주장을 하는 이들은 모두 이단적이라고 해야 하고, 그런 주장을 하는 사람들과 이를 끝까지 따르는 사람들에게는 구원이 없습니다. 그러므로 우리 주변의 사람들이 이런 견해에 빠져 있지 않도록, 최선을 다해서 많은 사람을 옳은 대로 돌아오게 해야 합니다. 혹시 위에 언급된 생각을 하던 분들도 성경 공부를 잘해서 바른 성경적 견해로 돌이켜 성경적으로 하나님을 믿어야 합니다. 끝까지 그렇게 하지 않는 사람들에게는 구원이 없습니다.

_ 이승구 교수

Q **질문** : 최근 어느 지역 교회연합회에서는 그동안 인터넷상에서도 발견되곤 하던 어느 이단단체 신도들의 명단(이단 명단)을 그 지역 연합회 홈페이지에 올려놓았다가 이단단체로부터 고소를 당했다고 합니다. 그것이 왜 문제가 되는지요? 교회를 보호하기 위해서 인터넷에 올리는 것은 옳지 않은가요? 이단 명단 및 이단에 관계되는 자료를 인터넷에 어느 정도로 올릴 수 있으며, 교회나 성도들의 홈페이지에 올려 로그인 해야만 볼 수 있도록 해 놓아도 문제가 될까요?

A **답변** : 어떠한 자료라도 '실명'을 거론하는 것은 지혜롭지 못합니다. 이름 중의 한 글자라도 가리는 것이 좋습니다. 그것이 아무리 교회를 위한, 즉 공공의 이익을 위한 것이라고 할지라도 타인의 실명을 공개적인 곳에서 거론하는 것은 명예훼손에 해당할 가능성이 있습니다. 과거에도 이단의 명단을 인터넷에 게재했다가 법적 처벌을 받은 경우가 많습니다. 그러므로 인터넷에 올리지 않기를 부탁드립니다. 유출된 이단자들의 영상을 사용할 경우에도 모자이크 처리를 하는 것이 좋습니다. 그리고 이단에 대한 자료들도 개인의 홈페이지에 올리지 않는 것이 좋습니다. 교회에서 성도들을 대상으로 예방 교육을 시행할 때에만 사용하는 것이 지혜롭습니다.

_ **최병규 박사**

질문 : SNS의 급성장으로 다양한 커뮤니티와 커뮤니케이션이 이루어지고 있습니다. 그러나 그와 동시에 그런 문명의 이기를 활용한 이단들의 활동도 극성인 것 같습니다. SNS에서 활동하는 이단들이 있다면 그들이 SNS에서는 어떻게 활동하는지 궁금합니다.

답변 : 그렇습니다. '이단' 들도 SNS를 통하여 정통 교회의 성도들에게 교묘하게 접근하고 있습니다. 그들은 교묘한 방법들로 정통 교회 성도들 혹은 목회자들에게 접근하는 것으로 파악됩니다. 그들은 지나칠 정도로 '아주 신앙적인 내용'으로 댓글을 달기도 하고, 정통 교회 지도자들이나 성도의 견해에 심각한 반대 의사를 표명하는가 하면, 비기독교적인 가치관을 게재해 놓기도 한다고 합니다. 어떤 경우에는 밤늦은 시간에 이성에게 자기 자신의 신앙에 대한 고민을 털어놓는 척하면서 접근해 오기도 한다고 합니다.

앞으로 우리 사회에는 더 다양한 방법의 의사소통 수단들이 출시될 것이라고 합니다. 우리는 SNS를 잘 활용하여 개인이나 다자간의 대화를 통하여 교제하고 지식과 정보를 교환하면서도 항상 기독교의 정신을 훼손하거나 혹은 우리를 현혹하는 이단 및 불건전 단체들의 접근을 경계해야 하겠습니다.

_ **최병규 박사**

110. 성경 구절과 질문이 적혀 있는 이단 전도지(설문지)에 대한 대응법은 무엇인가?

Q **질문** : 지난 11월 13일 점심시간이 가까워 올 무렵 11:50~1:00 시경, **역 8번 출구 주위를 오고 가는 사람들에게 "마태복음 성경의 궁금한 내용을 같이 알아봅시다."라는 문구가 적힌 전도지를 여자 두 분이 지하철 출입구에서 대량으로 나누어 주어서 저도 받았는데 너무 질문이 어이없고 이상해서요. 아래 질문 답변 좀 주세요. 전단지 안을 살펴보면 14가지로 마태복음 질문들입니다.

첫째: 마 3:11에서 예수님이 주셨던 성령과 불세례는 무엇일까요? 둘째: 마 5:10에서 의를 위하여 핍박을 받는 자는 왜 복이 있다고 하셨을까요? 셋째: 마 6:11에서 구하라고 하신 일용할 양식과 마6:31에서 무엇을 먹을까 무엇을 마실까 하지 말라고 하신 양식은 어떤 양식에 관한 걸까요? 넷째: 마 7:6에서 거룩한 것을 개와 돼지에게 주지 말라고 하셨는데 거룩한 것은 무엇일까요? 다섯째: 마 7:7, 구하라! 찾으라! 두드리라! 하는 것은 무엇일까요? 여섯째: 마 8:21 답변 2:22, 눅 9:59~60, 죽은 자들로 저희 죽은 자를 장사 지내게 하라고 하셨는데 죽은 자가 장사 할 수 있나요? 일곱째: 마 10:34~36, 예수님이 사람의 원수가 자기 집안 식구라고 말하는 뜻은 뭘까요? 여덟째: 마 11:12, 천국이 침노 당한다는 말이 나오는데 천국이 침노 당할 수 있나요? 아홉째: 마 13:31~32, 나무에 새가 깃드는 것이 천국인가요? 열 번째: 마 16:19, 예수님이 베드로에게 주신 천국 열쇠는 무엇인가? 열한 번째:

마 22:4, 혼인 잔칫집에 준비된 나의 소와 살진 짐승은 무엇을 말하는 것일까요? 열두 번째: 마 24:3, 19, 마지막 때 아이 밴 자들과 젖 먹이는 자들에게 화가 있다는 것이 정말 아이를 가진 여자에 대한 내용일까요? 열세 번째: 마 24:29~31, 해, 달, 별이 떨어지고 예수님이 오셔서 사람들을 불러 모은다는데 해, 달, 별이 떨어지고 나면 무엇이 살 수 있을까요? 열네 번째: 마 24장, 신랑 되신 예수님을 맞이할 때 준비해야 할 등과 기름은 무엇일까요?

답변 : 저는 이렇게 묻고 싶습니다. 만약 그것이 정통 교회의 전도지, 즉 한 영혼을 귀하게 여기고 그가 하나님의 품에 안기도록 희망하며 전달하는 전도지라면, 과연 이런 식의 질문들로 가득 차 있을까요? 정통 교회에서 나눠 주는 것이라면, 거기에는 교단 이름, 교회 이름, 담임목회자의 이름, 전화번호, 찾아오는 길 등이 기록되어 있습니다. 이 쪽지에도 그렇게 되어 있던가요?

이러한 부류의 쪽지는 사실 전도지가 아니라 일종의 설문지이죠. 정통 교회는 길가에 다니면서 이러한 형식의 설문지를 나눠 주지는 않습니다. 오히려 복된 소식을 전달하는 '전도지'를 나눠 드리겠죠. 요즘 들어 몇몇 이단들이 각종 설문지들을 나눠 주고 있으니 주의하시기 바랍니다. 이단들은 성도들을 '교란'하려고(갈 1:7) 갖은 방법들을 다 강구하고 있습니다.

성경은 '다른 복음'을 전하는 이단들은 '저주'(아나데마)의 대상이라고 가르쳐 주고 있습니다(갈 1:8, 9). '이단 추종자들이 간다고 하는 천국'에 정통 교회의 성도들은 가지 않는다는 것을 아시죠? 왜냐하면 '이단들이 가는 천국들'이란 성경이 말하고 있는 천국일 수가 없기 때문입니다.

성경에 대한 바른 해석은 근래에 생겨난 이단들에 있는 것이 아니라, '역사적 교회' 즉 '정통 교회 안에 있다'는 것을 확신하시고, 성경을 묵상하고 복음적인 삶을 살아 하나님을 영화롭게 해야 하겠습니다. 이단에 빠지면 하나님이 아닌 인간 교주를 찬송하게 됩니다. 그들이 성경을 잘 가르친다고 하지만, 사실 그들의 성경 해석이란 인간 교주의 '오만무례'한 자의적 해석'이나 '가짜 계시'(교주들의 책들에 서로 다른 내용이 많이 발견되기도 함)에 기인한 것이고, 그러한 공부를 다 하게 되면 나중에는 인간 교주를 칭송하는 노래를 부르게 되어 있습니다. 치명적인 사실은, 인간 교주들은 바로 하나님께 돌아가야 할 영광을 가로채고 있다는 점입니다. 우리가 하나님께 돌려야 할 찬송을 결코 인간 교주에게 돌리는 일이 없도록 깨어 있어야 하겠습니다(벧전 5:8).

길을 가다가 성경 구절이 적혀 있는 설문지를 받았다고, 또 거기에 적혀 있는 질문들 가운데 자신이 선뜻 답변할 수 없는 것이 있다고 해서, 그들이 선전하고 있는 곳에 가서 성경 공부를 하는 일이 결코 없도록 해야 하겠습니다.

설문지를 받았을 때에는 반드시 담임목사님께 전달하고 담임목사님의 지도를 받는 것이 지혜롭습니다. 그리고 이단에 빠지지 않도록 주의하면서, 철저하게 '교회 중심'의 생활을 하여야 하겠습니다.

_ **최병규 박사**

질문 : 변호사님들께 여쭙고 싶습니다.

〈1〉 요즘 들어 어느 이단은 정통 교회의 입구에서 예배 후 귀가하는 성도들에게 그들의 전단을 나눠 줍니다. 그들을 제재할 방법은 없나요? 그들이 교회당 입구 문 안쪽으로 들어 와서 포교하는 것은 어떻게 되는지 알고 싶습니다.

〈2〉 교회당 입구에 '이단 신도 출입 금지. 위반 시 법적 문제가 될 수 있음'이라는 현수막을 붙여 놓은 상태에서, 이단 신도들이 자신들의 신분을 명백히 밝히면서 그래도 교회당 안으로 들어와서 공예배, 혹은 교회 교역자들이나 성도들과 언쟁을 벌이려 할 때, 우리는 법률적으로 어떤 조항들을 제시하면서 그들을 나가도록 해야 할까요? 또 어떻게 내보내는 것이 지혜로울까요?

답변 : 메일 잘 보았습니다. 주신 질문에 대한 답변을 드리오니 참고하시기 바랍니다.

〈1〉 교회당 입구 문 안쪽으로 들어와서 포교하는 것은 주거침입죄에 해당합니다. 만일 모르는 상태에서 이미 들어와 있다가 발각되어 나가 달라는 요청에도 불응하고 안 나갈 경우에는 퇴거불응죄에 해당합니다.

• 형법 제319조 제1항(주거침입죄) : 사람의 주거, 관리하는 건조

물, 선박이나 항공기 또는 점유하는 방실에 침입한 자는 3년 이하의 징역 또는 500만 원 이하의 벌금에 처한다.

- 형법 제319조 제2항(퇴거불응죄) : 전항의 장소에서 퇴거요구를 받고 응하지 아니한 자도 전항의 형과 같다.

〈2〉 교회당 입구에 푯말까지 붙여 놓았다면 더욱 위의 죄에 해당합니다.

이단 신도들이 자신의 신분을 명백히 밝히면서 들어온 경우도 물론 위의 죄에 더욱 해당합니다. 더구나 공예배나 교회의 행사가 있을 때 그러한다면 위 죄에다가 예배방해죄에도 해당합니다.

- 형법 제158조(장례식 등의 방해) : 장례식, 제사, 예배 또는 설교를 방해한 자는 3년 이하의 징역 또는 500만 원 이하의 벌금에 처한다.

_ **임영수 변호사**

Q 질문 : 하나님 어머니? 이건 무슨 말인가요. 진짜 믿어야 할 대상입니까?

A 답변 1 : 한마디로 하면, 성경에는 하나님 어머니라는 말이 없습니다. 성경에서 예를 들면, 말라기 1장 6절에서 하나님을 아버지라고 표현하는 것은 인간이 가장 쉽게 이해하도록 하기 위해서입니다. 예수님이 누가복음 11장 2절, 마태복음 6장 9절에서 "하늘에 계신 아버지"라고 부르면서 기도했습니다. 하나님은 아버지와 같이 사랑하고 보호해 주며 돌보아 주시는 분임을 나타내려는 의미입니다. 하나님을 왕으로 표현하는 곳도 많이 있듯이, 권위와 권능을 표현하는 의미가 들어 있습니다. 하나님 어머니라는 말은 여성신학자들이 만들어 낸 말이므로 결코 성경적이지 않습니다.

_ 김재성 교수

답변 2 : 혹 이단들 가운데도 구약의 '엘로힘'을 복수(pl.)로 해석하여 '하나님들'로 이해하고 또 이단 교리에 끼워 맞추기 위하여 남성적 하나님, 여성적 하나님이 있다고 주장하지만 그것은 정통 신학에 위배되는 것이며 비성경적이요, 이단적인 교리입니다.

하나님의 장엄하심을 강조하기 위한 '강세복수'라고 하는 문법적

용례를 모르기 때문에 그들은 '엘로힘'을 복수형태로만 알아서 남성적 하나님과 여성적 하나님이라고 하는 교리를 만든 것입니다.

_ **최병규 박사**

답변 3 : 구약에서 '엘로힘'은 다양한 용례를 가집니다. 비록 '엘로힘'의 형태가 복수 형태를 취하지만 여호와 하나님을 표현할 때에는 3인칭 남성 단수형으로 쓰입니다.

가령 창세기 1장 1절의 '태초에 하나님이 천지를 창조하시니라'에서 하나님이 '엘로힘'으로 표현됩니다. 여기서 '엘로힘'은 3인칭 남성 단수형으로 나타납니다. 그래서 "창조하다"의 히브리어 동사 '바라'도 '엘로힘'과 동일하게 성과 수가 일치되어 3인칭 남성 단수형으로 소개됩니다. 그러므로 하나님의 성과 수를 이야기할 때에는 언제나 히브리어 본문의 표현을 그대로 존중하는 자세가 필요하다고 생각합니다.

_ **장세훈 교수**

답변 4 : '엘로힘'은 '엘' 혹은 정확하게 '엘로아흐'의 복수입니다. 물론 그 성은 남성입니다. 그러나 '창조주 하나님 혹은 이스라엘의 하나님을 가리킬 때 엘로힘'은 문법적으로 '강세복수'(intensive plural)라고 합니다. 이것은 여러 신을 가리키는 것이 아니라 한 분 하나님의 장엄함을 나타내는 용법입니다. 그래서 성경에서 이 복수명사를 단수동사로 받습니다(창 1:1, 3 등).

그러나 엘로힘이 이방 신에게 적용될 때는 '신들'이라고 번역하지요(수 24:15). 또 '다른'이란 말을 붙여서 '다른 신들'이라고도 많이 표현되어 있습니다(출 20:3). 그들에게는 유일신 개념이 없기 때문에 여러 신을 가리켜서 엘로힘이라고 합니다. 이 경우에는 엘로힘이 여러 잡신을 가리키기 때문에 남신, 여신을 포함하겠지요.

그렇지만 이스라엘의 하나님, 창조주 엘로힘에는 '하나님 어머니'에 대한 여지가 없습니다.

_ 신득일 교수

Q **질문** : 구원파의 한 부류 지도자는 다음과 같이 말했다고 합니다. "회개하면 죄가 씻어진다는 말이 성경 어디에 있습니까? 회개해서 죄를 씻는 것도 성경적인 방법이 아닙니다." 이런 주장에 대하여 우리는 어떻게 반론할 수 있을까요? 성경에 과연 회개하면 죄가 씻어진다는 말씀들이 없나요?

A **답변** : 〈1〉 세례 요한의 세례를 설명할 때 "죄 사함을 받게 하는 회개의 세례"라고 말합니다(막 1:4). 원어상 "죄 사함에 이르게 하는 회개의 세례"입니다. 즉, 회개하면 죄 사함을 받게 된다는 의미입니다. 사도행전 2장 38절도 같은 의미로 말합니다. 누가복음 24장 47절도 "죄 사함을 얻게 하는 회개"라고 말합니다.

〈2〉 죄 사함은 다르게는 죄를 씻는다고 표현합니다. 물로 씻어 정결케 됨에 대한 비유적 표현입니다. 디도서 3장 5절에 "중생의 씻음"이라고 말합니다. 우리가 중생함으로 죄를 깨끗이 씻었다는 의미입니다. 에베소서 5장 26절에도 "물로 씻어 말씀으로 깨끗하게 하사 거룩하게 하시고"라고 합니다. 요한복음 3장 5절의 "물과 성령으로 난다"는 표현도 물의 정결케 하는 사역(상징)을 성령의 정결하게 하는 사역(실체)을 말했다고 생각됩니다. 이것은 구약 에스겔 36장 25~27절[6]에 잘 표현되어 있습니다.

〈3〉 우리가 우리 죄를 자백(회개)해야 할 필요성에 대해서는 요한 일서 1장 9절에 잘 나타나 있습니다. "만일 우리가 우리 죄를 자백하면 저는 미쁘시고 의로우사 우리 죄를 사하시며 모든 불의에서 우리를 깨끗케 하실 것이요". 여기에도 보면 '사한다'는 말과 '깨끗케 한다'는 말이 동의어로 나타남을 볼 수 있습니다. 요한복음 13장 10절[7]에서 이미 목욕한 자라도 발을 씻을 필요가 있다는 것을 예수님이 말씀하셨습니다.

_ 변종길 교수

---

6) "맑은 물을 너희에게 뿌려서 너희로 정결하게 하되 곧 너희 모든 더러운 것에서와 모든 우상 숭배에서 너희를 정결하게 할 것이며 또 새 영을 너희 속에 두고 새 마음을 너희에게 주되 너희 육신에서 굳은 마음을 제거하고 부드러운 마음을 줄 것이며 또 내 영을 너희 속에 두어 너희로 내 율례를 행하게 하리니 너희가 내 규례를 지켜 행할지라"

7) "예수께서 이르시되 이미 목욕한 자는 발밖에 씻을 필요가 없느니라 온 몸이 깨끗하니라 너희가 깨끗하나 다는 아니니라 하시니"

Q **질문 :** 토요일에 예배드리라고 방문하는 사람들이 두 번이나 찾아왔어요. 문전박대했지만 밖에서 떠들어 대는 소리를 들어 보니 이런 말을 하더군요. 안식일이 토요일이니까 토요일에 예배드리라고, 그리고 일요일 예배는 로마 시대 때 황제가 태양신을 숭배하는 날인 일요일로 예배드리게 했다고, 그 어디에도 일요일이 예배드리는 날이라고 나와 있지 않다고, 그러더라고요. 그런데 정말 그런가요? 전 그냥 일요일만 되면 예배드리러 교회 가기 때문에 그런 사실들에 일절 무식이에요. 일요일이 주일이라는 근거 같은 것 좀 알려 주세요. 성경 구절이나 그런 것들요.

A **답변 :** 이단 집단의 포교자들로 보입니다. 21세기 한국 교회가 가장 주의해야 할 단체입니다. 주일은 태양신 숭배의 날이 아니라, 예수 그리스도의 부활을 기념하여 초대 교회 때부터 그리스도인들이 모인 날입니다. 기독교가 로마 제국의 국교가 된 후, 로마 제국의 우상 숭배의 날들과 장소들은 기독교적인 기념일과 장소로 바뀌게 됩니다. 기독교에 로마의 관습이 들어온 것이 아니라, 기독교 문화가 로마의 이교 문화를 대체한 것입니다. 우리나라 선교 초기에도 마을의 가장 성스러운 곳에 있던 서낭당 자리에 교회들이 들어섰습니다. 가장 첫 교회인 소래교회도 마찬가지입니다. 조선의 무속신앙의 상징적인 자리

에 교회가 세워진 것이지요. 세계 기독교인들이 모여 예수 그리스도의 고난, 죽음, 부활, 그리고 다시 오심의 약속을 기리는 주일을 늘 성수하시기 바랍니다.

_ **탁지일 교수**

Q **질문 :** 극단적 세대주의는 이단이라고 알고 있는데 맞나요? 세대주의와 극단적 세대주의, 이 둘의 차이점은 뭔가요? 그리고 세대주의도 잘못된 이론인가요? 만약 그렇다면 어떤 면이 그런가요?

A **답변 :** 세대주의자들은 성경을 정확무오한 하나님의 말씀으로 믿습니다. 그분들의 성경 해석이 틀렸다고 우리는 생각합니다. 그러나 세대주의를 이단이라고 할 수 없습니다.

_ **이승구 교수**

Q **질문** : 인터넷에서 '이스라엘의 회복'이라는 유의 글을 읽게 되었는데, 이스라엘의 회복이라는 말을 하는 건 다 신사도적 사상인가요? 왜냐면 회복된 이스라엘이라는 말이 맞는 것 같아서요. 실제로 에스겔 11장 17절에 "너는 또 말하기를 주 여호와의 말씀에 내가 너희를 만민 가운데에서 모으며 너희를 흩은 여러 나라 가운데에서 모아 내고 이스라엘 땅을 너희에게 주리라 하셨다 하라"고 되어 있잖아요. 그런데 실제로 이스라엘 백성이 다른 나라로 흩어졌고, 1948년에 이스라엘이 재건되었잖아요. 역사적으로 사실인데 사실을 말하는 게 세대주의 사상인지, 그것이 신사도적 사상인지 궁금해요. 그 반대 사상이 대체신학이라면서요? 이건 진짜 역사적 사실을 말하는데 어떻게 대체신학이 옳은지요? 그냥 옳은 주장을 맞다 하면 세대주의 사상이고 신사도적 사상인지요?

A **답변** : 이스라엘 회복을 말하는 것은 잘못된 것이 아닙니다. 로마서 9장에서 11장에 보면 바울의 간절한 염원이기도 합니다. 문제는 문자적인 해석에 집착해서, 이스라엘 왕국의 회복을 말하는 것으로 해석하는 고집스러움이 문제입니다. 이런 해석을 내놓은 사람은 존 넬슨 다비(1800~1882)인데, 그는 20세기 사람이 아니라, 19세기 영국 사람이었어요. 그는 빅토리아 여왕의 소위 제국주의 왕국 통치 시대

에 살면서, 이스라엘의 회복을 비슷한 개념으로 간절히 원했던 것이지요. 그리고 그런 왕국이 참된 하나님의 나라 회복이며, 예수 그리스도의 재림과 연계된다고 주장했습니다.

세대주의자들은 교회란 그저 잠깐 임시방편적인 수단으로 그치고, 곧 사라지고 만다고 주장합니다. 이스라엘과 교회를 완전히 분리된 기관으로 해석합니다. 스가랴 14장을 매우 중요한 근거로 삼아서, 궁극적으로는 지상에서 예루살렘을 근거로 하는 새로운 그리스도의 왕국 통치 시대가 온다는 것입니다. 소위 세대주의 전천년설은 예수님의 나라 성취를 지나치게 세상에 세워지는 왕국에서의 통치로 연계시키는 개념을 고집하고 있는 것이 문제입니다.

_ 김재성 교수

질문 : 신학과에 진학하여 나중에 하나님의 일을 하고 싶어 하
는 고등학생입니다. 여느 청소년 크리스천들과 다름없이 예수
전도단 캠퍼스워십이나 마커스워십 등 현대 음악으로 이루어진 찬양단
의 찬양을 자주 듣는 편인데, 예수전도단이 '신사도 운동'이라는 개념
과 접합되어 이단 시비가 붙는다든가, 위험한 단체로 변질해 간다든가
하는 말을 들었습니다.

그렇다면, 〈1〉 신사도 운동은 무엇인가요? 〈2〉 예수전도단과 신사
도 운동은 무슨 관계가 있나요? 〈3〉 하나님의 음성을 듣기를 원하거나
그런 훈련을 하는 것은 잘못된 것인가요?

부족한 학생이 질문이 많아 죄송합니다.

답변 : YWAM은 여러 부분에서 신사도 개혁 운동의 요소가
있는 것으로 파악됩니다. 그 지도자들 가운데는 오늘날도 사
도와 선지자 직분이 회복되고 있다고 하는 신사도 운동의 주장과 유사
한 견해를 밝힌 사람도 있으며, 현대적인 예언과 계시가 주어진다고 합
니다. 그리고 특정 지역에 특정 귀신들이 존재한다는 면에서도 YWAM
은 신사도 운동과 맥을 같이 하는 것으로 보입니다. 정통 교회의 신학
자들은 특정 지역에 특정 귀신들이 있다는 것을 인정하지 않습니다(참
조. 고려신학대학원 교수회, 2012).

YWAM를 비롯하여 여러 선교단체가 그동안 피터 와그너를 중심으로 한 신사도 운동의 영향을 받아 온 것이 사실입니다. 그러나 그 운동이 불건전한 것으로 연구되고 있으므로 불건전한 요소들을 제하고 건전성을 회복하여 선교단체 본연의 사명을 잘 감당해야 할 것으로 봅니다.

_ 최병규 박사

118. IHOP(International House of Prayer, 국제기도의 집)은 건전한 단체인가?

질문 : 샬롬! IHOP(아이합)라는 단체에 대해 질문 드립니다. IHOP는 건전한 단체인가요? 그들의 기도회에 참여하는 것은 어떤가요? 많은 도움 바랍니다.

답변 1 : 아이합은 불건전한 단체입니다. 공식적인 교단의 결의는 미국에 있는 미주 예수교 장로회 총회 (Korean American Presbyterian Church) 제35차 총회에서 불건전한 단체이므로 교류 금지를 결정하였습니다. 미주총회 홈페이지에서 그 결의 내용을 확인하시기 바랍니다. 그들의 기도회에 참석하는 것에 대해서 반대하는 이유는 첫째, 성경적인 계시관이 없기 때문입니다. 이들은 직통 계시를 받아서 예언 은사를 발휘하는 것을 가장 중심적인 사역으로 삼고 있습니다. 둘째로, 아이합은 교회가 아닙니다. 교단이나 헌장이 없습니다. 누구도 그들을 객관적으로 검증하거나, 거론하지 못하고 있습니다. 셋째로, 기도한다는 것은 얼마든지 좋으나, 하나님의 주권에 따라서 뜻을 구하는 것이 아니라, 사람들을 모으기 위한 수단으로 사용합니다. 자신들의 열심과 열정에 맞춰서 활동하고 있습니다. 넷째로, 창립자 마이클 비클에 대해서 전혀 신뢰할 만한 객관적인 근거가 없습니다. 그는 처음에는 극단적인 오순절파 은사 운동에서 목사 안수를 받았다고 했고, 조금 유명해지면서 빈야드 운동에 가담했다가, 다시 또 분리해서 밥 존스(세대주의자 밥 존스 대학교와는 상관이 없는 인물임)와 함께 지금도 예언하는 등 중심 신앙이 모호합니다.

_ 김재성 교수

답변 2 : IHOP의 마이크 비클(Mike Bickle)은 자신이 신사도 개혁 운동(NAR)에서 주장하는 사도직을 인정하지 않는다고 말했다 합니다. 그리고 신사도 개혁 운동의 지도자인 피터 와그너(Peter Wagner)와 만난 지 오래 되었다는 식으로 말했습니다. 그러나 실은 피터 와그너가 자신의 사도직에 대한 확신을 필요로 하고 있었을 때 와그너의 사명은 '사도직'이라고 예언해 준 사람이 바로 마이크 비클이었습니다(와그너의 책에서 그렇게 서술하고 있음). 즉 비클은 와그너의 사도직을 뒷받침해 주는 예언을 해 주었던 것이죠. 비클이 현대적 예언을 인정하던 켄자스시티 예언가(Kensas City Prophets)들 중의 한 사람이었다는 사실은 잘 알려진 것입니다. 비클의 동료였던 폴 케인이 존 윔버와 와그너에게 현대적 예언에 대한 통찰력을 준 것도 사실이었습니다. 그리고 한때 존 윔버와 동역했다가 결별한 바 있는 캐나다의 존 아노트 계열에서 운영하는 것으로 파악되는 Catch the Fire TV의 동영상들 가운데는 피터 와그너, 마이크 비클 등을 그들과 같은 부류라고 생각하여 게재되었던 적도 있습니다. 그러므로 IHOP을 주의해야 하는 것이죠.

_ 최병규 박사

Q **질문 :** 안녕하세요! 'Back to Jerusalem' (백 투 예루살렘) 용어에 관한 질문입니다. 'Back to Jerusalem' 이라는 말을 중국에서 먼저 사용했다고 하는데, 언제부터 사용하기 시작했는지요? 그리고 이 용어는 사용하면 안 되나요? 답변 부탁드립니다.

A **답변 :** 백 투 예루살렘 선교 운동이라는 개념은 처음에 중국에서 나왔습니다. 1920년대에 시안 성(장안 성) 남부의 한 지방에서 농사를 짓던 평범한 성도들이 예루살렘까지 복음을 전해서 주님의 재림을 예비하자는 비전을 가지고 기도하며 시작된 것이라고 합니다.

중국내지선교회(中國內地宣敎會) 창시자 허드슨 테일러의 손자를 중심으로, 노스웨스트 성경학교에서 이 개념을 가지고 복음의 서진을 위해 기도했다고 합니다. 이 성경학교에서 성장한 시몬 자오 (Simon Zhao)가 1950년부터 1981년까지 31년을 감옥에서 고난을 겪은 후 석방되어서 선교의 기치를 들고 증언하다가 2001년 세상을 떠나기까지 영향을 주었던 것으로 알려졌습니다.

그리고 복음주의 선교학자인 루이스 부시가 "10/40window(창)"라는 선교 운동을 제안했고, 백 투 예루살렘 운동과 비슷한 개념을 제안했습니다. 10/40창이란 미전도종족의 90% 이상이 북위 10~40도 사이에 살고 있는데, 이 지역에는 이방 종교가 집중되어서 전도가 되지 않은 곳이라는 분석을 내놓았습니다.

이 10/40창에 속한 지방은 바로 중국 서쪽 끝 신장 위구르(Uighur)에서부터 이란 이라크 등이 있으니, 복음의 서쪽 진행을 중국에서 계속해서 실크 로드를 따라서 서쪽으로 선교하자는 것입니다. 1992년에 열린 세계선교대회에서 기도를 시작해서 2000년까지 10/40창의 거대한 이방 신들을 대항하여 기도하며 영적 전쟁을 하자는 것입니다.

그러나 저는 이 백 투 예루살렘이라는 개념이 다소 혼란을 내포하고 있다고 봅니다. 극단적인 세대주의자들은 예수님의 마지막 재림이 문자 그대로 예루살렘에 세워지게 될 주님의 나라 회복이라고 봅니다. 그러나 요한계시록 21장 2절은 '거룩한 성 새 예루살렘'이 하늘에서 내려온다고 되어 있지요. 이 구절은 장차 임할 하나님의 나라가 오늘날의 예루살렘이 아니고 새로운 차원의 것이라는 비전을 보여 주신 것입니다. 하늘에서 내려온다는 개념은 신적인 능력과 본질을 갖춘 나라요 초월적인 곳이라는 개념이지요.

그러니 백 투 예루살렘은 종말론적으로 문제가 많은 용어가 되어 있습니다. 예수님의 재림이나 선교의 초점이 백 투 예루살렘이 되어서는 안 되는 것이지요. 그래서 저는 선교개념으로서 백 투 예루살렘 운동은 문제가 많다고 봅니다.

복음의 서진 곧 서쪽 방향으로만 세계 선교가 되었다는 것도 진실이 아니지요. 남미로도 갔고, 북쪽으로도 갔습니다. 오히려 예수님은 복음 전파를 땅끝까지 하라고 하셨지, 서쪽으로 가라고 하지 않으셨습니다.

_ 김재성 교수

120. 백워드 매스킹(Backward Masking) 논란에 관하여

질문 : 천안 모 대학 신학과에 재학 중인 학생입니다. 다름이 아니라 최근 (그전부터 시작된 것인데 제가 요즘 이야기를 들은 것일 수도 있지만) 우리 학교 교내에서 '북한구원기도회'라는 기도 모임을 조직하여 활동하고 있습니다. 북한을 위한 중보기도 모임입니다. 그런데 이 기도 모임을 홍보하는 포스터에 보니까, 외부에서 오는 인도자 중 한 분이 P 선교사였습니다. 제가 알기엔 P 선교사님은 백워드매스킹을 주장하는 분인데, 그래서 학교 내에서도 검증되지 않은 신학과 주장을 펼치는 선교사님께서 교내 기도 모임에서 활동하시는 것이 괜찮은가에 대한 의견이 오가고 있습니다. 혹시 교계에서 이단, 사이비 사상 혹은 현대신학과 관련하여 P 선교사와 백워드 매스킹이라는 개념에 대해 판단하거나 알아보신 것이 있거나, 관련된 것 등을 알아볼 방법이 없을까요?

답변 : 기독교에서 백워드 매스킹 논란은 1982년 미국 기독교 음악계의 소수 집단에서 시작됐습니다. 레코드를 거꾸로 돌려보면 사탄의 메시지가 들린다는 것이 요지인데, 근본적으로 '문화'에 대해 편향된 해석적 근거에서 나온 주장입니다. 당시 CCM이 활성화되면서 근본주의자들과 마찰이 있었고, 그로 인해 몇몇 이론가들이 록 음악은 사탄음악이라며 CCM 반대 운동을 하게 됩니다. 미국 CCM으로부

터 상당한 영향을 받은 우리나라는 CCM이 도입되기 전에, 반대 운동이 먼저 들어왔습니다. 그리고 이에 편승하여 백워드 매스킹과 같은 주장도 뒤늦게 생겨나기 시작했던 것이고요.

제 기억으론 90년대 초 중반 때의 일이었는데, 당시 서태지의 음악 테이프를 거꾸로 들으면 '피가 모자라'는 말이 나온다고 해서, 한때 모든 음악을 거꾸로 듣는 일이 유행하기도 했습니다. 심지어는 CCM 앨범에서도 사탄의 메시지가 백워드 메스킹 됐다고 주장하기도 했었죠. 그러나 국내 CCM 사역자들이 이에 대응하기 시작했고, 점차 이러한 흐름은 사라졌습니다.

그런데 20년이 지난 이 시점에서 또다시 이런 논쟁이 일어난다니, 참으로 안타까운 일입니다. 굳이 전혀 가능성 없는 음악들을(심지어 CCM 음악조차), 그것도 친절하게 거꾸로 돌려 가면서 판독이 어려운 백워드 매스킹 구절을 일부러 찾아낸다는 사실만 보더라도, 얼마나 편향되고 비이성적인 접근인지를 쉽게 알 수 있을 것입니다.

물론 실제로 백워드 매스킹이라는 기법이 사용되고는 있지만, 단순히 음악적 기법일 뿐, 그것이 실제로 우리의 잠재의식에 얼마나 영향을 미칠지에 대해서는 검증된 바가 없습니다.

_ 박진후 목사

질문 : WCC(세계교회협의회) 어떤 단체인가요, 교리는 어떻고, 주장하는 바의 중심은 성경적인가요?

답변 : 저의 책『광장의 신학』(서울: 합신대학원출판부, 2010), pp. 332-337, "WCC총회 한국 유치?"에 실렸던 내용으로 답변을 대신하겠습니다.

WCC의 문제점에 관한 한 고찰

"현재 120개국의 349개 교단에 속한 여러 교회의 하나 됨과 공통된 증언과 기독교적 봉사와 섬김을 위한 교회들의 교제"를 지향한다는 세계 교회 협의회(World Council of Churches)는 과연 무엇을 지향하고 있고, 현재 이에 동참하고 있는 주된 인물들의 신학적 사상이 무엇인지를 살펴보면, WCC(세계교회협의회)는 그저 그리스도인들이 공동의 증언을 위해 같이 있고 또 그렇게 있어야만 한다는 것이 아니라는 것을 알 수 있다. 이는 1948년 암스테르담에서 열린 제1차 총회에서부터 1991년 호주에서 열린 총회까지의 역사를 볼 때 분명히 나타난다. 이 WCC 운동에 한국 교회가 과연 참여할 수 있느냐, 없느냐 하는 것이 적어도 외적으로는 한국 장로교회의 합동측과 통합측의 분열 원인이 (또한 성결교의 분열 원인이) 되기도 했었다. 그런데 이제는 WCC가 많이 바뀌어서 원래 WCC에 적극적으로 참여해야 한다고 했던 통합측의 WCC 총회 유치 성공을 보수적인 교단들이 국가적이고, 한국 교회적인 경사로 알고 축하할 수 있는 것일까? 이것은 WCC가 변한 것일까, 아니면 이제는 보수 교단들도 그 신학과 입장이 많이 바뀌어서 WCC에 적극적으로 참여할 수 있는 준비가 된 것일까? 이런 질문을 제기하지 않을 수 없는 시점에 와 있다고 판단된다. 그러나 1차 총회부터 근자까지의 WCC 운동과 그 신학에 대해서는 많은 분이 이미 문제점을 지적하는 글을 많이 내었으므로, 이 짧은 글에서는 WCC에서 최근에 낸 문서들에는 어떤 문제가 나타나고 있는지를 중심으로 논의해 보고자 한다.

1. "의심의 해석학"과 모든 것의 상대화

교회의 가시적 일치를 추구하는 WCC는 결국 여러 사람과 함께 작업하면서 해석학의 문제를 다루지 않을 수 없었다. 그래서 WCC는 "하나 됨(정합성)의 해석학"(a hermeneutics of coherence)과 함께 "의심의 해석학"(a hermeneutics of suspicion)도 존중한다고 밝힌다. 이를 하나로 묶은 것을 "책임 있는 에큐메니컬적 해석학"(a responsible ecumenical hermeneutics)이라고 하면서 이런 "계속되는 과정인 책임 있는 에큐메니컬적 해석학은 의심에 의해 깨어서 항상 하나 됨(정합성, coherence)을 추구하면서 진리를 섬기려고 한다"고 말하고 있다. 이런 "에큐메니컬적 해석학은 하나님의 도움을 받지 않는 인간적인 작업이 아니고, 성령에 의해서 인도되는 교회적 행위이므로 항상 기도의 맥락에서 수행되어야 한다"고 말하기도 한다. 이와 같이 성령에 의존하여

기도하며, 하나 됨을 추구하면서 진리를 섬기려 한다는 것에 대해서 반대할 사람은 없지만, 그들이 말하는 진리라는 것은 의심의 해석학으로 인해 항상 모호한 것일 수밖에 없다. 이분들은 대개 성경에 명백히 있는 것도 절대적 진리로 받아들이려고 하지 않고, 그것도 우리가 해석해야 할 대상이라고 말하려고 하기 때문이다. 그러므로 이분들이 말하는 하나 됨의 해석학은 결국 다양한 기독교 전통의 긍정적 상보성(positive complementarity)을 보여 주는 역할을 할 뿐이다(Section B, 2, Paragraph 28).

교회는 해석학적 공동체(a hermeneutical community)가 되도록 부름을 받았다고 제시하는 것도 좋고, 그것을 설명할 때 그 안에서 주어진 본문들이나 상징들이나 실천들을 새롭게 탐구하고 해석하려는 헌신이 있는 공동체라고 규정하는 것도 있을 수도 있지만, 다른 상징이나 실천들에 대해서도 전혀 반론의 여지가 없고 동의할 수 있지만, 이분들이 아주 분명히 "책임 있는 에큐메니컬적 해석학"에 포함시키고 있는 성경에 대해서도 새롭게 탐구하고 해석하려고 해야 한다(Section A, 1, Paragraph 7; Section B, 3, Paragraph 28)고 할 때에 그 성경에 대한 태도와 방향이 우리를 상당히 불안하게 만든다.

2. 기본적으로 바르트주의적 성경 이해

해석학적 문제를 깊이 논의하기 시작하면서 WCC는 1963년 캐나다 몬트리올에서 열렸던 제4차 신앙과 직제(Faith and Order) 세계 회의에서 제시한 하나의 전통에 대한 여러 전통의 관계성에 대한 논의를 다시 제시한다. 그들이 말하는 하나의 전통은 "복음 자체", "교회의 삶 가운데 제시된 그리스도 자신", "복음의 전승"(the paradosis of the kerygma), "한 복음, 즉 살아 있는 하나님의 말씀," 또는 "교회의 삶 가운데서 하나님께서 계속 전달되기를 의도하신 전통"을 뜻한다(Section B, 1, Paragraph 18). 그들은 이를 "그리스도인 하나의 진리요 실재"라고도 표현하고, "부활하신 그리스도의 구속적 현존"이라고 말하기도 한다(Section B, 4, Paragraph 32). 그런데 그들은 이것이 "성경 가운데서 증언되고 있고, 성령의 능력 안에서 교회 안에서 교회를 통하여 전달된 것"이라고 한다. 다른 곳에서는 "성경은 특정한 상황 가운데서 나타난 것이므로, 성경은 그 특정 상황에서의 삼위일체 하나님의 구원적 현존을 증언한다"고 말하기도 한다. 그렇기에 성경은 진리와 오늘날의 인간적 이야기들의 의미를 판단할 수 있는 기준(a measure for the truth and meaning of human stories today)을 제공한다고 한다는 것이다(Section B, 2, Paragraph 24). 그러므로 성경에 대해서 모든 그리스도인이 성경이 기독교 신앙과 실천을 형성하는 일에 있어 독특한 위치를 차지한다는 것에 동의할 뿐(Section B, 2, Paragraph 27) 그 이상은 말할 수 없다는 것이다. 또한 해석의 과정에서 성경의 본문이 근본적 규범과 시금석(the primary norm and criterion)이 된다고는 말하고(Section B, 2, Paragraph 27) 성경 자체가 성령님의 인도 하심 하에서 살아 있는 '한 전승'(the Tradition)을 언급한다고는 말하지만, 그들은 성경의 본문 자체를 그대로 하나님의 말씀으로 언급하지는 않는다. 왜냐하면 그들이 말하는 그 하나의 전통, 세상 안에 있는 그리스도의 살아 있는 현존에서 계시되는 그 진리는 "종국적 언어적 정의(定意)나 개념적 논의의 시도를 모두 거부하는, 살아 있는 종말론적 실재"(a living, eschatological reality, eluding all attempts at a final linguistic definition and conceptual disclosure)이기 때문이다(Section B, 4, Paragraph 37). 따라서 그들은 성경 본문에 대해서도 우리가 사용하는 상징들이나 예전이나 다른 전통이나 경험들과 마찬가지로 상대성(the relative weight)을 인정해야 한다는 것을 시사하는 것이다(Section B, 3, Paragraph 31). "하나님의 계시는 그것에 대한 모든 표현을 초월한다"는(Section B, 4, Paragraph 32) 말로 다시 요약할 수 있는 이런 태도는 결국 칼 바르트(Karl Barth)가 복음과 성경의 관계를 제시하는 것을 잘 반영하고 있다고 할 수 있다. 예를 들어서, 이분들은 바르트의 통찰을 반영하면서 다음과 같이도 말하기도 하기 때문이다: "성령께서는 각 교회를 영감하시고 인도하셔서 하나님의 교회의 통일성 안에서 '그 한 전통'(the one Tradition)을 구현하기를 항상 목적하면서 다른 교회들과의 대화 가운데서 자신들의 전통에 대해서 다시 생각해 보고 다시 해석하는 데로 이끌어 가신다."

성경을 '영감' 하시는 성령님의 사역과 이 본문에서 말하는 각 교회를 '영감' 하시는 방식의 차이나 관계에 대해서 잘 말하지 않으므로 그것이 아주 명확히 드러나지는 않지만, 전반적 기조로 볼 때 그들은 본질적으로 그 차이를 별로 생각하지 않는 것으로 보인다.

WCC와 관련하여 말하고 활동하는 이분들은 성경 자체를 계시하고 단언하기를 어려워한다는 것은 아주 분명하다. 이분들은 성경의 이런 성격 때문에 오늘날에 성경의 뜻을 드러내려면 성경에 대한 역사 비평적인 접근이 반드시 필요하다고 천주교의 언표를 의도적으로 인용하면서 공언한다. 이를 강조하기 위해 현재까지는 아직도 WCC에 공식적으로 참여하고 있지 않은 천주교 인사들의 논의를 끌어들이고 있다는 것이 흥미롭다. 더 나아가서 WCC는 역사 비평적 방법뿐만 아니라, 좀 더 전통적 해석과 좀 더 최근의 해석들도 다 포괄해야 한다고 공언한다 (Section B, 2, Par. 22). 즉, 본문에 대한 교부적 접근, 예전적 접근, 설교적 접근, 교의적 접근, 심지어 알레고리적 접근까지를 역사 비평적 방법과 같이 연관하여 사용할 수 있다고 하며, 또한 근자의 사회학적 해석과 사회과학적 해석, 문예적 특성을 살피는 접근들, 독자 반응 비평, 여성주의적 해석, 해방주의적 해석들을 모두 사용할 수 있다고 하는 것이다. 다시 말해서, "에큐메니컬적 해석학은 이렇게 넓은 근거를 지닌 성경적 성찰들에서 기원한 통찰의 다양성을 환영한다"고 말한다(Section B, Par. 26). 이런 해석들이 상호 대립할 수 있다는 것을 잘 의식하면서도, 이런 때에는 어떻게 할 것인지에 대해서는 별 논의를 하지 않고 있는 점에서 무책임하게 과거부터 현대까지 제시되는 모든 해석 방법을 다 허용하는 듯한 인상을 주고 있다.

"다른 대화 상대자가 어떤 구체적 해석을 특정한 신앙과 실천 문제에 대해 적절성을 가지지 않는다고 여길지라도 본문의 적용성은 배제되지 않는다"고(Section B, 2, Par. 26) 말하는 데서도 이런 허용성만이 강하게 나타날 뿐이다. 여기서 배제되는 해석은 선택적이고(selective) 편견에 찬(prejudicial) 해석들뿐이다. 그 대표적인 예로 남아공에서 인종 차별(Apartheid) 정책을 정당화하던 해석(Section B, 3, Par. 28; Section C, 1, Par. 40)처럼 "각 상황 가운데서 생명을 부인하는 결과를 내는 해석"들과 같은 것을 언급하고 있다(Section D, 1, Par. 52). 그와는 대조되는 성경의 더 넓은 증언과 억압받는 자들의 경험을 중시하는 해석을 강조하는 것이다. 그러므로 사실 인류의 공평성이라는 가치를 위해 도움이 되는 것이 좋은 해석이라고 미리 규정되어 제시되고 있다는 점에 우리의 관심을 둘 필요가 있다.

3. 종교 개혁의 근거를 무너뜨림(1): "오직 성경"(Sola Scriptura)의 원리를 버림

그러므로 WCC 활동을 하시는 분들에 의하면 개혁파 전통을 포함한 교회사의 다양한 여러 전통들은(traditions) 이 하나의 전통(the Tradition)과 연관되어 있기는 하나, 이것과는 상당한 거리를 가지고 있는 것이다. 이와 같이 이해하므로 그들은 몬트리올 회의의 이런 이해와 표현이 우리로 하여금 "오직 성경"과 "성경과 전통들"이라는 이전의 대조를 극복하게 하는 데 도움을 주었다고 강하게 말한다. 그러므로 그들에 의하면 이제는 더 이상 종교개혁자들의 주장이 필요하지 않게 된 것이 된다. 따라서 그들은 아직은 공식적으로 WCC에 참여하고 있지는 않으나 계속 대표자들을 보내서 대화하고, 여러 위원회에서는 그들과 같이 활동하기도 하는 천주교와 하나가 될 길을 마련한 것이다. 이런 의미에서 그들은 천주교를 포함하여 "기독교 공동체의 통일성과 다양성은 모두 다 성령으로부터 흘러나오는 것이다."라고도 주장한다(Section C, 2, Par. 43). 이와 같이 하여 WCC의 주장자들은 종교 개혁의 형식적 원리인 "오직 성경"만을 주장할 수 있는 근거를 스스로 깨 버린 것이다. 이들은 "대부분의 그리스도인이 사도적 신앙의 표현이 성경 가운데 표현된 신앙의 정식화에만 한정되어 있지 않고, 신앙의 규범들은 또한 모든 시대를 통하여 나타난 교회의 삶 가운데서 표현되어 왔다"고 말함으로써, 또한 "성경 본문에 대해서도 상대적 중요성을 인정해야 한다"고 말함으로써(Section B, 3, Paragraph 31) WCC 문서들은 성경과 전통의 관계 문제에 대해서는 사실상 개신교적 입장보다는 천주교적 입장에 가깝게 자신들의 입장을 표현하고 있다. 그리하여 아이러니칼하게도 모든 교회를 포용하자는 WCC 운동이 "오직 성경만"을 주장하는 이들은 배제하는 결과를 낳고 있다. 그들의 주장을 따라가려면 "오직 성경만"이 우리의 판단 근거요 진리의 기준이라고 주장할 수 없게 되는 것이다. 이런 문제점을 지적하면서 논의하는 교회들은 그들에 의해서 다음 같이 정죄되고 있다: "다른 교회들의 목소리에 귀 기울일 준비가 되어 있지 않은 교회는 다른 교회들 안에서 역사하시는 성령의 진리를 상실할 위험을 기꺼이 감수하려고 하는 것이다."

그러므로 WCC 총회 한국 유치를 기뻐하며 축하하려는 한국 교회 지도자들은 이런 점을 충분히 생각한 후에, 그래도 그와 같은 방향으로 나아가기를 원하는 지를 스스로 심각하게 물어야 할 것이다.

4. 종교 개혁의 근거를 무너뜨림(2): 성찬에 대한 개신교적 이해를 버림

또한 WCC 운동가들은 다양한 교회가 서로 다른 실천적 모습을 내보이지만 동일한 신앙이 있다는 것을 인정해야 한다는 점을 강조한다(Section B, 4, 35). 이 말을 할 때 이분들이 특별히 의식하는 것은 천주교회와 개신교회의 세례와 성찬에 대한 이해와 관련된 것이다. 이것을 문자 그대로 받아들인다면 비록 시행 형태는 다르고 성례에 대한 이해도 다르지만 이는 결국 같은 신앙을 표현하는 것이라는 것이다. 천주교회의 성찬 이해를 과연 이렇게 생각할 수 있을는지, 이런 포용성에 대해서 종교 개혁자들이 어떻게 생각할지는 심각한 문제가 아닐 수 없다.

WCC는 여러 교회가 성찬을 같이 나누지 못하는 것이 큰 문제라고 지적한다(Section C, 2, Par. 46). 이때 그들은 천주교회와 개신교 모두를 다 염두에 두고 생각하며 말하고 있음은 아주 분명하다. 이로 볼 때 적어도 종교개혁 시대의 개혁자들의 성찬 이해와 오늘 날 WCC에 적극적으로 참여 하고 있는 분들의 성찬 이해가 상당히 다르다는 것은 매우 자명하다.

5. 종교 개혁의 근거를 무너뜨림(2): 이신칭의 교리를 천주교회와 같이 이해하려 함

이신칭의에 관한 천주교회와의 대화 문서에 보면, 서로로 이해할 수 있다고 하면서 결국은 천주교회적 칭의 이해에 근접해 가는 것을 볼 수 있다. 이는 결국 이 대화에 적극적으로 앞서고 있는 개신교도들이 과연 칭의에 관한 개혁자들의 이해에 충실한 것인지를 의문시하게 한다.

6. WCC의 궁극적 관심

이런 WCC는 결국 다음과 같은 것에 관심을 표현한다: "평화와 공의, 피조계의 온전성을 위한 투쟁"(the struggle for peace, justice, and the integrity of creation), 그것과 연관된 "증언과 봉사로 이루어지는 선교에 대한 새로운 이해와 의식"(the renewed sense of mission in witness and service), 역시 그런 것들과 연관되는 "그 안에서 교회가 하나님의 통치의 약속과 신앙의 실천 가운데서의 그 나라의 도래를 선포하고 누리는 예전"(the liturgy in which the Church proclaims and celebrates the promise of God's reign and its coming in the praxis of the faith).

그러므로 이들이 말하는 예전과 선교도 역시 평화, 공의, 피조계의 온전성을 위한 투쟁과 연관된 것이다. 이는 다른 해석적 가능성은 다 용인하면서도 유일하게 인종 차별적인 해석, 여성 차별적인 해석들, 제국주의적인 선교적 노력에 함의된 해석들과 같이 각 상황에서 생명을 부인하는 결과를 내는 것들만을 거부하는 데서도 잘 나타난다(Section B, 3, Par. 28; Section C, 1, Par. 40; Section C, 1, Par. 41; Section D, 1, Par. 52). 물론 성경을 선택적으로 해석하여 인종 차별적으로, 성차별적으로 해석하는 것은 잘못하는 것이다. 그러나 그런 해석들만이 잘못된 것이 아니라 하나님의 의도를 제대로 드러내지 못하는 다른 해석들도 잘못된 것임이 명확히 지적되어야 하는데, WCC 문서들에서 잘못된 해석의 예들로 언급된 것들은 오로지 이와 같은 윤리적 문제를 낳은 해석들뿐이므로 문제가 있다고 여겨진다.

그러므로 우리나라에서도 WCC에 참여하고 있는 KNCC와 이와 관련된 분들은 민족의 통일을 "하느님의 명령이며 교회가 감당해야 할 선교적 사명"이라고까지 말하고 있다. 그리고 성공회 대학교의 최영실 교수는 자신의 독특한 신학적 이해에 근거하여 우리가 해야 할 일을 다음과 같이 제시한다: "한국 교회는 추상적이고 신비주의적인 내적 평안으로 도피하지 말고, 제국주의자들의 거짓 평화에 맞서서, 불의에 항거하며 저들로부터 빼앗긴 약자들의 권리를 되찾는 일에 헌신해야 한다. 약자를 억압하는 것으로 변질한 법질서와 교리와 이데올로기를 흔들고,

제국주의자들에게 말씀의 '칼' 과 '불' 을 던지며 맞서 싸워야 한다."

실천신학대학원 대학교의 선교 역사 교수인 이범성 교수도 통일을 하나님 나라의 운동이라고 제시하고 있다. 그것은 과연 어떻게 하는 것인가를 물으면 다음 같은 말로 대답할 것이다: "중단된 남북 회담과 경제협력을 재개하고, 휴전협정을 평화협정으로 바꾸고 남북이 합의한 대로 외세의 간섭 없이 자주적으로 남북 화해와 통일을 이루라고 외쳐야 한다. '평화협정이 체결되고…… 보장되었을 때, 주한미군의 철수' 가 아니라, 한반도 평화와 통일을 하루 속히 앞당기기 위해 주한미군은 철수해야 한다는 점을 분명히 해야 한다. 북을 위협하는 한미 합동훈련의 문제를 제기하고, 미국의 핵우산을 요청하며 무기를 사들이며 군사 문화를 부활시키고 있는 것은 또다시 동족상잔의 전쟁을 초래하는 것임을 이 정부와 국민 모두에게 일깨우고, 한국 교회가 앞장서서 남북이 합의한 6·15 공동선언과 10·4 선언을 이행하여 자주적으로 남북화해와 경제협력, 평화통일을 이루는 구체적인 일들을 선교의 제1과제로 삼아야 한다."

2009년 남북 교회 부활절 공동 기도문의 다음 구절도 아마도 이런 제안의 빛에서 이해해야 할 것이다: "정의의 주님! 하느님의 정의와 평화를 위해 일하게 하시고 어둠과 죽임의 권세들을 두려워하며, 불의에 굴복하지 않게 하소서. 거짓 평화를 말하는 자들과 분열의 세력에 맞서 결연히 일어서게 하소서. 우리를 일깨워 거짓 평화를 깨뜨리며 참된 평화의 역사를 세우게 하소서."

우리는 이런 제안을 과연 어떻게 생각해야 할 것인가? 바른 성경 해석에 근거하여 우리가 말할 수 있는 것과 명확히 대조되는 이런 주장의 의미가 무엇인지를 잘 생각해야 한다. 그들이 이렇게 말하게 된 이유 중의 하나는 성경에 대한 역사 비판적인 해석에 있다. 그는 많은 역사 비판적인 성경 해석자들과 함께 마태복음 28장 19~20절에서 "'모든 민족을 제자로 삼아서 아버지와 아들과 성령의 이름으로 세례를 주라'는 말은 후대 교회의 삽입문이며, 마태복음 저자의 신학적 의도와도 상충한다."라고 주장한다. 바로 이런 이해에서부터 최영실은 "오늘 우리에게 요구된 선교의 제1차적 과제와 목표는 제국과 동족으로부터 이중 삼중의 억압과 위협을 당하며 고통당하고 있는 북의 형제자매를 살리는 일이다."라고 주장하는 것이다.

이런 논의를 하면서 이분들은 아주 이상스러운 성경 해석을 제시하는 일이 많다. 그 대표적인 예로 누가복음 18장의 과부의 기도에 대한 최영실 교수의 해석을 생각해 보자: "그 기도는 '말'이 아니라 불의한 재판관을 끈질기게 찾아가서, 빼앗긴 권리를 찾는 끈질기고도 용기 있는 '행동'이다. 과부는 끊임없이 재판관을 찾아가서 '괴롭게 한다.' 과부의 이 행동은 마침내 불의한 재판관으로 하여금 과부의 빼앗긴 권리를 되찾아 주는 '정의'를 행하도록 만든다. 그러므로 부당하게 자신의 권리를 약탈당한 약소국가와 약자들은 끈질기게 불의한 강자들을 '괴롭히면서', 빼앗긴 자신의 권리를 되찾아야 한다. 약자를 약탈하는 강자들의 법질서와 거짓 교리들을 폭로하고, 그것들을 깨뜨리고 약자들을 위한 정의의 법을 세워야 한다. 비록 이 일을 하다가 예수처럼 '범법자'로 몰려 목숨을 잃을지라도 강자들의 불의에 항거해야 한다. 불의한 강자들이 돌이켜 억압받는 자들과 함께 하나가 되어 먹고 마시며·웃고 춤추는 그 날이 오기까지!"

이와 같은 독특한 해석은 이분들의 논의의 여러 곳에서 자주 나타나고 있다. 물론 이런 논의에 대해서는 이는 WCC에 참여하는 일부 사람들의 견해이지, 그것이 WCC의 공식적 입장은 아니라는 논의들이 자주 제기된다. 그러나 WCC는 적어도 이와 같은 입장도 충분히 수용할 수 있을 정도로 그 범위가 넓은 것이라는 것은 부인하기 어려울 것이다.

7. 마치는 말

물론 WCC에 참여하고 있는 여러 사람 가운데서 동방 정교회에 속한 분들이 어떤 면에서는 고전적 신학의 내용에 충실히 하려고 노력하는 면도 있다는 것은 인정해야 한다. (그러나 그분들이 주장하는 신학과 종교 개혁적 신학의 심각한 차이, 특히 동방 정교회의 교회적 실천과 종교개혁적 교회의 실천 사이의 상당한 차이도 우리는 심각하게 생각하지 않을 수 없다.) 더구나 WCC의 전반적 분위기를 한국의 복음주의적 교회들이 (더구나 개혁파적 교회들이) 받아들이기에는 상당히 먼 위치에 있다는 것은 부인하기 매우 힘들다. (WCC에 적극적으로 참여하며 이를 긍정적으로 평가하시는 분들도 많이 인정하듯이) 호주 캔버라에서 열렸던 WCC 총회에서 한국의 여성신학자 정현경이 한풀이 굿을 선보였던 것은 아주 극단적이고 지나친 예의 하나라고 할 수도 있지만, 한국에서 KNCC에 참여하는 분들의 성경 해석이나 한국의 정치 사회적 현실에 대한 논의들에서 보여 주는 모습은 그에 못지않다고 할 수 있다. 그러므로 2013년도 WCC총회를 한국에서 개최하도록 유치하게 된 사실은 WCC의 신학적 입장에 공감하는 분들의 입장에서는 의미 있는 것으로 받아들여질 수 있지만, 신학적으로 WCC의 주장에 공감할 수 없는 사람들과 교회들로서는 이 세상에 기독교가 성경과 복음에 충실하지 않은 왜곡된 모습으로 전달될 기회가 또 하나 주어진 것임을 생각하면서 심각한 우려를 표현하지 않을 수 없다. 성경이 말하는 복음의 참된 의미를 세상에 전달하는 것이 우리의 사명이라면 WCC총회의 한국 유치는 복음의 왜곡이나 다른 복음을 세상에 전달하고 기독교의 복음에 대한 오해를 가져오게 하는 것이 되기 때문이다.

_ 이승구 교수

122. 종교 간의 만남과 대화, 어디까지 서로 인정해야 하나?

질문 : 가끔 뉴스를 보다 보면 각 종교의 지도자 분들(목사님, 스님, 신부님 등등) 이 모임을 가지시잖아요. 그런 곳에서는 하는 활동이 무엇이며 서로 종교적 교리가 다른 사람들이 어디까지 서로를 인정하고 존중해야 하는지 궁금합니다.

답변 : 네, 정말 중요한 질문을 올려 주셨군요. 언젠가 한국종교인평화회의 전국종교인화합대회가 개최되었다고 합니다. 여러 종교가 모인 대회여서 그런지 '서로의 다름을 인정하고 배려하는 태도' 를 지녔다고 합니다. 그들은 한자리에 모여 민속경기를 하면서 이웃 종교인들과 화합하려고 했는데, 그 자리에서 대표되는 분이 말씀하기를, "오늘 7대 종교의 지도자와 신자들이 모두가 한 이웃임을 몸과 마음으로 받아들이고 함께 하루를 즐겁게 보내기 위해 모였다. 오늘부로 이웃 종교를 이해하고 소통과 화합을 위해 모든 힘을 다해 줄 것을 부탁한다"고 당부했습니다. 각 종교의 화합을 기원하는 일곱 색깔의 공을 섞는 퍼포먼스를 하기도 했는데, 그 자리에서 또 다른 종교의 지도자는 "일곱 색깔의 공을 섞어도 섞이기는 하지만 함께하지는 않는다. 서로 각자가 다름을 인정하고 존중하고 배려할 때 오늘 행사의 의미가 있을 것"이라고 강조했습니다.

이와 같이 여러 종교인과 또 지도자들이 함께 하는 자리들이 가끔 있습니다. 각 종교의 지도자들이 모여서 종교 간의 마찰을 피하면서 화목을 꾀하고, 또 나아가 사회나 국가적인 여러 문제점들에 대하여 토의하고 의견을 수렴할 수도 있을 것입니다. 가령 사회적인 약자들을 어떻게 돌볼 것인가, 나라의 평화를 위하여 종교인들이 어떻게 해야 할 것인가 등등 여러 공통의 관심사들을 논하고 함께 일할 수도 있을 것입니다.

그러나 우리가 만약 그런 모임에 참여하더라도, 또 타 종교인들과 친구로 지내더라도, 우리는 기독교인으로서의 우리의 정체성을 상실해서는 안 되겠습니다. 특히 '진리'의 문제 즉 '구원'의 문제에서 기독교인은 '구원은 오직 주 예수 그리스도의 십자가 죽으심과 부활을 통해서만 가능하다'는 진리를 붙들어야 합니다. 왜냐하면, 하나님의 말씀은 다음과 같이 가르쳐주고 있기 때문입니다: "내가 곧 길이요 진리요 생명이니 나로 말미암지 않고는 아버지께로 올 자가 없느니라"(요 14:6). "다른 이로써는 구원을 받을 수 없나니 천하 사람 중에 구원을 받을 만한 다른 이름을 우리에게 주신 일이 없음이라"(행 4:12).

이러한 믿음에 굳게 서서 타 종교인들, 즉 우리의 이웃들을 소중히 여기고 그들에게 더욱 겸손한 태도를 가지고 그리스도의 사랑을 전하여야 할 것입니다. 타 종교인들도 정직하려고 애쓰며, 신의를 지키려고 합니다. 우리 주변에도 진실하며 겸손한 타 종교인들도 많습니다. 그러므로 우리 기독교인들은 그들에게 더 겸손하고 친절하고 신의를 지키면서 친구가 되어 주어야 합니다. 그러면서 그들의 영혼의 구원을 위하여 주님께 기도드려야 합니다. 타 종교에도 구원이 있을 수 있다고 하는 종교다원주의적인 생각은 멀리하면서, 타 종교인인 우리의 이웃들(친구들)을 더 잘 섬겨야 하겠습니다. 그렇게 하다 보면 타 종교인들이 기독교인들의 행실을 보고 성령의 감동으로 구원의 자리로 인도될 수도 있을 것입니다.

_ **최병규 박사**

Q **질문 :** 안녕하세요? 여러 가지 정보가 있어 거짓 가르침(비성경적 가르침)에 대해 분별을 해야겠다는 생각이 들다가 흔히 접하는 가톨릭은 도대체 무엇인가 의문을 갖게 되었습니다. 여러 자료를 보니, 대표적으로 로마가톨릭이 내세우는 교리가 교황 무오설, 성모설(하나님의 어머니), 성모 무죄설, 성모 부활승천설 등이 있는데, 기독교 성경에는 이런 내용이 있지 않기에 좀 혼란스럽습니다. 하나님 외에는 모두 죄인이라 했고, 그래서 하나님이신 예수님이 흠 없는 속죄양이 되신 것인데, 성모가 무죄한가요? 또한 성모가 있으니 삼위일체(성부, 성자, 성령) 하나님이 될 수 없고요. 로마가톨릭의 교리도 진리라면 기독교 성경이 틀린 것인가요?

가톨릭은 기독교와 같은 성경을 진리로 믿는, 같은 믿음을 추구하는 단체인가요? 아닌가요? 궁금합니다. 저의 질문은 짧으나 구체적인 답변 부탁드립니다.

A **답변 :** 〈1〉 교황무오설은 일반적으로 알려졌듯이 교황이 죄가 없다는 표현이 아닙니다. 교황이 교리와 도덕에 관하여 교황좌의 권한(ex cathedra)으로 교의를 선포할 때, 그 교의(dogma)는 무오하다고 하는 것입니다. 우리 개신교회는 오직 성경만이 무오한 하나님 말씀으로 받아들입니다.

〈2〉 성모 마리아에 대한 존경은 초대 교회부터 있었습니다. 451년 칼케돈 회의에서는 "하나님을 낳은 자(테오토코스)"라는 표현이 받아들여졌습니다. 이 표현은 마리아에게서 나신 예수님이 참하나님이라는 것을 강조하는 것이었는데, 시간이 흐르면서 마리아에 대한 숭배로 발전하였고 테오토코스를 하나님의 어머니로 해석하기 시작하였습니다. 하나님의 어머니니까 당연히 죄가 없고, 죄가 없으니 죽을 수가 없으므로 자연적으로 마리아 승천설이 논리적으로 천주교회에서 받아들여지게 된 것입니다. 천주교는 하나님에 대한 예배(adoration)와 마리아나 성인들에 대한 공경(veneration)을 구분합니다.

마리아는 아주 탁월한 믿음의 여인으로 우리가 마땅히 존경해야 하지만 그 이상을 넘어서 기도와 찬양을 드려서는 안 됩니다.

〈3〉 천주교회는 기독교의 가르침을 받아들이기 때문에 불교인 다른 종교와 다르고, 사도신경, 니케아 신경, 그리고 칼케돈 신조를 받아들이기 때문에 이단과도 다르지만 복음의 본질적인 부분에서 어긋나기 때문에 거짓 교회라고 할 수 있습니다. 이런 이유로 개혁교회는 거짓 교회로부터 분리하였습니다. 그렇다고 해서 가톨릭에 있는 모든 신자가 지옥에 가는 것은 아닙니다. 개혁교회에 출석하고 있다 하더라도 그 가르침과 전혀 상관없이 신앙생활을 하면 구원받지 못하는 것과 유사합니다.

_ 이성호 교수

124. 퀘이커교(Quakers)가 이단인가?

Q **질문 :** 내면의 빛이라는 교리가 있는 퀘이커교는 이단인가요? 이단 여부와 이단 근거가 무엇인지 궁금합니다.

A **답변 :** 퀘이커교도들이 말하는 내면의 빛이란 신자 안에 거주하는 신적인 판단력이나 깨달음을 의미합니다. 우리나라식으로 표현하자면 '득도'를 하는 것과 비슷합니다. 그들은 이것을 그리스도의 영이라고 부르지만 우리가 이해하는 성령과도 다릅니다. 이 표현은 주로 요한복음에서 등장하는 빛과 관련된 용어에서 나왔습니다. 어떻게 보면 우리가 이해하는 성령의 조명과 유사하다고 할 수 있는데, 성령의 조명은 철저하게 성경 본문과 연결되지만 내면의 빛은 성경과 구분 혹은 분리되거나 심지어 성경보다 우월한 권위를 가지고 있습니다.

이 내면의 빛이라는 교리 때문에 퀘이커 교도 안에서도 너무나 다른 교리를 가지고 있는 경우가 많아 판단하기가 불가능하지만, 전반적으로 우리의 입장에서 보면 이단은 아니라 할지라도 분파(sect)라고 할 수 있을 것입니다. 이단 여부는 이단을 정의하기에 따라 다를 수 있고, 이단 판결의 최종 권위는 성경이어야 합니다.

_ **이성호 교수**

125. 콥트교(Coptic Church)가 이단인가?

질문 : 이라크의 콥트교도들은 예수님의 인성을 부인하는 단성론을 주장하는 것으로 알고 있습니다. 그런데 종교개혁 이전에 이미 로마가톨릭에서 분리되어 다른 길을 걸었던 콥트교를 이단으로 보는 것이 맞는지, 아니면 천주교가 이단적인 요소들이 엄청나게 많이 있지만 개혁되어야 할 상대로 보는 것처럼 콥트교도 그런 상대로 보아서 이단이 아니라고 보아야 하는지 궁금합니다. 좋은 답변 부탁드립니다.

답변 : 콥트교는 이집트에 토착화된 기독교를 의미합니다. 예수님의 양성, 곧 신성과 인성에 대한 해석이 정통 교회와는 완전히 다릅니다. 두 가지 요소가 하나로 결합하여서 단성론으로 이룬다고 했습니다. 양성론은 451년 칼케돈(Council of Chalcedon) 공회의에서 정통 교리로 채택되었습니다. 그래서 콥트 교회는 기독론에서 볼 때에는 이단입니다.

_ 김재성 교수

Q **질문 :** 고등학교 교육과정 중에 세계사를 배우다 보면, 고대 서
아시아와 중동 지방 내용 중에 페르시아와 조로아스터교, 그
리고 헤브라이 민족과 유대교 등이 나옵니다. 그런데 교과서에서는, 페
르시아의 조로아스터교가 근동에 퍼지면서 유일신 사상, 부활, 내세 신
앙 등 여러 가지 종교적 이미지를 다른 민족과 종교에 건네주어 그것을
유대교와 크리스트교가 융합하고 받아들여 지금의 교리가 세워졌다고
이야기하는데요, 이걸 어떻게 받아들여야 하나요?

A **답변 :** 좀 당황스러운 부분이 들어 있네요. 조로아스터교는 유
럽으로 들어와서 마니교가 되었는데, 어거스틴이 청소년기에
한동안 빠져 있었다고 『고백록』에서 자세히 밝혀 주었습니다. 어거스틴
은 마니교 수도사의 거짓말과 횡설수설하는 허황함을 발견하고 곧바로
빠져나왔다 했습니다. 그는 플라톤주의에 심취했다가 기독교로 개종했
습니다.

조로아스터교가 어떻게 유대교와 기독교에 영향을 주었는지에 대
해서 정확한 근거가 없을뿐더러, 비교종교학자들은 유사성과 차별성을
말하려 하기 때문에 수평적인 분석을 내놓고 있다고 봅니다.

유대인들이 믿었던 하나님은 유일신이며, 이것은 초월적이며, 구원
역사를 베푸시는 통치권자로서 계시하여 자신을 알려 주신 분이십니다.

조로아스터는 주전 660~583으로 생존 연대가 추정되고 있고, 일명 '자라투스트라' 라고 부르기도 합니다. 그가 오히려 유대종교에서 많은 것을 배워서 페르시아에서 널리 퍼트린 것이라고 사료됩니다. 유대인들이 포로로 잡혀 오기 전에 널리 퍼져 있던 종교였습니다. 헤로도토스에 의하면, 페르시아인들은 태양, 달, 별들을 숭배했는데 앗시리아 종교에서 영향을 받았던 것으로 풀이한 바 있습니다. 또한, 선과 악의 대결로 보는 단순한 이원론입니다.

유대교와 조로아스터교가 서로 유사하다는 학설에 대해서는 현상적으로 비교할 때에, 둘 다 계시론이 있고, 재림 사상, 회개, 메시아의 재림, 죽은 자의 부활 등을 거론하고 있습니다만, 어째서 유대교에서 배워 갔다는 말을 하지 못하고, 오히려 유대교가 조로아스터교에서 배웠다고 하는지 이해할 수 없습니다.

_ 김재성 교수

127. 이슬람 카바 신전 안에 있는 블랙스톤(Black Stone in the Kaaba)에 관해서

Q **질문** : 이슬람 최고의 성지인 메카의 카아바(Kaaba) 모스크 안에 있는 블랙스톤(Black Stone)이 무엇을 의미하는지 궁금합니다. 그리고 카아바(Kaaba)를 구성하고 있는 여러 부분에 대해서도 알고 싶습니다.

A **답변** : '카바'(카아바)라는 단어 자체는 정방형(cube)을 의미합니다. 무슬림들의 전통에 따르면 카바는 세상이 창조되기 2천 년 전에 이미 하늘에서 처음 건축되었으며, 아담이 하늘의 바로 그 카바 자리 아래에 다섯 군데의 거룩한 산 Sinai, al-Judi, Hire, Olivet, Lebanon으로부터 돌들을 가져다가 카바 신전을 세웠다고 주장합니다. 그리고 만 명의 천사들이 그 신전을 보호하기 위해 임명되었으며, 그 천사들이 자주 의무를 다하지 않아서 신전이 파괴되었다고 합니다. 결국 알라는 아브라함에게 카바 신전을 재건축하게 하여서 아브라함과 이스마엘이 신전의 주춧돌을 놓았다고 합니다(꾸란 2:127). 메카에서 아브라함은 원래 기초가 있었던 자리를 파고 건물의 코너를 표시할 돌을 구했는데, 이스마엘이 검은 돌(Black Stone)을 가브리엘의 도움으로 발견하게 되었다고 합니다. 그리고 그 돌이 하늘에서 내려올 때는 우유처럼 희었었는데, 그것을 만진 사람들의 죄 때문에 그렇게 검게 되었다고 주장하고 있습니다.

카바 신전은 아랍 부족들의 상업 중심지, 시 낭송 강연장 및 경배하는 중심지였고 성역으로 정하여 싸움이나 무기 반입이 금지되었고 살생도 금지되었습니다. 또한 꾸란은 카바 신전에 대하여 "모세 율법 시대에 살인자들이 은신할 수 있었던 은신처와도 같았다."(꾸란 2:125 각주 설명)고 하면서 "성스러운 예배당"(꾸란 17:1)이라고 합니다. 그러나 무함마드가 알라로부터 '계시'를 받았다고 하는 시대까지 이 카바 신전 안에는 360개의 우상이 숭배되고 있었으므로 아랍인들의 우상 숭배 근거지였습니다.

학자들은 카바 신전이 적어도 여러 번 홍수나 사람의 공격을 받아 파괴되었으며, 다섯 번에서 열두 번 재건축되었다고 말합니다. 가장 최근의 재건축은 1996년 10월에 있었습니다. 이 재건축에서 돌들을 제외한 모든 재료가 대체되었습니다. 1998년 Dr. Muzammil Siddiqi에 의하면 거기에는 두 개의 기둥이 있고, 향을 놓는 한 탁자가 있으며, 천장에는 두 등잔이 있고, 전기나 창문은 없으며, 벽과 바닥은 대리석으로 되어 있고, 약 50명을 수용할 수 있는 넓이라고 합니다. 밖의 돌은 문질러서 반짝이며, 안으로 들어가는 유일한 문은 금으로 짜진 커튼으로 덮여 있습니다. 카바 신전 위에는 초승달 모양이 없지만, 카바 신전 입구에 놓여 있는 막캄 이브라힘에는 초승달 상징이 달려 있습니다.

메카의 순례자들은 검은 돌에 입을 맞추고, 카바 신전 주위를 네 번은 빠른 속도로, 세 번은 천천히 일곱 번 도는데(Tawaf), 만일 시간이 너무 늦거나 한 가지라도 빠뜨리면 알라의 축복과 은총을 받기는커녕 성지 순례가 무효로 돌아간다고 믿습니다. 또한 하갈이 이스마엘에게 물을 구해 주기 위해 일곱 번 왔다 갔다는 신화에 근거하여 '사파'

(Safa)와 '마르와'(Marwat) 언덕(수라 2:158)을 일곱 번 달리고(Sai), 카바 신전 옆의 '잠잠'(Zamzam)이라는 우물에 가는 의식을 반복합니다.

검은 돌에 키스를 하는 이유는 무함마드가 했기 때문에 맹목적으로 키스하며(존경하며) 숭배하는 것입니다. 그러나 이러한 행위는 이슬람의 교리에도 위배되고 유일신 알라 숭배에 거스르는 우상 숭배 행위입니다(Hadith, al-Bukhari, Volume 2, Book 26, Number 710~711). 초기 무슬림들은 이러한 의식과 아브라함과의 관계에 대해 전혀 아는 바가 없었습니다. 또한 무함마드가 선지자가 되기 전에 카바 신전은 홍수로 부서졌으며, 재건축을 위해 꾸라이쉬 네 부족에게 책임이 맡겨졌고, 무함마드가 그들 중 한 사람으로 참여했다고 합니다. 그리고 그 벽이 세워졌을 때 카바의 동쪽 벽에 검은 돌을 놓을 때가 되었고 그 자리에 검은 돌을 놓을 사람이 누가 될 것인지에 대한 논란이 발생했습니다. 그때 메카의 가장 어른인 Abu Umayyah가 "내일까지 사원의 문을 처음 통과하는 사람이 그 사람이 될 것이다."라고 제안했습니다. 그리고 무함마드가 그 첫 번째 사람이었습니다. 그래서 메카 사람들은 "이 사람은 신뢰할 수 있는 사람이다."라고 한목소리로 외쳤고, 무함마드는 각 종족으로부터 장로가 천의 끝자락을 잡고 그 돌의 원래 장소에 옮겨 놓자고 제안했다는 것입니다.

_ 소윤정 교수

Q **질문** : 예루살렘은 기독교의 성지로 알고 있는데요. 대체 왜 이슬람교도들은 예루살렘을 그들의 성지로 삼은 것인가요? 예루살렘에 있는 이슬람 사원(황금 돔?)은 어떤 의미를 지니고 있나요? 정말 궁금합니다.

A **답변** : 예루살렘에 있는 이슬람 사원 '황금 돔'은 '알아끄사' 사원입니다. 이슬람에서 '알아끄사' 사원을 중시하고 있는 이유를 이해하려면 이슬람교의 창시자 무함마드의 두 번 여행에 대한 이해가 필요합니다.

1) 메카에서 예루살렘의 알아끄사 사원까지의 여행에 대한 이야기가 꾸란 17:1에 나와 있습니다. => 알아스라 이야기

2) 다른 하나는 예루살렘에서 하늘의 칠층천(七層天)까지 여행한 이야기가 적혀 있는 꾸란 53:8~15입니다.=>알미으라즈 이야기

이슬람력 7월 27일은 무함마드의 승천 기념일로 공휴일입니다. 알아스라 이야기는 무함마드가 메카에서 초자연적인 방법으로 예루살렘을 방문하게 되자, 하늘로부터 아브라함과 모세와 예수 등을 비롯한 여러 선지자와 사도들이 내려와 그를 영접하고 그와 함께 알라께 예배를 드렸다는 것입니다. 그리고 알미으라즈 이야기는 무함마드가 하늘까지 올라가서 그 선지자들을 다시 만났고, 특별히 칠층천에서 아브라함과

더불어 알라(Allah)까지 만났다는 것입니다. 무함마드는 최후의 그리고 최고의 메신저이기 때문에 아브라함, 모세, 예수보다도 훨씬 더 탁월하다는 것을 강조하고 있는 것입니다. 이슬람의 신앙고백은 "나는 알라 이외는 다른 신이 없으며, 무함마드는 알라의 메신저임을 증언한다."입니다. 무함마드가 알라와 더불어 이슬람의 신앙고백 대상으로 자리매김하는 데 있어서 예루살렘의 알아끄사 사원의 역할이 절대적이라는 것입니다. 무슬림들은 알아끄사 사원 안에 있는 돌이 무함마드가 승천하여 칠층천으로 올라갈 때 밟고 올라간 돌이라고 주장하면서 예루살렘을 이슬람의 성지라고 말하고 있는 것입니다.

_ 소윤정 교수

129. 무슬림 전도, 어떤 식으로 접근하는 것이 좋을까?

Q **질문** : 한국에 무슬림의 인구가 지속해서 늘어나는 것 같습니다. 이러한 현실 가운데 무슬림과의 접촉은 피할 수 없을 듯합니다. 만약 무슬림을 만나 전도할 기회가 왔을 때, 어떤 식으로 접근하는 것이 좋습니까? 무슬림을 전도하는 방법이 궁금합니다.

A **답변** : 이렇게 무슬림(Muslim, 이슬람교도) 전도에 관심을 가지고 계시니 매우 반갑고 감사합니다. 그렇습니다. 한국에도 이미 많은 무슬림이 있고 2009년 10월 기준 통계를 보면 한국인 무슬림이 71,000여 명에, 외국인 무슬림 129,000여 명으로 전체 200,000여 명 정도로 알려졌습니다.

무슬림을 위한 전도는 간단하지가 않고 시간도 오래 걸리므로 인내와 사랑으로만 가능합니다. 그 이유는 특히 이슬람이라는 종교가 반기독교적인 가르침을 강조하고 있기 때문입니다.

먼저 아셔야 할 것이 이슬람은 예수님의 하나님 아들 되심을 부인합니다. 따라서 그리스도의 신성을 부인하는 종교입니다. 선행을 통해 구원받을 수 있다는 행위구원, 곧 자력구원의 종교이기 때문에 예수님의 구원자로서 그리스도 되심을 부인합니다. 또한 예수님(이사, 아랍식 이름)을 다만 이슬람에서 말하는 125,000명의 선지자 중 가장 존경하는 아담, 노아, 아브라함, 모세, 무함마드를 포함한 6명의 주요 선지자 중의 한 분일 뿐이라고 받아들입니다. 그중에 최고의 마지막 선지자는 무함마드라고 굳게 믿고 있습니다.

무슬림들이 기독교의 복음을 받아들이기 어려운 점은 이슬람이 예수님의 십자가 죽음을 부인하고 있기 때문입니다. 알라는 꾸란 수라 4장 157절에서 유대인들이 예수를 십자가에 못 박아 살해하지 않았다고 가르치기 때문입니다. "마리아의 아들이며 하나님(알라)의 선지자 예수를 우리가 살해하였다고 그들이 주장하더라. 그러나 그들은 그를 살해하지 아니하였고 십자가에 못 박지 아니했으며 그와 같은 형상을 만들었을 뿐이라. 이에 의견을 달리하는 자들은 의심할 따름이며 그들이 알지 못하고 그렇게 추측할 뿐 그를 살해하지 아니했노라."(꾸란 4:157, 최영길 역). 알라가 자신의 선지자를 저주의 십자가 위에서 죽게 할 수 없어서 그가 개입하여 다른 사람의 형상을 예수님의 형상으로 변하게 하여 그 '다른 사람'이 대신 십자가에서 죽었다고 말합니다.

재미있는 것은, 이슬람은 이런 속임수의 방책을 세운 알라를 "가장 훌륭한 계획자"라고 계시하고 있다는 점입니다. "저들이 음모를 꾸미나 하나님(알라)은 이에 대한 방책을 세우셨으니 하나님은 가장 훌륭한 계획자이십니다."(꾸란 수라 3:54, 최영길 역) "계획자"라고 번역된 아랍어 'makara'란 단어를 아랍-한국어 사전(송산출판사, 1999)은 "속이다, 기만하다"라는 의미라고 합니다. 이런 원어적인 의미를 참조하면 결국 알라가 그들의 경전 꾸란에 "가장 훌륭한 속이는 자"나 "가장 훌륭한 기만하는 자"라는 의미가 됩니다. 꾸란이 예수가 죽지 않은 십자가 사건을 계시하면서 이를 계시한 알라가 속이는 자라고 스스로 증언하고 있는 사실은 아이러니가 아닐 수 없습니다. 그러나 이런 속임수에 속아

이슬람에서 말하는 거짓 계시를 믿고 무슬림들이 된 사람들이 이런 내용을 잘 알지 못한다는 점에서 우리 그리스도인들이 그들을 더욱 불쌍히 여기고 그리스도의 사랑으로 이끌어 내야 할 책무가 있다 하겠습니다.

이슬람에서 말하는 것처럼 우리의 죄를 대속하시기 위한 예수님의 죽으심이 없다면 우리 인류에게 구원의 길은 있을 수가 없습니다. 이슬람은 이 유일하고 참된 구원의 길이 되시는 예수님을 부인하는 비극적인 계시로 결국 적그리스도의 종교가 되고 말았습니다. 이슬람 종교는 알라의 계시를 통해 예수 십자가를 말하고 있지만 진짜 예수가 죽으신 십자가가 아니라 가짜 예수가 죽은 십자가를 말하고 있습니다. 이슬람은 '이사'가 기독교의 예수라고 말하며 이사를 무함마드보다는 열등한 선지자의 자리에 두고 있는 종교입니다. 하나님의 아들을 폄훼하는 종교입니다. 요한 사도는 요한1서 2장 22절에서 "거짓말하는 자가 누구냐 예수께서 그리스도임을 부인하는 자가 아니냐 아버지와 아들을 부인하는 그가 적그리스도니"라고 분명히 말씀합니다.

이슬람의 가르침은 복음의 핵심인 예수님의 구속의 죽음과 부활을 부인하는 종교이기 때문에 이런 반기독교적인 가르침으로 무장된 무슬림들을 전도하기 위해서는 성경 말씀으로 무장할 뿐만 아니라 우선 이슬람에 대해서 잘 알아야 합니다. 특히 이슬람의 변함없는 두 가지 핵심 전략인 "알라는 기독교와 같은 신이다." "이슬람은 평화의 종교다."라는 것이 오래된 선전일 뿐이라는 사실을 아는 것이 중요합니다. 무슬림들이 이런 가르침에 붙잡혀 있기 때문에 알지 못하면 그들과 논쟁에 휘말려 어려움을 겪게 됩니다. 요즈음에는 다행히도 이슬람에 대한 책들이 많이 출간되어 있는데 읽으시면 도움이 되실 것입니다. 이만석 선교사 저, 『이슬람의 알라는 기독교의 하나님인가?』라는 책에서 많은 도움을 얻을 수 있습니다. 그리고 가능하면 중동선교회 홈페이지(www.met.co.kr)를 방문하여 '이슬람 연구자료'와 'MET 칼럼'에서 이슬람에 대한 다양한 자료를 이용하시기 바랍니다.

먼저는 나의 말로 설득하려 들지 말고 성경이나 전도책자(전도지, 무슬림 간증도서 등)를 주고 읽게 한 후 질문하게 하여 답변하는 식으로 시작하십시오. 즉답이 어려울 때는 다음에 답해 주겠다고 약속한 다음, 준비해서 답변하며 교제를 지속하시기 바랍니다. 이슬람 전도는 혼자서 하는 것보다 팀으로 할 때 더욱 효과가 있습니다. 이슬람 전도를 위한 3인 1조의 팀을 만들어 같이 읽고, 같이 기도하고, 같이 교제하고 연구하며 전도 대상을 섬기십시오. 무조건적인 사랑을 베풀며 진정한 친구들이 되어 주세요. 아무리 바위 같은 이슬람 교리로 무장되어 있다 하더라도 깨지고 녹을 것입니다. 세 사람이 함께 사랑의 3겹줄이 되어 한 영혼을 사랑으로 섬긴다면 짐을 나누어질 수 있고 원하시는 무슬림선교를 감당할 수 있을 것입니다.

"사랑하는 자들아 영을 다 믿지 말고 오직 영들이 하나님께 속하였나 분별하라 많은 거짓 선지자가 세상에 나왔음이라 이로써 너희가 하나님의 영을 알지니 곧 예수 그리스도께서 육체로 오신 것을 시인하는 영마다 하나님께 속한 것이요 예수를 시인하지 아니하는 영마다 하나님께 속한 것이 아니니 이것이 적그리스도의 영이니라 오리라 한 말을 너희가 들었거니와 지금 벌써 세상에 있느니라"(요일 4:1~3).

_ 강승빈 선교사

Q **질문** : 너무 귀한 크리스천 Q&A 사이트를 개설해 주셔서 감사합니다. 프리메이슨에 대해 우리 기독교인들은 어떻게 생각해야 하는지요? 프리메이슨이 세계를 장악하나요? 한국의 유명 종교인들을 비롯해 대기업 총수들과 정치인들까지도 프리메이슨이라고 하는 인터넷 블로그도 있네요. 어떻게 되는 건지 알고 싶습니다. 감사합니다.

A **답변** : 귀한 질문에 감사합니다. 우리는 성경에 명확히 나와 있는 것 외에는 그저 그런가 보다, 라고 생각해야 합니다. 그러므로 프리메이슨에 대한 생각과 대답도 우리가 전념해야 할 일은 아닙니다. 특히 우리나라의 어떤 사람들이 프리메이슨과 관련되어 있는지 알 수 없습니다. 그런 자료들을 접했을 때는 그냥 그런 의견이 있는가보다, 정도의 태도를 취해야 합니다.

영국이나 미국에 프리메이슨이 모이는 집회 장소가 있습니다. 그리스도인들은 그런 건물을 보면서 사람들이 자신들의 목적을 위해 여러 조합을 만들고 그런 모임을 위한 여러 활동을 하는 것에 대해서 어떤 점에서는 늘 조심해야 합니다. 그리스도인으로서 교회 활동과 관련하여서 할 일도 많이 있는데, 또 다른 활동을 한다면 그만큼 교회 공동체 회원으로서의 여러 가지 활동을 못 하게 되는 것이지요. 교회 공동체 회원이 교회 공동체에 모이는 일은 열심히 하지 않으면서 여러 사회단체에서 활동한다는 소식을 들으면 안타깝게 여기게 되는 것처럼 프리메이슨 활동도 예외는 아닙니다. 더군다나 그런 모임이 자신들의 유익을 위하고 자신들의 이익의 극대화를 위해서 세계 정부를 지향하는 활동을 하며 그런 방향으로 나아간다면 그것은 그리스도인들이 관심을 가져야 할 일이 아닐 것입니다.

또한 이런 조직과 요한계시록의 어떤 상징이 일치하는가를 찾아보려고 하는 것도 바른 태도가 아닙니다. 성경은 성경 그 자체로 이해하려고 해야지 언제나 이와 같은 연관성을 찾는 것은 잘못입니다.

기본적으로 우리는 그 자체에 별 관심을 가지지 말아야 한다는 것을 강조하는 바입니다. 우리는 성경이 관심 있어 하는 것에만 관심을 가지고, 성경이 관심을 가지지 않는 것에는 의식적으로 무관심해야 합니다.

_ **이승구 교수**

131. '독립교회' 들에 관하여

Q **질문** : 요즈음 '독립교회' 가 늘어나는 것 같은데 독립교회들 중에 어느 교회든 다녀도 괜찮은지요.

A **답변 1** : 한국 교회는 선교 초기부터 장로교, 감리교, 침례교 등의 교파가 특정 지역을 기반으로 성장해 왔습니다. 그러나 최근 기성 교단에 속하지 않은 독립교회들의 활동이 활발한데, 특히 '한국독립교회 및 선교단체연합회' 에 소속된 교회들이 많습니다. 독립교회를 택하실 때에는 관련 정보를 통해 충분히 판단한 후 '건전한' 독립교회를 정하셨으면 합니다. 무엇보다도 이단·사이비성이 있는 단체들도 독립교회로 위장해 활동하고 있으니 주의가 필요합니다.

_ **탁지일 교수**

답변 2 : 독립교회들은 그야말로 개체 교회로 존재하기도 하고, 또 연합체에 들어가기도 합니다. 어떤 연합체라도 이단으로 규정된 사람이나 그들의 가족, 혹은 이단성 의혹이 있는 이들이 가입하는 것을 철저하게 검토해야 합니다. 그러나 독립교회들 대부분은 건전하다고 생각합니다. 혹시라도 독립교회에 출석하다가 이상한 점이 발견된다면 전문기관으로 문의하시는 것이 좋습니다. (문의 bkc1202 @hanmail.net)

_ **최병규 박사**

132. '그리스도의교회' 교단에 관하여

Q **질문** : 안녕하세요. 얼마 전 우연히 '그리스도의교회'라는 교단에 대해 알게 되었습니다. 처음 들어 보고 생소한 교단인데 이곳이 이단단체인가요? 답변 부탁드립니다.

A **답변 1** : 그리스도의교회(Church of Christ) 교단은 다른 교단과 마찬가지로 미국에서 건너온 교단입니다. 미국에는 상당한 교세를 갖고 있지만 한국에는 백 개 미만의 교회가 있는 것으로 알고 있습니다. 김포 가는 쪽에 '그리스도대학교'(과거에는 그리스도신대)라는 대학을 운영하고 있습니다. 학교 홈페이지로 들어가면 여러 가지 정보를 얻을 수 있을 것입니다. 이 교단은 초대 교회로 돌아가자는 정신이 강한 교회입니다. 물론 이단적인 교회는 아닙니다.

_**구춘서 교수**

답변 2 : 미국 남부 지역을 중심으로 자리 잡고 있는 그리스도의교회를, 개인적으로는 유학 생활을 시작하며 접해 본 경험이 있습니다. 다른 교단들에 비해 상대적으로 보수적이라는 느낌을 받았지만, 친절한 신앙인들이었습니다. 이단단체는 아닙니다. 한국에는 그리스도신학대학교와 서울기독대학교 등의 교육기관이 있습니다.

_ **탁지일 교수**

답변 3 : '그리스도의교회'(Church of Christ)란 예수 그리스도께서 자신의 피 값으로 세우신 교회, 신약성서가 말하고 있는 교회를 뜻합니다. 그리스도의교회가 표면화되기 시작한 계기는 미국의 남북전쟁과 대각성 운동입니다. 당시 장로교와 감리교 목회자들이 중심이 되어 '성서로 돌아가자'는 환원 운동을 전개하였습니다. 이들 중 발톤 W. 스톤과 토마스 캠벨, 알렉산더 캠벨 부자는 '환원 운동'의 창시자였습니다.

환원 운동은 발톤 W. 스톤의 스프링필드 유언서(1804년 6월 28일에 선언?, 토마스 캠벨의 '선언과 제언'(Declaration and Address, 1809년)을 통해 그 윤곽이 드러났습니다.

이후 '성서에서 말하는 것은 말하고 침묵하는 것은 침묵하자', '본질에는 일치를 비본질에는 자유를 매사에는 사랑으로'라는 메시지를 통해 초대 교회의 원형회복 운동을 전개하고 있습니다.

현재 전 세계에는 약 20,000여 개의 그리스도의 교회가 있으며 성도의 수는 약300~350만 명에 이릅니다. 단 몇 명의 구성원으로 이루어진 작은 교회로부터 수천 명으로 이루어진 교회들이 세계 각지에 분포되어 있습니다. 규모가 큰 교회들은 주로 미국에 있습니다. 예를 들어 테네시 주에는 1,500여 교회에 30만여 명의 교인, 텍사스 주에는 2,200여 교회에 40만여 명의 교인이 있습니다. 미국 전체적으로는 13,200여 교회에 200만여 명의 성도가 있습니다(자료출처: 2003 CHURCHES OF CHRIST IN THE UNITED STATES).

참고로 미국에 있는 교육기관으로는, 정식 학위를 수여하는 27개의 종합대학교와 39개의 목회자를 양성하는 신학교(PREACHING SCHOOL)가 있습니다. 또한 그리스도의교회에서 운영하는 120개 사립

중고등학교에 4만여 명의 학생들이 공부하고 있으며, 99개의 노인복지관도 운영하고 있습니다.

한국에서의 그리스도의교회는 동석기 씨에 의해 시작되었습니다. 그는 일찍이 노스웨스튼 대학교 게레트 신학원에서 학위를 마치고 감리교 목사가 되었습니다. 이후 귀국하여 3·1운동 시 주요 내외국 연락책으로 활동하다가 일경에 체포되어 7개월간 옥고를 치르기도 하였습니다. 동 목사는 다시 도미하여 신시내티 신학교에서 신학 공부를 하게 되었고 이때에 그리스도의교회 목사가 되었습니다. 귀국 후 1930년에 함경도 북청 지역을 중심으로 일곱 개 교회를 세움으로써 그리스도의교회는 시작되었습니다.

한국에 그리스도의교회가 본격적으로 선교가 되기 시작한 시점은 6·25전쟁 이후 데일 리처드슨(Dale Richardson), 헤스케일 체시얼(L. Haskell Chesshir) 선교사 등이 내한하면서 전국에 전파되었습니다. 현재 교육기관으로는 서울기독대학교, 그리스도대학교, 총회신학교와 문서선교 기관인 성경통신교육원, 등촌 중학교, 강서 노인 종합복지관 등을 운영하면서 교육봉사로 사회에 기여하고 있습니다.

교회는 교역자 협의회(그리스도의교회 무악기) 500여 교회, 그리스도의교회협의회 250여 교회(유악기), 그리스도의교회 총회 150여 교회가 전국에 산재해 있습니다.

_ 김성봉 박사

133. 하나님도 한 분, 성경도 하나인데 교파와 교단의 분열은 무엇 때문인가?

Q **질문** : 교단, 교파 분열은 무엇 때문인가요? 분명 저는 목사님한테 하나님은 한 분, 성경도 하나라고 배웠는데 자꾸 나뉘는 것이 궁금합니다.

A **답변** : 그리스도 안에서 하나의 교단을 이루고 있을 수만 있다면 얼마나 좋겠습니까? 사도 바울께서도 "그러므로 주 안에서 갇힌 내가 너희를 권하노니 너희가 부르심을 입은 부름에 합당하게 행하여 모든 겸손과 온유로 하고 오래 참음으로 사랑 가운데서 서로 용납하고 평안의 매는 줄로 성령의 하나 되게 하신 것을 힘써 지키라 몸이 하나이요 성령이 하나이니 이와 같이 너희가 부르심의 한 소망 안에서 부르심을 입었느니라 주도 하나이요 믿음도 하나이요 세례도 하나이요 하나님도 하나이시니 곧 만유의 아버지시라 만유 위에 계시고 만유를 통일하시고 만유 가운데 계시도다"(엡 4:1~6)라고 하셨지요.

그러나 우리의 현실은 그렇지 못합니다. 질문하신 분이 그렇게 고민하시는 것도 이해가 됩니다. 진리의 문제가 아닌 사람들 간의 이해 문제로 인하여 (어느 집단을 만들어 주도권을 장악하려고) 교파나 교단을 분열하는 것은 결코 옳지 못합니다.

그리스도 안에서 교회들이 일치를 이루고 복음의 기초 위에서 진정한 연합 운동을 해 갈 수 있도록 기도드리는 것이 지혜로운 것 같습니다. 당분간은 교파나 교단으로 분열되어 있지만, 연합 운동에 적극적으로 참여하면서 형제애를 나누며 교제하면서 복음 전파와 기독교적인 가치를 지키기 위하여(예, 동성애 및 진화론 반대 운동) 함께 노력하고 애써야 할 것입니다.

교회들이 지니고 있는 외적인 모습들을 바라볼 때 때로는 상심하게 되지만, 그러한 문제를 직시하고 계시는 분들부터 더욱 기도하시고 자신이 할 수 있는 일들을 잘 감당해 나간다면 주님께서 기뻐하실 것이라고 믿습니다.

_ **최병규 박사**

3부
134-145

은사 운동, 창조과학

Q **질문** : 예언은 없다고 들었습니다. 〈1〉 그러면 방언은 있습니까? 〈2〉 그리고 신사도 운동에도 방언이 포함 되나요?

A **답변** : 신사도 운동은 방언 운동과는 직접으로 연결되어 있지는 않습니다. 그러나 그 배경은 은사 운동, 즉 능력 체험 운동이었습니다. 신사도 운동가 피터 와그너는 원래 존 윔버와 함께 '빈야드 운동' 을 했던 사람들입니다. 빈야드 운동은 사람을 넘어뜨리고, 넘어지고, 병 고침을 받고, 귀신을 쫓아내는 운동이었습니다. 존 윔버는 밥 존스, 폴 케인, 마이클 비클 등, 소위 '캔자스 시티 예언가들' 과 함께 연합 은사 운동을 했었습니다. 그런데 그가 죽은 후에 와그너는 독자적으로 신사도 운동으로 나갔고, 캔자스 예언가들은 예언에 대한 활동을 중점적으로 전개하고 있습니다.

방언은 지속설, 종결설, 회복설이 있습니다. 저의 책『개혁주의 성령론』(기독교문서선교회, 2012년)에서 이 세 가지 해석에 대해서 개혁주의 입장에서 제시하고 있습니다. 참고하시면 됩니다. 프린스턴 신학대학원의 워필드 박사가 제시한 것과, 웨스트민스터 신학대학원 리쳐드 개핀 박사의 책을 근거로 해서 정립하였습니다.

저는 방언은 사도적 은사였고 계시적인 기능을 감당했으므로, 사도들과 함께 종결되었다고 믿고 있습니다. 고린도전서 13장 8절, "사랑은 언제까지나, 떨어지지 아니하되 예언도 폐하고 방언도 그치고 지식도 폐하리라"

현대 방언 운동은 미국에서 1901년부터 챨스 파햄이라는 감리교 평신도가 시작했고, 그 후에 급속히 퍼져 나갔습니다. 방언 은사 운동을 하는 사람들이 여러 교파로 퍼져 나갔고, '하나님의 성회' 라는 교단을 만들었습니다. 한국에서는 오순절 운동을 펴고 있는 '순복음 교회' 라는 교단이 만들어졌습니다. 더 자세한 부분은 저의 저술, 『교회를 허무는 두 대적』, 32~35쪽을 참고하기 바랍니다.

_ 김재성 교수

135. 임파테이션(impartation)이 무엇이며 성경적으로 옳은가?

Q **질문 :** 종종 성령 집회 가운데 '임파테이션'이라는 말이 사용됩니다. 그래서 그 가운데 넘어지는 사람도 있고, 소위 '치유'를 체험하는 사람도 있다고 합니다. 그런데 이런 '임파테이션'이란 것이 옳은 것인지 궁금합니다. 그리고 만약 이것이 잘못된 것이라면 그이유가 무엇인지도 궁금합니다. 감사합니다.

A **답변 :** 능력 전달이라고 번역되는 '임파테이션'은 손을 얹어서성령의 능력이 전달된다고 주장하던 미국의 은사 운동가들에게서 나온 것입니다. 미국 오순절파 교단인 '하나님의 성회'(Assembly of God) 교단마저 임파테이션은 결코 성령의 능력과 상관이 없다고 선언했습니다. 2000년 8월 11일 결의된 제 16번 문항입니다.

김재성, 『교회를 허무는 두 대적』, "신사도 운동과 변질된 현대신학", 109쪽(86쪽), 미주 5번을 참조하시면 도움이 되실 것입니다.

_ 김재성 교수

136. 영서(靈書)가 성경적인가?

질문 : 섬기시는 교회와 가정에 하나님의 은혜가 가득하시기를 빕니다. 다름이 아니라 목회 현장에서 자주 부딪히는 문제가 있어서 고견을 듣고자 외람되지만 메일을 보냅니다.

작금에 기도원 원장(목회자, 평신도)이나 소위 은사자들이 영서(靈書) 혹은 방서(方書)를 쓰고 이를 해석(통역)하여 신앙을 상담하고 지도하는 경우를 자주 접하게 되는데, 성도들의 반응이 뜨겁고 일부 목회자들도 이에 편승하여 영서를 옹호하고 있습니다. (1) 영서가 성경적인지요? (2) 신앙에 유익한 은사의 하나로 봐야 하는지요? (3) 방언 은사의 일종으로 봐도 되는지요? 이들은 다니엘서 5장 5절(벨사살 왕이 본, 벽에 쓴 글씨)과 요한복음 8장 5절(예수님이 바닥에 손가락으로 쓰신 글씨)을 성경의 근거로 제시합니다. 고견을 부탁드립니다.

답변 : 해석은 코끼리나 침팬지가 그려 놓은 뜻 모르는 그림을 두고도 이루어질 수 있습니다. 하지만 우리는 그것을 의미의 전달이라고 보지는 않습니다.

성경은 하나님의 의미 전달입니다. 그러므로 거기에는 분명한 의도가 있고, 의도의 전달이 오해되지 않도록 하는 공인된 장치(언어나 관습 체계 등)가 사용됩니다. 성경에는 의미 전달을 위하여 소위 '영서'라는 것을 한 예가 없습니다. 다니엘서의 경우 다니엘의 역할은 해석자의 역할에 지나지 않습니다. 그것은 그가 꿈들을 해석해 왔던 것과 같은 맥락의 일입니다.

다니엘 자신이 소위 '영서'의 주체도 아니었고 그 일을 은사처럼 받아 활용한 것도 아니었습니다. 예수님의 경우 손가락으로 글을 쓰신 것은 의미 전달을 위한 것이 아니었습니다. 또 예수님께서 그것을 해석하신 것도 아닙니다. 우리는 그 내용이 무엇인지 궁금해하지만, 그것은 우리가 알 필요가 없는 것이기에 알려지지 않았습니다.

소위 '영서'는 은사일 수가 없습니다. 성경이 이를 은사로 말하지도 않으며, 또 누구도 이를 은사로 받아 사용한 적도 없습니다. 은사는 궁극적으로 성령님께서 원하시는바 교회의 유익을 위함인데, 이런 유익은 철저히 성경에 계시가 된 말씀과 그 해석을 기준으로 합니다.

무아지경의 신비적 분위기를 조장하는 일들이 교회 일각에 발흥하지 못하도록 노력해야 합니다. 하나님의 의미 있는 계시는 우리의 경건을 드높이고 사회적 덕을 증진하는 데 비해 모든 신비주의적 현상들은 교회를 사교의 길로 이끌어 갑니다.

_ 최승락 교수

질문 : 신사도 운동에 관하여 어떻게 받아들여야 하며 요즘 관심을 받는 예루살렘 회복 운동에 관하여 어떻게 신학적으로 선교적으로 받아들여야 할지 궁금합니다.

답변 : 제가 이미 여러 차례 답변했고, 저술한 책, 『교회를 허무는 두 대적』, "신사도 운동과 변질된 현대신학"에서 상세히 풀어드렸으므로 간단하게 답하고자 합니다.

신사도 운동이라는 것은 그야말로 교회에서 나온 신앙이 아니라, '운동'입니다. 교회 밖에서 일어나는 일종의 새 상품입니다. 이단들은 기존의 이단에서 무엇인가를 배워서 자신을 중심으로 신종, 변종, 합종을 만들어서 유혹합니다.

와그너는 선교사였다가, 오순절 은사파에 가담했다가, 빈야드 운동을 하던 존 윔버와 함께 큰 문제를 일으켰다가, 윔버가 1997년 사망하자 2001년부터 신사도, 즉 자기를 중심으로 하는 예언파 신종 운동을 선포하고 나왔습니다. 존 윔버가 영적 파워를 강조하자 기독교계 일부가 따라오는 힘을 발휘하는 것을 보았거든요. 존 윔버의 빈야드 운동에 나중에 합류한 캔자스 시티, 마이클 비클과 밥 존스, 폴 케인 등이 예언 은사로 사람들을 사로잡는 것을 목격했기에 자신도 새 상품을 독자적으로 개발한 것입니다. 그래서 그는 자신이 임명한 '신사도'를 세우고, 기독교의 중심 진리를 이탈해서 예언 운동으로 나가고 있습니다.

'예루살렘 회복 운동'은 중국에서 시작된 것이지요, 그리고 일부 선교전략가들이 채택한 개념입니다. 예수님의 재림이 오기까지 세계 복음화의 초점을 예루살렘 회복으로 두고, 중국을 거쳐서 지금 복음이 막혀 있는 모슬렘 국가들을 거쳐서 예루살렘으로 가게 하자는 것이지요. 이것은 복음이 계속해서 서쪽으로 진행한다는 단순히 선교 확산 정책으로서는 문제가 없어 보이지만, 만일 그 속에 오직 예루살렘 집중주의라는 한 가지 정책만을 고집하는 것이라면, 정통 복음주의 선교전략으로 보기에 어렵다는 것입니다.

복음은 세상 땅끝까지 가라는 사도행전 1장 8절에 순종하는 것입니다. 예루살렘으로 가는 것이 아니지요? 안타까운 것은 지금 이스라엘 회복 운동의 예루살렘 집중에는 극단적인 세대주의 신학이 강조하는 것과 맥이 통한다는 사실입니다.

_ 김재성 교수

138. 아담과 하와는 어떤 인종인가?

질문 : 백인, 흑인, 황인 등 인간의 모든 인종을 거슬러 올라가면 아담과 하와가 나옵니다. 그럼 아담과 하와에게서 인종이 나누어진 건데, 아담과 하와는 백인, 흑인, 황인 중 어떤 인종인가요? 또 듣기에, 노아 시대 때 셈과 함과 야벳이 각각 백인, 흑인, 황인이었다는 주장도 있고, 노아홍수 시대 이후 흩어져 유럽, 아프리카 아시아 지역 같은 곳에 살면서 자연스럽게 환경에 의해 변했다는 주장도 있습니다. 그렇다면 전자는 그런 조상이 있었기에 그들이 세 가지 인종이 되었다는 말이고 후자는 창조론이 아닌 진화론에 더 가깝다는 생각이 드는데요. 그렇다고 진화론을 받아들이는 기독교는 없지 않습니까? 세 가지 인종은 어떻게 생겨났을까요? 아담과 하와는 무슨 인종이길래 이세 가지 인종을 낳을 수 있었던 것인가요?

답변 : 인종의 분화와 다양성

지구에는 68억 명이 넘는 사람들이 살고 있으며, 황인, 백인, 흑인 등 다양한 피부색을 가진 사람들이 살고 있습니다. 그래서 사람을 여러 인종으로 분류하기도 합니다. 아메리카 인디언을 포함한 동양인, 유럽의 전형적인 백인(Caucasian), 아프리카의 흑인(Negroid) 외에도 남아프리카의 독특한 카포 지역 인종, 오스트레일리아 원주민과 같은 오스트랄로이드 등 다섯 인종으로 구분하기도 합니다. 또한, 같은 인종

내에도 다양한 차이를 보이는 많은 민족이 있습니다.

우리나라 사람과 가까운 이웃인 일본, 중국 사람과는 얼굴의 형태에서 어느 정도 차이를 보이기도 합니다. 같은 우리나라 사람들 사이에서도 많은 차이를 보이며, 심지어 같은 부모로부터 태어난 형제자매도 매우 다른 경우가 많습니다. 사람마다 독특한 유전정보를 갖고 있어서 이렇게 사람마다 다른 것은 너무나 당연합니다.

그런데 놀라운 것은 사람들 간의 유전정보의 차이를 분석한 결과, 같은 인종 내의 개인 간의 유전적 차이가 다른 인종들 간의 유전적 차이보다 훨씬 크다는 것입니다. 따라서 유전정보를 기준으로 사람들을 여러 인종으로 구분하는 것은 사실상 불가능함을 알 수 있습니다. 피부색처럼 눈으로 확연하게 보이는 차이가 있음에도 불구하고 유전정보로는 차이를 알 수 없는 이유는 무엇일까요? 그것은 우리가 사람들 간의 차이를 눈에 잘 띄는 피부색을 기준으로만 생각해서 그런 것이지, 실제로 사람들 간의 차이는 피부색 외에도 키, 몸무게, 기질, 성격 등 너무나 많은 요소가 있기 때문입니다. 피부색은 유전정보에서 극히 일부 유전자들에 의해 결정됩니다. 따라서 피부색을 기준으로 인종을 분류해서 유전정보의 차이를 분석할 때 피부색이 다른 사람들 간의 차이보다, 같은 피부색을 가진 사람들 간의 차이가 더 크게 나오는 것입니다. 그렇다면 68억 명이 넘는 이 다양한 사람이 모두 성경에 기록된 대로 한 쌍의 부부로부터 다 나올 수 있을까요? 성경이 진리의 말씀임을 아는 우리 입장에서는 너무나 당연해서 질문이라고도 할 수 없습니다. 그렇지만 성경을 믿지 않는 과학자들 입장에서는 너무나 궁금했습니다. 여성들에게만 계속 유전되는 미토콘드리아의 DNA를 연구한 결과 모든 여성이 한 여성에게서 나온 것이라고 발표하였고 (Nature 1987), 남성에만 존재하는 Y염색체를 연구해서 모든 남성도 한 남성에게서 나온 것이고 발표하였습니다(Nature 1995). 한 쌍의 부부로부터 모든 사람이 나온 것이 과학적으로도 증명된 것입니다.

그렇다면 어떻게 이렇게 한 쌍의 부부에게서 다양해질 수 있었을까? 부모의 유전자가 서로 교환되기 때문에 다양해질 뿐 아니라, 정자와 난자 등 생식세포가 형성될 때 유전정보 자체가 교환이 일어나 그 자체가 엄청나게 다양해지기 때문입니다. 바벨탑 사건 이후 언어가 달라져 흩어져 살던 사람들은 각각 민족과 나라를 이루게 되면서 유전정보의 교환이 폭넓게 일어나지 않게 됨에 따라 어떤 특성들이 두드러지게 되는 현상들이 생기게 되었습니다. 그중 피부색은 햇빛에 예민하므로 햇빛의 조사량에 따라 사람들이 이동했을 가능성도 있고, 집단 내에서 소외되었을 가능성도 있습니다. 근현대의 노예무역, 세계화 등은 인종들끼리 섞이는 반대의 현상을 가져왔고, 그 결과 2005년 영국의 한 부부에서 쌍둥이가 태어났는데, 한 아이는 백인, 한 아이는 흑인이어서 큰 뉴스거리가 되기도 했습니다. 사람들의 다양성은 유전정보에 의해 결정되며, 이것이 바로 하나님의 창조 섭리입니다. 피부색은 사람들이 가진 수많은 특성 중에 하나에 불과한 것이며, 피부색뿐 아니라 어떤 특성도 사람들을 비교하고 판단할 수 있는 것이 아닙니다. 따라서 피부색이던 그 무엇으로도 사람들은 집단으로 나누는 것보다, 한 명 한 명 독특하고 개성이 넘치도록 창조된 것을 기뻐하며 우리의 창조주를 기억해야 할 것입니다.

_ 이은일 교수

Q **질문 :** 창세기와 관련한 강의를 들었습니다. 저는 하나님께서
개, 늑대, 여우 등을 각기 종류대로 지으셨다고 생각했습니다.
그런데 어느 분이 말씀하시기를 이러한 여러 종류들의 원형을 지으신
것이고 그 이후에 분화(?)해 왔다고 하시더군요. 성경에서 말하고 있는
'종류' 는 생물학적으로 어떤 개념이며, 또 교회에서는 '각기 종류대로'
라고 할 때 어느 정도를 가르쳐야 하는지 궁금합니다.

A **답변 :** 저의 소논문「생명체의 종류와 종, 그리고 다양성
(Diversity of Life classified by 'Kind' or 'Species')」요약
문으로 답변을 대신합니다.

생명체의 종류와 종, 그리고 다양성

생명체의 분류체계는 '종, 속, 과, 목, 강, 문, 계' 로 이뤄져 있다.
'종' 은 생식하여 자손을 전파하는 기본 단위로 정의되지만, 실제로 종
분류는 단순하지 않고 매우 복잡하다. 그 이유는 생명체의 기본 분류는
'종' 이 아니라 '종류' 가 되어야 하기 때문이다. 하나님께서 창조하신
'종류' 는 분류체계에서 '속' 에 가깝고, 종류(속) 내에서 생명체들이 생
육하고 번성하면서 다양해진 것이다. 그럼에도 불구하고 진화론자들은

생식적 격리가 일어나는 '고리종'이 진화의 증거라고 주장하고 있다. 형태가 변화되지 않고 단순히 생식적 격리가 일어나는 것은 진화와 상관없는 현상이며 다양성이 증진되면서 일어나는 현상이다. 생명과학의 분류체계는 새로운 관점에서 다양성과 종 분화를 연구해야 할 것이다. 또한 종류(속)내 다양성이 생기는 기전은 크게 3가지로 나뉜다. 첫째는 유전정보의 조합, 둘째는 환경에 의한 후생유전학적 변화 및 DNA 변화 없는 환경-유전자 반응, 셋째는 돌연변이이다.

1. 서론

생명체의 다양성은 진화론의 기초가 된다. 진화론의 토대를 세운 다윈의 '종의 기원'의 주요 내용도 '다양성 또는 변이'이고 왜 그런 변이가 일어났는지에 대한 해석으로 이뤄져 있다. 진화론이 발표된 이후 1860년 첫 번째 진화론 논쟁이 옥스퍼드 대학에서 벌어졌을 때도 논쟁의 핵심은 '다양성 또는 변이'에 대한 과학적 해석이었다. 진화론 대표로 나온 헉슬리는 생명체에서 관찰되는 '다양성 또는 변이'에 대한 풍부한 증거를 '진화'로 정리한 다윈의 진화론을 과학적 해석으로 제시하였고, 창조론 진영은 '다양성과 변이'에 대한 성경적, 과학적 해석을 제시하지 못함으로써 종의 기원 발표 이후 첫 번째 역사적 논쟁은 진화론의 승리로 마무리된다.

생명의 기원에 관한 창조론과 진화론 논쟁에서 한때 가짜 중간단계 화석인 '필트다운인' 등이 '원숭이 재판(Scopes Monkey Trail)' 등에서 진화의 확실한 증거로 제시되기도 하였지만, 논쟁의 중심에는 항상 '생명체의 다양성과 변이'에 대한 해석을 어떻게 하느냐에 있다.

1960년대 창조과학 운동이 시작된 이후 지층과 화석의 증거들은 압도적으로 대격변의 증거들과 진화가 일어나지 않는 수많은 화석을 보여주고 있고, DNA 설계도의 무작위적인 변화로 새로운 설계도가 만들어진다는 것이 불가능하다는 것은 쉽게 이해될 수 있는 개념임에도 불구하고 창조과학 진영에서 생명체의 다양성을 설명해 주는 모델이 부족했음도 사실이다.

다양한 생명체들이 체계적으로 나누어질 수 있다는 것은 경험적으로 잘 이해가 되는 개념이다. 사람은 사람이고, 말은 말이고, 강아지는 강아지라는 것을 금방 알 수 있다. 또한 같은 사람 중에도 다양한 피부색과 골격구조로 되어 있고, 말, 강아지 등도 마찬가지이다. 이런 관찰들을 체계화하여 생명체를 분류하는 일은 아리스토텔레스 시대에도 이뤄졌으며 아리스토텔레스가 명명한 척추동물, 무척추동물 분류는 지금도 사용하고 있다. 그러나 현대적인 생명체의 분류체계(taxonomy)는 분류학의 아버지로 불리는 린네(Carl Linnaeus 또는 Carolus a Linne)가 1735년 발간한 'Systema Naurae'와 1753년 출간된 'Species Plantaurm', 'Systema Natura 10th Edition'에 의해 탄생하게 되었다. 린네는 종불변설(species fixity)을 주장한 것으로 알려졌지만, 후에는 두 가지 종의 hybrid가 생긴다는 것을 관찰하고 하나님이 창조하신 생명체에 새로운 형태가 생길 수 있음을 인정하였다.

이후 생명체의 분류체계는 진화론이 확립된 이후 진화론적 체계로 정립됨에 따라 분류학 자체가 진화론적 개념을 포함하고 있다. 그것은 바로 '종'에 대한 정의의 문제와도 연관된다. '종'은 교배해서 자손을 생산할 수 있는 생물군으로 정의되지만 실제로 종을 분류해서 정의하는 것은 단순하지 않아 '종 분류 문제(species problem)' 라고 불리고 있다. 반면에, 성경에 근거한 창조론은 생명체들이 '종류' 대로 창조되었다고 주장한다. 각각의 생명체들은 외관적으로 뚜렷한 차이를 보이는 여러 종류를 관찰할 수 있고, 그 안에서 생육하고 번성하면서 다양성을 나타내고 있다는 것은 쉽게 이해할 수는 있다. 그러나 '종류' 가 무엇인지에 대하여 구체적인 과학적 증거는 미흡한 실정이며, 기존의 생명체 분류체계인 '종, 속, 과, 목, 강, 문, 계' 와 어떻게 조화할 것인지에 대한 문제도 남아 있다.

진화론이 지배하고 있는 생명과학 분야에서 생명체의 다양성을 '진화' 라는 개념으로 통일함에 따라 분명한 차이를 보이는 생명체들의 분류와 그 안에서의 다양함이 정리되지 못한 상황이 되었다. 반면에 창조론 입장에서는 뚜렷한 구분을 보이는 생명체들이 나뉘어 있다는 주장을 하고 있지만, 그 정체가 무엇이며, 또한 그 안에서 어떻게 다양해지는지에 대한 과학적 개념을 정립할 필요가 있다. 따라서 Garner (2009)는 종이 변하지 않는다는 비성경적 개념과 공통조상으로부터 모든 생명체가 나왔다는 자연주의적 개념 모두를 극복할 종 분화(종형성, speciation)의 기전에 대한 연구가 21세기 창조과학의 새로운 도전이라고 밝혔다.

2. 본론

2.1. 종류와 종

생명체의 다양성 문제는 생명체의 분류체계와 직접 연관이 되며, 진화론은 '진화' 를 '소진화' 와 '대진화' 를 구별하기도 하고, 구별하지 않고 연속적인 개념으로 취급하기도 하므로 진화의 정의, 진화론의 정의에 따라 다양한 해석을 할 수 있어 매우 혼란스럽다. 그럼에도 불구하고 진화론은 생명체의 다양성을 설명하는 이론으로부터 시작되었다. 그래서 구체적인 논의를 전개하기 전에 용어의 정의를 정확히 하는 것이 우선하여 필요하다. 창조론 입장에서 '소진화'와 '대진화'를 새롭게 정의하면 '소진화'는 하나님께서 창조하신 '종류' 내에서의 다양성을 관찰한 결과이고, '대진화'는 한 종류에서 다른 종류로 진화한다는 관찰되지 않은 결과라고 할 수 있다.

그렇다면 생명체의 '종류'에 대한 개념과 '종'은 어떤 차이가 있을까? '종류'에 대하여 Stephen Caesar는 다음과 정리하였다. "창세기의 기원 모델에 따르면, 하나님은 개별 종(species)들을 창조하지 않으시고, 각 종들이 속해 있는 더 넓은 속(genus)들을 창조하셨다. 창세기 1장 11절과 1장 21절은 하나님이 동물과 식물들을 "그 종류대로(according to their kinds, after their kind)" 창조하셨다고 기록되어 있다. 종류(kind)라는 단어의 옛 히브리어는 'miyn'이다. 성경 라틴 벌게이트(Latin Vulgate) 역본은 miyn을 '속(genus)'으로 번역했다. 동물과 식물의 명명법인 속/종 시스템을 체계화했던 과학자인 찰스 린네(Charles Linnaeus)는 그의 분류 틀로 성경(the Bible)을 사용했다. 그가 그의 라틴어 성경에서 속(genus)이라는 단어(히브리어로 miyn)를 보았을 때, 그는 그것이 개별 종들을 가리키는 것이 아니라, 그 종들이 속한 더 넓은 속으로 선택했다. 예를 들면, 집에서 기르는 개(dog)의 과학적 이름(학명)은 Canis familiaris이다. Canis는 속(genus/miyn)명이고, familiaris는 종(species)명이다. Canis는 더 넓은 개 종류(dog kind)를 가리키고 있는 'dog'를 나타내는 라틴어이고, 반면에 familiaris는 개별 종들로서 집에서 기르는 개를 가리키는 'familiar'를 나타내는 라틴어이다. Canis에는 늑대(wolves)들과 코요테(coyotes)들이 포함되어 있다. Canis lupus는 늑대의 학명이다 (lupus는 라틴어로 '늑대(wolf)'를 뜻함). 반면에 Canis ladrans는 코요테의 학명이다 (ladrans는 라틴어로 '도둑(thief)'을 뜻함). 같은 원리가 집에서 기르는 고양이(housecat)의 학명인 Felis domesticus에도 적용된다. 유사하게, 사자(lion)의 학명은 Felis leo이다. 따라서 창세기는 하나님이 개별 종(species)들을 창조하신 것이 아니라, 속(genus/miyn)을 창조하셨음을 가리키고 있다."

각 속 안에, 하나님은 시간이 지나면서 무수한 종으로 분리되는 것 [종의 분화(speciation)라고 불리는 과정]이 가능하도록 다양성 (diversity)에 대한 청사진을 집어넣어 놓으셨다. 이것은 하버드 대학과 러시아 과학자들 눈앞에서 발생했다. 그들은 Agrodiaetus 속 나비 (butterflies)들의 종 분화를 목격했다. 그것은 강화(reinforcement)라고 불리는 과정에 의해서, 개별 나비들의 날개 색깔들이 짝짓기 시기에 그 속 내에 다른 종들과의 혼란을 피하기 위해 충분히 달라짐으로써, 그 속(genus/miyn)내에서 새로운 종의 나비들이 만들어졌던 것이다. 이러한 회피(avoidance)는 나비들이 덜 적합한 잡종 후손(less-fit hybrid offspring)을 만드는 것을 막아 주는 데에 도움이 되고 있는 것이다.

이것은 창세기 모델과 일치된다. 각 속은 퍼져 나가면서 지리적으로 고립되게 되었고, 그들은 결국 분리된 자신들 속(genus)의 개체군들과 더는 서로 종간 교배가 되지 않는 충분한 변화를 가져왔다. 결과적으로 "진화(evolution)"는 하등한 종으로부터 고등한 종으로의 상향적 진행이 아니라, 창조된 종류/속(kind/genus/miyn) 안에서 거칠게 동일한 종들로 분기되는 것이었다. Agrodiaetus 속의 여러 종은 우수한 슈퍼나비로 상향 진화하고 있는 것이 아니라, 새로운 종들로 부채꼴로 산개되고 있었다. 그들 중 어떤 것도 다른 종들보다 더 고등해지지 않았다. 그들은 그들이 발견되는 독특한 지리적 위치에서 단지 잘 적응하고 있었던 것이다.

반면에 진화론적 체계에서 '종 분화(speication)'는 당연히 진화의 과정으로 설명되어 있다. 진화론적 체계로 정립된 '종'의 개념에 대하여 우선 알아보자. 브리태니커 백과사전에 따르면 현대적 종의 개념에 대하여 다음과 같이 기술되어 있다. "현대적 종의 개념을 실제적 · 형태적 · 유전적 · 염성적(稔性的) · 생물학적 개념 등 5가지 유형으로 나누기도 하고(마이어), 표현형적 · 유전적 · 계통적 개념 등의 3가지로 나누기도 한다(메글리치).

이처럼 종의 개념을 여러 가지로 나누게 되는 까닭은 종 문제를 다루는 학자들의 관점이 다양하기 때문이다. 특히 종합적인 개념인 생물학적 종의 개념이 많이 사용되고 있는데, 마이어는 ① 종은 고유하고 명확한 형태적 특징이 있고, ② 고유한 생태적 특징이 있고, ③ 생식적으로 격리되어 다른 종과는 유전자의 교류가 없다는 것 등으로 정의하고 있다. 여러 학자가 약간의 차이를 갖고 생물학적 종의 개념을 설명하지만 일반적으로 생식적 격리가 있고 교배가 가능한 개체군을 일컫는다. 그러나 현실적으로 분류학에서 다루는 것은 항상 종이 아닌 개체이기 때문에 구체적인 적용에 많은 어려움이 따른다."

이와 같이 분류체계의 가장 기본 단위인 "종"이 무엇인지에 대하여 학자들 사이에 여러 이론이 있고, 각 개체에 적용하는 데 어려움을 호소하고 있다. 그 이유는 형태적으로는 동일한데 교배하지 않는 동물들이 있기 때문이다. 이것을 '생식적 격리' 라고 한다. 동일한 "종"이 되려면 계속 자손을 이어갈 수 있어야 하기 때문이다. 그래서 "종"을 분류할 때, 형태는 동일한데 서식처에 따라 가까운 것들은 서로 교배하지만 멀리 있는 것들은 '생식적 격리' 를 보이는 동물들을 '고리종' 이라고 부르며, 이런 현상을 종 분화가 되는 과정이며, 진화의 증거라고 주장한다. 진화론을 믿는 사람들은 이런 종 분화가 진화의 확고한 증거라고 생각하고 있다.

예를 들어 시베리아 버들솔새를 연구해 보면 선조새에서 나왔지만 조금씩 변화가 생겼고, 그 결과 이웃끼리 교배가 가능한 '소진화' 가 일어났고, 더 많은 변화가 생긴 것은 같은 지역에 있지만 서로 교배를 할 수 없고 울음소리도 달라졌기 때문에 '대진화' 가 일어났다고 주장한다. 이런 사례는 북극 주위의 재갈매기(herring gull), 미국의 엔사티나 도룡뇽 등 여러 증거가 있다. 이런 진화론적 주장을 다시 정리하면 '소진화' 는 생식적 격리가 일어나지 않은 자손들이고, '대진화' 는 생식적 격리가 일어난 자손들이다. 겉모양은 동일한 버들솔새, 재갈매기, 도룡뇽이지만 생식적인 교배가 일어나지 않으므로 다른 "종"이 되었다는 것이다. 따라서 진화는 눈앞에 보이는 당연한 현상이며, 진화를 부인하는 것이야말로 비과학적인 주장이라고 생각한다.

그러나 이런 현상을 진화의 개념으로 설명하는 것이 비과학적이다. 자손들이 번식하고 다양해지는 것은 진화하고는 아무런 상관이 없는 현상이다. 또한 같은 자손들 사이에 생식적 격리가 일어나 서로 교배하지 않는 것도 진화가 일어난 것과 상관이 없다. 생식적 격리가 일어났다고 해서 재갈매기가 다른 새가 되거나, 도롱뇽이 다른 동물로 된 것은 아니기 때문이다. 즉 생명체의 형태를 결정하는 DNA 유전정보 설계도가 변화되어 다른 생명체가 된 것이 아니다. '생식적 격리' 현상은 DNA 유전정보 설계도의 변화가 아니라, 다른 이유에서 비롯될 가능성이 크다. 먹이 등 환경에 의한 후생학적(epigenetics) 변화가 있을 가능성이 클 것이지만, 매우 복잡한 생물학적 현상일 가능성이 크다. 고리종이라고 주장하는 재갈매기의 경우 고리종이 아니라는 보고도 있다. 즉, 생식적 격리를 종 분화로 단순화시키는 것이 아니라, 어떻게 형태적 변화가 없는데 생식적 격리가 일어나는지에 대한 새로운 차원의 연구가 필요하다.

"종"을 분류하는 데 있어 '형태'와 '생식적 격리'를 중요시하는데, 서로 종이 다른 숫사자와 암호랑이 사이에 태어난 라이거(liger)는 어떻게 설명할 수 있을까? 라이거는 수사자(Panthera leo)와 암호랑이(Panthera tigris) 사이에서 태어난 잡종인데, 고양잇과 동물 중 가장 크다고 알려져 있다. 라이거와 타이그론(tiglons, 암사자와 수호랑이 잡종)은 생식불능으로 오랫동안 알려졌었지만, 1943년 사자와 교배하여 새끼를 낳아 성체로까지 성장하였다. 종—속—과—목 등으로 분류되고 있는 현재의 분류체계는 '생식적 격리'만으로 종을 설명할 때 예외적인 이런 현상을 설명할 수 없게 되었다. 또한 같은 조상에게서 나온 자손들이 저절로 종 분화가 이뤄지고 있다는 이상한 논리로 전개될 수밖에 없는 것이다. 종 분화는 다양성의 일환으로 설명되는 것이 더 과학적일 것이다.

더 많은 연구가 필요하지만 '종' 보다는 '과' 정도의 분류가 생명체의 '종류' 일 가능성이 크다. 개 과에 속한 다양한 생명체가 하나님께서 창조하신 한 쌍의 동물로부터 모두 나왔을 가능성도 크다. '생식적 격리' 는 자연스러운 생식이 일어날 수 있는지를 기준으로 하지만, 그런 기준을 적용할 경우 품종개량을 통해 나오는 다양한 개들도 진화가 일어난 것이라는 해석을 해야 할 것이다. 사람들의 반려동물인 다양한 개들은 품종개량 과정에서 다양한 모습을 갖게 되고, 돌연변이로 인해 크기가 작아지는 현상이 함께 일어나기 때문에 후손 간에 생식이 이뤄지지 않는 경우가 생기게 된다. 그럴 경우 진화되어 개가 아닌 다른 것이 되었다고 말할 수는 없을 것이다. 따라서 처음 하나님께서 창조하신 '종류' 의 원형을 찾기 위해서는 유전 정보를 직접 비교하는 방법을 통해서만 가능하다. 실제로 육안적 관찰에 의지해서 이뤄진 분류체계는 유전정보 설계도를 직접 비교함에 따라 새로운 분류체계가 필요하다는 것을 과학자들이 인지하고 있는 실정이다. 그러므로 '종류' 를 현재의 분류체계에 맞추는 것은 잘못된 기준에 억지로 맞추는 형태가 되고 만다.

2.2. 인간의 다양성과 인종

DNA 유전정보가 설계도라고 하는 것은 DNA 설계도에 의해 인간은 인간답게, 원숭이는 원숭이답게 형태를 갖추도록 되어 있기 때문이다. 같은 인간 중에서도 다양한 인종들이 있지만, 그 다양성 때문에 인간인지 아닌지를 구별하기 힘든 경우는 없다. 각 생명체가 뚜렷한 형태의 차이를 보이는 것이 '종류' 대로 창조된 증거 중의 하나이다. 이런 뚜렷한 구별은 복잡한 유전정보의 설계도를 연구해야만 알 수 있는 것이 아니라, 이미 눈앞에 명백하게 보이고 있는 모습이다. 그럼에도 불구하고 진화론을 믿는 과학자들은 인간과 침팬지가 99.4%가 같다고 2003년 발표하였다. 또한 2006년 조지아공대의 이수진 박사팀은 인간과 침팬지가 5백만 년 전에서 7백만 년 전에 분리되었고 유전코드가 극히 유사하게 진화되었으며 그 차이는 겨우 3%에 불과하다고 주장하였다.

인간이 침팬지와 그렇게 유사하다면, 어떻게 인간과 침팬지는 그렇게 다르게 생겼으며, 다른 행동을 보이는가? DNA가 생명체의 설계도이고, 진화론을 주장하는 과학자들의 연구가 사실이라면 당연히 침팬지는 고릴라나 오랑우탄보다 사람과 가까운 모습으로 보여야 하지 않는가? 그렇지 않은 이유는 무엇인가? 사실 이런 질문 자체가 너무나 우스꽝스럽다. 진화론자들이 인간과 침팬지의 유전자가 같다고 주장하는 것은 모든 DNA 염기서열을 비교한 것이 아니라, 단백질을 만드는 유전자만을 비교한 것이기 때문이다. Wildman의 연구는 인간과 침팬지의 유전자 데이터베이스에서 같은 유전자를 97개를 선택하여 비교한 결과이다. 같은 유전자를 비교하니 99% 이상 같게 나올 수밖에 없다. 이후의 연구들도 바로 이와 유사한 방식으로 단백질을 만드는 데 관여하는 DNA 유전자 부분만을 연구하기 때문에 유사성이 높게 나올 수밖에 없는 것이다.

단백질을 만드는 DNA 코드는 실제로 숨 쉬고, 먹고, 마시는 등 생체의 중요한 기능을 하는 것들이며, 이런 기능은 사람과 침팬지 사이에 많은 차이를 보이는 것이 아니기 때문이다. 사람과 침팬지의 차이를 보이는 것은 기본적인 생리의 차이도 있지만, 형태를 비롯한 인간의 특성 그 자체가 더 큰 차이를 보이는데 이런 부분 확인하기 위해서는 사람과 침팬지 DNA 코드 전체를 비교해야 할 것이다. DNA 정보가 설계도라면 설계도의 결과인 생명체의 모습은 DNA 정보에 의해 결정될 것이다. 따라서 형태가 확연히 다른 인간과 침팬지의 유전자(gene)만을 비교해서 같다고 주장하는 것은 어처구니없는 일이다. 어린아이들도 볼 수 있는 형태의 차이를 진화론자들은 진화론에 매몰되어 진화론적 설명에 매달리기 때문에 왜곡된 해석을 하는 것이다. "왜 인간과 침팬지의 유전자가 거의 같다면 그렇게 다른 형태를 보이는 것일까?"라는 질문은 진화론자들도 계속 외면할 수 있는 질문이 아니었다. 2011년 이 질문에 대하여 진화론자들도 연구할 수밖에 없었고, 그 결과 바로 쓰레기 DNA(junk DNA)의 차이 때문이라고 독일의 막스프랭크 인류 유전학 연구소 맥도날드 교수팀이 발표하였다. 이미 DNA의 1%를 차지하는 단백질을 만들어 내는 DNA 코드보다 나머지 DNA가 유전자 조절의 중요한 역할을 하고 있음이 밝혀졌다. 사람은 사람을 낳고, 원숭이는 원숭이를 낳는 당연한 현상은 바로 유전정보의 설계도에 있음이 당연함에도 진화론적 해석체계는 생명과학에서 보여 주는 결과들을 왜곡시키고 있는 것이다.

인간의 유전적 다양성을 자세하게 연구하기 위한 '1,000 지놈프로젝트(genome project)'가 2008년 1월 시작되었다. 서아프리카, 유럽, 중국과 일본에 살고 있는 179명의 유전체를 낮은 수준의 정확도를 가지고 염기서열을 완전히 분석하는 연구를 우선 하였고, 다음 단계에서는 2,500명의 개인을 대상으로 연구할 예정이다. 1단계 연구에서 나타난 결과는 각 개인의 유전체에서 유전자 기능이 무력화된 250개에서 300개의 '기능을 잃은 돌연변이'를 갖고 있으며 이는 전체 유전자의 1%에 이르고 있다. 또한 이 연구에서 사람들 사이의 유전적 다양성을 단일염기다양성(single nucleotide polymorphism, SNP) 등 여러 가지 방법으로 조사하였는데, SNP만 하더라도 1,500만 개의 다양성이 있음을 보고하였다.

인간의 이런 다양성은 어디서 온 것일까? 유전자가 돌연변이에 의해 달라진 부분이 있는 것은 분명하지만, 이런 돌연변이가 같은 부모로부터 태어난 형제자매를 다르게 만드는 중요한 요인이 아니라는 것은 너무나 분명하다. 이러한 다양성은 돌연변이에 의해 생기는 것이 아니라, 부모를 통해 자손이 나오면서 다양해지도록 이미 설계되어 있는 것이다. 즉, 인간이 되기 위해서는 반드시 인간으로부터 유전정보의 설계도를 받아야 하며, 부모의 유전자의 조합을 통해 자녀는 각각 독특한 인간의 유전정보 설계도가 만들어지는 것이다.

자녀들은 부모로부터 각각 23개의 염색체를 받아 23쌍의 염색체를 갖게 된다. 부모가 가진 23쌍의 염색체에서 23개의 염색체가 선택되어 생식세포를 통해 자녀에게 전달된다. 이때 각 쌍이 되는 염색체 모두가 서로 다른 정보로 갖고 있다고 가정할 경우, 23쌍의 염색체에서 23개의 염색체가 선택되어 각각 다른 유전정보가 구성되는 경우의 수는 2의 23승이 되고, 부모 각각으로부터 23개의 염색체의 전체 조합의 경우의 수는 223×223=70조3천6백8십7억이 넘는 경우의 수가 나온다. 23쌍의 염색체의 조합만으로도 자녀의 유전정보가 엄청난 다양성을 보일 수 있으며, 선택된 유전정보는 자체적인 유전자 재조합 과정(cross over)을 통해 더욱 다양해진다. 이런 과정을 통해 일란성 쌍둥이가 아닌데 같은 유전정보의 설계도를 갖고 태어날 가능성은 없는 것이다.

인간은 인간으로부터 태어나야만 인간이 될 수 있으므로 우리 인류의 조상이 몇 명이었는지가 궁금해질 수밖에 없다. 그런데 그 답은 진화론 과학자들의 연구를 통해 이미 보고되었다. 1987년 모든 여성의 조상이 한 명일 것이라는 연구결과가 나왔고, 이어 1995년에는 모든 남성의 조상도 한 명일 것이라는 연구결과가 보고되었다. 이 연구 이후 다지역 진화론이 단일지역 진화론으로 바뀌게 되었다. 그렇다면 모든 인류는 한 부모에게서 나온 한 가족이라고 할 수 있는데, 어떻게 같은 가족 중에 다양한 인종들이 있는지 의문이 들 수밖에 없다.

인류가 가지고 있는 다양한 피부색을 진화의 결과로 해석하는 경우가 많다. 태양 빛이 얼마나 있느냐는 환경에 따라 멜라닌 색소가 진화 과정에 의해 나타났고, 이후 피부색들이 변화되었다는 주장이다. 그러나 인류가 출현하고 태양 빛을 받으면서 멜라닌 색소가 처음 만들어졌다는 것은 진화론자들의 상상력일 뿐 아무런 증거가 없다. 또한 피부색은 환경의 변화로 결정되는 것이 아니고 유전적으로 결정된다. 피부색을 결정하는 다양한 유전자의 복합적인 조합에 의해 결정되고 있다. 그래서 아프리카의 흑인 부부로부터 백인 아이가 태어나기도 하고(매우 드문 조합의 결과이겠지만), 영국에서는 한 쌍의 부부로부터 흑인, 백인 쌍둥이 아이들이 태어나기도 했다. 인류가 흩어지면서 지역적 고립 등으로 유전적 풀이 작아지고, 그 안에서 자손들이 나오면서 피부색이 유사한 사람들이 모여 살게 된 것이다. 그전에는 한 가족 중에 영국 부부처럼 백인, 흑인 아이들이 같이 있었을 것이다. 흩어지면서 다양성이 줄어들었던 것이 다시 흩어졌던 인류가 모여 살면서 다양한 피부색을 가진 자녀가 한 가정에서 태어날 수 있는 것이다.

2009년 Fan 등은 각 개인이 가진 유전정보의 차이가 개인 간의 차이가 더 큰지, 인종 간의 차이가 더 큰지를 연구하였다. 놀랍게도 조사한 11,355개의 유전자(RNA) 중에서 인종 간의 차이가 더 크게 나타난 유전자는 10여 개에 불과했고, 유전자 대부분은 인종 간의 차이보다 개인 간의 차이가 더 큰 것으로 나타났다. 피부색의 차이는 실제로 인간이 가지고 있는 다양한 특성 중에 일부에 불과한 것이다. 눈에 잘 띄어서 마치 큰 차이를 보이는 것 같지만, 실제로는 각 개인이 가진 독특한 수많은 차이 중에 일부일 뿐이다.

피부색을 비롯한 인간의 수많은 다양성은 각각의 DNA 유전정보 설계도가 독특하다는 것을 의미하며, 서로 다른 것이 중요한 것이 아니라 각 개인이 독특한 인격을 갖는 존재라는 것을 말하고 있다. 그러나 피부색을 비롯하여 사람들 사이에 여러 가지 다른 특성들을 진화론적으로 해석해서 인간 사이에 우열이 있는 것처럼, 민족 간에 우열이 있는 것처럼 주장하고 행동하는 것이 비극적인 일이다. 실제 역사 속에 비참한 결과로 나타나기도 했다. 2차 세계대전 때 독일 나치군대가 유대인, 장애인, 집시들을 조직적으로 처형한 일을 비롯하여 지금도 민족청소라는 이름으로 민족 간에 죽고 죽이는 일들이 벌어지고 있다. 이 모든 것이 한 가족인 사람들이 서로 분열하여 싸우고 있는 것이다. 그러나 DNA 유전정보는 우리가 모두 한 부모에게서 나온 한 가족들이며 민족과 피부색의 차이는 인류가 가진 다양성과 독특함을 보여 주고 있는 것이다.

2.3. 자연선택 또는 후생유전학

하나님께서 창조하신 종류 안에서의 다양성은 생육하고 번성하면서, 즉 부모의 유전자 조합과 유전자 재조합(cross over) 등에 의해 이뤄진다는 것은 너무나 분명한 사실이다. 그러나 진화론에서 다양성을 자연선택의 과정으로 설명하고 있고, 늑대가 개가 되는 가축화의 예를 들면서 사람들의 인위선택이 늑대에서 개를 만들 수 있었다고 주장한다. 그러나 야생 동물을 가축화하는 것은 오랜 시간이 걸리는 것이 아니라 불과 3세대면 가능했다. 3대 만에 여우가 강아지처럼 사람의 접촉을 구하고, 꼬리를 흔들고, 낑낑대고 핥아댔다.

야생 동물이 가축이 되는 것은 매우 짧은 시간에 일어날 수 있음을 보여 주었는데, 가축이 된 이후 식이와 환경의 변화가 형태의 변화도 초래할 수 있으며, 이것은 후생유전학적 변화 때문이라는 것이 야생 닭과 사육된 닭을 비교 연구하여 보고되었다. 후성유전에 의해 빠르게 진화한다고 과학자들은 보고하였지만, 이것은 유전정보 설계도의 변화가 아니며, 형태의 변화를 진화로 해석하는 진화론적 패러다임일 뿐이다. 후성유전은 오래 지속되지 않는 것으로 보고되고 있으며, C elegans의 경우 후성유전에 의한 장수가 3~4세대 정도 유전되는 것으로 보고되고 있는데, 사육되는 닭에서 8세대 간 교배된 후에도 상당한 후생유전학적 차이가 있는 것은 식이와 환경이 다른 상태가 유지되기 때문으로 후성유전학적 변화가 계속될 수 있을 것이다.

후생유전이란 DNA 유전정보 자체는 변화되지 않지만, 환경 등의 영향으로 DNA에 메틸기가 붙는 방법(DNA methylation) 또는 histone modification 등의 방법으로 유전정보의 발현이 억제할 수 있음을 알게 된 것이다. 즉, 환경적 영향으로 유전정보 설계도 자체는 변화되지 않지만 유전정보 발현은 변화될 수 있게 된 것이다. 이것을 후생유전학(epi-genetics)이라고 부른다. 다윈이 갈라파고스 군도에서 관찰한 생명체의 다양성과 환경에 반응해서 달라진 핀치새의 부리 모습 등이 '종의 기원'을 통해 진화론을 주장한 핵심적인 내용이었다. 이후 생명과학이 발전하면서 유전정보가 바뀔 수 있는 유일한 기전인 돌연변이가 진화의 중요한 기전이 될 수밖에 없었고, 돌연변이와 자연선택을 통해 다양성과 진화를 설명한 것이다. 그러나 후생유전학 연구가 발전됨에 따라 환경에 의한 개체의 변화 또는 다양성은 유전정보 설계도가 바뀌지 않는 일시적 현상임을 알게 되었다.

환경과 생명체의 상호반응은 DNA 유전정보가 환경에 반응하는 능력이 이미 갖고 있음을 보여 준다. 대표적인 예가 꿀벌이다. 같은 DNA 정보를 가진 벌 중에 로열젤리를 먹는 벌은 여왕벌이 되고, 다른 벌은 일벌이 된다. 여왕벌이 낳은 모든 벌도 로열젤리를 먹였을 때만 여왕벌이 된다. 즉 DNA 정보의 변화 없이 먹는 것이 달라진 것만으로 형태와 기능의 놀라운 변화를 가져온 것이다. 환경과 유전정보 간의 상호작용을 연구하는 학문은 이미 알려진 DNA methylation, Histone modification 등의 후생유전학 외에도 매우 복잡한 DNA 정보의 조절 능력에 대한 연구가 더 필요할 것이다. 많은 과학자가 DNA의 2%밖에 안 되는 단백질을 암호화하는 유전자(gene)에만 집중하고, RNA에 의해 복잡한 생명체의 정보들이 조절된다고 주장하지만, 실제로는 RNA를 조절하는 DNA가 조절기능의 핵심이 될 수밖에 없다. 실제로 Junk DNA에 조절 기능을 하는 영역이 23,000여 개나 발견되었다.

3. 결론

진화론적 개념을 버리고 생명체들의 유전정보 설계도를 기준으로 새로운 분류체계를 만든다면 하나님이 창조하신 '종류'의 원형을 찾을 가능성이 크다. 현재의 분류체계는 육안 관찰에 의지한 것이기 때문에 유전정보에 근거한 새로운 분류체계가 도입되어야 함을 과학자들도 인식하고 있다. 그러나 현재의 분류체계를 가지고 굳이 이야기하자면, '종'보다 '과'가 하나님께서 창조하신 '종류'에 가까울 것이며, 종 분화는 '속' 내에서 일어나는 다양성의 일환으로 해석될 수 있다. 사람의 경우에는 homo sapiens로 분류된 '종'이 하나님께서 창조하신 '종류'에 속할 것이다. 그런데 homo sapiens는 homo로 분류되는 '속'에 속한 생명체 중 유일하게 살아 있는 생명체로 알려져 있다. 진화론적 개념 때문에 homo 속에 다양한 '종'이 있는 것처럼 표현되었을 뿐. homo sapiens는 사실상 다른 생명체들과 다른 '속'이라고 해석하는 것이 타당할 것이다.

생명체의 다양성은 하나님께서 창조하신 '종류', 현재의 분류체계에 따르면 '속' 내에서 생육하고 번성하면서, 즉 유전정보의 조합으로 이루어진 것이다. 기본적인 유전정보의 설계도가 변화된 것이 아니므로 종류 또는 '속'에 따라 형태적으로 뚜렷한 차이를 보이면서도 각각 매우 다양해진 것이다. 이런 다양성 중에는 형태는 같은데, 서로 교배하지 않거나, 교배하면서도 매우 다른 형태를 보이는 현상이 포함되는 것이다.

DNA 유전정보는 생명체의 형태를 결정하는 설계도이며, 모든 기능을 총괄하는 시스템이므로 변화되지 않도록 세포막 내의 핵막 안에 잘 보존되어 있고, 손상 받을 경우 유전자 복구 시스템에 의해 복구되도록 되어 있다. DNA 정보가 복구되지 않을 경우 세포자살(apoptosis)이 일어나도록 해서 DNA 유전정보 설계도가 변형되지 않도록 이중, 삼중의 시스템이 구축되어 있는 것이다. 변화되지 않은 DNA 정보는 동시에 환경과 반응할 수 있는 다양한 기전을 갖고 있으며 후성유전학적 변화 외에도 환경과 반응할 수 있는 다양한 기전이 존재하며 앞으로 더 많은 연구를 통해 밝혀질 것이다.

종류 내에서의 생명체의 다양성은 유전적 정보 조합, 후생유전학적 변화 외에도 돌연변이도 기여할 수 있다. 돌연변이는 대부분 "기능의 상실"을 초래하지만 그 때문에 크기의 변화 등을 초래할 수 있으며, 기능이 상실해도 살아남을 수 있는 환경에서는 생존이 가능하게 된다. 그래서 빛이 없는 동굴에서 살고 있는 생명체 들 중 시력을 상실한 생명체들이 존재할 수 있는 것이다.

생명체의 다양성에 대한 창조 질서를 밝히는 일은 성경적으로, 과학적으로 모두 중요하다. 진화론은 생명체의 다양성에 대한 날카로운 인식을 통해 생명과학의 발전에 도움을 주었지만, 진화론적 패러다임만을 고집함으로 도리어 생명체의 다양성을 설명하는 데 걸림돌이 되고 있다. 하나님의 존재 자체를 의심하는 많은 사람이 있지만, 하나님의 존재 여부가 사람들의 믿음과 의심과는 상관없듯이, 하나님께서 창조하신 질서는 모든 사람에게 보이도록 되어있다. 단지 그 보이는 사실을 어떻게 해석하고 있느냐에 따라 달리 보일 뿐이다.

_ 이은일 교수

140. 진화의 흔적이 인간의 유전자에 남아 있다는 주장에
대하여

질문 : "이에 대해 우리의 종과 관련된 2가지 예를 들 텐데, 발
에 물갈퀴가 있는 인간이 있음을 들어 보신 적이 있을 겁니다.
의문이 생기죠? 왜 물갈퀴가 저기 있을까요? 우리는 아기가 꼬리를 달
고 태어난 경우를 들어 본 적이 있을 것입니다. 왜일까요? 우리에게는
갈퀴나 꼬리를 만들 유전자가 있기 때문입니다. 왜일까요? 왜 우리는
제거해야 하는 유전자를 갖고 있는 것일까요? 자연 선택은 이것들을
제거해 버렸지만 자궁 속에 있을 때 유전적인 메시지가 제시간에 도착
해서 갈퀴나 꼬리를 없애라고 해야 했지만 명령이 제대로 이행되지 않
으면 아기가 꼬리를 갖고 태어날 수 있는 것이죠."

저의 질문입니다. Karl Giberson 박사가 Randy Guliuzza 박사
와의 논쟁(http://christianqna.org/bbs/board.php?bo_table=
z6_2&wr_id=4) 가운데 위의 말을 했습니다. 과학적인 지식이 부족한
저는 유신론적 진화론자인 칼 가이버슨 박사의 이 말을 어떻게 이해해
야 할지 모르겠습니다. 설명 부탁드립니다.

답변 : ⟨1⟩ 손의 물갈퀴: 칼 가이버슨의 박사의 주장은 발생 과
정에 대한 무지라고 할 수밖에 없습니다. 손이 만들어지는 과
정은 손가락이 하나하나 만들어지는 것이 아니라, 손 전체가 하나로 만
들어지고, 이후 손가락 부위에서 세포들이 괴사가 일어나 손가락이 생

기게 되어 있습니다. 손가락 사이의 세포들이 괴사가 일어나는 과정에 문제가 있으면 괴사가 일어나지 못해 손가락 사이에 살이 남아 있는 것입니다. 이것은 물갈퀴가 아니라, 괴사가 되지 못해 남아 있는 살입니다. 유전자를 제거하지 못해 일어나는 현상이 아니라, 유전자가 제대로 작동하지 못해서 일어난 현상이지요.

〈2〉 꼬리 달린 아기: 사람은 구조적으로 꼬리가 없습니다. 꼬리뼈는 단순히 척추뼈의 맨 끝에 있는 뼈이며, 꼬리를 구성하는 뼈가 아닙니다. 따라서 발생 과정 중에 꼬리가 생길 수 있는데 유전자를 제거해서 꼬리가 생기지 않는다는 것은 말도 안 되는 이야기입니다. 꼬리 달린 아기가 세계 곳곳에서 보고되고 있는데, 질병 때문에 그렇게 된 것입니다. 그 안에 뼈가 있는 것이 아니라, 수막에 문제가 있어서 그렇게 된 것입니다. 이미 방송에서도 의사가 꼬리 달린 아기는 질병이라고 이야기합니다. 꼬리 달린 아기 imbc 뉴스(imnews.imbc.com/weeklyfull/weekly04/3457376_12312.html)를 보시면 될 것입니다.

_ 이은일 교수

질문 : 창세기 시대에 관한 질문 드립니다. 공룡과 고대 생명체에 대해서는 어떻게 이해해야 되나요?

답변 : 먼저 공룡이 사람과 공존했었는지, 그리고 공룡의 멸종시기에 대하여 살펴보겠습니다. 공룡은 사람과 공존해 왔으며 어쩌면 수백 년 전까지도 생존해 있었다는 다음과 같은 증거들이 많이 포착됩니다. 하나씩 차례대로 살펴보겠습니다.

1) 공룡의 화석에 붙어 있는 부드러운 살점(연부조직), 혈관 세포, 섬유질 : 이런 연부조직이 붙어 있는 공룡화석을 7천만 년 전의 것이라고 주장하는 것은 전혀 사실과 다르다는 것을 알 수 있습니다. 하지만 공룡이라는 이유로 7천만 년 전의 것이라고 보도되었습니다. 이후 계속된 연구 결과 공룡화석에서 단백질을 발견해 냈습니다. DNA나 단백질이 보존될 수 있는 기간은 얼마나 되는지 학계에서는 다음과 같이 연구 결과를 내놓고 있습니다.

2) 아직도 완전히 석화되지 않아 고아 먹을 수 있는 정도로 영양분을 가지고 있는 공룡 뼈들 : 칼슘 성분이 풍부하게 남아 있어 약재로 사용될 수 있으며 설렁탕을 해 먹기도 할 수 있을 정도의 이런 뼈는 실제로 얼마나 오래되었을까요?

3) 사람이 남긴 공룡 벽화, 점토상, 모자이크, 미술품이나 생활용

품에 그려진 문양이나 그림

4) 사람 발자국과 공룡 발자국이 공존하는 화석들 : 공룡과 사람의 공존하는 발자국들(일명 Taylor Trail)이 미국 텍사스주, 글렌 로즈 (Glen Rose)의 팔룩시(Paluxy) 강바닥에서 최소 134개의 공룡 발자국과 함께 14개의 사람 발자국이 발견되었습니다.

스탄 테일러(Stan Taylor, 발자국을 가리키고 있는 사람)는 1969년에 테일러 발자국들에 대한 발굴을 시작하여 1972년까지 작업을 지속했습니다. 초기에는 단지 2개의 사람 발자국만을 팔룩시 강바닥에서 볼 수 있었습니다.

1994년 사진에서 테일러 발자국들이 물속에서 선명하게 나타났습니다. 계속된 발굴을 통해 왼발과 오른발이 교대로 찍혀져 생성된 모두 14개의 사람 발자국이 발견되었습니다. 전체 모습은 물속의 진흙 때문에 선명함이 조금 떨어지지만 분명히 볼 수 있었습니다. 1999년 가뭄 시, 30도 각도로 나 있는 14개의 사람 발자국과 세 발가락의 공룡 발자국들이 선명히 드러났습니다. 다음 자료에 나오는 사람 발자국은 1982~1998년 사이에 발굴되었던 여자의 발자국으로, 왼발과 오른발이 교대로 나 있는 일련의 9개의 발자국 중에서 5번째 발자국(25cm 크기)입니다. 1982년 댈러스 경찰국의 법의학 전문가에 의해서 수행된 조사에서, 이 발자국은 여자의 것으로 추정하였습니다. 발자국은 발바닥의 폭에 비해 뒤꿈치의 폭이 좁은 것으로 나타났는데, 여성이 남성에 비해 좁다고 칼 보프(Carl Baugh) 박사는 연구 결과에 대해 말했습니다.

• 또 다른 공룡 발자국 속의 사람 발자국 : 우리나라에도 많은 공룡 발자국이 발견되지만 그 가운데 가장 중요한 것은 공룡 발자국과 사

람 발자국이 공존하는 화석입니다.

5) 살점이 붙어 있는 채로 발견되는 공룡의 사체들

정리해 보면, 공룡들은 분명히 사람들과 공존해 왔을 뿐만 아니라, 아스테카 문명의 발자취나 페루 일대의 문명이 남긴 자취들은 거의 AD15~16세기까지 공룡들이 살아 있었고 사람들에게 친밀한 존재로 인식되었던 것 같습니다. 최근 몬테나주에서 발견되어 연구된 공룡화석에 붙어 있는 연부 조직들과 혈관 세포, 단백질 등은 분명히 수천 년 이상 오래된 것은 아님을 짐작하게 해 줍니다. 다음으로, 공룡도 노아의 방주에 당연히 실었습니다. 그래서 살펴본 바와 같이 우리와 함께 살아왔습니다. 공룡의 모습은 매우 다양했으며 그 가운데 아주 큰 공룡이라 하더라도 어린 공룡은 그리 크지 않았습니다. 페루 ICA 국립대학의 카브레라 박사가 제공하는 AD500~1500년경 만든 이카의 공룡 점토상들은 그 크기를 알 수 있게 해 줍니다.

공룡의 멸종 원인은 무엇이었을까?

잘 아시다시피 지금도 멸종되고 있는 동식물들은 많이 있습니다. 따라서 공룡의 멸종도 그리 특별한 것은 아니라고 생각해 본다면 도움이 됩니다. 과거에도 많은 종이 멸종되었습니다. 삼엽충도 멸종되었고, 암몬조개도 멸종되었습니다. 그런데 공룡에 대한 특별한 관심은 크고 강한 동물이었다는 생각 때문인 것 같습니다. 사실은 강하고 용맹스런 동물들이 더 잘 멸종되는 것 같습니다. 사자, 호랑이, 곰 같은 맹수들은 멸종되어도 토끼는 멸종되지 않는 현상을 생각해 봅시다. 오히려 이런 일반적인 생각이 실제 공룡의 멸종을 이해하는 데 도움이 될 것입니다.

엄청나게 크면 많이 먹었을 것입니다. 그러려면 식물들이 잘 자라나야 하는데 환경이 열악해져서 식물들이 잘 자라지 못하고 크기도 작아지면 우선 많이 먹어야 하는 동물들이 멸종되어 갈 것입니다. 그런데 현재 남북극 지역에서는 아열대 생물 화석들이 발견됩니다. 이는 언젠가 남북극 지역도 아열대 생물들이 살기 좋았던 때가 있었다는 것이며, 또한 엄청난 크기의 잠자리 등 거대 생물 화석들이 발견되는데 이는 당시의 환경이 지금과는 매우 달라서 생육하고 번성하기에 아주 좋았을 것이라는 증거들로 생각됩니다.

그때가 언제였을까? 그것은 아마도 노아홍수 이전 궁창 위의 물 층이 있어서 온실효과를 일으키고 우주로부터 들어오는 해로운 광선들을 막아냈던 때라고 생각됩니다. 이후 노아홍수 때 궁창 위의 물 층이 사라져 남북극은 추워졌고 우주의 해로운 빛들이 들어와 환경은 생물들이 살아가기에 극적으로 나빠졌습니다. 이러한 상황은 특히 크고 많이 먹는 동물들에게 더욱 치명적인 결과를 초래했을 것입니다. 따라서 노아홍수 이후에 거대한 동물들은 점점 멸종되어 갔을 가능성이 크다고 생각됩니다. 아마도 공룡 가운데서도 아주 큰 공룡들은 빨리 멸종되었고 이후 비교적 작은 공룡들도 환경 변화에 따라 멸종되어 갔던 것 같습니다. 하지만 어쩌면 수백 년 전까지도 생존해 있었을 공룡들의 존재도 함께 고려해야 합니다. 참고로 운석 충돌은 왜 공룡만이 멸종하게 되었는지, 그리고 그 근거로 제시하는 이리듐은 화산폭발 시에도 많이 분출되므로 공룡 멸종의 근거가 될 수 없습니다. 또한 빙하기 역시 왜 공룡만이냐는 질문에 답하지 못합니다.

_ 김홍석 교수

질문 : 진화론자들은 지구의 나이가 약 40억 년 정도라고 하는데, 실제로 지구의 나이는 대략 몇 살인가요?

답변 : 지구의 나이를 측정하기 위해서는 현재의 변화들을 측정해서 과거를 추정하는 방법을 사용할 수밖에 없습니다.

진화론적 가정을 전제하지 않는다면, 지구의 나이는 젊을 수밖에 없습니다. 왜냐하면, 우주 자체가 질서도가 매우 높은 상태이기 때문에 태양계도 오랜 시간이 지날 수 없기 때문입니다.

지구의 나이를 추정하는 방법은 크게 두 가지가 있습니다. 첫째는 방사선 동위원소의 변화를 측정하는 방법입니다. 동위원소의 반감기가 일정하기 때문에 동위원소의 변화로 연대를 측정할 수 있는 것입니다. 둘째는 암석 중에 헬륨의 변화를 측정하는 방법입니다. 시간이 지날수록 암석 중에 있는 헬륨양은 감소하기 때문에, 그 원리를 이용하여 연대를 계산하는 것입니다.

1. 방사선 동위원소를 사용한 측정 결과

1) 암석에 있는 우라늄~납 등과 같은 반감기가 긴 동위원소를 이용하여 측정하면 수억 년의 기간이 나옵니다. 그런데 이런 측정 결과는 여러 가지 문제들을 보여 줍니다.

- 실제로 형성된지 얼마 안 되는 화산암 등이 매우 긴 연대를 보여줍니다.

- 암석이 오래전에 형성된 것과 그다음에 형성된 것들의 연대가 바뀌어 나타나기도 합니다.

- 같은 암석을 긴 연대 결과를 보이는 여러 가지 방사성 동위원소 측정을 하면, 그 결과들이 서로 많은 차이를 보입니다.

- 과거 방사성 붕괴가 급격히 일어났다는 다른 증거들을 참작하면, 방사성 붕괴가 서서히 오랜 시간 일정하게 일어났다는 가정에서 측정한 결과들의 신빙성이 떨어집니다.

- C14과 같은 반감기가 5,000여 년 되는 방사성 동위원소를 이용하여 측정하면, 수억 년에 해당하는 암석에 있는 나무 등이 수만 년 이내로 측정됩니다.

따라서 방사선 동위원소를 이용하여 지구의 연대를 측정하는 것은 과거 방사성 붕괴가 급격히 일어난 사건(노아 시대 대홍수 사건 등)을 고려하지 않을 경우, 무조건 길게 나올 수밖에 없고, 따라서 그 신빙성이 많이 떨어지게 됩니다.

2. 화강암 중 지르콘 헬륨양을 측정하여 암석의 연대를 측정한 결과

- 지르콘 내 헬륨 손실률은 지구가 6천 년이 되었다는 모델에 더 잘 맞습니다. (즉, 지구 연대가 6천여 년 되었음)

결론

1. 과학적인 방법으로 지구 연대를 측정하는 것은 현재의 변화로

과거를 측정하는 것이기 때문에, 과거에 큰 변화가 없이 지금과 유사한 상태로 있어야 한다는 가정이 있습니다. 방사성 동위원소의 반감기도 변화될 수 있다는 것이 알려졌기 때문에 과거의 격변적 상황을 보여 주는 퇴적암층을 볼 때 오래된 연대를 보여 주는 방사성 동위원소 측정에 의한 결과는 신뢰하기 힘듭니다.

2. C14, 헬륨 손실률 등은 수만 년 내지, 수천 년의 지구 연대를 보여 주고 있는데, 과거의 격변이 연대를 길게 해 줄 가능성이 높으므로, 이런 연대 측정 결과를 볼 때 지구 연대는 과학적으로도 길지 않다는 것을 알 수 있습니다.

3. 지구의 나이는 성경적으로 더 잘 알 수 있습니다. 창조 6일의 기간과 족장들의 족보를 계산하면 창조 연대가 BC 연대로 계산됩니다. 약간의 오차는 있을 수밖에 없지만 (예를 들어, 족장들의 나이는 연 기준이고, 월에 대한 정보가 없습니다.), 성경에 의하면 지구는 BC 4175년 (오차범위 25년)에 창조되었습니다. 이 연대는 표준 이집트 연대와 비교하면 문제가 있는 것처럼 보이지만, 이집트 연대를 더 근거가 있는 앗수르 연대기 등으로 조정해서 보면 성경 연대와 이집트 연대는 모순되지 않습니다.

_ 이은일 교수

Q 질문 : 성경에 보면 옛날 사람들은 900세 정도까지 살았다고 되어 있습니다. 그런데 노아홍수 이후로 수명이 확 줄었더군요. 그리고 지금은 100세만 살아도 오래 산 것이라고 하는데 옛날 장수의 비결이 무엇이었나요? 왜 지금은 그렇게 오래 살지 못하나요? 노아홍수 때 무슨 큰 변화가 있었던 것인가요? 교수님들의 정확한 답변 부탁드립니다.

A 답변 : 노아홍수 사건은 큰 깊음의 샘들의 터짐과 하늘의 창들의 열림이라는 두 가지를 통하여 하나님께서 물 심판을 하신 것입니다. 이 때문에 일어난 환경적인 변화는 그 결과를 보고 유추해 볼 수 있습니다. 성경의 기록을 통하여 살펴보면 먼저 노아홍수 이후 무지개가 나타났고, 사람의 수명이 급격히 줄어들기 시작하여 11대 셈의 나이 600세로부터 20대 아브라함의 나이는 175세가 되었으며 이삭은 180세, 야곱을 거쳐 레위, 고핫, 아므람은 약 130세 남짓 살았고, 모세는 120세를 살았습니다.

수명이 줄어든 것은 무엇보다 하나님께서 사람의 수명을 줄여 가신 것이 근본적인 원인일 것입니다. 하루살이는 하루나 길면 4일 정도를 산다고 하는데 왜 이들은 이렇게 짧은 시간을 살까요? 근본적인 이유는 하나님께서 하신 것입니다. 사람의 수명이 줄어든 근본적인 하나님께서 줄여 가셨다는 전제하에 우리는 부수적으로 환경적인 요인들을 유추해 볼 수 있습니다.

무지개가 생겨났다는 것에서 궁창 위에 존재하던 수(水)층의 사라짐을 알 수 있고(궁창 위의 물층을 통과하면서 이미 산란된 빛은 물방울이나 프리즘을 통과해도 무지개가 생겨나지 않지만, 궁창 위의 물층이 사라진 후에 산란 없이 우리에게 도달된 혼합광선은 물방울이나 프리즘을 통과하면서 파장에 따라 분광되면서 무지개를 생성하게 됨), 궁창 위의 물층이 우주로부터의 생태계에 해로운 광선(beam)들을 차단해 주던 효과가 사라지고, 남북극에서 발견되는 아열대 화석생물들과 공룡의 화석들이 보여 주는 바와 같은 온실효과가 사라져 남북극지방에는 극심한 추위가 생겨났으며, 태풍과 같은 심한 바람 현상들이 초래되는 등의 환경 변화가 일어나 생명체가 살아가는 데 좋지 않은 환경이 되었던 것 같습니다. 오늘날 화석으로 발견되는 거대 잠자리 등의 생물들의 거대한 모습은 그 당시의 환경이 지금보다 더 살기 좋았다는 사실에 대한 간접적인 증거로 생각해 볼 수 있겠습니다. 노아홍수 이전에는 대기의 조성비도 달랐을 가능성을 보여 줍니다. 깊은 지층 속에서 출토된 호박 속의 공기 방울들은 약 32%의 산소 비율을 보여 주기도 합니다. 대기압도 달랐을 가능성이 큽니다. 또한, 오늘날 대기 중의 방사성 탄소 비율이 1조 개의 탄소12에 1개의 방사성탄소(탄소14)인 데 비하여 홍수 이전에는 대기 중으로 유입되는 방사선을 차단하는 효과로 인해 이보다 훨씬 낮았을 가능성도 큽니다. 또한, 현재 관찰되는 지구 자기장의 세기도 텍사스주립대학 반스 박사의 연구결과에 따르면 반감기가 1400년 정도라고 하는데, 이 역시 과거에 강했던 자기장은 지구를 더 잘 보호할 수 있었을 것으로 생각됩니다.

아울러 큰 깊음의 샘들의 터짐은 엄청난 화산 활동과 같은 현상으로서 현재 대서양 해령과 같이 바다 깊이 형성되어 있는 해령, 열곡들이 그 당시의 흔적이라고 생각되는데, 당시 깊은 땅속에 많은 물과 함께 많은 탄소와 방사선의 유출이 있었다면 이 역시 환경에 지대한 영향을 미치게 되고 생태계의 유전자에도 변화를 초래하였을 것으로 생각됩니다. 대기의 조성 배율에도 영향을 미쳤을 것입니다. 거대한 화산재들이 대기권을 덮어서 오랜 기간 아마도 백 수십 년에서 수백 년간에 걸쳐 태양빛이 정상적으로 지표면을 비추지 못하고 더운물들이 지하로부터 분출되어 생성되는 많은 양의 수증기 현상과 더불어 차가운 대기와 함께 빙하기를 초래하면서 환경은 더욱 몸살을 앓았을 것입니다.

이상과 같은 여러 가지 현상들이 환경적으로 생명체가 살아가기에 급격한 환경 변화와 함께 이후에도 점차 더욱 열악해져 왔으며, 이러한 환경 요인들은 생명체의 수명을 단축해 왔을 것으로 생각됩니다.

하지만 궁극적인 원인은 하나님께서 사람의 수명을 줄이신 것입니다. 지금의 환경이라도 900년을 살게 하신다면 우리는 도리 없이 900년을 살아야 하겠지요.

_ 김홍석 교수

질문 : 빅뱅 이론이 우리 지구의 탄생 원인이라고 하잖아요? 이것은 무엇에 근거한 학설인가요? 성경적 바탕이 있는 것인가요? 어디까지 신뢰할 수 있나요? 학교 수업과도 관련이 많아서요. 좋은 답변 부탁합니다.

답변 : 빅뱅이론과 성경

성경을 연구하는 사람들 가운데 많은 분이 빅뱅(Big Bang, 대폭발)이 성경에 기록된 창조를 지지하고 창조의 증거로 생각하는 경향이 있었습니다. 하지만 그것은 매우 위험하고 경계해야 할 생각입니다.

빅뱅 이론이란, 우주가 팽창하고 있다는 에드윈 허블(Edwin Hubble, 1889~1953)의 관측을 근거로 하고 있습니다. 1928년에 허블은 거리와 적색편이[8]의 관계를 제시하였습니다. 우주로부터 오는 빛의 스펙트럼에 나타나는 적색편이 현상은 그것이 지구로부터 점점 멀어짐으로써 발생하는 현상으로 보았습니다. 그는 적색편이 현상을 근거로 은하의 이동 속도가 지구와의 거리에 비례하며, 은하가 지구에서 멀리 떨어져 있을수록 빠르게 멀어지고 있음을 의미한다고 생각했습니다. 이

---

8) 대부분의 천문학자들은 적색편이는 기차가 관측자로부터 멀어질 때 기적소리가 낮아지는 것처럼 파동의 영향(wave effect)으로 해석하여 왔다.

것은 우주가 팽창하고 있다는 것을 의미하는 것이며, 역으로 이러한 속도로 과거로 약 150억 년 정도를 거슬러 올라가 보면 모두 한 점에 모이게 됩니다. 그렇다면 어떻게 지금과 같이 팽창하는 우주가 되었을까를 추론하는 가운데, 약 150억 년 전 원시 고밀도 질량 에너지 핵이 존재했는데, 대폭발(빅뱅)이 일어나서, 계속 팽창하여 오늘의 우주가 존재하게 되었다는 현대의 대표적 우주기원론입니다.

이러한 이론은 성경과는 전혀 조화될 수 없습니다.

첫째, 빅뱅 이론에 의하면 우주의 나이는 150억세 정도가 되는데 성경은 단 6일 만에 하나님께서 온 우주를 창조하셨으며, 나이는 약 6천세 남짓한 정도라고 분명하게 기록하고 있습니다. 성경의 기록된 대로 연대를 계산해 나가면 25년 오차 범위 내에서 BC 4175년경임을 분명히 알 수 있습니다.[9]

둘째, 수십억 광년이나 멀리 떨어져 보이는 별빛은 어떻게 설명할 수 있을까요? 그것은 수십억 년 전에 그곳에서 출발하여 지금에야 지구에 도착한 것일까요? 그렇다면 우주의 나이가 6천 년 남짓하다고 하는 성경의 기록과 모순됩니다. 하지만 성경은 이에 대하여 충분한 답을 기록해 주고 있다고 생각됩니다.

"하나님이 이르시되 (하늘의 궁창)에 광명체들이 있어 낮과 밤을 나뉘게 하고 그것들로 징조와 계절과 날과 해를 이루게 하라"(창 1:14).

---

9) 참조. 김홍석, "성경적 연대기", 2009 한국창조과학회 학술대회 논문집, 108-129쪽 (2009.10.10), 김홍석, "제임스 어셔와의 대화", 2011 한국창조과학회 국제학술대회 논문집, 57-70쪽(2011. 5. 28), 김홍석, "지구의 나이", 『창세기로 돌아가기(Back to the Genesis)』(서울:한국창조과학회 2010. 10.1), 35-90쪽.

어디에? 창세기 1장 8절에서 궁창(라키아)을 하늘(솨마임)이라 부르시기로 하셨는데도 불구하고 하늘이 아니라 굳이 하늘의 궁창이라고 기록하고 있습니다.

"또 광명체들(lights)이 하늘의 궁창에 있어 땅을 비추라 하시니 그대로 되니라"(창 1:15) 어디에 있어 무엇을 비추라? 하늘이 아니라 하늘의 궁창에 있어서 땅을!

"하나님이 두 큰 광명체(lights)를 만드사 …… 하나님이 그것들을 하늘의 궁창에 두어 땅을 비추게 하시며"(창 1:16~17) 어디에 두어 무엇을 비추라고 하셨습니까?

즉 아무리 멀리 떨어진 천체라도 그 빛들은 땅 위의 하늘인(창 1:20) '하늘의 궁창 '에 와 닿아 있어 궁창에서 땅을 비추고 있는 상태로 시작되도록 하셨다고 기록하고 있습니다. 그러므로 현대의 과학자들이 보기에는 수십억 광년 멀리 떨어져 있는 것처럼 보이는 은하라고 할지라도 그것은 처음 시작될 때 이미 땅을 비추면서, 땅에서 관측되면서 시작되었던 것입니다!

셋째, 사우스캐롤라이나 대학교수 천문학자 대니 포크너 박사는 "빅뱅 이론을 이용하여 하나님의 존재를 증명하려면 인과율을 이용할 필요가 있는데, 하지만 원인이 그것의 결과보다 앞서야만 한다. 빅뱅 이론에 근거하여 우주가 결과라면, 우주의 원인인 하나님이 시간상으로 빅뱅보다 먼저 존재해야 한다. 빅뱅 모델에 대해 옳은 관점은 빅뱅과 더불어 시간이 시작되었으며 이에 앞서는 사건은 없었다. 그러므로 우주의 시작 시점을 기준으로 시간의 경계를 벗어나서 인과논법을 적용하는 것은 부적절한 추론방식이다."[10]라고 말합니다.

다음으로 과학적으로도 너무나 많은 모순된 현상을 보여 주고 있습니다.

첫째, 원시 에너지 핵이 어떻게 존재하게 되었는지에 대하여 설명이 불가합니다. 이는 에너지 보존의 법칙에 모순됩니다.

둘째, 폭발과 팽창으로 시작된 직선 운동이 어떻게 행성들과 위성들의 정교한 공전 운동을 만들어 낼 수 있겠습니까? 대부분의 은하가 회전하고 있는데 왜 우주는 회전하지 않을까요?

은하들의 회전방향은 불규칙하고 어떤 규칙도 없습니다. 은하들이 어떻게 회전이 시작되었는지, 대폭발 이론에서 가장 설명하기 어려운 현상입니다. 행성과 위성들의 회전 방향조차도 운동의 방향성이 빅뱅과는 무관하며, 너무나 질서 정연합니다.

셋째, 1974년 옥스퍼드 대학의 로저 펜로즈(Roger Penrose)가 지적한 것으로, "계산에 의하면 현재 우주의 엔트로피는 상당히 낮고, 초기 우주의 엔트로피는 훨씬 낮았다. 즉, 우주는 매우 질서 있는 형태로 시작하였다는 것이다. 대폭발 이론은 질서가 없고 균질한 상태, 즉 무질서로부터의 출발을 함유하기 때문에 문제가 되는 것이다."라고 말합니다. 우주의 질서가 지금도 매우 높다는 것은 우주가 매우 젊다는 것을 지지합니다.

넷째, 아무리 멀리 떨어져 보이는 은하의 모습도 비틀린 팔의 모습이 매우 유사하며 이는 오랜 시간 멀어져 갔다고 하는 주장과 스스로 정면으로 모순됩니다. 다음 6개의 대표적인 나선 은하의 팔들은 비틀린

---

10) 참조. Danny Faulkner, 『우주와 창조(UNIVERSE BY DESIGN)』, 김천봉 옮김 (서울: (주)디씨티와이, 2009), 71쪽.

정도가 거의 같습니다.

2백만 광년 | 1천8백만 광년 | 2천6백만 광년

3천2백만 광년 | 6천5백만 광년 | 1억6백만 광년

지구와 은하들과의 거리는 광년으로 표시되는데, 1광년은 빛이 1년 동안 여행한 거리입니다. 오늘밤 지구에 은하의 빛들이 도착하기 위해서는 멀리 떨어져 있는 은하는 가까운 은하보다 오래전에 빛들을 방출시켜야만 했습니다. 그러므로 멀리 떨어져 있는 은하는 그들의 팔이 비틀어지는 시간을 많이 갖지 못했습니다. 반대로, 더 가까운 은하는 훨씬 더 비틀어져 있어야 합니다. 사진 속의 은하는 브렌트 툴리(R. Brent Tully)가 쓴 『Nearby Galaxies Catalog』(New York: Cambridge University Press, 1988)에 의하면 다음과 같습니다. A)M33 or NGC598 (200만 광년), B)M101 or NGC5457 (1800만 광년), C)M51 or NGC5194 (2500만 광년), D)NGC4559 (3200만 광년), E)M88 or NGC4501 (6500만 광년), F)NGC 772 (1억600만 광년). 2005년 SKY & TELESCOPE지에 "A Short-Lived Spiral?"이라는 제목으로 조슈아 로스(Joshua Roth)가 게재한 나선은하(spiral gallaxy) M77 관찰 결과에 의하면, 중심으로부터 3천 광년 떨어진 별이 6천 광년 떨어진 별보다 오히려 3배나 빠르게 회전하고 있으므로 수백만 년이 지나면 팔

은 모두 풀어져서 안개처럼 되어 팔 모양을 잃어버려야만 합니다. 그런데도 아직도 이렇게 아름다운 은하의 팔은 웬 말인가요? 더구나 1억 년 이상 나이 차이가 나는 은하의 모습들이 동일해 보이는 이유는 무엇일까요? 그것들은 정말 그렇게 멀리 있는 것일까? 그렇게 오랜 차이를 가진 모습들일까요? 우리는 사실 우주에 대하여는 아직 거의 아는 것이 없다고 말해야 합니다.

오늘날 우주는 은하의 모습들만 보더라도 빅뱅에 의하여 백 수십억 년 오랜 시간 동안에 멀어져간 결과가 아님을 확실히 알 수 있습니다. 오히려 그 모습들은 모든 은하가 동시에 그곳에 존재하였고 동시에 지구에서 그것들이 보이기 시작했다는 것이 오늘날 관찰되는 현상과 부합됩니다. 우주의 광대함은 빅뱅 이후 긴 시간의 흐름에 의하여 설명되는 것이 아니라 오히려 신비를 실감하게 할 뿐입니다. 우주의 연대를 결정해 주고 있던 빅뱅 이론은 무너지고 있습니다. 우주를 관찰할수록 정교하게 설계되어 있음을 알 수 있습니다.

_ 김홍석 교수

145. 진화론과 같은 반기독교적 학문의 변화를 위해 기독교인으로서 해야 할 일이 있다면?

질문 : 그리스도인은 진화론과 같은 잘못된 학문을 재해석하고 재조명해서 하나님의 학문으로 바꾸는 일을 해야 하나요? 어떤 사람이 주장하기를, 잘못된 학문을 하나님의 학문으로 바꾸기 위해서 노력해야 한다고 합니다. 근데 저는 사람은 각자 주어진 사명대로 각자 다른 일을 하는 게 바르다고 생각하는데, 아닌가요?

답변 : 호랑이를 잡기 위해 호랑이 굴로 들어가야 한다는 속담이 있습니다. 그렇지만 호랑이를 잡는 방법은 다양합니다. 꼭 호랑이 굴로 들어가야 하는 것은 아니지요. 그렇다고 해서 호랑이 굴에 들어가서 호랑이를 잡는 것이 잘못된 것은 아닐 것입니다. 충분히 준비되었다면 호랑이 굴에 들어가서 호랑이를 잡는 것이 가장 확실한 방법일지도 모릅니다.

진화론을 변화시키는 일도 비슷하다고 생각합니다. 사람마다 부르심이 다르므로 잘못된 진화론을 변화시키는 일을 모든 사람이 해야 하는 것은 아닐 것입니다. 또한, 잘못된 진화론을 변화시키기 위해 노력하는 사람들을 비난해서도 안 될 것입니다. 문제는 그런 일을 위해서는 학문적으로뿐 아니라, 영적으로 상당히 준비되어 있어야 합니다. 준비하지 않고 그런 일을 시도하는 것은 어리석은 일이 될 수 있습니다.

_ 이은일 교수

4부

146-180

예배, 신앙생활

Q **질문 :** 신앙생활은 예배와 아주 밀접한 관계가 있다고 생각합니다. 그런데 예배를 공적인 예배와 사적인 예배로 나누는가 하면, 공예배만이 예배이며 나머지는 집회, 개인 경건생활로 구분하는 견해도 있습니다. 예배에 대한 정의와 예전과의 관계성, 그리고 신앙생활을 예배와 관련하여 어떻게 구분하는가에 대해서 궁금합니다. 더하여 수련회 등에 사용하는 개회예배, 폐회예배라는 표현이 적절한 표현인지 궁금합니다.

A **답변 :** 예배에 대한 정의는 간단하지 않습니다. 교파나 학자마다 예배를 이해하는 견해나 입장이 조금씩 차이가 있기 때문입니다. 그런데 종합해 보면, 예배라는 용어를 넓은 의미로 이해하는 입장과 좁은 의미로 이해하는 입장으로 나누어 볼 수 있습니다.

예를 들어, 미국의 카버넌트 신학교 예배학 교수였던 로버트 레이번은 "예배는 신자의 새 생명의 활동으로서 예수 그리스도의 인격에 나타난 신격(Godhead)의 충만함과 그의 강력한 구속의 행위를 깨닫고, 성령의 능력으로 그에게 합당한 영광, 존귀, 순종을 살아 계신 하나님께 드리기를 노력하는 것"이라고 예배를 그리스도인의 삶 전체와 연관 지어 광의의 개념으로 정의하고 있습니다. 한편으로, 미국 개혁교단(CRC) 소속 제임스 드 종(James De Jong) 박사에 의하면, "예배란 하나님과 그의 백성 사이에 규정된 공동 집회로서, 하나님께서 찬양받으시며, 교회가 축복받는 집회"라고 예배의 의미를 구원받은 하나님의 백성이 함께 모여 공적으로 드리는 예전에 따른 예배로 제한해서 좁은 의미로 정의하고 있습니다. 이런 입장에 따르면, 특정 시간(주일), 특정 장소(교회당)에 온 회중이 모여 함께 드리는 공예배만 예배이며 나머지는 집회나 기도회 또는 경건회가 되는 것이지요. 하지만 전자의 입장을 따라 예배라는 용어를 폭넓게 적용하면, 예배를 공적 예배와 사적 예배, 예전적 예배와 생활예배로 나누어 설명하는 것이 가능하게 됩니다. 이런 광의의 개념으로 접근할 경우, 어린이 예배, 중고등부 예배, 대학·청년부 예배, 가정 예배, 수련회 등의 집회에서 개회예배, 폐회예배 등의 용어 사용이 가능할 수 있게 되지요. 중요한 것은 이 경우에도 예배의 핵심 요소 즉, 예배의 대상(하나님), 예배자, 예배 내용(말씀, 기도, 찬양)은 분명하게 갖춰져야겠지요. 나아가 성경은 공적예배 및 의식으로서의 예배뿐만 아니라, 일상생활을 변혁시키는 삶으로서 예배(롬 12:1)를 또한 언급하고 있다는 사실을 간과해서는 안 될 것입니다. 예수 그리스도의 구속으로 구원받은 신자에게 예배란 특정 시간, 특정 장소, 특정 형식에 한정되는 것이 아니라, 삶 전체를 지향하고 있다는 것이지요. 그러므로 가정생활, 직장생활, 공부, 노동, 나아가 휴식과 오락까지도 그 의미와 궁극적 목적의 측면에서 하나님을 향한 예배 차원에서 이해되어야 할 것입니다.

_ 김순성 교수

Q **질문** : 일반적으로 주일 오전 예배를 공예배라고 생각하고 있습니다. 그렇다면 주일 공예배의 특성과 표지는 무엇이며, 오늘날 한국 교회에 청소년 예배, 주일학교, 청년 예배 등은 공예배와 어떤 상관관계가 있으며, 이러한 것들이 공예배를 대신할 수 있습니까? 그리고 공예배를 드림에 있어서 예배당 자리가 부족하거나 여러 사정으로 공예배를 드리는 곳과는 다른 장소에서 예배드리는 것에 대해 어떻게 생각하십니까? 공예배 시간에 예배와 상관없이 분주하게 움직이는 스텝들이 큰 교회마다 있는데 이러한 것들을 어떻게 보아야 합니까? 그리고 합당한 공예배를 위한 대안을 제시해 주시기 바랍니다.

A **답변** : 일반적으로 공예배란 특정일(주일날)에 정한 장소(교회당)에서 구원받은 하나님의 백성이 함께 모여 드리는 예배로서, 교단이 정한 예배모범 지침을 따라 목사가 인도하는 예배를 말합니다. 공예배가 주일날 드려지는 예배라는 점에는 차이가 없지만 교단에 따라 주일 오전 예배만을 공예배로 보기도 하고, 주일 오후(저녁) 예배까지를 포함하기도 합니다.

참석 대상은 원칙적으로 남녀노소 연령에 구분 없이 하나님이 부르신 모든 언약 백성이 그 대상이 됩니다. 지금도 유럽 대륙의 화란 보수 개혁교단에서는 만 3세 이상이 되면 모두 공예배에 참석하는 전통을 고수하고 있습니다. 대신 주일학교는 없지요.

주일학교 제도는 영국에서 시작되어 미국을 거쳐 한국에 전수되었는데, 자녀들의 발달심리를 고려하여 연령별로 모여 별도로 예배나 성경 교육을 시행하는 제도입니다. 한국 교회는 전통적으로 당회의 지도 아래 유년주일학교는 별도로 모여 예배와 성경 교육을 하도록 하되, 중학생 이상은 공예배에 참석하는 것을 원칙으로 하고 있습니다. 그런데 본래 성경 교육을 위해 시작된 주일학교가 오늘날 자체적으로 예배를 드리면서 공예배 참석은 하지 않아도 되는 방향으로 흐르고 있는데, 주일학교 예배가 공예배를 대치하는 것은 예배신학적으로 볼 때 명백히 잘못된 것입니다. 중고등부는 말할 것도 없고, 대학 청년부까지도 독립적으로 예배드리는 교회들이 점점 많아지고 있는 오늘의 현실은 한국 교회가 심각히 고려해야 할 문제라고 봅니다. 물론 이런 예배들이 동질 문화와 언어를 공유한 동질 집단에게 설교와 찬양이 더 효과적으로 다가갈 수 있다는 장점이 있는 것이 사실이지만, 그렇다고 해서 그 이유만을 근거로 공예배를 희생하면서까지 독자적 예배로 흐르는 것은 결코 작은 문제가 아닙니다.

그 이유는 이것이 하나님의 백성의 공동체인 교회의 정체성과 직결된 문제이기 때문입니다. 교회가 세상과 구별되는 가장 큰 표지는 하나님의 구원받은 백성은 남녀노소, 인종, 문화를 뛰어넘어 그리스도 안에서 하나 된 구원공동체라는 사실에 있습니다. 그 하나 됨을 이론이 아닌 실천적 모습으로 보여 주는 것이 바로 공예배라고 할 수 있습니다. 지상에서 언어와 문화 그리고 연령의 제약을 받을 수밖에 없는 존재들이지만, 그럼에도 불구하고 성부 하나님을 한 아버지로 모신 언약 백성들이 그런 제약을 뛰어넘어 함께 모여 한 성령 안에서 하나 되어 함께 예배드리는 모습이야말로 장차 올 천국의 모형이며 하나님의 백성들의 거룩성을 드러내는 것이기 때문입니다. 세상 어디에서도 찾아볼 수 없는 이런 모습을 구원공동체인 교회는 세상을 향해 보여 주어야 할 사명이 있습니다.

물론 문화적 감각과 언어가 다른 모든 연령층이 함께 모여 예배드리는 일이 이론과 달리 실제 시행에 어려운 점이 많은 것이 사실이지만 노력하면 얼마든지 가능하다고 봅니다. 예를 들어, 외국의 교회 중에는 공예배에 모든 연령층이 함께 모여 예배를 드리되, 발달심리를 고려하여 설교 시간에 특별히 유년부 아동들을 강단 앞자리로 불러 그들을 위해 간단히 설교를 한 뒤, 퇴장시키고 그들 자체로 모여 성경 공부를 하게 하는 교회들도 있습니다.

제 생각에는 오늘의 한국 교회가 연령별로 예배가 분화하는 경향을 더는 방치하지 말고, 공예배 회복을 위해 정기적으로 전교인들이 함께 예배하는 운동을 벌일 필요가 있다고 생각합니다. 주일학교별 자체적인 활동을 인정하되, 전체가 함께 모여 예배하는 공예배를 교회가 의도적으로 회복할 필요가 있다는 말입니다.

그리고 예배 시간에 예배 도우미 역할을 하는 교역자들이나 직분자들, 스텝들이 하나님을 예배하는 일에는 관심이 없고 시종일관 예배와 관련된 부차적인 일에만 분주하게 몰두한다면 이는 하나님을 경홀히 여기는 행위로서 하나님의 진노를 받을 일입니다. 예배 봉사자 이전에 자신이 먼저 예배자임을 꼭 기억해야 합니다. 이런 분들은 예배자로서 하나님 앞에서 올바른 자세와 태도로 먼저 예배를 드린 후, 나머지 예배 시간에 봉사 차원에서 헌신할 수 있도록 해야 할 것입니다. 교단마다 헌법에 올바른 예배에 대한 예배 지침이 있습니다. 그런데 오늘날 이 지침과 실천이 괴리 현상을 보이고 있는데, 일선 목회자들이 예배 지침을 유념해서 교인들에게 가르쳐야 할 것입니다.

마지막으로 공예배와 관련하여 장소가 협소하여 부속실 또는 다른 장소에서 동영상으로 예배를 드리는 문제는 부득이한 경우, 한시적으로 허용될 수는 있겠지만 보편화해서는 안 될 문제라고 생각됩니다. 교회란 특정인의 설교라는 매체를 통해 개인의 종교심을 채우기 위해 모인 종교 고객들의 집단이 아닙니다. 다양한 계층들이 서로 얼굴과 얼굴을 바라보며 하나님의 백성으로서 하나 됨의 친밀한 관계성을 경험하며 하나님의 영광을 세상에 반영하는 거룩한 공동체입니다. 예배 장소가 협소하면 교회를 분립하면 되지요.

_ 김순성 교수

148. 모든 일이 하나님의 뜻대로 이루어질 것인데 왜 기도해야 하는가?

Q **질문 :** 제 주변의 누군가가 이렇게 말했습니다. 모든 게 하나님의 뜻대로 될 것이라면 우리가 무언가를 간구하는 기도는 왜 하느냐. 그 간구의 방향이 어떻든 다 하나님의 뜻대로 이루어질 것인데, 이렇게요. 기도는 해야 하는데, 이 말을 듣고 나니 그것도 그런 것 같아서요. 하지만 저는 확실히 기도하는 것이 올바르다는 것을 알고 있는데, 저런 이야기에는 어떻게 설명해야 할지 모르겠어요. 하나님의 뜻은 분명 이루어질 텐데 내가 간구해야 하는 이유가 있을까요?

A **답변 :** 고전적인 질문입니다. 언제나 하나님의 주권과 인간의 책임이 둘 다 드러나는 쪽으로 생각하는 것이 성경적이라는 것을 염두에 두고 생각하셔야 합니다. 하나님이 다 정하셨으니 기도할 필요가 없다는 것은 하나님의 주권만 강조하고 인간의 책임을 생각하지 않는 잘못을 범하는 생각입니다. 또한, 우리가 기도하면 되므로 하나님의 뜻이 미리 정해진 것이 없다는 것은 인간의 책임을 강조하고 하나님의 주권을 무시한 잘못된 생각입니다.

그러므로 우리는 언제나 하나님의 뜻은 분명하고, 우리도 주님의 백성으로 주님께 기도하는 것이 마땅하다고 생각해야 바른 생각입니다. 그런 입장에서는 결과적으로 볼 때 우리의 성경적 기도는 하나님의 뜻을 이루는 수단이 되는 것입니다. 그러므로 우리는 힘써 기도해야 합니다. 물론 주님의 뜻대로 간구하려고 주님의 뜻을 부지런히 공부해야 하지요. 그러면서 하나님의 주권을 온전히 인정해야 합니다.

참된 기도자는 하나님의 주권을 온전히 인정하는 사람입니다. 그것을 무시하는 사람들은 온전한 기도를 하는 사람이 아닙니다.

_ 이승구 교수

Q 질문 : 무엇이 올바른 것입니까? 항간에서는 어느 교단 총회에서 중보기도라는 말의 사용을 줄이고, 도고기도라는 표현을 자주 사용하라고 했다는데, 무엇이 맞는 것인가요? 아 그리고, 두 기도의 개념에 관해서도 설명해 주세요.

A 답변 : 중보기도나 도고기도나 같은 것입니다. 디모데전서 2장 1절에 '도고'란 말이 나오는데 이 단어가 헬라어 원어로는 '엔튝시스'의 복수 '엔튝세이스'입니다. 이 단어는 하나님과 다른 사람들 사이에서, 중간에서 위하여 기도한다는 뜻입니다. 아브라함이 조카 롯을 위해 하나님께 간구한 것을 생각할 수 있겠지요. 예수님께서 우리를 위해 간구하신다고 할 때에도 이와 같은 단어가 사용되었습니다(엔튕카노. 엔튝시스의 동사형). 성령이 우리를 위해 간구하신다고 할 때에도 같은 단어가 사용되었습니다(엔튕카노). 그러니까 다른 사람을 위해 하나님께 간구하는 기도는 중보기도라고 부를 수 있다는 것을 알 수 있습니다.

어떤 사람들은 '중보기도'란 용어는 예수님에 대해서만 쓸 수 있고 우리는 쓰면 안 된다고 주장합니다만, 디모데전서 2장 1절에서 바울은 우리에게 모든 사람을 위하여 '도고', 곧 '중보기도'를 하라고 말합니다. 사도 바울이 하라고 했는데, 하지 말라고 하면 안 되겠지요. 참고로 '중보기도'에 대해서는 고려신학대학원 교수회가 고신총회에 제출한 「중보기도에 대한 연구보고서」를 참고하십시오(이 자료는 다음 카페 말씀나라에서 보실 수 있습니다).

그런데 '도고'란 말은 옛날 말로서 요즘은 잘 쓰지 않습니다. 현재 중국어로는 '다까오'라고 발음하며 그냥 '기도하다'는 뜻입니다. 그래서 요즘 우리나라에서는 '도고' 대신에 '중보기도'란 단어를 많이 사용하는 것입니다. 이 용어를 사용할 때 주의할 것은 하나님과 우리의 중보자는 오직 예수 그리스도 한 분밖에 없다는 사실입니다. 그 누구도, 천사나 성자도 하나님과 우리 사이에 중보할 수 없습니다. 오직 예수님 한 분뿐입니다.

그렇지만 우리는 다른 사람을 위해 간구할 수 있으며 또 간구해야 합니다. 특히 나라의 지도자들을 위해 간구해야 합니다. 나아가서 우리는 세상 사람들을 위해서도 하나님께 간구(중보기도)해야 합니다. 이렇게 하는 것이 왕 같은 제사장이 된 신약 성도들의 사명입니다. 우리는 하나님 앞에 거룩한 제사장으로서 세상 사람들, 믿지 않는 사람들의 죄를 용서해 주시고 하나님께로 나아와 함께 경배드리도록 기도해야 합니다. 이것이 우리 그리스도인의 중요한 사명입니다. 용어보다도 이렇게 기도하는 것이 더욱 중요한 일임을 우리 모두 명심해야 하겠지요.

_ **변종길 교수**

Q **질문** : 호흡기도란 무엇인가요? 혹 개중에는 이 호흡기도를 할 때 우리의 '영'과 '혼'과 '육체' 모두에 도움이 된다고 하더군요. 과연 이런 삼분설과 연관한 호흡기도가 성경적인지 질문 드립니다.

A **답변** : 어느 교회를 다니시는지 모르지만, 처음 듣는 말이네요. 호흡기도가 있을까요? 기도는 항상 쉬지 말고 하는 것이지, 어떤 특별한 몸의 기능이나 부분을 사용하라고 지정되어 있지 않습니다. 성경은 기도에 관해 에베소서 6장 18절 "모든 기도와 간구를 하되 항상 성령 안에서 기도하고 이를 위하여 깨어 구하기를 항상 힘쓰며 여러 성도를 위하여 구하라", 누가복음 18장 1절 "예수께서 그들에게 항상 기도하고 낙심하지 말아야 할 것을 비유로 말씀하여", 사도행전 10장 2절 "그가 경건하여 온 집안과 더불어 하나님을 경외하며 백성을 많이 구제하고 하나님께 항상 기도하더니", 누가복음 21장 36절 "너희는 장차 올 이 모든 일을 능히 피하고 인자 앞에 서도록 항상 기도하며 깨어 있으라 하시니라"고 말씀하십니다.

인간의 기본 구성요소를 영, 혼, 육으로 규정하는 삼분설은 기독교 인간론의 한 부분입니다. 그러나 "영에 속한 사람"이 따로 있다는 주장에 대해서 동의할 수 없습니다. 필자의 스승, 미국 칼빈신학대학원 안토니 후크마 박사가 쓴 "개혁주의 인간론"에 보면 자세히 나와 있습니다.

삼분설은 한국에서는 워치만 니, 빌 브라잇 박사 (대학생선교회 창시자) 등으로 인해서 널리 알려졌지만, 그 유익보다는 문제점이 아주 많습니다. 삼분설에 집착하게 되면, 여러 가지 억지 해석이 나오게 됩니다. 성경에는 삼분설을 지지하는 분명한 제시가 없습니다.

_ 김재성 교수

151. '땅 밟기 기도'는 성경적인가?

Q **질문 :** 교회 개척을 하거나 선교를 가거나 기도가 필요한 순간
에 우리도 모르게 '땅 밟기 기도'를 떠올리게 됩니다. 실제로
모 단체에서는 교사교육 이후 전도를 위해서 이 '땅 밟기 기도'를 강조
하는 경우도 보았습니다. 물론 여리고 성을 무너뜨리던 그 감동의 장면
을 생각하며 우리가 밟는 땅 가운데 그리스도의 복음이 전파되길 바라
는 갈망을 '땅 밟기 기도'라는 방법으로 표현하는 것이 어쩌면 당연한
것처럼 느껴지는지도 모르겠습니다. 그러나 이런 '땅 밟기'가 과연 성
경적 근거가 있는지, 나아가 바른 신앙의 모습에 문제가 없는 것인지
궁금합니다. 그리고 우리의 바른 신앙으로서 '땅 밟기'의 모습이 아닌
다른 기도의 모습은 없는 것인지 질문 드립니다.

A **답변 1 :** 땅 밟기'가 '특정 지역에 특정 귀신들이 있다'고 하는
'지역 귀신(territorial spirit)' 사상에 근거한 영적인 전쟁의
일환이라고 한다면, '땅 밟기'는 더욱 경계해야 할 것으로 생각합니다.

오늘날 신사도 개혁 운동의 피터 와그너(Peter Wagner, 1992년
경에 벌써 영적 도해를 구상함; 1993년 『지역사회에서 마귀의 진을 헐
라』 저술), 조지 오티스(George Otis)을 비롯하여, 일본인 타키모토 준,
YWAM의 존 도우슨(John Dawson, 『도시를 점령하라』) 등과 같은 이
들이 소위 '지역 귀신론'을 주장합니다.

'지역 귀신론'을 주장하는 이들은 그 이론 위에 영적 전쟁

(spiritual warfare), 영적 도해(spiritual mapping) 개념을 발전시켜 왔습니다. 우리는 그러한 실습들을 조심해야 합니다. 지역 귀신론은 성경적 지지를 받지 못한다는 것이 여러 조직신학자들의 견해입니다.

_ **최병규 박사**

답변 2 : 하나님께서는 구약에서 하던 것을 그대로 하도록 하지 않으십니다. 그러므로 땅 밟기 기도는 성경적으로 지지할 수 있는 것이 아닙니다. 어떤 지역의 사람들을 위해서 기도하는 것은 매우 중요한 일입니다. 그 지역의 사람들을 위해 열심히 기도해야 합니다. 그러나 지역이나 땅을 위한 기도는 매우 이상한 일이고, 그런 일을 해서는 안 됩니다. 어떤 지역의 사람들을 위해 기도하는 것은 열심히 해야 하나 그지역에서 땅을 밟으며 기도해야 하는 것은 아닙니다. 효과가 있는 것도아닙니다.

_ **이승구 교수**

Q **질문 :** 외국 영화를 보다 보면, 기도를 마친 후 아무런 이야기 없이 "아멘"만 하는 모습을 보았습니다. "예수님의 이름으로 기도합니다."라는 뜻의 말을 하는 것을 한 번도 본 적이 없거든요. 그런데 우리나라에서는 "예수님의 이름으로 기도합니다."를 꼭 붙이잖아요? 물론 저는 왜 우리나라만 그것을 하느냐는 질문이 아니고 외국에도 하겠지만, "예수님의 이름으로 기도합니다."라는 이 말이 기도 뒤에 붙게 된 계기는 무엇이고, 이것이 의미하는 바는 무엇인가요?

A **답변 :** 우리가 하나님께 나아가 기도할 때에는 우리의 모습으로는 하나님께 나아갈 수 없습니다. 왜냐하면 우리에게 죄가 있기 때문이지요. 죄로 더러워진 우리의 모습으로는 감히 거룩하신 하나님께 나아갈 수 없습니다. 더러운 모습으로 나아갔다가는 바로 죽게 됩니다. 미천한 백성이 왕 앞에 함부로 나아갈 수 없는 것과 같은 이치입니다.

그래서 우리를 하나님 앞으로 인도해 줄 중보자가 필요합니다. 우리의 모든 죄를 깨끗이 씻어 주시는 것이 필요하고, 그래서 그분의 도움을 받아서 은혜의 보좌 앞에 나아가게 되는 것입니다. 예수님은 자기 몸을 희생 제물로 드려 우리의 모든 죄를 씻어 주신 대제사장이시며 또한 하나님의 아들이십니다. 그래서 우리가 하나님께 나아갈 때는 우리의 영원한 대제사장이 되신 예수님을 힘입어 나아가게 되는 것입니다.

그래서 우리가 기도할 때에는 '예수님의 이름으로' 기도하게 되는데, 이것은 우리는 아무 자격 없으나 오직 예수님의 공로를 힘입어 하나님께 나아간다는 의미입니다. 따라서 우리가 기도할 때 "예수님의 이름으로 기도합니다."라는 말을 덧붙이는 것입니다. 이 문장의 의미는 예수님의 보혈의 공로를 힘입어 하나님께 나아가 기도드린다는 의미이며, 우리 자신에게는 하나님께 나아갈 아무런 자격이 없음을 고백하는 것이 기도 합니다.

그러면 우리가 기도할 때마다 이 문장을 꼭 붙여야 하는가 하는 질문을 할 수 있는데, 붙이는 것이 정상적이고 좋지만 반드시 꼭 붙여야 하는 것은 아닙니다. 이 말의 뜻은 우리가 기도할 때에 예수님의 피 공로를 의지하여 나아간다는 믿음이 중요한 것이고 꼭 그런 문장을 말로 하는 것이 중요한 것은 아니라는 것입니다. 우리의 영원한 대제사장 되시는 예수님을 믿고 의지하여 하나님께 나아가는 것이 중요하다는 말입니다(히 4:14~16). 그래서 어떤 사람이 꼭 "예수님의 이름으로 기도합니다."라는 말을 안 했다고 해서 잘못되었다고 성급하게 판단할 수는 없습니다. 실제로 칼빈의 기도에 보면 이런 문장이 없는 것이 많습니다. 그리고 네덜란드 개혁교회 성도들은 "예수님 때문에(예수님으로 인하여) 기도합니다."라는 말도 많이 사용합니다.

그렇지만 우리 한국 교회에서는 "예수님의 이름으로 기도합니다." 또는 "예수님의 이름 의지하여 기도합니다."라는 문장을 많이 사용하고, 이것이 관용화 되어 있습니다. 따라서 기도를 끝마칠 때 이런 문장을 사용하는 것이 좋다고 생각됩니다. 그러나 앞에서 말씀드린 것처럼 이런 문장보다는 우리의 죄를 짊어지신 대제사장, 중보자 예수님을 믿는 믿음이 더 중요한 것은 두말할 필요가 없을 것입니다.

_ **변종길 교수**

질문 : 기도할 때 순서가 어떻게 되는지요?

답변 : 기도를 어떻게 하는가 보다 중요한 것은 기도가 무엇인 지를 먼저 아는 것입니다. 예수 믿어 구원받은 그리스도인에게 기도란 종교의식이 아니라, 하나님이 주신 선물로서 마치 생명줄과도 같은 것입니다. 엄마 뱃속의 태아가 자신의 힘으로 생존할 수 없고, 엄마의 태반에 연결된 탯줄을 통해 산소와 영양을 공급받아야 생존하며 자라듯이, 구원받은 신자는 기도라는 생명줄을 통해 하나님으로부터 영적 생명을 공급받아야 믿음이 유지되고 자라며 성숙에 이르게 됩니다. 기도 없이 신앙생활이 불가능하다는 말이지요. 그래서 종교개혁자 루터 는 "크리스천이라고 하면서 기도하지 않는 사람은 살아 있다고 하면서 호흡을 하지 않는 사람"이라고 했습니다.

그렇다면 어떻게 기도해야 할까요? 기도에 특별한 공식이 있는 것은 아닙니다. 하나님을 향해 "주님" "아버지"라고 마음을 담아 부르기만 해도 좋은 기도입니다. 중요한 것은 기도를 통해 나를 구원하신 하나님 과 교제하는 것입니다. 하나님과 교제하는 기도의 언어가 있는데, 찬양, 감사, 고백, 간구입니다. 구약성경 시편은 기도의 책인데 이 네 가지 언어들로 가득 채워져 있지요. 찬양은 하나님에게 초점을 맞추어 그분의 성품과 하신 일을 높여 드리는 것이고, 감사는 하나님이 나와 우리 공동체에게 베푸신 은혜를 기억하며 '고마운 마음을 표현하는 것입니다. 고백 또는 자백은 하나님의 자녀로서 합당하게 살아 드리지 못한 죄와 허물들을 하나님께 아뢰며 용서를 구하는 것입니다. 마지막으로 간구는 하나님의 자녀로서 필요한 것들을 하나님께 아뢰며 구하는 것입니다. 여기에는 자신의 필요를 맞춘 간구와 타인의 필요에 초점을 맞는 중보기도가 있지요. 그리고 마지막으로 "예수님의 이름으로 기도합니다."라는 말로 끝을 맺습니다. 기도의 근거가 자신의 의로움과 열심이 아니라, 예수님의 십자가의 공로와 그분의 권세를 의지해서 하는 것임을 믿음으로 고백하는 것이지요. 한마디만 덧붙이고 싶은 것은 기도는 내가 하는 것이지만, 기도할 때 내 속에 성령께서 내 기도를 도우신다는 사실입니다. 기도가 깊어지면 깊어질수록 성령에 이끌려 기도하게 된다는 말입니다. 성도님의 기도가 이런 깊은 단계로 나아갈 수 있기를 바랍니다.

_ **김순성 교수**

질문 : 안수의 의미는 무엇인가요? 일부 부흥사라 불리는 분들께서 안수한다며 머리를 때리거나, 강하게 짓누르는 등의 행동을 하시는데, 성경적으로 건전한 행위인가요?

답변 : '안수'는 타인의 머리나 다른 부위에 '손을 얹고 기도하는 것'을 의미하며, 안수 행위는 구약과 신약에 나타나고 있으며 특별히 환자를 치료할 때에 행하는 기도 방법으로서 그리고 직분을 임명하며 장립할 때에 사용됐습니다. '안찰'이라는 것은 성경적 근거를 제시하기 힘든 것으로서 '손으로 두들기면서 하는 기도 행위'입니다. 안찰 행위는 특히 1950년대 중반 모 수도원에서 행해지기도 했으며 기도원이나 일부 시행자들에 의해서 행해져 왔습니다. 신비주의적 영향을 받은 일부 신자들이 안찰을 시행하고 있는 것은 어제오늘의 일이 아닙니다.

그러면 '안찰'을 시행하는 이들은 왜 안찰을 정당화하려고 하는 것일까요? 물론 그들 가운데는 그냥 동양의학의 한 형태라고 얘기하는 이들도 있지만 어떤 이들은 열왕기하 13장 16절을 근거로 제시하기도 했습니다. 예전 번역(개역)에서는 열왕기하 13장 16절의 "또 이스라엘 왕에게 이르되 왕의 손으로 활을 잡으소서 곧 손으로 잡으매 엘리사가 자기 손으로 왕의 손을 안찰하고"라는 표현에서 '안찰'이라는 말이 발견되었습니다. 그러나 그것은 현재 사용되고 있는 개역개정판에서는 "또 이스라엘 왕에게 이르되 왕의 손으로 활을 잡으소서 하매 그가 손으로 잡으니 엘리사가 자기 손을 왕의 손 위에 얹고"라고 번역되었습니다. 이 번역이 더 정확하다고 할 수 있습니다. 왜냐하면 히브리어 '쑴' (영어표기 suwm 혹은 soom)은 여러 동사 유형 가운데 '칼'(Qal) 형태로 쓰인 것입니다. '칼' 형태로 사용될 때의 의미는 "~을 두다, 얹다" 등의 의미를 주로 지닙니다(cf. AV - put 155, make 123, set 119, lay 64, appoint 19, give 11, set up 10, consider 8, turn 5, brought 4, ordain 3, place 3, take 3, shew 2, regard 2, mark 2, disposed 2, care 2, misc 49; 586). 즉 손을 얹은 것이지, 손으로 때리듯이 안찰한 것이 아닙니다.

몇 해 전 서울 마포경찰서 관내에서는 통증을 치료해 준다고 속이고 안수기도를 해 주다 환자를 때려 숨지게 한 사건이 발생했습니다. 심한 두통을 호소하며 찾아온 환자에게 안수기도를 받으면 나을 수 있다고 속이고 환자를 치료한다면서 환자의 몸을 10여 차례 때려 숨지게 했습니다. 안수한 사람은 환자의 팔을 몇 차례 손바닥으로 때렸을 뿐이라고 진술했으나, 경찰은 환자의 왼팔과 오른쪽 어깨에 있는 심한 멍 자국이 구타당한 흔적이라고 간주했습니다.

해외에서도 한국인에 의하여 행해진 안수기도 때문에 사람이 죽는 일이 발생했습니다. 미연방 이민국 판사는 안수기도 도중 한 한국인 여성을 숨지게 해 과실치사죄로 2년간 복역하고 석방된 한국인 어느 목사에게 추방령을 내리기도 했습니다. 그 목사와 신도들은 귀신을 내쫓는다며 그 여성의 머리와 배를 최소한 백여 차례 구타했다고 합니다.

이러한 안수기도 사고는 몇 년 전 경남 지역의 보수교단 소속의 교회에서도 발생했습니다. 교회에서 심야기도 중 발작 증세를 보인 신도 모 여성도에게 몸에 악령이 들었다며 부교역자와 함께 장시간에 걸쳐 안수기도를 하며 손으로 얼굴을 때리고 무릎으로 가슴을 짓눌러 숨지게 한 혐의를 받은 사건으로서, 부검결과 좌·우측 늑골이 심하게 부러지고 심장출혈과 함께 압착성질식사의 증거가 드러났습니다. 물론 안수기도의 의도는 환자를 치료하기 위한 것이라고 해도, 그 정도가 상식적인 수준을 지나쳤다는 것을 누구나 파악할 수 있습니다.

나아가서 우리가 생각해 봐야 할 것은 동기는 선했지만 결과가 엄청난 불의의 사고를 초래하게 될 때 법률에서는 '지나친 안수(혹은 안찰) 행위'에 대해서 어떠한 시각으로 접근하고 있는지를 판례 중의 한 경우를 통하여 살펴보는 것이 유익할 것입니다. 1989. 10. 13 대법원 판례(선고 89도556호)에서는 모 목사가 피해자의 정신질환을 치료한다는 이유로 안수기도하면서 피해자의 가슴과 배를 반복하여 누르거나 때려서 결국 사망에 이르게 한 사안이었습니다. 그에 대하여 대법원은, "안수기도는 환자의 환부나 머리에 손을 얹거나 약간 누르면서 환자를 위해 병을 낫게 하여 달라고 하나님께 간절히 기도함으로써 병의 치유함을 받는다는 일종의 종교적 행위이고 그 목적 또한 정당하다고 하겠으나, 기도 행위에 수반하는 신체적 행위가 단순히 손을 얹거나 약간 누르는 정도가 아니고 그것이 지나쳐서 가슴과 배를 반복하여 누르거나 때린 것과 같은 정도의 것이라면 이는 사람의 신체에 대한 유형력의 행사로서 폭행의 개념에 속하는 행위라고 할 것이고, 비록 그것이 안수기도의 방법으로 행하여졌다고 하더라도 그것이 신체에 대하여 유형력을 행사한다는 인식과 의사가 있으면 폭행에 대한 인식과 의사 즉 고의가 있는 것이고, 비록 그것을 적법한 행위라고 오인했다고 하더라도 그 오인에 정당성을 발견할 수 없으므로 이를 폭행이 아니라고 할 수 없다"고 하여 '폭행치사죄'의 성립을 인정한 경우입니다[참조. 대법원 2008.8. 21. 선고 2008도2695 판결. (상해ㆍ폭행)(공2008하,1310)].

이처럼 법적인 차원에서 보면 '환자의 환부나 머리 등을 정도를 넘어 반복하여 누르거나 때린 것과 같은 정도'는 유형력을 행사한, 즉 범죄행위로까지 해석하고 있다는 점을 고려해야 합니다. 대부분의 경우 안수 사고로 사람을 상해했을 때에는 '상해치사'의 혐의가 적용되었고, 상해치사에 대한 형벌은 형법 제259조 1항에 의하면 3년 이상의 유기징역에 처하게 되어 있습니다.

안찰은 성경적으로도 근거를 발견할 수 없기도 하지만, 시행하지 않는 것이 좋다는 것이 저의 견해입니다. '안수'는 손을 얹는 것입니다. 손을 얹고 기도하여 직분자를 세우기도 합니다. 손을 '가볍게' 얹고 기도하면서 아픈 성도들을 위하여 기도할 수도 있습니다. 특히 환자들을 위하여 기도할 경우에는 성도들이 함께 있는 가운데 차분하게 기도하는 것이 좋을 것입니다.

_ **최병규 박사**

155. 찬양대의 찬양 후에 박수하는 것 예배학적으로 볼 때 옳은가?

질문 : 이전에는 그렇지 않았지만 이제는 고신 교회들도 예배 중 강사 소개나 '특히 찬양대의 찬양이 끝난 다음에' 박수를 치는 것 같습니다. 이것이 예배학적으로 어떤지 모르겠지만 대부분의 경우 담임목사님들께서 치도록 하시는지라 성도들이 대부분 박수를 치게 됩니다. 그런데 어떤 일부는 생각이 다른지(특히 연세가 좀 있으신 분들) 박수를 치지 않는 경우도 있으므로 한번 정리할 필요가 있어 보입니다. 답변 기다리겠습니다. 감사합니다.

답변 : 제 카페(다음 말씀나라)에 같은 질문에 답변한 게 있어서 그대로 옮깁니다.

사람을 높이기 위해 박수를 치는 것은 옳지 않습니다. 예배는 하나님께 드리는 것이고 하나님을 높이는 것입니다. 그런데 사람에게 영광을 돌리고 사람을 높이는 것이라면 크게 잘못된 것입니다. 그러나 하나님을 찬양할 때 박수를 치며 찬양하는 것도 있으니 박수는 무조건 다 잘못이라고 할 수는 없지요. 수고한 사람 격려하는 의미에서 살짝 치는 것은 괜찮을 수도 있겠다 싶은데 잘 모르겠습니다. 그런데 어떤 교회에 가면 강사 목사님 나오실 때 "할렐루야!" 하면서 박수로 환영하는 경우가 많은데, 정말 몸 둘 바를 모르겠습니다. 당장 잘못됐다고 말하고 꾸짖고 싶지만, 그러면 설교 전에 판을 깨는 것이라서 그렇게는 못하고 그저 속으로 "하나님, 용서하소서!" 하면서 단에 설 때가 있습니다. 크게 잘못된 일입니다.

전에 남영환 목사님이 살아계실 때 서울 어디엔가 모여서 목사님들 앞에서 아침에 말씀을 전하셨는데, 설교에 너무나 감동되어서 설교가 끝나자 목사님들이 저절로 박수를 치게 되었습니다. 그러자 남 목사님이 다시 나오셔서 "하나님께 영광 돌려야지 사람에게 박수를 치는 것 아니다."라고 책망하셨습니다. 그러자 분위기가 숙연해졌지만, 우리는 더욱더 그분의 귀한 신앙을 생각하게 되었습니다. 그런데 오늘날에는 이런 하나님 중심의 신앙이 없어지고 너무나 인본주의로 흘러가는 것 같아 안타깝습니다.

_ 변종길 교수

156. 찬양도 예배라면 '준비찬양'이라는 말, 바른 표현인가? 말씀 선포와 찬양 중, 예배의 중심은 어디인가?

질문 : 오늘날 한국 교회는 마치 설교 전의 찬양은 예배를 준비하기 위한 목적이고, 목회자가 전하는 설교부터가 예배의 시작이고 중심인 듯한 모습을 보인다고 느낍니다. 그래서 어느 교회를 가보면, 찬송가 몇 장, 찬양노래 몇 곡으로 예배의 분위기를 만드는 준비찬양 시간을 갖고 모든 것이 목사의 설교를 중심으로 이루어지는 느낌을 받을 때도 있습니다. 찬양도 예배가 아닌가요? 준비찬양이라는 말은, 그리고 그런 개념은 괜찮은 걸까요? 또 예배에서 말씀의 선포나 하나님을 찬양함은 모두 동등한 것인가요? 아니면 말씀이 찬양보다, 혹은 그 반대가 더 중요한 그런 것이 있나요?

답변 : 찬송은 하나님께 드리는 것이고, 하나님의 이름을 높이며 하나님이 행하신 선하신 일들을 말함으로 하나님께 감사하고 하나님을 칭송하는 것입니다. 찬송은 예배에서 빠질 수 없는 부분이기도 하고, 또한 우리의 삶에서 중요한 부분입니다. 찬송은 예배 중에 할 수도 있고, 예배 후에 할 수도 있고, 예배 전에 할 수도 있습니다. 그리고 찬송의 여러 목적(용도)이 있습니다. 예배의 한 부분으로 할 수도 있고, 예배 전에 우리의 마음을 가다듬고 준비하기 위해 할 수도 있고, 예배 후에 또는 예배와 관계없이 하나님을 찬송할 수도 있고, 길 가다가 하나님께 감사하여 할 수도 있고, 마음이 기쁠 때 할 수도 있고 괴로울

때 할 수도 있습니다.

따라서 준비찬송이란 말에 너무 신경 쓸 필요는 없다고 봅니다. 중요한 것은 언제 어디서 하든지 참마음으로 하나님께 드리는 찬송이 되어야 한다는 것입니다. 그저 인간의 마음을 즐겁게 하기 위한 것이나, 마음에는 없이 입술만 가지고 드리는 찬송은 올바른 것이 아닙니다. 요즘 많이 그렇듯이 인위적으로 인간의 감정을 억지로 자아내는 것도 올바른 찬송이라 할 수 없습니다. 올바른 찬송이 되기 위해서는 하나님의 은혜를 먼저 생각해야 하고, 그러기 위해서는 하나님의 말씀을 먼저 듣는 게 중요합니다. 예배 전에 한 30분이나 한 시간 정도 신나게 찬송하고 나서 막상 예배 시간에 말씀 들을 때는 졸고 있다면 그런 찬송은 잘못된 것입니다. 말씀 듣는 것에 방해가 되는 찬송은 잘못된 것이라 할 수 있고, 도움이 되는 찬송이라야 올바른 찬송이라 할 수 있을 것입니다. 그러기 위해서는 참 마음으로 찬송하고, 하나님의 은혜를 음미하면서 찬송해야 하며, 너무 감정적으로 치우치지 않도록 해야 하고, 예배 전에는 너무 길지 않게 간단히 하는 게 좋다고 생각됩니다. 찬송을 오랫동안 많이 하려면 오히려 예배를 통해 은혜받고 나서 하는 게 더 옳다고 생각됩니다.

예배에서 무엇이 제일 중요하냐는 질문에 대해서는 너무 수학적으로 생각할 필요는 없다고 봅니다. 어떤 예배에서든 말씀과 기도와 찬송은 중요합니다. 어느 게 더 중요하고 덜 중요하다고 말하기 어렵습니다. 중요한 것은 이 모든 것들이 다 하나님 중심으로, 하나님을 영화롭게 하려고 드려져야(행해져야) 한다는 것이며, 사람을 기쁘게 하려고 인간 중심으로 해서는 안 된다는 것입니다.

그러나 오늘날에는 실제로 인본주의적 예배가 많습니다. 겉으로는 떠들썩하고 요란해도 그런 예배는 하나님이 기뻐 받지 아니하실 것입니다. 조용하고 차분할지라도 참 마음으로 드리는 예배를 하나님이 기뻐 받으시며, 또한 입술로만 드리는 예배가 아니라 우리의 행함과 삶으로 드리는 예배를 하나님이 기뻐 받으십니다.

_ **변종길 교수**

Q **질문 :** 〈1〉 시편으로만 찬송하는 시편 송의 유래와 오늘날 시편 송을 부르는 교파에 대해 알고 싶습니다. 〈2〉 시편 송만 진정한 찬송일까요? 요즘 우리가 부르는 찬송가는 가치가 없는 것일까요?

A **답변 :** 〈1〉 시편으로 찬송을 부르는 것은 교회에서 오랫동안 이어진 전통입니다. 유대인들은 말할 것도 없고, 로마가톨릭이나 성공회나 루터파도 시편 송을 부르는 전통을 가지고 있습니다. 그러나 시편만 찬송하는 것은 칼빈주의 영향을 받은 개혁파 교회들이 주로 발전시켰습니다. 제네바 시편 찬송이나 스코틀랜드 시편 찬송은 아주 유명하고 오늘날까지도 이들 교회에서 상당한 영향을 행사하고 있습니다.

〈2〉 시편 찬송을 부르는 것은 에베소 5장 19절에 근거하여 살펴볼 때 주님께서 사도를 통해서 교회에 주신 명령입니다. (참고로 한글 성경은 '시편'이 아니라 '시'라고 번역하여 뜻이 불분명해졌습니다) 즉, 시편을 찬송하는 것은 선택의 문제가 아니라 반드시 교회가 순종해야 할 사항입니다. 그러나 그렇다고 해서 꼭 시편만 불러야 하는 것은 생각해 볼 필요가 있습니다. 일반 찬송도 우수한 것도 많지만, 시편 송은 하나님의 영감된 신령한 노래라는 측면에서 인간이 만든 노래와는 비교할 수 없는 탁월성을 가지고 있습니다.

_ 이성호 교수

질문 : 어떤 분들의 이야기를 들어 보니, 찬양의 장르도 선악을 나누어 분별하여야 한다고 말씀하시더라고요. 예를 들어 '록 (Rock)'은 악마를 숭배하는 노래이기 때문에 예배에서는 있을 수 없다고요. 악기도 마찬가지입니다. 기타와 드럼, 베이스 등 CCM에서 자주 사용되는 일렉트릭 악기들을 모두 악마의 도구라며 금지하는 부분도 있더라고요.

시편을 보면 많은 악기가 나오는 것 같습니다. 소고, 제금, 비파, 수금, 북, 현악, 퉁소 등 많은 악기가 나오는데 이 중 몇몇 악기는 당시 예배와 찬양이 아니라 그냥 축제에 사용되었던 악기도 있다고 들었습니다. 악기가 어디에 쓰이는 것은 그 목적이 문제지, 악기는 관계가 없지 않을까요? 또한, 장르도 쓰이는 방향에 따라 다른 것이지 선악이 있을 수 있나요? 알려 주세요!

답변 : 물론 음악은 좋은 음악과 나쁜 음악 그리고 영적인 음악과 악마의 음악이 있습니다. 또한, 서정적인 음악은 사람의 마음을 순화 정화하고 심지어는 동물과 식물 등에 아주 유익하게 작용을 한다는 것은 이미 다 알려져 있습니다. 그러나 나쁜 음악을 들려주면 인간뿐 아니라 동식물들도 기형적인 모습으로 자란다고 합니다. 예를 들어 순수한 클래식이라든지 우아하고 화려한 음악 등은 전자에 속하죠.

그러나 CCM의 일렉트릭, 랩 등은 인간의 감정을 혼란시킬 뿐 아니라 흥분시키고 광적으로 흐르게 하기도 합니다.

교회에서도 이러한 음악에다가 가사만 넣으면 마치 하나님을 찬양하는 거라고 한다는 아주 잘못된 생각을 하고 있습니다. 최소한 교회에서만이라도 이런 음악이 없었으면 합니다. 지금은 거의 모든 교회에서 드럼 세트나 일렉 기타와 일렉 키보드 등을 갖추어 놓고 마구 두드려 대고 고막을 찢을 듯한 소리로 교회가 떠나갈 듯이 노래하는 것이 하나님을 찬양한다고 생각하고 있습니다. 더욱 한심한 것은 목사님들도 이에 크게 동조하여 모든 교인에게 크게 외치며 손뼉 치며 따라 해야 믿음이 좋은 것처럼 자극하며 부추기고 있습니다.

음악은 태곳적부터 인류가 탄생함과 동시에 있었는데, 이 음악도 사람을 흥분시키며 인간의 희로애락을 주도해 왔다고 생각합니다. 또한, 모든 종교는 음악을 떠나서는 존재할 수가 없을 정도로 음악은 종교에서 신을 불러들이는 도구이며 각 종교마다 다른 독특한 스타일로 발전되어 왔습니다.

우리 기독교 음악은 사람의 영을 맑게 하고 하나님의 세계에 깊이 들어갈 수 있습니다. 찬양하는 것은 그만큼 주님께 대한 감사이고 모든 것은 주님에 대한 영광이라고 합니다. 기독교 음악의 기원도 기독교가 시작됨과 동시에 시작됐는데 이 음악도 하나님을 부르고 찬양하기 위해 존재해 왔던 것입니다.

시대가 발전돼 갈 때마다 음악의 양상도 변해왔고 지금도 그러리라 생각합니다만, 교회 안에서 그렇게 시끄러운 음악이 현대 기독교음악으로 되었다고 생각하는 것은 아주 큰 잘못입니다. 요즘 세상에서 발광적으로 춤추며 노래하는 것을 교회에 들여와 하나님을 찬양하는 음악이라고 생각하십니까? 그래서 최소한으로 좋은 것인지 나쁜 것인지는 구별할 줄 알아야 합니다.

현란한 불빛 아래 술에 취해 발광하며 흐느적거리며 음란하고 추잡한 것들에도 음악이 있는데, 이러한 음악이 우리 인간의 기분(스트레스)을 풀어 주고 아름답게 하는 도구로 생각하는 사람이 너무나 많다고 하는 사실에 놀라지 않을 수 없습니다. 이러한 것들은 우리를 추악하고 방탕하며 음란하고 사탄의 길로 빠지게 하는 것입니다.

무엇보다도 중요한 것은 좋은 음악과 나쁜 음악을 구별할 줄 아는 판단력이 필요하다고 생각합니다.

_ 임긍수 교수

Q **질문 :** 성경 복음서에 보면 가다라(거라사인) 지방에서 귀신들이 예수님의 명령에 돼지 떼에게로 들어가서 돼지들이 바다로 뛰어들어서 죽는 것을 보게 됩니다. 그런데 사람에게는 귀신이 들릴 수도 있다고 생각하는데 짐승이라든지 무생물들에도 귀신이 들릴 수가 있는 것일까요? 만약 그것들에게도 귀신이 들린다면 사람에게 귀신 들리는 것과의 차이는 무엇일까요? 그리고 우리 인간에게 있어서 귀신이 들리는 처소는 어디이고 짐승이나 무생물에는 어느 처소에 귀신이 들게 되는 것일까요?

A **답변 :** 귀신에 대한 것은 성경에 그리 자세히 나와 있지 않습니다만, 지역 귀신은 없습니다. 왜냐면 어떤 곳에서도 예수님이나 사도들이 지역 귀신을 언급한 곳이 없기 때문입니다. 예를 들면, 구약 시대의 산당이나, 우상 숭배를 했던 처소나 건물에 대해서도 전혀 그 장소에 대한 언급이 없습니다. 마가복음 5장 1~20절에 나오고 있지요. 이 비유는 마태복음 8장 28절과 누가복음 8장 28절에 있습니다. 그런데 장소의 명칭이 모두 약간 다릅니다. 따라서 이 기사에서 강조하는 것은 예수님께서 자연 만물을 다스리는 권세와 함께, 영적인 세계도 마음대로 통치하시는 분임을 드러내는 사건으로 이해해야 합니다. 동물에게 어떻게 귀신이 작용하는지 잘 알 수 없습니다.

이 사건의 핵심은 예수님이 그런 권세를 가지셨다는 사실입니다. 이 사건이 기록된 마태복음 8장 29절에는 "아직 때가 이르기 전에 우리를 괴롭히시려 하나이까?"라는 항변이 나옵니다. 결국, 예수님이 마지막 때에 평정하시고 다스리는 것으로 모든 영적인 세계가 알고 있다는 것이지요. 마태복음이 유대인 독자들을 대상으로 기록된 복음이라고 할 때, 유대인들은 돼지를 먹지 않으므로 마태는 이 사건을 통해 예수님은 돼지를 먹지 말라는 율법을 무시하지 않고 폐하러 오시지 않았음을 강조하는 것이지요.

마가는 로마 제국 아래에서 살아가는 로마인들을 염두에 두고 마가복음을 기록했었다고 봅니다. 로마인들은 돼지를 잡아서 그 피를 신전에 바쳤습니다. 그래서 속죄와 기원의 상징으로 삼았지요. 우리 한국 사람들도 그렇습니다. 그래서 돼지 떼가 죽게 함으로써 예수님이 하시는 일은 로마인들이 거대한 신전 앞에서 행하는 피의 희생이 아무런 의미가 없음을 보여 주려 하신 것으로 보입니다.

동물이 어떻게 귀신과 조화를 하는지는 성경에 자세히 서술되어 있지 않으므로 생략합니다.

_ 김재성 교수

Q **질문 :** 성장기 청소년들이나, 장년 중에서도 심신이 피곤한 이들이 종종 수면 중에 '가위눌림' 현상을 자주 경험합니다. 그리고 그 가위눌림 중에 소위 귀신을 보거나 신비한 체험 등을 한다고 합니다. 그래서 청소년들의 경우, 그와 같은 가위눌림 가운데 직면하는 여러 형체나 상황 등에 대해서 심적으로 두려워하기도 합니다. 가위눌림 현상이란 무엇인지 또 성경적으로 어떻게 이해해야 하는지 질문 드립니다. 가위눌림이 정말 '귀신'을 보거나 '신비한 체험'을 하는 '영적인 현상'인지에 대한 질문입니다.

A **답변 :** 가위눌림은 악몽의 일종으로 청소년은 물론 나이나 성별 차이가 없이 흔히 나타나는 현상입니다. 그 내용 가운데는 영적으로 귀신의 존재를 느끼거나 평소에 상상하지 못한 세계에로의 여행을 포함하기도 합니다. 자기 혼자만 경험해야 하는 그런 낯선 존재들이나 상황에 대해 자라나는 청소년들이나 특히 여성들은 두려움을 갖기도 합니다.

상담자들이 꿈을 해석할 때는 은유의 요소와 유머의 요소를 함께 고려합니다. 쉽게 말하자면 그런 악몽은 너무 진지하게 생각하지 말고, 금방 잊어버릴 수 있는 재미의 요소로 생각하는 태도가 필요하다는 것입니다. 하지만 은유의 요소라 하면 그런 악몽을 꾸게 되는 현실적인 사정이나 이유가 있을 수 있다는 것입니다. 저의 상담 경험으로 볼 때, 부모의 관계가 좋지 못하거나, 부모로부터 폭행을 당하는 여자 청소년들, 친구들로부터 소외당하는 청소년들은 악몽을 꾸거나 꿈속에서 나쁜 귀신을 본다고 하는 경우가 많습니다.

꿈의 의미를 정확하게 이해할 수 있는 사람은 결국 자기 자신입니다. 그리고 꿈을 이해하는 데 중요한 요소는 꿈을 꿀 때 본인의 느낌 혹은 감정입니다. 그 꿈이 자신을 두렵게 한다면 그것은 현실적인 고통이 있을 뿐만 아니라 영적인 위협을 느끼고 있다는 것을 뜻합니다. 그러므로 악몽이나 가위눌림이 있을 때, 큰 두려움을 느끼고, 그래서 그리스도의 이름으로 영적인 전쟁을 벌이며, "사탄아, 물러가라!"고 외치고 있다면, 그것은 참으로 자신의 영적 전쟁의 일부라고 말할 수 있을 것입니다. 특히 사탄은 인간의 의지가 약해지는 꿈이나 술 취한 상태, 혹은 우울함으로 약해진 상태에서 자신의 존재를 드러내면서 두려움과 공포를 일으키는 것을 좋아합니다.

물론 비몽사몽 간에 하나님의 메시지를 들은 베드로나 환상 중에 성령의 지시를 받은 바울과 같이 꿈과 환상은 하나님께서 사용하시는 도구이기도 합니다. 하지만 본인이 반복적인 악몽이나 가위눌림으로 공포나 두려움을 느끼고 있다면 그것은 상담자를 만나 함께 이야기를 나누면서, 현실에서 해결 받아야 할 문제가 무엇인지 찾아가면 좋겠습니다.

분명한 것은 그 어떤 경우라도 어둠의 권세가 믿는 자를 삼키거나 두려움으로 우리 영혼을 몰아넣을 수 없다는 것입니다. 믿는 자들에게 이런 경험은 자신의 믿음을 더욱 견고하게 하는 도구가 될 뿐일 것입니

다. "그러나 이 모든 일에 우리를 사랑하시는 이로 말미암아 우리가 넉넉히 이기느니라!"(롬8:37)

_ 하재성 교수

질문 : 우리의 신앙생활 가운데 종종 천국과 지옥의 간증에 대해서 듣게 됩니다. 그래서 천국을 다녀온 이들의 이야기와 지옥의 참상을 듣고 있노라면 우리의 신앙생활을 되돌아보며 그 간증들로부터 큰 은혜(?)를 고백하기도 합니다. 그러나 과연 이런 '천국과 지옥 간증'이 성경적인 것인지 질문 드립니다. 삼층천에 이른 사도 바울의 경험을 빌려 오늘날 우리가 천국과 지옥을 체험하는 것이 바른 것인지 궁금합니다. 만약 이런 간증들이 우리의 바른 신앙과 무관한 결과물이라면 이런 간증들이 나타나는 원인이 무엇이며 또한 이와 같은 간증들을 대하는 우리의 올바른 태도가 어떠해야 할지도 궁금합니다.

답변 : 천국과 지옥에 대한 간증은 너무나 다양합니다. 1988년 무렵에 퍼씨 콜레가 쓴 『내가 본 천국』을 통해서 한국교회가 엄청난 충격에 빠졌던 것을 기억하십니까? 그는 완전히 거짓말쟁이였지요. 그가 사역했다는 남미 선교지에 가보니, 아무것도 없었습니다. 그런데 한국 교회는 난리를 피우고 초대해서 간증을 듣고, 책은 엄청나게 팔려 나갔습니다.

나는 천국 지옥 간증을 말하는 자들에게 항상 퍼시 콜레의 가짜 증언들을 말해 주고 싶습니다.[11] 성경에 주신 것 이외에는 아무도 정확하게 계시를 받았다고 말할 수 없습니다. 각자 증언들에 의하면, 천국이

다 다르고, 지옥의 상태가 다릅니다. 도대체 누구의 증거가 옳다는 것입니까?

_ 김재성 교수

질문 : 전도에 대한 정의에 대하여 알고 싶어요. 그리고 모범적인 '전도지'나 '전도 방법'에 대해 소개 부탁드립니다.

답변 : 무엇보다 먼저 전도에 관해서 관심을 가지고 그 방법을 찾고 계심에 깊이 감사드립니다. 오늘날 많은 그리스도인이 잃어버린 영혼을 구원하는 일보다 이 세상에서의 성공과 그 이익을 위해 사람을 얻는 것에 더 많은 관심을 가지고 있는 시대입니다. 그러나 하나님은 인류 구원을 위해 그 아들까지 희생하셨고 잃어버린 영혼들이 돌아올 때 천국에서 잔치가 벌어진다고 하였으니 이보다 더 하나님을 기쁘시게 할 수 있는 일은 없을 것입니다. 이 사명은 단순히 이웃에게 복음을 전하는 것뿐 아니라 이 땅과 세계 열방을 향한 아버지의 마음을 따라 온 천하 모든 족속에게 그리스도의 복음이 전파되도록 우리의 헌신이 필요합니다.

그럼 전도와 그 방법에 대해서 알아보도록 하겠습니다.

A. 전도란 무엇일까요?

무엇보다 성경에서 말하고 있는 전도의 의미를 살펴보면서 전도의 정의와 구체적인 전도의 내용을 살펴보겠습니다.

1. 구원에 이르게 하는 내용을 전하는 것입니다. "하나님은 이 세상이 자기 지혜로 하나님을 알지 못하므로 하나님께서 전도의 미련한 것으로 믿는 자들을 구원하시기를 기뻐하셨도다"(고전 1:21).

2. 그리스도의 비밀을 전하는 것입니다. "하나님이 전도할 문을 우리에게 열어주사 그리스도의 비밀을 알게 하시기를 구하라"(골4:3).

3. 구원을 얻게 하는 복음을 전하는 것입니다(롬 1:15, 16). "그러므로 나는 할 수 있는 대로 로마에 있는 너희에게도 복음 전하기를 원하노라 내가 복음을 부끄러워하지 아니하노니 이 복음은 모든 믿는 자에게 구원을 주시는 하나님의 능력이 됨이라"(롬 1:15, 16).

4. 그리스도의 대속과 부활을 전하는 것입니다. "내가 받은 것을 먼저 너희에게 전하였노니 이는 성경대로 그리스도께서 우리 죄를 위하여 죽으시고 장사 지낸 바 되셨다가 성경대로 사흘 만에 다시 살아나샤"(고전 15:3, 4).

따라서 전도란? 그리스도를 알지 못하는 사람들에게 그리스도의 십자가의 복음을 전하여 구원의 길로 인도하는 것입니다.

B. 전도 내용은 무엇일까요?

전도 내용은 죄인들이 들어 구원에 이르게 하는 복음입니다. 이것을 간략히 요약하면 다음과 같습니다.

1. 하나님은 당신을 사랑하십니다.
2. 당신은 죄인입니다.
3. 당신의 죄를 위해 예수 그리스도께서 십자가에 대신 죽으시고

사흘 만에 다시 살아나셨습니다.

4. 이 예수님을 당신의 구주로 영접하면 당신의 죄는 용서받고 하나님의 자녀가 될 수 있습니다. (개인적으로 자신이 죄인임을 인정하고 예수께서 자기 죄를 위해 죽으신 것을 믿고 예수님을 구주로 영접할 수 있도록 기도할 시간을 준다.)

5. 당신은 하나님의 자녀로 자라가야 합니다. (기도, 말씀, 증거, 교회 출석의 특권을 간략히 말해 준다.)

이상의 내용으로 죄인들에게 그리스도의 복음을 전하면 성령의 능력으로 거듭나는 역사가 있을 것입니다.

C. 모범적인 전도지는 어떤 것이 있을까요?

위의 내용이 충분히 반영된 전도지는 다양한 종류가 있을 것입니다만, 성인을 위해서는 CCC에서 만든 4영리가 좋은 전도지 일 것입니다. 어린이를 위해서는 어린이 전도협회에서 만든 글 없는 책이 좋은 전도지입니다. 전도는 이론이 아닙니다. 전도는 행동입니다. 행위를 통해서 물론 전도할 수 있습니다. 그러나 듣지 못한 이를 믿을 수는 없습니다. 따라서 그리스도의 십자가의 복음을 직접 전하시기를 바랍니다. 가능하면 전문 선교단체에서 구체적인 훈련을 받는 것도 권장합니다.

_ 조정환 목사

Q **질문** : '일 천 번제'는 무엇인가요? 천 번에 걸쳐서 제사 드린 건가요? '일 천 번제 헌금'이라는 것도 가능한가요?

A **답변** : '일 천 번제'에 대한 기사는 열왕기상 3장 4절과 역대하 1장 6절에 나옵니다. 솔로몬이 놋제단으로 올라가서 그 위에서 '일 천 번제'를 드렸다고 했습니다. '일 천 번제'에 대한 히브리어의 직역은 '천 번의 번제들'입니다(열왕기 본문은 '일 천 번제들'입니다). 이것은 일부 학자들이 주장하듯이 단순히 그 사건을 과장해서 '천'이라는 숫자를 넣어서 기록했다고 볼 수는 없을 것입니다. 물론 솔로몬도 다윗 (삼하 6:18)과 같이 직접 제사를 지냈다고 하면서 당시에는 왕이 제사장직을 겸하고 있었다고 해서는 안 될 것입니다. 성경은 어디에도 다윗이나 솔로몬과 같은 이스라엘 왕이 제사장직을 겸했다는 말은 없기 때문입니다. 이스라엘은 오직 왕이요 제사장이신 주 예수님을 고대했을 뿐입니다.

솔로몬의 번제는 실제로 천 마리의 제물로 번제를 드린 것으로 보아야 할 것입니다. 그 당시 사독이 기브온 산당의 성막에서 제사장직을 수행하고 있었기 때문에 그가 주도하고 많은 제사장이 참여하는 제사였을 것입니다(대상 16:39). 이 제사가 하나님께 열납되어 그분의 호의로 지혜를 얻는 계기가 됩니다.

그렇지만 이 '일 천 번제'가 천 번의 헌금을 드리는 것과는 아무런 상관이 없습니다. 그것은 기본적으로 제물이 헌금이 아니기 때문입니다. 번제는 백성이 감사, 회개, 서원, 스스로 헌신을 표현할 경우에 드리지만 번제에서 바쳐지는 제물은 죄를 지은 사람을 대신해서 하나님께 드려지는 대속의 의미가 있습니다. 그런데 헌금은 그런 의미가 없고 오히려 감사와 헌신의 표현일 뿐입니다. 특별히 솔로몬의 일 천 번제는 단순한 헌신이 아니라 다윗의 언약을 확정하고 성전 건축을 정당화하는 의미가 있는 역사적인 사건입니다. 현대 교회가 이것을 흉내 낼 이유가 없습니다.

　　또 한 가지 오해는 '일 천 번제'를 드리면 솔로몬처럼 복을 받는다고 하면서 일 천 번의 헌금을 강요하는 것은 본문의 근거가 없는 주장입니다. 솔로몬이 장수와 번영의 복을 받은 것은 '일 천 번제'을 드렸기 때문에 받은 것이 아니라 하나님께서 그에게 일종의 '백지수표'를 주셨을 때 솔로몬이 지혜를 구했기 때문입니다. 이스라엘의 이상적인 왕으로서 통치할 수 있는 자질을 구했을 때 하나님께서 보너스로 부귀와 영화를 허락하신 것이지 '일 천 번제'가 직접적인 원인이 아니었습니다.

_ **신득일 교수**

Q **질문 :** 안녕하세요! 십일조에 대한 상담입니다. 저는 저소득층으로, 시골에 아주 작은 터가 도로확장공사로 공사에서 매입하게 되어 보상을 받게 되었습니다. 이 보상금으로 전세를 얻으려고 하며 지금 다니고 있는 대형 교회에서 이사하는 곳의 교회로 옮길까도 생각 중입니다. 저의 개인적인 생각으로 이 십일조를 개인적으로 알고 있는 어려운 사역자에게 주고 싶은 생각이 크게 있습니다. 혹은 그것이 아니라면 지금 다니고 있는 교회보다 앞으로 옮길 교회에 내는 것은 어떨까 하는 생각도 하고 있습니다. 좋은 답변을 주시면 감사하겠습니다.

A **답변 :** 하나님께 십일조를 드리는 것은 귀한 일입니다. 특별히 보상금의 십일조를 드리는 것에 있어서 더 선한 사용을 위해서 고민을 하시는 일 역시 귀하고 감사한 일입니다.

하나님을 믿고, 예수 그리스도를 구주로 고백하는 모든 성도는 그리스도의 지체(몸)로서 하나입니다. 그리스도의 한 몸으로서 교회는 보편적 의미가 있기 때문에, 이러한 이해 속에서 우리는 자칫 "이 교회에 헌금하든, 저 교회에 하든 무슨 문제가 있겠는가?"라는 생각을 할 수 있습니다. 질문하신 것처럼, 특별히 모처럼 평상시 신앙생활 속에서 하기 힘든 금액의 십일조를 할 때, 형편이 더 어렵고 돈이 더 필요로 하는 교회에 헌금하는 것이 좋지 않을까 하는 생각을 할 수 있습니다. 지금 신앙생활을 하시는 교회가 비교적 규모가 큰 교회이기 때문에 할 수 있는 생각입니다.

하지만 우리는 보이지 않는 교회로써 주님의 한 몸인 보편적 교회에 속해 있으면서도, 동시에 우리는 보이는 교회로써 지역 교회 혹은 개 교회에 속해 있습니다. 이와 관련하여 우리의 현실 신앙생활과 관련한 관심은 개 교회에 있어야 합니다. 당연히, 우리가 한 개 교회에 속해 있을 때, 돈의 액수와 상관없이 헌금(십일조)은 우리가 속한 개 교회에 하는 것이 의무입니다.

그런데도 생각이 쉽게 바뀌지 않는다고 하면, 즉 이번처럼 액수가 큰 십일조를 하게 되어서 이러한 기회가 쉽게 오지 않기 때문에 형편이 어려운 다른 교회를 염두에 두고 있다고 하면, 먼저는 속한 교회에 헌금을 하시고, 동시에 담임 목사님께 사정을 말씀드려 염두에 두신 교회의 형편을 좀 돌아봐 줄 것을 요청하는 것이 옳다고 생각합니다. 이는 하나님이 세우신 교회의 질서를 존중하는 것입니다. 우리의 임의대로 판단하지 않고, 교회를 세우신 하나님의 질서에 근거하여 헌금하는 것 역시 성도 된 의무이기 때문입니다.

십일조 헌금은 나의 개인 소관이 아니라고 봐야 옳을 것입니다. 평소보다 많은 수입이 생겼다면 십일조는 본 교회에 드리고, 남은 10의 아홉 중에서 자율적으로 할 수도 일을 텐데요. 은혜 있길 빕니다.

_ **김성봉 박사**

Q 질문 : 교회 설교를 듣다가 궁금해서요. 유월절은 예수 그리스도의 죽음으로 성취되었다면서요? 근데 부활절로 성취되었다는 말은 뭔 말인가요? 맥추절은 오순절로 성취되었고요. 그럼 초막절은 뭐고 장막절은 뭐고 수장절은 뭐고 추수감사절은 뭔가요? 뜻이 다 같은 건가요? 유독 추수감사절 이름만 4개씩이나 있는 게 이상해서요. 게다가 추수감사절은 아직 성취되지 않은 것 아닌가요? 왜냐면 문득 드는 생각이 추수감사절이라 하면, 추수 때를 가리키니까 주님이 나중에 마지막 때에 알곡과 가라지를 골라 추수하시잖아요. 요한계시록에 보면 추수할 때가 다 되었다고 말하는데 그것과는 관련이 없는 건가요? 그것과 관련된 거라면 추수감사절은 아직 성취된 게 아니라서 우리가 추수감사절을 절기로 지키는 것이 옳은지 궁금해요. 답변을 기다립니다.

A 답변 : ⟨1⟩ 구약의 유월절은 신약 시대에 유월절 양 되신 그리스도의 죽으심으로 성취되었습니다(고전 5:7). 예수님의 부활은 그의 죽음을 의미 있게 하는 것이며 효력 있게 하는 것입니다(고전 15:14~19).

⟨2⟩ 맥추절 또는 칠칠절, 오순절은 성령 강림으로 말미암아 성취되었습니다. 맥추절이 늦봄에 첫 열매를 수확하는 것을 기념하는 절기

이듯이 오순절 날에 성령이 강림하심으로 영혼 추수를 시작하였습니다. 맥추절이 오순절로 성취된 것이 아니고 맥추절 곧 오순절, 칠칠절이 오순절 성령 강림으로 성취된 것입니다. 따라서 오늘날 우리는 맥추절을 지킬 것이 아니라 성령강림절을 지키는 것이 옳습니다.

〈3〉 추수감사절은 엄밀하게 따지면 성경에서 직접 기인한 것은 아니고 미국에 건너간 청교도들이 신대륙에서 첫 수확을 해서 인디언들과 함께 나눠 먹고 하나님께 감사한 것이 기원입니다. 물론 그 전에도 미약하지만 유럽에 감사절이 있기도 하였습니다. 구약의 초막절 또는 장막절 또는 수장절이 추수에 대한 감사이기 때문에 추수감사절의 먼 기원으로 볼 수도 있습니다. 추수감사절은 가을에 하나님께서 풍성한 수확을 주신 것에 대해 감사하는 것입니다. 신약에서 말하는 영적 추수와는 직접 관련되는 것은 아닙니다. 영적 추수와 관련되는 것은 차라리 성령강림절이라 할 수 있습니다. 오순절 성령 강림으로 영적 추수가 (본격적으로) 시작되었고 세상 끝날까지 계속될 것입니다. 따라서 성령강림절은 전도나 선교의 축제로 함이 좋고, 성령강림절 감사헌금은 전액 전도나 선교를 위해 사용함이 좋습니다. 추수감사헌금은 추수의 기쁨을 이웃과 나눈다는 의미에서 전액을 주위의 이웃, 가난한 이웃과 나누는 것이 좋다고 생각합니다. 예를 들면, 취약 계층의 가정에게 사랑의 쌀이나 사랑의 연탄, 동절기 난방비 지원 등을 위해 사용하면 좋을 것입니다.

_ 변종길 교수

Q 질문 : 제가 다니는 교회에서는 추수감사절, 성탄절, 부활절, 맥추감사절 등을 기념하여 지키고 있습니다. 그런데 성경에서의 유월절, 초막절, 초실절, 오순절, 나팔절, 속죄일 등의 절기는 지키지 않습니다.

〈1〉 추수감사절, 성탄절, 부활절, 맥추감사절 등 성경에서 직접적인 언급은 없지만 현대 교회에서 지키고 있는 날들은 지키는 것이 맞나요? 〈2〉 유월절, 초막절 등등의 구약성경 속 절기들은 지키지 않는 것이 맞나요?

A 답변 : 〈1〉 신약 시대에는 절기를 지키는 것이 중요하지 않습니다. 왜냐하면 구약의 절기들은 그리스도 안에서 성취되었기 때문이지요. 그래서 사도 바울은 구약의 절기 지키는 것에 대해 부정적으로 말합니다. "그러므로 먹고 마시는 것과 절기나 초하루나 안식일을 이유로 누구든지 너희를 비판하지 못하게 하라 이것들은 장래 일의 그림자이나 몸은 그리스도의 것이니라"(골 2:16~17). 그림자는 실체가 아닙니다. 그리스도가 실체입니다. 따라서 신약 시대는 실체이신 예수 그리스도를 중심으로 생각하고 행합니다.

〈2〉 초대 교회에서 제일 중요한 것은 예수 그리스도의 죽음과 부활이었습니다. 죽음은 성찬식을 통해 기념하였으며, 부활은 매주 주일

(안식 후 첫날)에 모임으로 기념하였습니다. 예루살렘과 팔레스타인 지역의 교회에서는 기원후 70년에 성전이 파괴되기 전까지는 구약의 절기를 지킨 것으로 생각됩니다. 그러나 그런 것들은 예루살렘 성전의 파괴와 더불어 사라졌다고 생각됩니다.

〈3〉 로마 제국에서는 성탄절을 지켰는데 날짜에 대해 논란이 있다가 12월 25일을 정해 지키게 되었습니다. 그것은 그때 이방인들이 태양신 절기를 지키기 때문에 그것을 방지하기 위한 목적으로 그날을 정한 것입니다. 예수님의 탄생의 정확한 날짜는 모릅니다.

〈4〉 중세 교회에서는 온갖 절기들이 교회 안에 들어와서 지키게 되었습니다. 특히 성자들을 기리는 날들이 많습니다. 가톨릭 달력에 의하면 거의 주일마다 무슨 절기일 것입니다.

〈5〉 개혁교회에서는 예수 그리스도의 구속사역과 관련하여 4대 절기를 지킵니다. 곧, 성탄절, 부활절, 승천절, 성령강림절. 물론 예수님이 돌아가신 날을 기념하여 성금요일을 지킵니다. 개혁교회에서는 성금요일이라 하지 않고 Good Friday라 합니다. 그러나 유월절, 맥추감사절은 지키지 않습니다. 그런 것은 구약 절기이고 지나간 것이며 그리스도 안에서 성취되었기 때문입니다. 유월절은 예수 그리스도의 죽음에서, 맥추감사절은 성령강림절로 성취되었습니다.

〈6〉 따라서 오늘날 구약의 절기들을 지키는 것은 옳지 않습니다. 실체 되신 그리스도가 이미 오셨기 때문입니다. 추수감사절을 지키는 것은 가능하다고 봅니다. 우리가 초막절을 지키는 것이 아니라 감사절을 지키기 때문입니다. 신약 시대에도 우리는 늘 감사하는 마음으로 살아야 하는데, 하루 특별한 날을 정하여 감사하고 기뻐하는 것은 좋다고 봅니다. 그러나 매일 매일 감사함으로 살아야 하므로 특별히 그런 날은 필요 없다고 생각하면 안 지킬 수도 있습니다. 어쨌든 감사하는 마음이 중요한 것이고, 헌금 거두는 기회로 생각하는 것은 잘못입니다.

〈7〉 하나 더 생각할 것은 요즘 한국 교회는 5월이 되면 가정의 달이라고 해서 어린이주일, 어버이주일, 교사주일 등등 너무 행사가 많습니다. 그러다 보니 막상 성령강림절을 잊어버리는 경우가 많습니다. 그런 가정의 달 행사는 꼭 해야 하는 것은 아닙니다. 어린이주일은 지켜도 되고 안 지켜도 됩니다. 1년 열두 달 내내 어린이들을 사랑하고 돌보는 게 중요하고 매 주일 어린아이들을 위한다고 생각하면 굳이 안 지켜도 됩니다. 그러나 지켜도 됩니다. 특별히 어린이를 위하고 사랑한다는 것을 표시하기 위한 것입니다. 그러나 그런 것은 특별히 절기라기보다 그냥 주일입니다.

어쨌든 신약 교회는 그리스도 중심, 말씀 중심으로 나아가야 하며, 절기나 의식에 치우치면 안 됩니다. 우리는 머리 되신 그리스도를 붙잡아야 합니다.

_ 변종길 교수

Q **질문** : 제 신앙관으로는, 개신교에서 기복신앙은 꼭 근절되어야 할 안 좋은 문화(?), 세태, 현상이라고 생각합니다. 하나님을 이야기 속 '램프의 요정'처럼 내 꿈과 성공, 출세, 부귀영화를 위해 주시옵소서, 주시옵소서, 하는 기도들은 본래 우리가 추구했던 믿음이 아니라고 봅니다.

나에게 고난이 찾아왔을 때 그것을 위해 기도할 수는 있겠지만, 항상 무엇이든 '차고 넘치게 해 달라'는 기도는 부적절하다고 생각합니다. 제가 겪은 몇몇 목회자께서 기도하실 때, '이 가정에 항상 축복만이 넘치고 경제적으로도 차고 넘치고 흔들어 넘치게 해 주셔서 하나님께 십일조 많이 하고, 많이 드리는 가정 되게 해 달라.'는 기도를 하신적이 있는데 이게 맞는 건지 잘 모르겠습니다.

예수님께서 부자가 천국에 가는 것은 낙타가 바늘구멍에 들어가기보다 어렵다고 말씀하셨고, 예수님을 따르려면 가진 모든 것을 다 버리고 따르라고 하셨는데, 왜 우리의 기도는 우리의 부귀영화를 위한 기도만 넘쳐 나는지 너무나도 답답합니다.

근데 이런 생각을 하다 보니 이게 맞는 건지도 잘 몰라서 질문을 드립니다. 기복신앙이 옳은 것입니까? 아니, 일말의 긍정적 요인이라도 있습니까? 성경적인가요? 불교에서도 수능 시험일이 되면 산과 암자에 모여 열심히 절하는 불자들을 불교적으론 근본에 어긋난다고 애길 하던데, 기독교의 기복신앙도 토속 신앙과 결합한 잘못된 문화가 아닌가요?

답변 : 기독교에서 강조되어야 할 것은 하나님의 구원과 은혜이겠죠. 예수 그리스도를 믿고 구원받아 새로운 삶을 사는 그 상태가 커다란 복이죠. 아마도 한국 교회는 일제강점기를 거쳐 6 · 25동란을 지내오면서 가난에 시달렸기 때문에 특히 물질적인 축복을 바랬던 것 같습니다.

기복신앙은 옳다고 할 수는 없다고 봅니다. 그러나 크리스천은 생활의 필요들을 위하여 기도할 수 있을 것이며, 또 복음적인 사업들을 하기 위해서도 물질이 필요합니다. 물질만 쌓으려고 하면서도 주님을 위하여 사용하지 않는다면 그것은 기복신앙이라고 할 수 있겠죠.

기독교인은 하나님께서 가난하게 하게 살게 하시면 가난하게도 살 수 있고, 부하게 하시면 주님과 복음을 위하여 헌신하고 이웃과 형제를 섬기며 살 수 있습니다. 주를 위하여 헌신하지도 않으면서도 받으려고만 하는 태도는 지양해야 하겠습니다. "예수께서 가라사대 네가 온전하고자 할진대 가서 네 소유를 팔아 가난한 자들을 주라 그리하면 하늘에서 보화가 네게 있으리라 그리고 와서 나를 좇으라 하시니 그 청년이 재물이 많으므로 이 말씀을 듣고 근심하며 가니라 예수께서 제자들에게 이르시되 내가 진실로 너희에게 이르노니 부자는 천국에 들어가기가 어려우니라 다시 너희에게 말하노니 약대가 바늘귀로 들어가는 것이 부자가 하나님의 나라에 들어가는 것보다 쉬우니라 하신대"(마 19:21~24).

_ 최병규 박사

168. 하나님의 용서가 먼저인가? 우리의 회개가 먼저인가?

질문 : 〈1〉 우리가 죄를 지었을 때, 하나님께서 먼저 용서해 주시고 우리는 그 후에 회개하게 되는 건가요? 아니면 우리가 회개해야 하나님께서 우리의 죄를 용서해 주시는 것인가요? 〈2〉 우리가 우리에게 죄를 지은 다른 사람의 죄를 용서해 주어야만 우리의 죄를 용서해 주시는 건가요? 아니면 그것과는 관계없이 내가 하나님께 회개하면 내 죄가 용서받는 것인가요? 〈2-1〉 주기도문의 구절(우리가 우리에게 죄지은 자를 사하여 준 것같이 우리의 죄를 사하여 주옵시고)이 2번의 내용을 의미한다는 해석은 올바른 것인가요?

답변 : 〈1〉 우리가 회개하면 하나님이 용서해 주십니다(요일 1:9). 이것도 우리가 회개하면 자동으로, 기계적으로 용서하시는 것이 아니라 하나님이 보시고 판단하실 일입니다. 물론 하나님이 약속하셨기 때문에, 그리고 예수님이 십자가에서 우리의 죗값을 담당하시고 죽으셨기 때문에, 우리가 회개하면 하나님이 용서해 주시는 것은 맞습니다. 그러나 참된 회개라야 하고 최종적인 판단은 하나님께 달린 것입니다. 그래서 우리는 용서해 달라고 '간구'하는 것입니다. 그런데 오늘날 어떤 사람들은 마치 자기가 회개 기도했으니 용서는 당연히 따놓은 것처럼, 자동으로 용서받은 것처럼 생각하는 사람들이 있는데, 이런 것은 하나님의 주권을 무시하는 것이며 올바른 태도가 아닙니다.

〈2〉 하나님께 죄 용서받은 사람은 큰 은혜를 받은 사람입니다. 마치 일만 달란트(오늘날 가치로 따지면 3조 원~6조 원 정도) 탕감받은 종과 같습니다. 그러면 그 은혜에 감격하여 마땅히 동료 종의 조그만 빚은 탕감해 주거나 사정을 봐주어야 할 것입니다(마 18:21~35). 따라서 우리는 형제의 잘못을 용서해 주어야 합니다. 왜냐하면 우리 자신이 하나님께 큰 죄를 용서받았기 때문입니다. 그런데 우리가 형제의 죄를 용서해 주어야만 하나님이 우리 죄를 용서해 주시는지, 아니면 그렇게 안 해도 용서해 주시는지, 이것은 우리가 사전에 기계적으로 답할 수 없습니다. 결국 하나님께서 종합적으로 판단하신다고 보아야 할 것입니다. 형제의 허물을 전혀 용서해 주지 않으면서 자꾸만 자기 죄만 용서해 달라고 한다면, 하나님께서 보시고 그 사람의 기도는 너무나 이기적이고 진실성이 없다고 판단하실 수 있습니다. 그러니 우리는 예수님의 말씀을 따라 형제의 잘못을 용서해 주기를 힘써야 합니다.

〈3〉 우리가 여기서 생각해야 할 것은 회개와 용서를 크게 두 종류로 나누어서 보아야 한다는 것입니다. 예수님을 처음 믿을 때 하는 '근본적인 회개'가 있습니다. 이것을 다르게는 '생명 얻는 회개'라고 합니다(행 11:18). 이것은 한 번만 하는 것이며 반복되지 않습니다. 이것은 어떤 사람이 세상을 향하여 죄악 된 삶을 살다가 하나님께로 근본적으로 방향을 돌이키는 것을 의미합니다. 이런 근본적 회개에는 근본적 죄 사함의 은혜가 주어집니다. 이런 은혜를 받은 사람은 여태껏 지은 모든 죄를 사함 받고 하나님의 자녀가 되며 성령이 그에게 보증으로 주어집니다(고후 1:22; 5:5; 엡 1:13; 롬 8:16).

그러나 이런 구원을 받은 사람이라 할지라도 육신의 연약함은 그대로 있습니다(롬 8:26). 그래서 자주 넘어지고 죄를 짓기도 합니다. 이런 일상적 죄에 대해서도 우리는 회개하고 죄 사함을 받아야 합니다. 이때 하는 회개는 '일상적 회개'라 할 수 있습니다. 이런 죄에 대해서도 우리가 예수님의 피를 의지하고 우리 죄를 자백함으로 죄 사함을 받습니다(요일 1:9). 이런 죄 사함은 믿는 신자라도 계속 받아야 하며 일평생 반복됩니다. 이것은 예수님의 말씀처럼 이미 목욕한 자가 발을 씻는 것으로 비유할 수 있습니다(요 13:10). 우리는 예수님을 믿음으로 이미 목욕하였지만(중생), 날마다 계속 발을 씻어야 합니다(일상적 회개). 그래야만 발이 깨끗하고 건강하게 됩니다.

그러나 혹 발 씻는 것을 잊어버렸으면 어떻게 될까요? 밖에 나가 놀다가 집에 돌아왔는데, 그만 발을 씻지 않고 잤다고 합시다. 그러면 그 사람은 그 먼지 때문에 죽을까요? 아닙니다. 발을 씻지 않으면 위생상 좋지 않지만 그렇다고 해서 목숨을 잃는 것은 아닙니다. 우리는 예수님을 믿음으로(근본적 회개) 구원을 받았습니다. 또 장차 구원받을 것입니다. 이 구원이 왔다 갔다 하는 것은 아닙니다. 그러나 그 사람이 정말로 예수님을 믿는지, 참으로 근본적인 회개를 했는지가 중요합니다. 따라서 어떤 사람이 예수님을 믿는다고 하면서 너무나 죄를 쉽게, 자주 지으면 그 사람이 정말로 회개했는지가 의심스러울 수도 있습니다.

우리가 정말로 회개한 사람이라면 그 큰 죄 사함의 은혜에 감격하여 스스로 죄를 짓지 않도록 조심할 것입니다. 스스로 깨끗하게 되도록 애쓰게 됩니다. 그렇지만 어쩔 수 없이 죄를 지어서 발이 더러워지면 예수님께 나아와서 죄를 자백하면 하나님께서 우리 죄를 씻으시고 깨끗게 해 주신다고 약속하셨습니다(요일 1:9). 그러나 우리는 가능하면 죄를

짓지 않도록 노력하는 것이 더 중요합니다. 발을 더럽히고 나서 씻는 것
보다 발을 더럽히지 않는 것이 더 중요한 것과 같습니다.

_ **변종길 교수**

169. 자신의 신앙을 위해 교회를 옮기는 것, 옳은가?

질문 : 자신의 신앙관에 맞는, 혹은 자신의 신앙을 위해서 교회를 옮기는 것은 부정적인가요, 허용 가능한가요? 대부분 교회에서는 타지로의 이사 등, 특별한 이유가 없으면 한 교회를 일평생 섬기며 헌신하는 것을 가르치고 권유하는데, 이것의 성경적 근거가 있나요? 항간에서는 고정적인 신도를 두기 위해 이런 문화를 만들어 냈다고도 하는 이야기가 있는 것 같아요.

예를 들어, A라는 신앙인이 있다고 가정하겠습니다. A는 소위 '열린 예배' 라 불리는 경배와 찬양, 젊은이들이 선호하는 찬양예배(이 것들을 열린 예배라고 총칭하겠습니다) 등등에 관심이 많고 전통적인 예배의 질서와 분위기보다는 열린 예배를 통해 더 뜨거운 마음을 하나님께 드립니다. 그런데 A가 섬기는 교회는 그런 열린 예배가 없을뿐더러, 열린 예배를 배격하는 보수적인 성격의 교회입니다. 그렇다면, A는 자신의 신앙을 위해 교회를 떠나 개방적인 성격의 다른 교회에서 신앙생활을 하는 것이 옳은가요?

답변 : 지금의 교회가 자신의 필요를 채우지 못할 때, 자기 신앙을 위해 교회를 옮기는 것이 옳은 것인지에 대해 고민하는 것 같군요. 이 질문에 대한 답변은 간단한 것 같으면서도 결코 쉽지 않습니다. 여기에는 교회가 무엇인지, 구원받은 신자가 누구인지 교회관

과 신자의 정체성에 대한 근본 문제가 개입되어 있기 때문입니다. 유감스럽게도 오늘날 교회가 마치 쇼핑센터나 이벤트 행사장처럼 인식되고, 신자들은 자기 필요에 따라 언제든지 맘대로 선택하는 고객처럼 인식되고 있는 것 같습니다. 그러다 보니 프로그램이 다양하고 풍성한 교회, 소위 설교가 좋은(?) 교회를 선호하는 것이 당연시되고 있는 현실입니다.

그런 교회를 선택하는 행위 자체가 잘못되었다는 것이 아닙니다. 여기에 더 중요한 문제가 있음을 놓쳐서는 안 된다는 것입니다. 성경에 의하면 교회는 "그리스도의 몸"입니다. 하나님이 임하시는 특별한 공동체입니다. 그리스도의 피로 맺은 '너와 나', 그리고 그리스도 안에서 '우리'라는 특별한 관계성을 통해 그리스도를 세상에 보여 주는 하나님의 가족 공동체가 교회입니다. 이 교회는 '내가' '내 뜻'으로 선택한 것이 아닙니다. '하나님의 뜻'에 의해 내가 그 교회에 부름을 받은 것입니다. 그 교회 속에서 다른 지체들과의 깊은 관계성을 통해 내가 영적으로 성장하고 하나님께 영광을 돌리도록 하나님이 나를 그 교회로 불러 주신 것입니다. 중요한 것은 단지 교회의 예배나 설교를 통해서만 내가 성장하는 것이 아니라는 것입니다. 그리스도의 몸의 한 지체로서 주님이 부르신 자리에서 내가 스스로 감당해야 할 의무와 역할을 감당함으로써 다른 성도와 함께 내 믿음이 자라는 것입니다.

그러므로 단지 내 필요에만 초점을 맞추어 교회를 옮기는 것은 올바른 태도가 아닙니다. 만약 그런 이유로 교회를 옮긴다면 아마도 계속해서 이곳저곳을 떠돌아 다녀야할지도 모릅니다. 지상에 나의 모든 만족을 채워 주는 완전한 교회는 없기 때문입니다. 어떤 교회에 어떤 면이 부족하다면 하나님은 다른 것을 통해 자기 백성에게 은혜를 주십니다.

그렇다고 교회를 절대로 옮겨서는 안 된다는 말이 아닙니다. 부득이하게 교회를 옮겨야 할 경우가 있을 수 있지요. 문제는 그런 경우에도 반드시 주위의 다른 성도들과 그 문제를 신중하게 의논한 뒤, 기도로 진지하게 하나님의 뜻을 묻고 하나님의 인도를 따라 행동해야 한다는 것입니다. 구원받은 성도는 자기 필요와 자기 뜻대로 사는 자가 아니기 때문입니다.

_ 김순성 교수

Q **질문** : 〈1〉 톰 라이트의 저서 『성경과 하나님의 권위』(p. 270) 에서 "초기 그리스도인들이 안식일 준수의 기본 원칙, 즉 일을 중단하는 것을 새로운 일요일로 옮겨오기 위해 노력했다는 증거가 어디서도 발견되지 않는다."는 견해의 사실 여부. 〈2〉 장로교도들이 주일을 안식일로 지키는 것은 무엇 때문입니까? 〈3〉 오늘날에 주일에 일하는 것에 대한 성경적 적용이 궁금합니다.

A **답변** : 안식일의 엄격한 준수는 토요일 전체를 엄밀하게 무노동으로 일관하던 구약성경의 가르침과 예수님의 안식일 준수와 설명을 근거로 합니다. 물론, 오늘의 주일로 의미가 옮겨 온 것은 사도들로 인해서입니다. 안식 후 첫날에 부활하신 주님을 생각하면서, 사도들이 일요일에 모이게 된 것입니다.

"안식일이 다 지나고 안식 후 첫날이 되려는 새벽에 막달라 마리아와 다른 마리아가 무덤을 보려고 갔더니"(마 28:1). "이날 곧 안식 후 첫날 저녁때에 제자들이 유대인들을 두려워하여 모인 곳의 문들을 닫았더니 예수께서 오사 가운데 서서 이르시되 너희에게 평강이 있을지어다"(요 20:19). "매주 첫날에 너희 각 사람이 수입에 따라 모아 두어서 내가 갈 때에 연보를 하지 않게 하라"(고전 16:2). "그 주간의 첫날에 우리가 떡을 떼려 하여 모였더니 바울이 이튿날 떠나고자 하여 그들에게 강론

할 새 말을 밤중까지 계속하매"(행 20:7).

부활의 날, 주일에 사도들 앞에 초대 교회 성도들이 모인 것입니다. 온종일이죠.

신약 교회는 사도들과 선지자들의 터 위에서 세워집니다(엡 2:20). 그들의 가르침을 따라서, 구체적으로 지도를 받게 하신 것입니다. 이들 사도보다 더 큰 자가 어디 있습니까? 이들보다 더 분명히 안다고 말할 자가 있을까요? 그리고 이들 사도보다 더 희생한 자들이 있습니까? 사도들과 선지자들은 거의 다 순교했습니다.

장로교회라는 체제가 등장한 것이 16세기 유럽 종교개혁 시대입니다. 그리고 초대 교회의 사도적 신앙 전통을 회복하고자 하였습니다. 장로교회가 주일 성수를 만들어 낸 것이 아닙니다. 신약성경에 있던 것을 종교개혁자들이 회복하고 지키게 된 것입니다. 물론, 주일 성수라는 말이나, 주일에 대한 열심은 17세기 청교도 신앙에서 나온 것이지요. 로마서 14장 5~8절을 보세요. 어느 날을 지키고 엄격하게 준수하는 목표와 의미가 무엇입니까? 그냥 전통이 되어서는 안 되고, 오직 주님을 기억하고 높이려 함이지요. 그 뜻이 희석된다면, 유대주의자들과 다를 것이 없습니다. 오늘날 우리가 주일 성수에 대해서 가져야 할 기본적인 자세는 오직 성경에만 따라야 합니다. "어떤 사람은 이 날을 저 날보다 낫게 여기고 어떤 사람은 모든 날을 같게 여기나니 각각 자기 마음으로 확정할지니라 날을 중히 여기는 자도 주를 위하여 중히 여기고 먹는 자도 주를 위하여 먹으니 이는 하나님께 감사함이요 먹지 않는 자도 주를 위하여 먹지 아니하며 하나님께 감사하느니라 우리 중에 누구든지 자기를 위하여 사는 자가 없고 자기를 위하여 죽는 자도 없도다 우리가 살아도 주를 위하여 살고 죽어도 주를 위하여 죽나니 그러므로 사나 죽으나 우리가 주의 것이로다"

_ **김재성 교수**

171. 안식일이 아니라 주일을 지키는데도, 안식일에 일하지 말라는 율법을 주일에 적용해야 하는가?

질문 : 우리는 더는 안식일을 지키지 않고 주일에 하나님께 예배하는데요, 그렇다면 왜 안식일에 일하지 않던 것을 주일에도 적용해야 하는지요? 주일에 일하는 것은 삼가야 합니까? 모든 일을 하나님을 위해서 함이 옳다면, 주일에 무작정 일하지 않는 것이 바른 게 아니라 그것이 하나님께 영광이라면 예배를 드리고 난 후 장사를 하든 직장에 가든 열심히 일하는 것도 좋은 일이 아닙니까? 주일에 일하는 것에 대해, 교회는 어떤 결론을 내렸나요?

답변 : 주일은 넓은 의미의 안식일에 속합니다. 안식일은 1) 구약의 안식일; 2) 신약의 안식일; 3) 영원한 안식, 이렇게 세 가지로 나누어 생각할 수 있습니다. 구약의 안식일이 세상일을 하지 않고 쉬는 것에 초점이 있다면, 신약의 안식일은 부활하신 예수님을 기뻐하여 성도들이 모여서 예배드리고 교제하는 것에 초점이 있습니다. 그렇다고 해서 주일에 세상일을 마음껏 해도 된다는 말은 아닙니다. 세상일을 쉬고서 대신에 하나님을 예배하고 하나님의 말씀을 배우고 성도들과 교제하는 일을 하는 것이 주일을 바로 보내는 것입니다. 따라서 주일에 물건을 사고팔거나 세상일을 하는 것은 삼가는 것이 옳습니다.

그러나 우리가 바리새인들처럼 율법적으로 지킬 것은 아니고 안식일의 정신을 생각하면서 지켜야 할 것입니다. 지킨다기보다 그리스도 안에서 누린다는 표현이 더 적합할 것입니다. 그러나 지키는 것이 없는 것은 아닙니다. 지키되 은혜 안에서 기쁨으로 지킵니다. 그래서 웨스트민스터 신앙고백은 우리가 안식일에도 1) 긴급한 일과 2) 자비를 베푸는 일은 할 수 있다고 말합니다. 예를 들면, 사람이 아프다거나 위급한 상황이 있을 때에는 병원에 가거나 병원에 데려다주는 일을 할 수 있습니다. 약국에 가서 약을 살 수도 있습니다. 또 소방대원은 예배를 드리다가도 불이 나면 쫓아가서 불을 꺼야 합니다. 그다음으로 자비를 베푸는 일도 주일에 할 수 있습니다. 예를 들면 의료봉사를 나가거나 자원봉사 활동을 하는 것 등입니다.

물론 우리는 주일예배를 다 드린 후에 (오후예배를 마친 후에) 음악을 듣거나 책을 읽거나 휴식을 취할 수 있습니다. 산책을 하거나 자전거를 탈 수도 있지요. 가족들과 함께 장기를 두거나 가벼운 놀이를 할 수도 있습니다. 개혁교회 성도들이 이렇게 합니다. 그러나 운동 시합을 하지는 않습니다. 주일에 물건 사러 마트에 가거나 쇼핑하는 것은 가능한 한(긴급한 일이 아닌 이상) 피해야 할 것입니다. 주일에 식당에 가거나 아이들을 위해 과자를 사 주는 것도 삼가야 할 것입니다. 평일에 미리 준비해 두었다가 주일에 주는 것이 옳습니다. 평일에 할 수 있는 일은 평일에 하고 주일에는 가능한 한 물건을 사지 않고 세상일을 하지 않고 예배와 교육과 찬양과 교제와 선한 일에 힘쓰는 것이 옳습니다.

우리 한국 교회는 주일에 선한 일을 하는 것이 별로 없는데 이것은 생각해 보아야 할 문제입니다. 주일에 우리가 지역사회를 위해 청소를 하고 자원봉사를 하고 무언가 선한 일을 하는 것은 주일을 올바로 지키는 방법입니다. 너무 교회 중심으로만 되면 지역사회로부터 분리되고 복음 전파가 안 됩니다. 우리는 주일에 무엇을 안 하는 것보다도 무엇을 할 것인가를 생각하고 예배와 교육 후에는 선한 일을 힘쓰는 것이 옳은 방향으로 생각됩니다.

_ **변종길 교수**

Q **질문 :** 요셉이 종으로 팔려 가서 결국 여러 사건을 겪고 애굽의 총리가 되는데요, 당시 애굽은 이방 신과 우상을 섬기던 나라로 알고 있습니다.

가족 중에 한 분이 타 종교를 믿고 계시며 타 종교인들(비기독교인, 우상을 섬기는)을 대상으로 사업을 하고 계십니다. 그러한 가족의 일을 제가 도와 드려야 할까요? 그렇게 하면 제 행동이 타 종교를 유익하게 하거나 우상을 섬기는 결과가 되지는 않을까요? 고민이 됩니다. 지혜로운 답변을 부탁드립니다.

A **답변 :** 자신의 직업 선택과 관련하여 하나님의 뜻을 고민하는 질문자의 모습이 귀하게 생각되는군요. 세상 속에서 그리스도인의 정체성에 부합된 직업을 선택하고, 하나님의 뜻에 합당하게 일하며 살아간다는 것이 결코 쉬운 일이 아니기 때문입니다. 저의 설명이 질문자의 고민해결에 도움이 되기를 바랍니다.

우선 그 일의 경영자가 기독신자인가 아닌가 (또는 우상을 섬기는 자인가) 그 자체가 문제가 되지 않습니다. 내가 우상을 섬기는 경영자의 회사에서 일한다는 것이 곧 그가 섬기는 우상을 위해 일하는 것은 아니기 때문입니다. 만약 그 회사의 경영자가 모든 직원에게 자신이 믿는 우상을 섬기도록 강요하는 경우가 아니라면(민주사회에서 이런 경우는 거의 없습니다만), 우상을 만들거나 판매하는 회사(업종)가 아니라면, 그리고 그 회사가 건전한 상식과 기업윤리를 가지고 있다면, 그 회사의 경영자가 무슨 종교(우상)를 가지든 상관없이 그리스도인은 그 일터에서 자신이 맡은 일을 통해 하나님께 영광을 돌리기 위해 일하는 것입니다. 창조주 하나님이 세상 모든 일의 주인이시고, 참된 상전이시기 때문입니다. 이 점에서 모든 그리스도인은 하나님을 모르는 세상 속에 파송을 받은 선교사와도 같다고 할 수 있습니다. 자신의 일터는 일종의 선교지와도 같다고 볼 수 있겠지요. 질문자께서 언급한 요셉의 경우, 그에게 애굽은 하나님을 모르는 나라에 그 나라를 다스리는 진정한 통치자는 살아 계신 하나님임을 깨우쳐 주기 위해 하나님이 보내신 선교지요, 그는 그곳에 파송 받은 선교사로 보아도 무방할 것입니다. 그가 원치 않게 우상을 섬기는 나라로 팔려가 그곳에서 바로 왕을 윗사람으로 모시고 살았지만, 그는 위로 하나님을 경외하고 하나님과 늘 동행하는 성결한 삶을 살았습니다. 누구보다도 하나님 앞에서 정직하고, 성실했고, 지혜롭게 행했지요. 그 결과 억울한 상황에 내몰리기도 했지만 하나님이 그와 함께하시고 그에게 지혜를 주셔서 바로 왕이 그의 지혜에 감탄하여 요셉이 믿는 하나님을 인정하고 마침내 온 나라를 다스리는 총리의 자리에까지 오르게 되지 않았습니까. 요셉이 믿는 하나님이 참신임을 그의 인격과 삶을 통해 우상 나라 애굽에 증언한 것이지요. 비록 상황은 달라도 오늘의 그리스도인들 역시 세상 속에서 요셉과 같이 성결하고 지혜롭게 살아감으로써 하나님께 영광을 돌려야 합니다.

둘째로, 사업의 대상자가 기독교인인가 아닌가(또는 우상을 섬기는 자인가)도 문제가 되지 않습니다. 일부 예외를 제외하고 세상의 일

대부분이 하나님을 모르는 사람들을 대상으로 하는 일들이기 때문입니다. 중요한 것은 그 직업과 일의 성격이지요. 어떤 사업이나 직장이든 이윤 추구가 궁극적인 목적이지만, 그 일의 동기나 과정 및 결과가 최소한 윤리적으로 정당하고 당사자들에게 유익을 주어야겠지요. 내게는 이익이 돌아오지만 상대방에게는 불이익과 손해와 불행을 끼치는 일이라면 곤란하지 않겠습니까? 이 말은 그리스도인이라면 누구나 어떤 직업이나 일을 선택할 때, 그 일이 과연 성경적 가치관과 신앙 양심에 정면으로 배치되는 점은 없는지 깊이 고려한 후 결정을 내려야 한다는 말입니다. 주님께서 질문자에게 바른길로 인도해 주시기를 기원합니다.

_ **김순성 교수**

173. 돈으로 돈을 버는 직업군들에 대한 성경적 지침은 무엇인가?

질문 : 돈은 때로 욕심의 근원이 되는 존재 같습니다. 돈의 탐욕에 사로잡히기 쉬운 직업군들에 대해서 성경적으로 어떤 지침이 있는지 알고 싶습니다. 예) 주식 개인투자자, 주식 기관투자자(그 기관에 취업), 외환 딜러 또는 환전상, 대부업자.

전에 돈으로 돈을 버는 회사에 몸담아 본 적이 있습니다. 다시 해보자고 연락이 오는데 이젠 무턱대고 한다, 안 한다고 회사에 성급한 답을 주기보다는, 조심스럽게 기도하고 하나님께 묻고 싶어 질문을 남깁니다. 그 외의 다른 직업에 대한 좋은 지침들도 있으면 알고 싶습니다.

답변 : 돈을 수단으로 수익을 창출하는 직업에 대하여 판단할 때 기초적인 기준이 되는 것은 불로소득인가의 여부입니다.

우선 이 문제에 대한 성경의 가르침을 살피는 작업이 선행되어야겠지요. 모세의 율법에 보면 이스라엘 동족들에게 돈을 빌려줄 때는 이자를 받지 말라고 한 반면에(출 22:25; 레 25:36이하; 신 23:19), 타국인에게는 이자를 받고 돈을 빌려주어도 무방했습니다(신 23:20). 왜 이런 차이가 날까요? 동족에게 빌려주는 돈은 밭에 뿌릴 종자를 살 돈이 없을 정도로 가난한 사람들이 생계유지를 위한 긴급한 필요 때문에 빌려 가는 돈이었습니다. 이런 경우는 돈을 빌려 간 후에 빌려 간 돈이 수익을 낳는 경우가 아니므로 이자를 받지 못하도록 했습니다. 그러나 타국인에게 빌려주는 돈은 무역할 때 오가는 상업적 투자였습니다. 이 경우는 돈 그 자체가 수익을 낳는 경우이기 때문에 벌어들인 수익을 넘지 않는 선에서 이자를 받도록 허용했습니다. 중세 시대에는 모든 경우에 이자를 받는 것을 금지했으나, 칼빈은 생계 문제로 빌려 간 돈에 대해서는 이자 받는 것을 금지했지만, 투자금의 경우에는 거두어들이는 수익의 범위를 넘지 않는 선에서 이자를 받는 것을 허용했습니다.

이와 같은 가르침에 따라서 돈으로 돈을 벌어들이는 유형의 직업은 기독교인들이 피해야 할 직업임을 알 수 있습니다. 돈놀이하는 직업(대부업자)은 돈을 빌려주고 이자로 수익을 내는 직업인데 이때 돈을 빌려 가는 사람들은 대부분 생계 자체가 곤란한 사람들입니다. 생계 자체가 곤란한 사람들이 돈을 빌려 가는 경우에 이 돈으로 수익을 내는 일을 할 수가 없고 빌려 간 돈은 생계 비용으로 지불되어 버립니다. 이 경우에 이자를 요구하는 것은 돈을 빌려 간 가난한 사람의 목줄을 죄는 악한 행동입니다.

환전상이나 외환딜러의 경우는 환전이 필요한 사람들을 돕는다는 봉사 정신이 포함되어 있어서 그 자체가 악한 직업이라고 볼 수는 없습니다. 환전해 주는 수고도 있으므로 이 수고에 대하여 상식선에서 이해할 수 있는 정도의 서비스 비용을 받는 것은 정당하다고 생각됩니다. 다만 상식을 벗어난 폭리를 요구하는 것은 문제가 있습니다.

주식 투자에 대하여 생각해 보면, 우선 주식 투자는 현대의 기업이 공적으로 사업 자금을 조달하는 중요한 방법들 가운데 하나로서 주식 투자 그 자체는 정당한 경제 행위라고 판단됩니다. 그러나 그 전제 조건은 기업이 주식을 통하여 조달받은 자금으로 기업 활동을 하여 얻은 수익을 넘지 않는 범위 안에서 투자자들에게 수익을 배분해 주고 배분받는 것은 앞의 성경의 지침에 따라서 정당한 행위라고 판단됩니다. 따라서 투자자가 1. 산업발전을 위하여 투자한다는 뚜렷한 목표의식을 가지고, 2. 투자금에 어떤 변화가 생긴다 하더라도 자기 자신의 경제 생활 운영에 피해를 보지 않는 수준에서, 3. 기업이 낼 수 있는 수익의 한계 안에서 적절한 수익을 기대하면서 투자를 한다면 정당한 행위라고 판단됩니다. 그러나 투자자가 이런 적절한 한계를 지키지 않고 산업 발전에 대한 소명의식이 없이, 투자금에 변고가 생기면 경제 생활이 무너질 정도의 금액을, 행운을 노리는 도박 정신에 의하여 투자하는 것은 비윤리적이라고 판단됩니다. 주식에 투자할 때는 기업의 성공 여부에 언제나 예측할 수 없는 변수가 찾아올 수 있다는 점을 고려해야 하고, 이 점을 가볍게 여기거나 고려하지 않게 되면 심각한 후유증이 찾아올 수 있습니다. 주식 투자 그 자체는 정당한 경제 행위이기 때문에 금융회사 등에 근무하는 것은 문제라고 볼 수 없습니다. 물론 금융회사에 근무하면서 얻은 정보나 기술을 남용하여 주가 조작 등에 참여하는 것은 악한 행위가 되겠지요.

_ 이상원 교수

Q **질문 :** 요즘 교회 가면 가끔 교인들에게서 이런 말을 듣습니다. "볼 것이 없다"고 합니다. TV 드라마 영화 등은 폭력, 선정성, 돈에 대한 탐욕, 전쟁, 복수, 불륜, 권력욕 등에 대한 것들이 많습니다. 자극적인 내용은 이외에도 찾아보면 많지요. 이에 대해 세 가지 질문을 드려봅니다.

〈1〉 제 마음이 재미난 것, 자극적인 것을 좋아하는 것은 어디에서 기인한 것인가요? 쾌락적인 문화에 길들어서 그런 것인가요? 동물들은 기본적인 욕구가 해소되면 거의 그 이상의 뭔가를 느끼려고 하지는 않는 것 같은데 사람은 배불러도 만족하지 못하고, 재미나고 자극적인 뭔가를 더 찾는 거 같습니다.

〈2〉 인터넷에서 여러 필요한 자료들을 접하거나 찾다 보면 원래 필요한 자료나 주제들은 어디 가고 재미난 것, 웃긴 것, 자극적인 것을 클릭하게 되는 경우가 종종 발생합니다. 그러다가 보면 인터넷을 켜게 된 처음의 동기조차 잊고 심지어 음란 자료들을 보고 있는 때가 있기도 합니다. 인터넷뿐만이 아닌, 이런 문화의 홍수 속에서 제 마음을 잘 지킬 수 있는 비결이 있을까요?

〈3〉 성경에도 로마서 14장 17절에 의와 평강과 희락 같은 내용이 나옵니다. 성령님께서 우리에게 좋은 의미의 기쁨을 주신다는 내용으로 보입니다. 세상에서 오는 쾌락적인 기쁨이 아닌 성령님께서 주시는 의와 평강과 희락은 구체적으로 어떤 것일까요? 어떻게 얻을 수 있을까요?

답변 : ⟨1⟩ 마음의 즐거움과 기쁨을 찾고자 하는 것은 하나님께서 주신 마음입니다. 신학자 칼빈도 우리가 음식이나 음악, 문학이나 교제의 즐거움은 하나님이 주신 것이고, 그것을 누리라고 주셨다고 말합니다. 마음의 기쁨과 즐거움은 우리 삶의 중요한 동기를 제공하고, 또 그것을 얻도록 건강한 노력을 하게 합니다. 하지만 쾌락에 대한 집착과 중독은 별개의 문제입니다. 자신의 영혼을 파괴하고 인간관계를 위험에 빠뜨리기 때문입니다. 그러므로 보이지 않는 유형의 쾌락을 추구함에서도 "자족하는 마음과 함께하는 경건"이 있어야 합니다. 무한 쾌락, 그것은 우상이며, 그것은 자신의 인생을 한꺼번에 무너뜨릴 수도 있기 때문입니다. 작은 것, 내가 지금 가진 것, 받은 것에 대한 진정한 감사의 마음은 즐거움의 영역에서도 반드시 필요합니다.

⟨2⟩ 그나마 영적인 고민을 하시는 분의 질문인 것 같습니다. 누구나 인터넷을 하다 보면 아마 자연스럽게 자극적이고 흥미로운 주제, 그리고 성적인 것에 이끌리기 마련입니다. 또 사람의 그런 본성을 너무나 잘 아는 것이 이런 자료들을 제작하는 사람들입니다. 기도하는 마음으로 빨리 자신의 모습을 자각하고, 그릇된 것에서 돌이켜야 합니다. 혼자 힘으로 힘들기에 성령의 도우심을 그때그때 간구해야 하겠지요. 꼭 필요한 일을 할 때가 아니면 인터넷이나 휴대전화기를 멀리하는 것도 좋은 일이고, 스스로 시간을 정해서 통제하는 방법 외에는 더 좋은 방법이 없습니다. 먼저 마음에 결심하시고, 그 결심을 얼마나 실행하고 있는지

하루하루 반성하면서, 성령님의 도우심을 구하시기 바랍니다.

〈3〉 성령 충만하시고 성숙한 판단을 하신다면 왜 술을 팔아 번 돈이 더러운지 느껴질 것입니다. 성령 충만하시면 남을 속여 이익을 챙기는 것이 얼마나 비열한 일인지도 느껴질 것입니다. 성령 충만하시면, 문제는 사방으로 있어도 마음에 평안함이 찾아올 것입니다. 성령 충만하시면, 머리가 아플 만큼 스트레스가 많아도, 다시 새롭게 살고자 하는 희망과 지혜가 생길 것입니다. 성령님을 사모하는 마음으로 간절히 기도하고, 밤낮으로 말씀을 순전한 마음으로 묵상하고, 교회에서 사랑하는 믿음의 사람들과 교제하시길 바랍니다.

좋은 질문들 하시는 것 보니 좋은 신앙생활 하실 수 있을 것 같습니다. 감사합니다.

_ **하재성 교수**

Q **질문** : 일반적으로 세상 노래란 성경과 성령님께 뿌리를 두지 않는 노래라고 저는 정의합니다. 그리스도인이 세상 노래를 부르거나 듣는 것에 대해서 어떤 분별력을 가지고 행해야겠습니까? 노래를 부르는 것과 듣는 것은 노래를 감상하는 방법적인 측면에서 다르다고 봅니다.

세상 노래를 부르는 것에 관한 그리스도인의 자세와 세상 노래를 듣는 것에 관한 그리스도인의 자세에 대해서 노래의 가사를 기준으로 많이 궁금합니다. 왜냐하면 세상 노래 중에서 성경에 비추어 볼 때, 괜찮은(?) 것들이 있기 때문입니다.

A **답변** : 문화적으로 너무나 혼탁해진 시대를 살면서 성도들이 어떤 노래를 부르고 들으며 살아야 할지 고민해 주심에 깊이 감사드립니다. 유난히 길고 추웠던 겨울의 끝자락이 이제는 확실히 지나간 것 같습니다. 무르익은 봄의 황홀함이 곳곳에 가득합니다. 이런 멋진 4월을 감동적으로 그려낸 멋진 시들은 비록 그 속에 신앙적 표현이 들어 있지 않아도 충분히 함께 즐길 수 있지 않을까요? 하나님의 창조의 위대함을 노래한다면 더 멋진 것이겠지만 봄의 신비를 근사한 시어와 아름다운 선율로 표현한다면 누구나 함께할 수 있는 것으로 생각합니다. 우리가 함께할 수 없는 폭력적이고, 선정적이며, 반기독교적인 노

래들을 잘 분별해야겠습니다. 그렇지만 건강하고 따뜻한 노래들까지 배격할 필요는 없겠지요. 저의 오랜 친구이기도 한 "시인과 촌장"의 가수 하덕규 씨는 자신이 직접 쓰는 노랫말에 기독교적인 어휘들을 사용하지 않고도 얼마나 건강하고 아름다우며 감동적인 노래들을 만들어 내는지 모릅니다. 그래서 많은 사람의 사랑을 받지요. 사실 제게는 다 영적인 메시지로 들려옵니다. 여전히 많은 분의 사랑을 받는 가수 인순이가 부르는 「거위의 꿈」은 누구에게나 충분히 감동적이지요. 극단적인 문화의 타락 시대를 살아가면서 영적 분별력이 필요한 시대입니다. 그래서 오히려 누구나 어느 세대나 함께 할 수 있는 그런 건강한 음악을 적극적으로 개발하고 나누어야 할 때가 아닌가 생각합니다. 다시 한 번 귀한 질문에 감사드리며 좋으신 우리 주님의 풍성한 은혜를 누리시길 기원합니다.

_ 안 민 교수

질문 : 크리스천으로서 성형수술을 어떻게 보아야 할까요? 소위 신앙심이 좋다는 친구들도 성형수술에 대한 마음은 버리지 않아서 걱정인데, 자신을 치장하는 행위, 예를 들어 장신구를 착용한다거나 염색, 이발 등의 일들도 성형수술과 정도가 다를 뿐이지 이유는 같다고 하는 주장을 하더라고요. 크리스천으로서 성경적으로 볼 때, 성형수술을 어떻게 생각해야 올바를까요?

답변 : 성형수술은 하나님이 지으시고 주신 외모에 대해 인위적으로 변경을 가하는 것인데 좋은 것이라고 할 수 없겠지요. 하나님께서 사람을 지으실 때 하나님의 형상대로 지으셨다고 했습니다. 여기서 '하나님의 형상'은 물론 영적인 것(영적 존재)과 도덕적인 것(의와 거룩함)이 주가 되겠으나, 칼빈은 육체적인 것도 배제할 수는 없다고 했습니다. 이 말은 하나님에게 형상이 있다는 의미가 아니라 하나님께서 사람을 지으실 때, 그 외적 형상에도 하나님의 지혜와 솜씨가 들어 있다는 의미로 이해해야 하겠지요. 실제로 인간의 육체는 신기하고 오묘합니다(시 139:14). 사람의 외모도 하나님이 지으셨는데 기능적인 면만 아니라 미적인 면에서도 아름답고 조화롭게 지으셨습니다. 이런 하나님의 형상에 대해 인간이 자기 생각대로 뜯어고치는 것은 좀 이상하다고 생각해야 하겠지요.

성형수술은 신앙 문제라기보다도 의학적인 문제의 측면이 많다고 생각됩니다. 성형수술은 하나님이 주신 형상에 인위적인 손질을 가하는 것이기 때문에 부작용이 있을 수 있습니다. 때에 따라서는 심각한 부작용과 후유증으로 크게 후회할 수 있습니다. 우선 아름다워 보이고 싶은 욕구 때문에 나중에 나이 들어서 얼굴이 망가질 수 있습니다. 그러면 그 책임은 고스란히 자기가 져야 합니다. 저는 흰머리가 있어도 염색을 하지 않습니다. 첫째 이유는 부작용의 염려 때문이고, 둘째로 무엇보다도 중요한 이유는 나이 들면 흰머리가 나는 것은 정상적이고 또한 영광의 면류관이라고 했습니다(잠 16:31). 저는 라식 수술 하겠다는 사람도 가능하면 하지 말라고 말립니다. 왜냐하면 나중에 안구건조증과 같은 부작용이 있을 수 있기 때문입니다.

그러나 그렇다고 해서 성형수술을 하거나 머리 염색을 하거나 라식 수술을 하는 사람을 잘못되었다고 정죄하면 안 됩니다. 그런 것은 죄가 아니라 자기 스스로 책임져야 하는 선택의 문제입니다. 그리스도 안에 있는 형제라 하더라도 어떤 사람은 이것이 옳지 않다고 생각하고, 어떤 사람은 괜찮다고 생각합니다. 이럴 경우에 믿음에 있어서 강한 자가 약한 자를 판단하거나 비판하거나 정죄하는 것은 옳지 않습니다. 이것이 바로 사도 바울이 로마서 14장에서 말하고 있는 그리스도인의 행동 원리입니다. 당시 로마에서 시장에서 파는 고기와 포도주 문제에 대해 어떤 사람은 먹을 수 있다고 생각하고(모든 음식은 다 하나님이 주신 것이므로), 다른 어떤 형제는 우상에게 바치고 나온 제사 음식일 수도 있으니 먹으면 안 된다고 생각하였는데, 이에 대해 바울은 형제를 판단하지 말라고 하였습니다. 먹는 자도 주를 위하여 먹고, 먹지 않는 자도 주를 위하여 먹지 않으므로, 형제를 판단하지 말고 서로 받으라고 말하고 있습니다. 따라서 성형수술 문제에 대해서도 만일 어떤 형제나 자매가 하나님 앞에서 기도하고 주를 위해 한다면, 우리는 그런 행위를 정죄하면 안 되며 그런 사람을 판단해서는 안 됩니다. 그러나 과연 하나님 앞에 정직하게 기도했을 때 양심의 가책 없이 떳떳하게 성형수술을 할 수 있는 사람이 얼마나 될지는 미지수입니다.

결론적으로 우리는 이런 문제에 대해 형제나 자매를 판단하거나 정죄하지 않도록 해야 하며 존중해야 합니다. 그러나 일반적으로 주는 권면은 우리가 그런 외모보다도 우리의 영혼을 강건하게 하고 내적 아름다움을 위해 힘쓰자는 것입니다. 그리고 은혜 생활을 하면 성령의 역사로 우리의 표정도 밝아지고 외모도 아름다워지고 좋아진다는 것입니다. 혹 외모에 대해 약간의 콤플렉스가 있더라도 믿음으로 잘 극복하면 하나님은 그 이상의 많은 신령한 복과 은혜로 채워 주실 것입니다. 우리는 영원한 하늘나라를 바라보고 살며, 먹든지 마시든지 주를 위해 사는 존재입니다. 따라서 일시적이고 눈에 보이는 외적인 것에 너무 집착하지 말고 믿음의 눈으로 세상을 바라보며 신령한 은혜를 사모하며 살아야 하겠습니다. 그 길에 하나님의 은혜가 있을 것이며, 마지막 날에 우리를 아름다운 영광의 몸으로 변화시켜 주실 것입니다.

_ **변종길 교수**

Q 질문 : 어딜 가나 논쟁의 주제가 되는 이야기입니다. 그래서 많이 들어 보셨을 텐데, 저는 아직도 이것에 대해 정확한 성경적 기준을 알지 못해 항상 고민하고 있습니다. 술은 단순히 먹어도 되는 걸까요? 아니면 먹으면 안 되지만 경우에 따라서 허용되는 걸까요? 아니면 먹어도 되지만 자제해야 하는 걸까요? 정말 모르겠습니다. 교회마다, 교단마다 주장하는 이야기가 다르고 성경에서도 어디에서는 보지도 말라고 했지만, 어디에서는 취하지 말라고 이야기했고, 신약에서는 무엇이든 입으로 들어가는 것은 믿음에 따라 선하다고 한 것으로 기억하는데, 도대체 술 마시는 것을 어떻게 생각해야 하나요?

A 답변 : 저는 이런 종류의 질문은 좋아하진 않지만 맡기시니 간단히 답변 드리겠습니다.

유대인들은 포도주를 음료로 마셨습니다. 우리가 물을 마시듯이 생활필수품이었다고 볼 수 있지요. 그러나 많이 마셔서 술 취하게 되면 판단력이 흐려지고 절제력을 잃게 되고 실수를 하게 됩니다. 따라서 "술 취하지 말라"고 말하는 것이지요. 그렇게 될 것 같으면 아예 "술을 마시지도 말고 쳐다보지도 말라"고 합니다. 따라서 문제는 술 자체에 있는 것이 아니라 취하여서 실수하고 죄를 짓게 되는 것에 있습니다.

우리나라 교회에서는 '술 마시는 것'은 곧 '죄짓는 것'과 밀접히 관련되어 있습니다. 술을 마시면 사람들이 자제력을 잃고 온갖 속된 말과 추악한 행동들을 하게 됩니다. 음란과 더러운 행동으로 이어지는 경우가 많습니다. 그래서 한국 교회에서는 옛날부터 술을 마시지 못하게 한 것입니다. 이에는 합당한 근거가 있다고 생각됩니다.

그러나 집에서 약으로 포도주를 조금 마시는 것은 죄악시할 것이 아닙니다. 사도 바울도 디모데에게 "네 비위(脾胃)와 자주 나는 병을 인하여" 물만 마시지 말고 포도주를 조금씩 쓰라고 했습니다(딤전 5:23). 포도주는 혈액순환에도 좋고 심장질환에도 좋다고 합니다. 마음이 슬픈 사람에게도 좋다고 합니다. 따라서 집에서 약으로 조금씩 마시는 것은 괜찮습니다. 그러나 술집에서나 밖에서 마시는 것은 아무리 포도주라 해도 좋지 않습니다. 우리나라 상황에서 그런 것은 방탕하게 보이고 죄악으로 연결될 가능성이 있습니다. 그렇지 않다고 할지라도 한국 교회 상황에서는 건덕상 좋지 않습니다.

그러나 술 담배 안 하는 것을 기독교 신앙의 제일 중요한 요소인 것처럼 생각하는 것은 옳지 않습니다. 먹고 마시는 문제는 우리를 하나님 앞에 의롭게 하지 못하며, 신앙의 제일 중요한 요소도 아닙니다. 제일 중요한 것은 하나님 앞에 죄를 짓지 않는 것 곧 성결과 이웃을 나 자신처럼 사랑하는 것입니다. 특히 죄 용서와 사랑이 제일 중요합니다. 이런 중요한 것을 내던져 버리고 술 담배 안 하는 것을 좋은 신앙의 표인 것처럼 생각한다면 크게 잘못된 것입니다. 마음속에 형제를 미워하며 정죄하고 비판하는 마음을 품고 있다면 그것은 술 담배 하는 불신자들보다 더 악한 것입니다.

따라서 중요한 것을 중요하게 여겨야 하며, 지엽적인 것을 중심에 두는 잘못을 범치 않도록 해야 합니다. 예수님이 말씀하신바 "너희 원수를 사랑하라"고 하신 말씀을 깊이 새겨야 합니다. 지금 한국 교회가 힘써야 할 것은 가난한 자들을 구제하며, 힘들고 소외된 자들을 돌보며, 사회적 약자들을 그리스도의 사랑으로 보살피는 것입니다. 지금은 주초 문제나 교회당 건축에 힘쓸 것이 아니라(물론 필요한 경우에 검소하게 교회당을 건축하는 것은 잘못이 아닙니다), 우리 주위에 예수님의 사랑을 실천하는 것입니다. 그것은 곧 구제와 복지이며, 나아가서 온 세계를 향한 선교라고 할 수 있습니다.

_ 변종길 교수

질문 : 크리스천이 복권을 사는 문제에 대해서 질문 드립니다. 친구들과 이야기하다 보니 크리스천이 복권을 사면 안 된다는 의견을 가지고 있더라고요. 개인적으로도 그렇게 생각해왔지만, 곰곰이 생각하니 꼭 그럴만한 문제는 아니라고 생각돼서요. 복권을 사면 그 금액 중 일부가 사회에 기부되고, 또 진정한 크리스천이라면 복권에 당첨된 금액을 통해서 일정한 십일조와 감사헌금 등 하나님께 드릴 것은 꼭 지키리라 보거든요? 근데 친구들은 결국 그 목적이 손 하나 까딱하지 않고 일확천금을 노린다는 게 궁극적인 목적이기 때문에 안 된다고 생각한다고 하네요.

결국, 결론으로 들어가면 개개인이 생각하는 것에 따라 다르다는 답변을 주실 것 같은데, 혹시 성경적으로 볼 때는 해도 된다. 아니다. 하는 잣대가 될 만한 말씀이나 의견이 있으신가요?

답변 : 〈1〉 간단하게 보이지만 단순하지 않은 질문입니다. "크리스천이 복권을 사면 안 됩니까?" 이 질문은 간단한 문제로 보이지만 쉽게 답할 수 있는 질문은 아닙니다. 이 문제와 관련된 여러 상황에 대해 장황한 설명을 늘어놓기보다, 질문하신 분이 언급한 내용을 중심으로 성실히 답변을 드리겠습니다.

〈2〉질문한 내용을 중심으로 먼저 답변을 드리겠습니다.

1) "복권을 사면 그 금액 중 일부가 사회가 기부된다."

복권을 사는 것을 "정당화"(이 표현을 너무 부정적으로 해석하지 않기를 바랍니다. 더 좋은 표현이 없어서 정당화라는 단어를 사용합니다)하기 위해 "복권 구매비의 일부가 사회의 가난한 사람들에게 기부된다."는 사실을 주장합니다.

복권사업의 수익이 어떻게 사용되는가가 복권을 구매하는 것을 정당하게 하는 근거로 제시될 수는 없습니다. 이것은 단지 복권 구매에만 국한되는 문제가 아닙니다. "결과물을 선용한다"는 것이 결과물을 만들어 내는 과정을 정당화할 수는 없기 때문입니다. 다른 사람을 구제하기 위해서 도적질하는 것이 정당화될 수 없듯이, 복권의 수익 일부를 선한 것에 사용하기 때문에 복권사업 자체를 정당화하거나 복권 구매 자체를 정당한 것으로 할 수는 없습니다. 정부에서 담배사업을 독점하면서 담배 사업의 수익 일부를 폐암 치료를 위한 지원으로 쓸 수 있습니다. 그 이유로 담배를 사서 피워야 한다고 주장하는 것은 정당하고 합리적인 주장이 될 수 없습니다.

질문하신 분이 지적한 대로 만일 수익의 일부분이 사회에 좋은 일에 환원되는 것에 관심이 있다면 굳이 담배나 복권을 살 필요 없이 선한 일을 하는 기관이나 단체에 직접 헌금하거나 후원하는 것이 더 지혜롭고 올바른 행동입니다. 결론적으로 "복권 수익의 일부가 사회에 환원되기 때문"에 복권을 사도 좋다는 것은 올바른 추론이 아닙니다.

2) "진정한 크리스천이라면 복권에 당첨된 금액을 통해서 일정한

십일조와 감사헌금 등 하나님께 드릴 것은 꼭 지키리라 보거든요?"

먼저 중요하게 생각할 문제가 있습니다. 우리가 얻은 수입에서 십일조와 감사헌금을 드리기만 하면 하나님께서는 십일조와 감사헌금이 어떤 과정을 거친 수입인지에 대해서는 전혀 개의치 아니하시고 무조건 기쁘게 받으시는 분이십니까? 사업하는 크리스천이 하나님의 뜻을 따라 사업을 하지 않고, 사회의 법이나 불신자들도 인정하지 않는 거짓과 속임수, 사기를 통해서 큰돈을 벌었다고 생각해 봅시다. 부정한 방법으로 돈을 벌었지만, 십일조와 감사헌금을 드렸으니까 하나님께서는 어떤 방식으로 돈을 벌었든지 상관하지 않고 다만 그 사람이 바친 십일조와 감사헌금에 만족하시고 기뻐하시지는 않으실 것입니다. 하나님의 법을 어기고 세상의 법을 어기고 불법하고 불의하게 번 돈을 헌금으로 드리는 것은 하나님을 기쁘시게 하는 것이 아니라 오히려 욕되게 하는 것입니다. 하나님께 십일조와 감사의 헌금을 드리기 위해 혹은 드리면 되기 때문에 복권을 구매하는 것이 좋다고 주장할 수 없습니다.

3) "친구들은 결국 그 목적이 손 하나 까딱 않고 일확천금을 노린다는 게 궁극적인 목적이기 때문에 안 된다고 생각한다고 하네요."

친구들이 지적한 대로, 복권의 목적이 무엇입니까? 어렵게 생각할 필요 없이 복권을 구매하는 사람들의 진짜 이유와 동기는 "일확천금을 얻는 것"입니다. 이것이 복권을 구매하는 가장 중요한 이유입니다. 복권수익이 사회에 기부된다, 혹은 당첨되면 하나님께 십일조와 감사헌금을 드린다는 것은 부수적인 이유입니다. 복권을 구매하는 진짜 이유는 한순간에 큰돈을 버는 것입니다. 친구들의 지적대로, 복권 구매의 문제의 핵심은 "복권을 통해 일확천금을 노리는 마음"이 크리스천에게 합당한 일인가, 라는 문제입니다.

〈3〉 복권 구매에 대한 성경의 말씀

1) 십계명의 제8계명

하나님께서 "도적질하지 말라"고 명령하셨을 때, 우리 신앙의 선배들은 도적질하지 말라는 하나님의 말씀을 다음과 같이 해석하고 가르쳤습니다. "하나님께서는 국가가 법으로 처벌하는 도둑질과 강도질만을 금하신 것이 아니고, 이웃의 소유를 자기의 것으로 삼으려고 시도하는 모든 속임수와 간계를 도둑질이라고 말씀하십니다. 이런 것들은 폭력으로 혹은 합법성을 가장하고서 일어날 수 있는데 곧 거짓 저울이나 자나 되, 부정품, 위조 화폐와 고리대금과 같은 일, 기타 하나님께서 금하신 일들입니다. 하나님께서는 또한 모든 탐욕을 금하시고, 그의 선물들이 조금이라도 잘못 사용되거나 낭비되는 것을 금하십니다."(하이델베르그 교리문답 110문답. 성약출판사 번역 사용)

도적질하지 말라는 것은 불법한 재산 증식뿐 아니라, 합법성을 가장한 옳지 못한 재산 증식을 금하고 있습니다. 그 이유는 "탐욕"이 사람의 마음을 지배하고 주장하기 때문입니다. 하나님께서는 그의 백성들에게 성실하고 정직하게 일해서 재산을 증식하며 자신이 손으로 수고한 것을 통해 가족과 이웃을 돌아보는 것을 기뻐하십니다. 복권을 만든 목적과 복권을 구매하는 사람들의 동기는 십계명을 통해서 하나님께서 말씀하시는 뜻과 맞지 않습니다. 합법성을 가장한 꾀를 쓴 것입니다. 복권 구매에 사용되는 금액은 상상을 초월한 금액입니다. 복권 구매의 중요한 동기는 탐욕이지 하나님의 백성답게 살아가는 것을 격려하는 일에 있지 않습니다.

2) 크리스천의 태도

불신자들의 경우에 복권 구매에 대해 여러 가지 이유를 제시할 것입니다. 그러나 크리스천의 경우 복권 구매에 대해 성경의 조언은 분명합니다. "복권 구매가 죄입니까? 아닙니까?" 이렇게 접근할 문제가 아닙니다. "복권을 구매하는 것이 하나님의 자녀에게 합당한 태도인가? 복권을 구매하는 것이 하나님께서 보시기에 기뻐하실 일인가?"를 생각해 보길 바랍니다.

〈4〉 "결국, 결론으로 들어가면 개개인이 생각하는 것에 따라 다르다는 답변을 주실 것 같은데"

1) 오늘날 한국 교회의 교인들의 영적인 상황과 문제를 정확하게 지적한 표현이라 생각합니다. "결국, 개인이 자기의 생각대로, 자기의 신앙 수준에 따라서, 자기의 소견에 좋을 대로 판단하면 된다."는 생각입니다. 사사 시대의 이스라엘 백성의 영적인 상태를 설명하면서 "그들은 자기 소견에 좋을 대로 살았다"고 반복하여 지적합니다. 하나님의 말씀과 법이 분명히 있음에도 불구하고 그들은 그 시대의 문화와 주변 환경에 휩쓸려 하나님의 뜻을 따르지 않고, 자기들의 소견에 좋을 대로 살았던 것이 사사시대의 하나님의 백성들의 영적인 현실이었습니다. 하나님의 말씀에 대한 무지와 무관심, 현대 사회의 다양한 도전 앞에서 크리스천으로서 어떻게 분별하고 판단할지에 대한 충분한 대비가 없을 때

는 사사 시대의 백성들처럼 이 시대의 흐름에 휩쓸릴 수밖에 없습니다.

2) 복권의 문제는 오늘날 교인들이 당면한 복잡한 문제들에 비하면 의외로 간단한 문제일 수 있습니다. 다원주의와 물질주의, 현대의 다양한 문화의 도전 앞에서 크리스천으로서 어떻게 하는 것이 합당한지에 대해 분별하고 판단할 수 있는 영적인 분별력과 판단력이 우리에게 절실히 필요합니다. 그런 영적인 분별력과 영적 성숙함은 하나님의 말씀을 바르게, 풍성하게, 깊게 배울 때 성령님께서 우리에게 주십니다. 하나님의 말씀을 바르고 풍성하고 균형 있게 배움으로써 우리가 직면하는 구체적인 삶의 문제들에서 크리스천다운 분별력과 판단력을 가지고 믿음의 길을 걸어갈 수 있기를 바랍니다.

_ **김진영 박사**

179. 관상이나 사주는 통계에 근거한 학문이므로 크리스천이 봐도 된다는 주장이 성경적인가?

질문 : 최근에 드라마, 영화, 예능 프로그램, 대담 프로 등에서 점, 사주, 관상을 보는 행위가 아주 긍정적으로 등장하는 것을 심심찮게 보게 되는데요. 이런 문화적인 영향으로, 교회에 출석하면서도 아무런 거리낌도 없이 재미로 혹은 앞일을 알려고 점을 보거나 사주나 관상을 보는 분들이 있다고 알고 있습니다. 교회에 막 전도되어 오신 분이, 무당에게 찾아가서 점을 보는 것은 안 되지만, 사주나 관상은 통계에 근거한 학문이니까 괜찮은 것 아니냐고 질문하시더군요. 그분께 왜 사주와 관상을 보아서는 안 되는지 성경 말씀에 비추어 말해 드리고 싶습니다.

답변 : 오늘날에도 '교회에 다니는 사람들' 이 무당을 찾아가거나 사주 관상을 보는 일이 있다고 합니다. 그러나 교회에 다닌다고 다 구원받은 하나님의 자녀가 아니라는 사실을 아셔야 합니다. 구원받지 못한 사람들이 종종 그런 곳을 찾을 것입니다.

아시다시피 '크리스천' 이란 하나님의 성령으로 거듭나서 예수를 구주로 고백하여 하나님의 자녀가 된 사람을 가리키는 말입니다. 크리스천은 '성삼위 하나님만이 자신의 삶에 살든지 죽든지 유일한 위로자가 되심을 믿는 사람' 입니다. 물론 우리의 미래가 불확실하게 보입니다. 그것은 모든 사람이 지니고 있는 문제입니다. 그렇지만 크리스천은 자신의 미래가 비록 불확실하고 불투명하게 보인다고 할지라도 하나님의 인도 하심을 바라보고 기도드리며 삽니다.

성경에 등장하는 많은 하나님의 사람들은 앞날을 모르고 불안이 찾아올 때(예, 다니엘, 에스더, 다윗 등등), 사람을 뽑거나 진로를 결정해야 할 때(예, 행 1장), 중요한 판단을 내려야 할 때 등등 개인과 단체의 여러 부분에서 '하나님께서 기뻐하시는 뜻대로' 이뤄달라고 '기도' 드렸습니다. 우리의 주 예수님께서도 자신이 십자가를 지는 문제를 두고 "이 잔이 내게서 지나가게 하옵소서 그러나…… 아버지의 뜻이 이뤄지기를 원하나이다."라고 기도하셨습니다. 그러므로 우리는 사람을 만나거나 사업을 하거나 무엇을 하든지, 우리의 삶에 간섭하셔서 우리의 환경을 변화시켜가면서 그분의 뜻을 이루어 가실 전능하신 하나님께 기도드려야 하겠습니다.

질문자의 지인이 사주나 관상은 통계에 기초한 학문이라고 말씀하셨다고 하는데, 저는 그분의 말이 얼마나 신빙성이 있는지 알 수는 없습니다. 그러나 한편으로 의심이 생깁니다. 사주나 관상을 봐주는 이들이 그들을 찾는 사람들에게 통계에 기초하여 예견(?)해 주었다면 과연 그것이 현실로 다 실현되었을까요? 그들 자신에게 타인의 사주 관상을 보아 줄 수 있는 능력이 있다면 그들은 자신들의 운명을 잘 조절하여 행복하기만 할까요? 아마도 그럴 수 없을 것입니다. 인간은 근본적으로 한계를 지니고 있는 피조물이기 때문입니다. 그러므로 우리는 우리를 창조해 주신 하나님께 모든 것을 맡기고 기대하며 기도할 수밖에 없는 것입니다.

나아가서 우리 크리스천들은 '외모'를 가지고 사람의 됨됨이를 파악하거나 그 무엇을 예견하려고 하기보다는 – 사실 개인적인 판단은 지극히 주관적이며 객관화될 수 없으며 잘못된 것일 경우가 많습니다 – 오히려 성경에서 말하고 있는 것처럼 '내면적인 세계'를 더 소중하게 여길 줄 알아야 하겠습니다. 갈라디아서 5장 22~23절의 말씀은 바로 인간의 삶에 진정으로 가치 있는 것들이 내면적인 것들이라는 것 그리고 인간을 진정으로 아름답게 해 주는 그런 가치들은 거룩하신 성령님에 의하여 주어지는 것이라고 말해 줍니다: "오직 성령의 열매는 사랑과 희락과 화평과 오래 참음과 자비와 양선과 충성과, 온유와 절제니 이같은 것을 금지할 법이 없느니라."

결론적으로 말씀드리고 싶습니다. 점쟁이, 사주 관상 보는 사람들에게 찾아가기 시작하다 보면, 그런 '(단순히) 교회 다니는 사람들'은 하나님의 말씀인 성경을 따라 살지 못하게 되고(비교. 딤후 3:15~16), 하나님이 기뻐하시는 일을 하지는 못하게 될 것입니다. 그러므로 우리는 우리 삶의 모든 필요와 만남과 미래의 진로 등을 위하여 진정으로 우리를 도와주실 수 있는 하나님 앞에 겸손히 머리를 조아리고 기도해야 할 것입니다. 하나님은 하나님을 가까이하는 이들을 가까이해 주십니다. 하나님 안에 모든 복이 있습니다.

_ **최병규 박사**

180. 이슬람 음식을 편하게 사 먹어도 되는가?

Q 질문 : 사도 바울의 '아디아포라'처럼 먹고 마시는 음식이 우리를 부정하게 하거나, 우리의 구원을 결정할 수는 없다고 믿습니다. 그러나 지혜의 차원에서 고민합니다. 현재 우리나라에 많은 이슬람 음식점들이 있고 또 그 음식을 좋아하는 이들도 많아지고 있습니다. 저 또한 다양한 이슬람 음식들을 좋아합니다. 그런데 대다수의 이슬람 음식점들의 음식을 아무런 생각 없이 편하게 사 먹어도 되는지 궁금합니다. 마치 여러 이단단체들이 생산하는 상품들을 많은 기독인이 사용에 절제하는 것과 같은 상황의 질문입니다. 따라서 국내에 늘어나는 이슬람 음식점들을 대하는 기독인의 건강한 자세가 무엇인지 궁금합니다.

A 답변 1 : '할랄'이란, '음식과 생활에서 허용된 것'을 뜻하는데, 넓은 의미로는 이자, 음주, 도박, 마약, 음란물 등 알라가 금지한 것을 제외하고 허용하는 모든 생활 지침을 의미합니다. 현재 한국의 이슬람 중앙회에서도 할랄 인증을 하고 있으며(건당 30만 원, 유효기간 1년), 할랄 푸드는 세계 음식시장의 16%를 차지하면서 점차 그 영향을 넓혀가고 있습니다.

세계 할랄 산업의 규모는 2조 달러에 달하며 한국이슬람중앙회는 2009년 3월 13일부터 한국 할랄 푸드를 발표하기 시작하여 과자 51종,

음료 25종 등 2011년 통계에 의하면 총 76종에 달하는 것으로 보고되고 있습니다. 또한, 2009년 2월 통계에 의하면 한국관광공사가 지정한 외래 관광객 전문 식당 153개소 중 할랄 식당으로 지정된 곳이 11곳이 있습니다. 또한, 국내 언론보도를 통하여 할랄식을 건강식으로 소개하면서 급속도로 이슬람 식생활 문화에 대한 좋은 이미지를 갖게 하고 있습니다.

이와 같은 현실에서 기독교인으로서 바람직한 입장은 음식에 대한 혐오나 오해에 앞서 이들의 의도를 파악하고 대처하는 것이라 하겠습니다. 선교지에 가면 상황화를 위하여 선교지의 음식 문화를 받아들여야 하는 것처럼 한국의 이슬람화를 고려할 때 도리어 이슬람의 음식 문화를 이해하는 것은 한국에 온 모슬렘들을 선교하고 하나님의 사랑으로 모슬렘들을 이해할 좋은 기회가 될 수도 있습니다. 그렇지만 무작정 그들의 의도를 파악하지 못하고 한국의 이슬람화 전략에 대한 이해 없이 무방비한 자세를 취한다면 도리어 한국 교회가 이슬람화되는 통로로 사용될 수도 있을 것입니다.

_ 소윤정 교수

답변 2 : 이슬람에서 동물을 도축할 때에는 아무나 잡을 수 없고 반드시 할랄 도축자(halal slaughter)로 허가받은 사람에 의하여 도축되어야 합니다. 그래야만 그것이 할랄 고기(halal meat)가 될 수 있습니다. 그들은 동물의 목을 자르는 실제적인 절차는 반드시 무슬림에 의하여(by a Muslim) 시행되어야 한다고 규정하고 있습니다. 그런데 무슬림 도축자(Muslim Slaughterman)가 도축을 할 때는 그냥 목을 자르는 것이 아니라, 그들의 신인 알라(Allah)의 이름을 부릅니다. 즉 그들이 위대하다고 여기는 알라의 이름을 부르는 기도인 '비스밀라 알라후 아크바르'(Bismillah, Allahu Akbar, in the name of Allah, the Great)를 외치면서 동물을 도축합니다. 도축할 때는 동물은 도축자의 왼편에 뉘어져야 하며, 동물의 고통을 줄이기 위하여 예리한 칼을 사용하는 등의 규정이 있다고 합니다.

_ 최병규 박사

5부
181-187

기타

Q 질문 : 모 교회 본당에 십자가 이미지와 같은 낙서가 그려져 있었습니다. 신천지와 같은 특정 이단단체의 표식인가요? 혹 그렇다면 어느 단체의 어떤 내용의 표식인가요?

A 답변 : 저는 일반적으로 '십자가'에 대해 보충 설명하고자 합니다. 십자가가 기독교를 가리키는 상징이 된 것은 후대의 일로 생각됩니다. 콘스탄티누스 황제 이후에, 기독교가 로마의 국교가 된 후 나중에 나타나는 것으로 알고 있습니다. 주후 451년 이전에는 '기독교 십자가'('참십자가'라고도 함)가 분명하게 나타나는 것은 없다고 합니다. 예수님 당시에 십자가는 중한 죄수들을 처형하는 형틀이 된 것은 잘 알고 있을 것입니다. 이것은 T자형에 가까웠습니다. 로마 시민권자는 어떠한 경우에도 십자가형은 받지 않았습니다. 사도 바울이 참수형으로 순교한 것도 그것 때문일 것입니다.

그 이전에 오랫동안 십자가는 태양을 상징하는 표시였습니다. 예수님 오시기 수천 년 전부터 이방인 중에는 태양을 숭배하는 사람들이 많았는데, 태양을 표시하는 여러 기호가 있었습니다. 대표적인 것은 동그라미(원)를 그리는 것인데, 이집트에서는 동그라미 안에서 점을 찍었습니다. 그 기호는 '라'(Ra) 또는 '레'(Re)라고 읽었으며 태양 또는 태양신을 의미했습니다. 우리나라에서도 울산, 포항, 경주, 고령 등지에서 발견된 암각화에 보면 동그라미 기호가 나타나는데 태양(신)을 상징한 것으로 생각됩니다. 우리나라에서는 동그라미 세 개 또는 다섯 개를 그린 동심원 형태가 많이 나타납니다. 오른쪽과 왼쪽에 동그라미를 그리고 연결한 것들도 있는데, 이것은 떠오르는 태양과 지는 태양을 상징한 것입니다.

이런 암각화 기호들은 우리나라뿐만 아니라 중국 랴오닝 성 북쪽과 러시아 사카~알리안과 일본에도 나타나며, 심지어 호주에도 나타납니다. 중동 지역과 프랑스, 영국 등에 많이 나타나는 것은 말할 것도 없고요. 이것은 옛날에 태양신 숭배가 광범위하게 퍼졌다는 것을 말해 줍니다. 태양신을 많이 숭배한 민족은 수메르인들, 히타이트인들, 페니키아인들, 이집트인들이었으며, 다른 여러 신과 함께 섬겼습니다. 구약성경에도 이스라엘 백성이 하늘의 태양과 달과 별들을 섬긴다고 하나님께서 책망하고 있는 구절들이 많이 있습니다.

예수님이 이 땅에 오셨을 때 이방인들은 여러 우상 신들을 섬기고 있었는데, 그중에는 태양신 숭배도 있었습니다. 로마 제국에도 태양신 숭배가 들어와서 행해졌고, 기독교 복음이 전파되고 난 후에도 이런 이방 풍속은 쉽사리 없어지지 않았습니다. 그래서 할 수 없이 태양신을 숭배하는 절기인 12월 25일을 예수님의 탄생을 기념하는 성탄절로 선포하게 된 것이지요.

이러한 태양신 숭배는 그 후에도 계속 존속했습니다. 예를 들어 독일 나치의 표시 기호가 십자가를 꺾은 기호인데 이것을 '스와스티카'(Swastika)라 부릅니다. 이 기호 역시 태양을 나타내는 것입니다. 태양을 나타내는 기호는 수십 가지, 어쩌면 수백 가지가 있는데, 앞에서 말한 동그라미, 동심원, 쌍 동그라미 외에도, 햇빛이 비취는 모양을 본뜬 십자가 모양(이것도 여러 형태가 있음), 8개의 빛줄기(8 rayed sun) 등 등 아주 많습니다. 일본의 국기도 태양을 본뜬 것이고, 욱일승천기도 햇살이 비취는 모습을 본뜬 것입니다. 그런데 독일 나치들이 스와스티카 문양을 사용한 것은 그들이 곧 아리안족(Aryans)이라는 것을 나타내고자 함이었습니다. 곧, 태양신을 숭배한 수메르-히타이트 후손이라고 생각한 거지요. 2차 세계대전 전에 독일 학자들이 터키에서 히타이트 유적들을 많이 발굴해서 연구한 것도 관련되는 일입니다. 그래서 독일 나치들은 자기 민족이 우수하다고 생각하고 아리안이 지배하는 세상을 만들려고 한 것입니다.

다른 한편 불교에서는 나치 십자가와 반대 방향으로 꺾여진 십자가를 사용하고 있는 것을 아실 것입니다. 이것은 인도판 '스와스티카'라 할 수 있는데, 이것도 태양신 숭배에서 나온 것이라 할 수 있습니다. 주전 8세기경에 인도로 이주한 아리안들은 사실상 멸망한 히타이트의 후손들이라고 합니다. 히타이트 제국은 주전 1200년경에 멸망했지만, 그 후에도 히타이트 국가가 작게 유지됐었는데 앗수르가 이스라엘을 멸망시킨 후에 유브라데 강 유역 갈그미스에 위치한 히타이트 국가도 멸망시키고 그 왕을 죽였습니다(주전 717년). 그래서 나라 잃은 히타이트 후손들이 바벨론을 거쳐 인도로 갔다고 하는데(주전 700년경), 이들은 자기를 '아리안'이라고 불렀으며('아리안'이란 말은 여기서 최초로 나타남), 이들이 태양신 숭배를 가져갔습니다. 그러니 여러 다양한 십자가 기호를 가져갔을 것이고, 그중의 하나가 오늘날 불교의 기호로 발전했다고 볼 수 있습니다. 아리안의 이주 후 약 150~200년 후에 네팔에서

석가모니가 일어나서 불교를 세운 게 우연은 아닐 것입니다. '석가'(사카)는 옛날부터 내려오는 수메르-히타이트의 왕조에 속했다는 것을 나타내는 말입니다.

참고로, 인도로 이주한 아리안들은 그들 나라를 멸망시킨 앗수르 사람들을 몹시도 증오하였는데, 그래서 불교의 신 중에 '아수라'(Asura)는 싸우기를 좋아하는 아주 악한 신입니다. '아수라'는 '앗수르'에서 온 단어입니다. 오늘날 우리나라 사람들이 쓰는 말 가운데 '아수라장'이란 말이 있지요. 전쟁이나 사고로 참혹한 현상이 벌어졌을 때 "아수라장이 되었다"고 하는데, 이 '아수라'가 바로 불교의 아주 악한 신 이름이고 이것은 원래 '앗수르'에서 온 것입니다. 그러니 고대 중동의 역사와 인도, 불교와 우리나라가 그리 멀리 떨어져 있는 것은 아니라고 생각됩니다.

좀 길어졌습니다만, 어쨌든 중요한 것은 십자가 모양 자체는 기독교적인 것과 관계가 없다는 것입니다. 예수님과 사도들은 십자가 형태와 기독교를 연결하지 않았습니다. 사도 바울에 의하면 십자가는 죽음을 의미했고, 저주받은 것을 의미했습니다. 당시 로마인들이 중한 죄수들을 처형할 때 십자가 형틀을 사용한 것이 큰 영향을 미쳤을 것입니다.

그러나 사도 바울에게 있어서 십자가라고 할 때 중요한 것은 '가로-세로'라는 형태(form)가 아니라 '나무에 달렸다'는 것이었습니다. 신명기 21장 23절에 있는 대로 "나무에 달린 자는 하나님께 저주를 받았음이니라."는 말씀이 결정적으로 중요했습니다. 예수님은 나무에 '달리셨기'(hanged) 때문에 하나님께 저주를 받은 자임이 분명했습니다. 그래서 바울은 예수 믿는 자들을 이단이라 생각하고 척결하려고 했던 것입니다. 그러나 바울이 다메섹 도상에서 깨달은 것은 예수님은 '자기의 죄' 때문에 달린 것이 아니라 '우리를 위하여' 달리셨다는 것입니다 (갈 3:13). 바로 우리 죄 때문에 우리를 대신해서 예수님이 십자가에 달리신 것을 깨닫고, 그것이 곧 하나님의 사랑임을 깨닫고는 온 세상에 다니며 복음을 전했던 것입니다.

이것이 기독교 복음이며 '십자가'라는 기호가 기독교를 상징하는 것이 된 것은 그로부터 수 세기가 지난 후의 일이었습니다. 따라서 우리가 십자가를 생각할 때 그 형태(십자 모양)를 생각할 것이 아니라 하나님의 아들이 우리를 위해 십자가에 달려 돌아가셨다는 것을 생각해야 합니다. 형식적으로 십자가만 그려놓고, 의식적으로 십자가 모양만 그린다고 은혜가 되는 것이 아니라, 우리를 대신하여 돌아가신 예수님을 생각하고 믿을 때에 은혜가 되는 것입니다.

참고가 되셨기를 바랍니다.

_ 변종길 교수

182. 교회당 건축에 관한 성경적 원리는?

질문 : 안녕하세요. 올바른 성전 건축에 대하여 성경에서 가르치는 바른 가르침을 주시기 부탁드립니다.

〈1〉 건축비 관련

• 금융으로부터 융자와 성도들의 헌금(혹, 건축 작정헌금)으로 충당하고 있습니다. • 어떤 교회는 건축비 부족으로 중단되기도 하는 안타까운 일도 생깁니다. • 어떤 교회는 많은 융자로 교인들이 힘들어하기도 합니다. • 어떤 교회는 본 성전에서 떨어져 있는 근거리에 교육원 또는 비전 센터를 짓기도 합니다. (같은 교파에 속한 교세가 작은 교회는 힘들게 개척하고 있는데요.)

〈2〉 기존 장로교회 근처에 건축 관련

• 어떤 장로교회는 장로교회가 자리하고 있는 곳 근처에 성전을 건축하기도 합니다. • 성경말씀에도 한 동네에 여러 교회가 있습니까?

답변 : 질문이 여러 가지이고 분명하지 않아서 전체적으로 원리를 말씀드리겠습니다.

우선 '성전 건축'이란 말은 성경상 맞지 않습니다. '성전'은 주후 70년에 로마 군대에 의해 파괴되었으며, 그 후로 재건되지 못했습니다. 예수님께서 친히 성전이 되시고 자신을 희생제물로 드리셨는데, 어느 누가 '성전'을 건축한다면 그것은 하나님의 아들을 욕되게 하는 것이며 십자가 사역을 무효로 돌리는 것이 됩니다. 예수님은 단번에 자신을 드림으로 영원한 속죄를 이루셨습니다. 그리고 신약 시대에는 또한 성도들의 몸이 성전입니다. 따라서 살아서 움직이는 성도들이 성령이 거하시는 성전입니다.

오늘날 교회가 짓는 것은 교회당입니다. 따라서 '교회당 건축' 또는 '예배당 건축'이라고 해야 맞는 말이며 성전 건축은 잘못된 말입니다. 성전이 되려면 언약궤가 있어야 하며, 성령이 임하셔야 합니다. 그리고 거기서 하나님께 제사를 드려야 합니다. 그러나 성전은 파괴되었으며 누구도 건축할 수 없습니다.

오늘날 한국 교회가 교회당을 건축할 때 지나치게 화려하게 짓는 것이 문제가 되고 있습니다. 물론 예배드리기 위해 예배 공간이 필요하고 건물이 필요하다는 것을 부인하지는 않습니다. 그러나 너무 화려하게, 너무 큰 비용을 들여서 짓는 것은 문제가 있습니다. 왜냐하면, 한정된 교회 재정으로 구제와 선교, 사회봉사 등을 위해 귀하게 사용될 수 있는 돈이 교회당 건축에 들어가기 때문입니다. 게다가 빚을 내어서 교회당을 짓게 되면 귀한 교회 재정이 이자로 금융기관에 들어가고 맙니다. 그렇게 되면 교회가 세상에서 빛이 되기는커녕 도리어 블랙홀이 되고 맙니다.

오늘날 교회가 욕을 얻어먹는 이유는 여러 가지 이유가 있겠지만 재정을 잘못 사용하는 것이 큰 이유가 됩니다. 가난한 이웃과 사회를 위해 선한 일을 하는 데 사용되어야 할 재정을 자기 교회만을 위해 사용하니까 세상 사람들이 분노하는 것입니다. 오늘날 교회는 입으로만 사랑을 말하고 실제 행동으로는 안 하는 경향이 있습니다. 그러나 참된 사랑은 행함으로 나타나야 하는데, 구체적으로는 가난한 자들을 돕고 사회의 약자들을 돌보는 것으로 나타나야 합니다. 그렇게 하려면 또한 재정이 함께 가야 합니다. 초대 교회는 이웃 사랑을 구체적으로 가난한 자 구제하는 것으로 이해하고 실천했습니다. 교회당은 없었지만 노예들과 가난한 자들에게 식사를 제공하고 구제하는 것을 아주 중요하게 생각했습니다. 그래서 교회에 사랑이 있음을 보고 많은 사람이 교회로 오게 된 것입니다.

그러나 오늘날 한국 교회는 이런 구제와 사회봉사 사명을 망각하고 자기 교회만 생각하는 경향이 많습니다. 그래서 수백억 원, 수천억 원을 들여 교회당을 짓는 일이 있는데, 문제가 많습니다. 절대 액수 자체가 큰 것도 문제이지만, 그렇게 되면 대개 은행에서 돈을 빌리게 됩니다. 그러면 매년 많은 액수가 이자로 나가게 됩니다. 예를 들어 은행에서 천억 원을 차입하게 되면 매년 이자로 대충 50억 원씩 나가게 됩니다. 이 50억 원은 매년 주위의 가난한 자들을 돕고, 어려운 학생들에게 장학금을 지급하고, 의지할 데 없는 노인들을 돕고, 또 해외 선교사들을 지원하는 데 요긴하게 사용될 수 있습니다. 그런 귀한 돈이 은행 창구로 매년 흘러들어 간다는 것은 엄청난 손실이요 통탄할 일입니다. 그렇게 되면 교회가 '세상의 빛'이 되는 것이 아니라, 세상의 빛을 빨아들여서 은행 창구로 보내는 '세상의 블랙홀'이 되고 맙니다.

오늘날 한국 교회가 신뢰를 회복하려면 재정 사용이 건전해져야 합니다. 특히 대형 교회가 앞장서야 합니다. 지금 이 시대에 서울의 대형 교회들이 우선하여서 해야 할 일은 '구제 프로젝트'라고 생각합니다. 전기료가 없어서 단전 위기에 처한 가정들의 전기료를 대신 내주고,

겨울에 난방비가 없어서 춥게 지내는 사람들에게 연탄과 기름을 대주고, 양식이 없어서 굶는 사람들에게는 사랑의 쌀을 무제한 공급해 주고, 학비가 없어서 공부를 중단해야 하는 학생들에게 장학금을 지급해 주는 일 등입니다. 만일 서울의 대형 교회들이 힘을 합쳐서 서울 시민들을 위해 수천억 원짜리 대형 구제 프로젝트를 시행한다면, 세상 사람들이 그것을 보고 잘한다고 칭찬하지 않겠습니까? 그러면 자연히 떠나간 민심이 돌아오고 한국 교회는 다시 전도의 문이 열리게 될 것입니다. 그런데도 자기 자신을 위해 교회당 건축과 교육관 건축에 열을 올리고 있으니 세상 사람들이 등을 돌리고 교회를 욕하는 것이 당연한 일 아니겠습니까?

다시 말씀드리지만, 교회당이 필요 없다거나 교육관이 필요 없다는 것은 아닙니다. 필요하면 짓더라도 검소하게 짓고, 은행 융자 없이 짓고, 무엇보다도 이웃과 사회를 위한 사명을 먼저 감당한 다음에 지어야 한다는 것입니다. 그리고 꼭 교회당만 지을 것이 아니라 문화센터 또는 비전센터 형태로 지어서, 주민들을 위한 복지 시설들(예를 들면 탁구장, 농구장, 수영장, 어학 시설, 악기 교실 등)을 지어서 무료로 또는 저렴한 가격으로 제공하고, 주일에 예배를 드리면 교회가 지역 주민들을 위해 봉사하는 것이 있습니다. 이렇게 지역사회를 위해 베풀 때 주님의 사랑이 전달되고, 그렇게 하면 자연히 전도의 문이 열리는 것입니다.

참고로 말씀드리면, 고대 교회의 재정 사용의 원칙은 '4등분의 원칙'이었습니다. 교회 재정을 4등분 하여 한 몫은 교회당 시설 유지와 보수에 쓰고, 다른 한 몫은 교역자의 생활비로 쓰고, 또 한 몫은 교회 안의 가난한 자들에게 구제하는 데 쓰고, 나머지 한 몫은 교회 감독에게 주어서 구제와 선교에 쓰도록 하였습니다. 결국 교회 재정의 절반을 구제와 선교에 사용한 셈입니다. 이러한 재정 사용의 원칙은 고대 교회의 종교 회의에서 수차례 확인되었습니다. 이처럼 고대 교회가 이웃과 사회를 위해 재정의 절반을 사용하고 있을 동안에는 복음이 힘 있게 전파되고 기독교가 확장되었으나, 후대에 교리 싸움과 교역자들의 사치로 인하여 가난한 자 구제를 게을리하였을 때 기독교회는 그만 이슬람 세력에게 넘어가고 말았습니다.

이런 사실들을 생각할 때 한국 교회는 정신을 차리고 재정 사용을 바로 하도록 해야 할 것입니다. 지금 교회가 각성하지 않으면 커다란 위기가 올 수도 있습니다. 그러나 지금이라도 교회들이 각성하고, 특히 서울의 대형 교회들이 힘을 모아서 구제 프로젝트에 나선다면 떠나간 민심이 다시 돌아올 수도 있습니다. 이를 위해 우리 모두 기도하고 노력하여야 할 것입니다.

물론 구제와 사회봉사에 힘쓰는 교회들이 많이 있다는 사실을 부정하지는 않습니다. 이름도 없이 빛도 없이 봉사하는 교회들이 많이 있습니다. 그러나 세상 사람들이 볼 때 그런 교회는 드물며 미흡하다는 데 문제가 있습니다. 세상 사람들의 눈에는 교회가 자기만 생각하는 이기적인 단체로 보이고 있습니다. 따라서 한국 교회는 앞으로 구제와 복지, 사회봉사에 더욱더 획기적으로 대폭 힘써야 하겠습니다.

_ **변종길 교수**

Q 질문 : 안녕하세요. 현재 성전 건축이 진행되고 있는 모 교회에
출석하고 있는 성도입니다. 얼마 전 건축 진행 일정에 따라 상
량예배를 드렸습니다. 이 상량(식)이라는 것이 기독교적 관점인지요?
네이버 등 다른 사이트에서 지식검색을 해 보면 대부분 미신적인 내용
입니다. 이 개념을 그대로 받아들여 예배라는 형태로 하지만 그 개념
의미가 기독교적인지 문의드립니다. 성경에도 상량이라는 단어가 나온
다는데 온라인 성경으로 검색해도 안 나오더군요. 상량에 대한 일반적
인 의미는 알고 있습니다. 제가 의문을 갖는 것은 이것이 과연 기독교
적인 관점이냐는 것입니다. 참고로 상량식 진행 시 수고한 공사 관계자
에게 소정의 선물을 하였다고 합니다. 이 또한 인부들이 대들보를 올릴
때 돈을 대들보에 놓는다고 합니다. 모든 진행 상황들이 비기독교적인
것 같은데……. 기독교적 세계관에 의해서 답변을 부탁드립니다.

A 답변 : 서양의 의료윤리역사에서 중요하게 취급되고 있는 문헌
들 가운데 '히포크라테스 서약서'라는 문서가 있습니다. 이 문
서는 고대 희랍의 의사 길드조직에서 만든 문서로서 의학도들이 의술의
현장에 나가기 전에 신들 앞에서 서약한 내용을 담은 문서입니다. 이 문
서는 낙태와 안락사가 성행하던 당시의 잘못된 의료관행에 대한 비판적
반성에서 나온 것입니다. 당시 의학도들은 이 서약서의 내용에 따라서

의술에 관련된 이방 신들(치료자 아폴로 신, 아폴로의 아들이자 의학의 신인 아스클레피우스, 아스클레피우스의 두 딸인 건강의 여신 휘지에이아, 만병통치의 여신 파나케이아) 앞에서 낙태와 안락사를 시행하지 않을 것, 환자의 생명에 해를 가하는 행동을 하지 않을 것, 환자와 성관계를 갖지 않을 것, 환자에게서 알게 된 비밀을 철저하게 지킬 것 등을 서약했습니다. 이 문서는 비록 이방 신들 앞에서 서약하는 내용이었지만 내용 자체가 윤리적으로 탁월한 것이었기 때문에 기독교 의료계에서 이방 신들을 하나님으로 바꾸고 약간의 수정을 가하여 채용했습니다.

히포크라테스 서약서의 경우처럼 이방 사회에서 이방 종교나 문화와 관련된 많은 관습 중에 기독교 문화에서 수정 과정을 거쳐서 채용해야 할 것들이 많이 있습니다. 기독교 문화는 이방 문화를 완전히 폐기하고 새로운 것을 세우는 것이 아니라 많은 경우에 이방 문화에 이미 통용되고 있던 문화 형태를 기독교적인 관점 안에서 수정 보완하여 채용하는 방식으로 이루어지는 것이 통상적입니다. 이방의 문화 관행이 우상숭배와 연관되어 있고 왜곡된 것이 사실입니다. 그러나 기독교인들은 그 안에 성령의 일반적인 사역의 증거들이 들어 있음을 간과해서는 안 됩니다. 이방 문화 안에 담겨 있는 성령의 일반적인 사역의 증거들을 간파해 내고 이 사역들이 어떻게 왜곡되고 뒤틀려 있는가를 세심하게 분별해 내어 기독교적 세계관의 관점에 부합하게 수정하여 활용하는 지혜가 필요합니다.

같은 관점을 상량식에도 적용할 수 있으리라고 생각됩니다. 상량식은 집을 건축하는 과정에서 기둥을 세우는 어려운 작업을 무사하게 끝낸 것을 감사하고 다음에 진행되는 건축 과정도 사고 없이 잘 진행되기를 바라는 마음을 기원하는 의식이라고 판단됩니다. 기둥을 세우고 나면 이제 지붕을 덮는 과정이 뒤따르는데, 지붕을 덮는 일이 매우 중요 하면서도 위험한 공정이 될 수 있습니다. 지붕을 덮다가 무너지기라도 하면 큰 사고로 이어질 수 있습니다. 따라서 이 과정에 들어가기 전에 잠시 숨을 돌리고 마음을 가다듬고 안전을 다짐할 필요가 있습니다. 안 전사고라는 것은 인간이 아무리 조심한다고 해도 인간의 힘으로 다 막 을 수 있는 것이 아니므로 어떤 초월적인 힘에 의지하지 않을 수 없고, 따라서 비기독교인들은 다양한 신들을 대상으로 안전을 기원할 수밖에 없습니다.

이와 같은 상량식의 정신에 대해서는 기독교인도 반대할 필요가 없다고 생각되고 또 잠시 공정을 멈추고 마음을 가다듬는 시간을 가지 는 것은 중요하다고 생각됩니다. 다만 이방인들이 생각하는 상량식의 왜곡된 부분을 바로잡고 기독교적으로 틀을 바꾸어서 얼마든지 활용하 면 됩니다. 이방의 신들을 하나님으로 바꾸고 거기에 맞추어서 의식 내 용을 수정하면 됩니다. 기둥을 올리기까지 도와주신 하나님께 감사를 드리고 앞으로의 공사가 무리 없이 잘 진행되도록 하나님께 간구하는 시간을 가진다면 문제 될 것이 뭐가 있겠습니까? 또 그동안 수고한 공 사 관계자들에게 위로금 및 특별 수당 형식으로 약간의 수고비를 건네 는 것을 반드시 뇌물이라고 볼 필요는 없다고 생각됩니다. 물론 대들보· 에 돈을 얹는 것과 같은 관행은 자제시키면 되고요. 제가 볼 때는 이렇 게 조금만 수정하여 활용하면 얼마든지 기독교적인 관점에서도 의미 있 는 상량식이 될 수 있다고 생각됩니다.

_ **이상원 교수**

184. 위임목사만 성경에서 말하는 진정한 목사인가?

Q **질문 :** 담임목사는 위임목사이지만 부목사는 위임목사가 아니
므로 엄격히 말하면 목사라기보다는 훈련목사라고들 하는 말
을 여러 번 들었습니다. 과연 위임 목사만 성경에서 말하는 진정한 목
사고 부목사는 목사가 아닌가요? 그리고 부목사도 목사라고 인정이 되
면, 위임목사와 부목사의 관계를 지위의 차이로 보아야 할까요? 역할
의 차이로 보아야 할까요? 그리고 오늘날 담임목사 제도와 그 밑에 부
목사를 두는 것이 과연 성경적으로 지지를 얻고 있는 제도인지와, 지지
를 받고 있지 않다면, 위임 목사와 부목사와의 관계가 어떻게 되는 것
이 좋을까요?

 답변 : 위의 질문을 다음과 같이 다시 재구성해 보았습니다.

1. 부목사 역시 목사인가?

예. 부목사 역시 목사입니다. 임시목사, 부목사로 불린다고 할지라
도 목사의 근본적인 직무와 사역을 두고서는 위임목사와 부목사에 아무
런 차이가 있을 수 없습니다. 경력/나이/지위에 따라서 높고 낮음이 없
습니다. 목사 사이의 동등 원리는 교회들 사이의 동등 원리처럼 개혁주
의 정치에 중요한 원리로서 교회에 부당한 교회의 권세(사실 이는 교회
의 머리이신 예수 그리스도의 권세입니다)가 들어오는 것을 방지하기

위한 것이었습니다. 개혁주의의 신앙고백서 중에 벨기에 신앙고백서 (1561년 작성) 31조를 보면 다음과 같이 고백합니다. : "말씀의 사역자들은 이들이 어느 곳에 있든지 모두 동등한 권세와 권위를 가지고 있다. 왜냐하면 이들은 모두 교회의 유일한 머리요 보편적인 유일한 감독이신 예수 그리스도의 사역자들이기 때문이다."

불란서 신앙고백서(1559년), 제2스위스 신앙고백서(1566년), 돌트교회정치(1618년)에서도 이를 고백하고 있습니다. 영어를 읽을 수 있는 독자를 위해서 그대로 전문을 싣습니다:France 신앙고백서(1559) 30조: "We believe that all true pastors, wherever they may be, have the same authority and equal power under one head, only sovereign and universal bishop, Jesus Christ; and that consequently no Church shall claim any authority or dominion over any other."

제2스위스신앙고백서(1566년) 18:16, "Now the power, or function, that is given to the Ministers of the Church, is the same and alike in all. Certainly, in the beginning the Bishops or Eldeers did, with a common consent and labor, govern the Chruch; no man lifted up himself above another, none usurped greater power or authority over his fellow~Bishops. For they remembered the words of the Lord, He which will be the chiefest among you, let hi be your servant"(Lk 22:26)

돌트교회정치(1618~1619년) 84조: No church, ministers of the Word, elder or deacon shall in any way dominate other churches, ministers, elders or deacons respectively.

목사 사이의 동등 원리가 개혁주의 교회정치에 왜 중요한가 하면 이는 교회의 머리이신 예수의 권세 아래에 있어야 할 교회에 부당한 교권이 침투하는 것을 방지하기 위해서입니다. 그래서 한국 교회가 초창기에는 '부목사' 용어를 사용하는 것에 신중하였습니다. 1917년에 부목사 용어 사용 문제가 총회에 상정된 적이 있습니다. 이때 총회는 용어 사용을 미루었죠(물론 결국 1930년에 도입하게 됩니다). 예장 고신 교단은 1981년에 가서야 부목사 용어를 사용하였는데 다음과 같이 부목사를 정의하였습니다: "부목사는 목사를 돕는 임시목사인데 재임 중에는 당회원 권이 있고, 당회장 유고 시에는 이를 대리할 수 있다."

2. 현실: 위임목사와 부목사의 차이는 지위의 차이인가? 역할의 차이인가?

예. 말씀한 대로 지금 현실에서 우리가 보는 차이는 역할의 차이에서 시작하여, 지위의 차이 역시 나왔다고 보는 것이 좋겠죠. 위임목사는 부목사와 달리 당회장과 제직회 회장과 공동의회 회장으로서 책임과 권한을 가지고 있기 때문입니다. 그러다 보니 부목사가 위임목사의 지도를 받습니다. 그럴지라도 위임목사가 하는 설교와 부목사가 하는 설교는 같은 성경에서 나오는 것이기에 본질에서 동일하다고 말할 수 있습니다. 그래서 장로교회에서 위임목사와 부목사는 소속 노회에서 동일한 자격을 가지고 있는 회원이요, 비록 일부 교단에 해당하지만 부목사 역시 소속 당회의 회원입니다. 다시 말하면 비록 역할과 지위의 차이가 있음에도 불구하고 목사의 근본 직무인 설교와 사역과 관련해서는 동등한 권세와 권위를 가지고 있다고 할 수 있습니다.

3. 본질: 위임목사와 부목사의 제도가 본질적으로 성경적인가?

한마디로 비성경적이라 말할 수는 없다고 봅니다. 이 용어가 성경에 없다고 해서 비성경적이라고 볼 수는 없겠죠. 그럴지라도 행여라도 부당한 교권이 이 제도를 통해서 교회에 들어오는 것을 항상 경계해야 할 것입니다. 만약 이 제도가 그리스도의 몸인 교회를 왜곡시킨다면 큰 문제가 될 것입니다. 중세 교회가 그러하였죠. 지금의 로마천주교가 그러하고요. 예를 들어서 권한에 따라서 성직자를 서열로 세웠고 거기에 맞는 명칭을 만들어 냈습니다: 대주교/대감독/부감독······ 주교/대집사/집사/부집사 등.

4. 미래: 바람직한 관계는?

지금까지 말한 대로 위임목사나 부목사는 목사의 근본 직무에서는 그 권세와 권위가 같습니다. 큰 교회의 목사와 작은 교회의 목사 역시 마찬가지일 것입니다. 이들의 입에서 나오는 설교는 물론이고 이들이 하는 기도와 기타 이들이 가르치는 성경과 심방과 권면이 똑같은 권세와 권위를 가지고 있습니다. 노회와 당회에서도 동일한 권한을 가지고 있습니다. 그러나 다만 우리의 현실과 제도권 교회에서 가지고 있는 역할과 지위의 차이는 서로 인정하고 존중해야겠죠. 그러면서도 부당한 교권이 교회에 들어와서 교회의 본질인 성도의 교제를 약화하고 그리스도의 몸으로서 유기체인 교회에 섬김의 지도력이 아니라 군림하는 지도력이 교회에 침투하는 것을 감시해야 할 것입니다.

_ **성희찬 목사**

질문 : 기독교에서 보는 최면에 대한 관점과 그 관점에 대한 이유(근거)를 알고 싶습니다.

답변 : 최면이란 원래 잠(hypnosis)이라는 말에서 비롯된 헬라어로, 자신에게 최면을 건 사람의 지시를 따라 일정한 행동 혹은 말을 하게 되는 상태입니다. 100년 전, 심리분석학이 시작될 당시, 프로이트와 융은 인간의 심리분석을 위해 최면을 사용하였습니다. 일반적인 상담보다 최면을 통해 이야기할 때 훨씬 저항이 없이 자신의 기억이나 삶을 잘 진술하였기 때문입니다. 하지만 얼마 되지 않아 프로이트나 융은 최면의 방법을 버리게 됩니다. 왜냐하면 그 한계가 분명하였기 때문입니다. 최면 속에서 잘 진술하고, 또한 상담자의 지시를 잘 받아 문제가 해결된 것처럼 보였지만, 정작 깨어나서는 아무것도 기억을 하지 못하고, 똑같은 문제에 걸려 자각하지도 못하고 변화하지도 않았기 때문입니다.

그런데 요즘 케이블 TV 등에서는 공공연히 최면을 통해 사람의 내면을 호도하고 있는 것을 자주 봅니다. 그리고 최면 속에서 진술되는 모든 것을 마치 사실인 양 사람들을 속입니다. 물론 충격적인 상처를 입은 사람으로 하여금 최면 속에서 강도의 인상착의를 상세하게 기술함으로써 강도를 체포하는 경우도 있다고 합니다. 하지만 최면은 인간의 뇌가 해낼 수 있는 예측할 수 없는 기능 가운데 하나에 불과하며, 그나마 현실에서의 작동 능력이 제한되어 있습니다.

인간의 뇌가 전능한 잠재력이 아닌 것처럼, 그것이 보여 주는 최면의 잠재력 역시 제한되고 조작됩니다. 인간의 기억이 얼마든지 현실의 관점에서 주관적으로 편집될 수 있는 것처럼, 최면에서 드러나는 구체적인 내용 역시 그 개인의 환상이나 소망이나 불안의 감정들에 의해 조작될 수 있습니다. 그러므로 최면에서 나온 진술들을 문자적으로 믿는 것은 근거가 없는 어리석은 일입니다.

기독교의 신앙이나 신학에서 최면에 대해 말하는 것을 쉽게 찾을 수는 없습니다. 왜냐하면 기독교는 선명한 의식의 상태에서, 책임 있는 개인 인격의 각성 가운데 삼위일체 하나님과의 인격적인 관계, 그리고 생명을 가진 이웃들과의 교제와 사랑을 지향하기 때문입니다. 바로 그 관점에서 볼 때 최면은 건전한 기독교적 신앙 실천의 중심에 들어오기 힘듭니다.

개인이든 집단이든, 스스로 기꺼이 최면에 걸리기를 바라는 사람들은 누구를 막론하고 쉽게 최면에 걸려듭니다. 그것은 영적 개방성과 일치합니다. 그리스도를 향해 마음의 문을 열면 성령께서 오셔서 믿음을 더하시듯, 최면을 믿고 마음의 문을 열면 최면에 쉽게 걸려듭니다. 그 최면 속에서 드러나는 내용을 인간의 무의식이라고 말하는 것은 심리분석학적입니다.

하지만 실제 최면의 양상들을 보면 다분히 종교 체험적입니다. 자칫 최면이 영적으로 불건전한 또 다른 영적인 존재들을 끌어들이거나 만나는 통로가 되기 쉽기 때문입니다. 최면은 결코 성령의 통로가 될 수 없습니다. 왜냐하면 성령님은 오직 그리스도를 모시고 살아가는 현실과 의지의 원리가 전제되기 때문입니다. 하지만 성령의 이름으로 건전하지 못한 집단최면이나 집단행위 등이 나타날 수 있습니다. 참으로 성령의 역사인지를 밝히는 것은 오직 개혁주의적 신학과 말씀의 근거 위에서 성령의 열매를 통해 가능합니다.

그러므로 그리스도인들은 목회자들과 신학자들에 의해 특별하게 감독 받아 허용된 제한된 목적의 상황 외에, 최면에 접하는 것은 스스로 영적인 위험에 빠뜨리는 것이 됩니다. 최면 치료가 일반 상담의 측면에서도 문제가 많다면, 더구나 건강한 신앙생활을 하는 이들에게는 불필요한 산만함 내지 영적인 혼란을 일으킬 뿐이기 때문입니다.

_ **하재성 교수**

Q **질문** : 세월호 참사로 희생된 분들과 가족에게 하나님의 위로가 있기를 기도 합니다. 세상은 세월호 참사로 하나님을 믿는 자들을 공격합니다. "너희가 믿는 하나님은 참새 한 마리도 하나님이 허락하지 않으면 떨어지지(죽음) 않는다(마 10:29)는데, 세월호 참사는 너희 하나님이 허락한 거냐?"라고 빈정거리며 대답해 보라고 합니다. 저는 천재지변이 아니고 인재로 우리의 정욕대로 산 증거로 생각되는데, 어떻게 대처해야 할지 곤란 합니다. 어떻게 대답해야 할까요?

A **답변** : 먼저 세월호 참사로 인해 슬픔을 당한 가족들에게 깊은 애도를 표하며 하나님의 위로와 도우심이 있기를 빕니다.

이 세상에 이런 재앙들과 악한 일들이 있는 것은 온 인류의 고통이며 신학적으로도 난제였습니다. 기독교에서 정립된 것은 하나님께서 세상의 모든 일을 주관하시고 섭리하시지만 하나님은 악의 저자(author, 행위자, 원인)는 아니라는 것입니다. 악은 분명히 하나님이 원하지 않으시는 것이고 하나님이 미워하시는 것이고 금하신 것입니다. 그래서 우리는 악에 저항해야 하고 악과 다투어 싸워야 합니다.

그러나 그렇다고 해서 이 세상에서 일어나는 악이 하나님의 권한과 섭리를 떠나 있는 것은 아닙니다. 악은 하나님의 손길을 완전히 떠나서 독립적으로 움직이며 독자적인 근원을 가지고 있는 것은 아닙니다.

그렇다면 이 세상에는 궁극적으로 선하신 하나님과 악한 신 둘이 존재하는 것이 되며 존재론적 이원론이 됩니다. 태초부터, 아니 영원 전부터 두 신이 존재하며 서로 싸우는 것이 됩니다. 그러나 이것은 성경이 가르치는 바가 아닙니다. 성경은 한 분 하나님이 계시며 하나님이 천지 만물과 모든 것을 창조하셨다고 말합니다. 그뿐만 아니라 그 후에도 계속해서 만물을 주관하시고 섭리하신다고 말합니다. 따라서 이 세상에서 일어나는 모든 일은 다 하나님의 손안에 있으며 하나님의 섭리 가운데 있습니다. 이런 점에서 예수님은 "하나님 아버지께서 허락하지 아니하시면 참새 한 마리도 땅에 떨어지지 아니한다."라고 하신 것입니다.

그러면 사람들은 여전히 질문할 것입니다. "그렇다면 하나님이 책임 있는 것 아니냐?" "왜 하나님은 그런 사고를 막지 아니하셨는가?" 그러나 성경은 죄의 책임은 죄를 지은 사람에게 있으며 하나님에게 있지 아니하다고 가르칩니다. 예를 들어, 애굽의 바로는 자기의 마음을 완악하게 하여서 하나님의 명령을 듣지 않고 이스라엘 백성을 보내지 않았습니다. 그러자 하나님은 열 가지 재앙을 내려 애굽을 쳤습니다. 바로의 죄에 대해 벌을 내리신 거지요. 그런데 성경은 또한 하나님께서 바로의 마음을 강퍅(완악)하게 하셨다고 말합니다. 바로가 자기 생각과 판단으로 행하였지만 또한 그 배후에는 하나님의 섭리가 있었다고 말하는 것입니다. 그러나 이 경우에 책임은 전적으로 바로 자신에게 있으며 하나님에게 책임을 돌릴 수는 없습니다. 성경은 결코 그 책임을 하나님께 돌리지 않습니다. 따라서 우리는 성경을 따라 그렇게 믿고 고백하는 것이며 논리적으로 다 설명할 수 없고 인간 이성으로 다 이해할 수 없습니다.

그러나 성경은 이런 악들도 결국은 하나님의 뜻을 이룬다고 말합니다. 바로의 완악함도 하나님의 능력을 보여 주고 하나님의 이름을 온 땅에 전파하기 위함이었다고 합니다. "성경이 바로에게 이르시되 내가 이 일을 위하여 너를 세웠으니 곧 너로 말미암아 내 능력을 보이고 내 이름이 온 땅에 전파되게 하려 함이로라 하였으니"(롬 9:17). 가룟 유다의 경우도 마찬가지입니다. 그가 예수님을 배반한 것은 자기 자신의 죄요 큰 벌을 받을 죄였지만, 또한 역설적으로 하나님의 뜻을 이루는 데 사용되었습니다. 곧 결과적으로 인류를 대속하시는 예수님의 죽음을 위한 것이 되었습니다. 어떻게 보면 "가룟 유다도 하나님의 뜻을 이루는 데 공헌을 한 게 아니냐? 그런데 어떻게 죄를 물을 수 있느냐?"라고 할 수 있습니다만(외경 '유다 복음'은 이런 식으로 가룟 유다를 옹호함), 그런 생각은 크게 잘못된 것입니다. 자기가 행한 죄에 대해서는 자기가 책임져야 하는 것이 성경의 일관된 가르침입니다. 예를 들어 생각해 봅시다. 학교에서 도무지 공부를 안 하여서 꼴찌를 한 학생이 선생님에게 야단을 맞자 "왜 저를 나무랍니까? 제가 꼴찌를 했기 때문에 다른 사람이 일 등을 할 수 있었던 것 아닙니까? 저는 다른 사람이 공부를 잘하도록 공헌을 했으니 상을 받아야 하지 않겠습니까?"라고 대드는 것과 같습니다. 그래서 예수님은 가룟 유다에 대해 말씀하실 때 "인자는 자기에게 대하여 기록된 대로 가거니와 인자를 파는 그 사람에게는 화가 있으리로다. 그 사람은 차라리 나지 아니하였더라면 제게 좋을 뻔하였느니라"라고 하였습니다(마 26:24).

이 세상에 악이 존재하는 것은 하나님이 원해서도 아니며 하나님께 능력이 없어서도 아닙니다. 2차 세계대전 때 유대인 600만 명이 학살당한 것은 하나님이 하신 일도 아니며 하나님께 능력이 없어서도 아닙니다. 바로 인간의 죄 때문입니다. 이 세상에는 죄가 많이 있는데, 하나님은 그들을 죄짓지 못하게 강제로, 억지로 막지 아니하시고 내버려 두신 것입니다(롬 1:24, 26, 28). 그래서 이 세상에는 죄가 많습니다. 그러나 하나님은 사람들이 죄를 회개하고 돌아오기를 기다리십니다. 독생자 예수님을 이 땅에 보내어서 우리 죄를 대신하여 죽게 하시고, 이제는 누구든지 그 사랑을 깨닫고 돌아오기를 기다리십니다. 그래서 누구든지 예수님을 믿는 자는 영생을 얻고 믿지 않는 자는 심판을 받는다고 하십니다.

세월호 사건의 경우에 이런 재앙의 원인은 분명히 사람에게 있습니다. 선장과 선원들과 그 회사와 관련 공무원들, 정치인들, 그리고 나아가서 온 국민이 다 직간접적으로 책임이 있다고 할 수 있습니다. 하나님이 그렇게 하신 것은 결코 아닙니다. 하나님은 오히려 우리가 회개하고 돌아오기를 기다리십니다. 그래서 예수님은 "너희도 만일 회개하지 않으면 다 이와 같이 망하리라"라고 하셨습니다(눅 13:3, 5). 따라서 회개가 답입니다. '회개하다'(메타노에오)는 것은 원래 '생각을 바꾸다'는 의미인데, 첫째로 하나님께로 돌아오는 것, 둘째로 구체적으로 잘못된 행동을 버리고 고치는 것 둘 다 의미합니다. 우리는 근본적으로 하나님께로 돌아와서 하나님을 믿어야 할 뿐만 아니라, 날마다의 삶 속에서 잘못된 행동과 삶을 고쳐야 합니다. 첫 번째 것을 '근본적 회개', '생명 얻는 회개'라 할 수 있고, 두 번째 것은 '일상적 회개', '날마다의 회개'라 할 수 있습니다. 우리가 예수님을 믿어서 '법적으로' 근본적인 죄 사함을 받았지만, 우리는 또한 '실제로는' 날마다 우리의 잘못된 생각과 행실을 고치고 바로 하도록 애쓰고 힘써야 합니다.

슬픔을 당한 사람들을 향해 우리가 가져야 할 태도는 긍휼과 사랑입니다. 함께 슬퍼하고 사랑을 나타내는 것입니다. 바울은 "즐거워하는 자와 함께 즐거워하고 우는 자와 함께 울라"고 하였습니다(롬 12:15). 슬픔을 당한 이웃에게 사랑을 나타내는 것이 진정으로 우리가 해야 할 일입니다. 그리고 그들을 위해, 그리고 우리나라를 위해 기도하는 것입니다. 하나님께서 그들을 위로해 주시고 그들의 눈에 눈물을 닦아 주시고 그들이 하나님께로 돌아와서 하나님께 소망을 두고 살도록, 부활하신 예수님께 소망을 가지고 살도록 기도하는 것입니다. 이번 기회에 우리 온 국민이 자신을 돌아보며 회개하고 하나님께 돌아오도록 기도해야 하겠습니다. 그리고 우리나라를 다시 일으켜 주시고 세워 주시고 보호해 주시고 복 주시도록 기도해야 하겠습니다.

이때 우리가 다른 사람을 비난하거나 정죄하는 것은 도움이 되지 않고 도리어 상처를 크게 합니다. 물론 세월호 사고의 책임 규명은 철저하게 해서 그 책임자를 엄하게 벌해야 할 것입니다. 그러나 슬픔을 당한 사람에게는 위로와 사랑을 베푸는 것이 우리가 해야 할 일입니다. 우리 모두 다 이번 사태에 책임을 느끼고 기도하면서 예수님의 사랑을 실천하도록 해야 하겠습니다. 이것이야말로 죄와 악이 가득한 이 세상에서 진정으로 하나님이 원하시고 기뻐하시는 뜻입니다. 바로 이 일을 위해 예수님이 이 세상에 오셨고, 우리를 불러 구원하시고 세상의 빛으로 세우신 것입니다. 따라서 이번 기회에 한국 교회는 자기를 위해 교회당을 화려하게 크게 짓고 자기만을 위해 예배를 잘 드리고 자기 교회를 위해 온갖 프로그램을 하던 것에서 벗어나서, 슬픔을 당한 주위의 이웃을 돌아보고 주님의 사랑을 나타내도록 해야 하겠습니다.

이 세상에 왜 이런 악이 있는지, 왜 이렇게 끔찍한 일이 일어나는지, 왜 순진한 아이들이 목숨을 잃어야 하는지 우리는 알 수 없습니다. 하나님의 깊고 오묘하신 섭리를 다 알 수 없고 이해할 수 없습니다. 세상 역사가 다 끝난 마지막 날에는 깨닫게 될 것입니다. 그러나 분명한 사실은 지금 이 세상에는 악이 존재하고 눈물과 고통이 있다는 것입니다. 이런 세상에서 우리가 사랑을 나타내는 것은 분명한 하나님의 뜻입니다. 우리는 우리가 다 이해할 수 없는 오묘한 뜻을 알려고 하기보다도 우리에게 나타난 분명한 뜻을 행하도록 힘써야 할 것입니다. "오묘한 일은 우리 여호와 하나님께 속하였거니와 나타난 일은 영구히 우리와 우리 자손에게 속하였나니 이는 우리로 이 율법의 모든 말씀을 행하게 하심이니라"(신 29:29).

_ 변종길 교수

187. 미국과 일본에서 제정된 북한인권법은 어떤 내용이며, 우리나라에서는 왜 제정되지 않았는가?

Q 질문 : 최근 들어 북한인권법에 대하여 듣게 되었는데 구체적으로 알고 싶습니다. 우리나라에서는 왜 제정이 되지 않고 있는지 이유도 알 수 있을까요?

A 답변 : 북한인권법은 북한의 인권을 개선하기 위하여 제정한 법률입니다. 미국과 일본은 각각 2004년과 2006년에 제정·공포하였고, 한국은 2005년에 발의하였으나 10년째 국회에 법안이 계류되어 있습니다.

미국의 북한인권법(North Korean human Right Act of 2004)은 2004년 3월 하원에 상정된 뒤 같은 해 7월 만장일치로 하원을 통과한 데 이어 9월에는 상원을 통과하였으며, 같은 해 10월 조지 W. 부시 대통령이 서명함으로써 발효되었습니다.

미국의 북한인권법은 북한 주민의 인권 신장, 북한 주민의 인도적 지원, 탈북자 보호 등을 골자로 하며, 북한인권특사 임명과 북한의 인권 신장을 위하여 해마다 2,400만 달러의 예산을 쓸 수 있도록 규정하였습니다. 예산은 미국의 소리(VOA)와 자유아시아방송(RFA) 등 대북 라디오 방송 시간을 하루 12시간으로 늘리는 데 200만 달러, 북한의 인권과 민주주의·법치주의·시장경제 증진 프로그램을 활성화하는 데 200만 달러를 배정하고, 나머지 2,000만 달러는 탈북자들을 돕는 인도적 단체나 개인을 지원하는 데 배정하였습니다.

이 밖에 탈북자들이 한국 국적을 취득하더라도 미국으로 망명이나 난민 신청을 하는 데 자격 제한을 받지 않고, 중국 내 탈북자에 대한 미국 정부와 UN난민고등판무관사무소(UNHCR)의 자유로운 접근을 중국 정부에 요구할 수 있는 권고안 등도 담겨 있습니다.

2008년 9월에 이 법의 시한을 2012년까지 4년간 연장하는 재승인 법안이 상원과 하원을 통과하였으며, 2012년 8월에 2017년까지 5년 연장하는 재승인 법안이 다시 통과되었습니다.

미국의 북한인권법은 북한의 인권 문제에 대하여 미국 의회가 처음으로 문제를 제기한 법률이라는 점에서 세계적 관심을 끌었으며, 이에 대하여 북한은 미국이 북한의 체제를 전복하기 위한 환경을 조성하는 것이라고 극렬 반발하였습니다.

일본의 북한인권법은 2006년 6월 공포되었으며, 정식 명칭은 '납치 문제 그 밖의 북조선 당국의 인권침해 문제의 대처에 관한 법률'이다. 전문 7조로 이루어진 이 법은 일본인 납치 문제 해결에 대한 최대한의 노력, 국제적 연계의 강화, 북한의 인권침해 상황이 개선되지 않을 경우에 선박 입항 금지와 외국환 및 외국무역법에 따른 제재 조치 등을 골자로 합니다.

한국은 2005년 8월 북한인권법안을 발의하였으나 제17대 국회의 임기 만료로 폐기되었고, 2008년 7월 제18대 국회에서 재발의하여 법안이 계류되어 있습니다. 주요 내용은 북한인권 개선과 인도적 지원을 위한 기본계획 수립, 외교부에 북한인권대사 설치, 통일부에 북한인권자문위원회 설치, 국가인권위원회에 북한인권기록보존소 설치, 북한 인권을 위한 기금 설치 등입니다.

현재 정부·여당은 박근혜 대통령의 공약인 '북한인권법' 제정에 강한 의지를 보이고 있고, 거기에 2013년 12월 북한의 장성택 숙청을 계기로 당시 제1야당인 민주당 김한길 대표도 북한 인권 문제에 대한 법제화 필요성을 거론했습니다. 새누리당이 2014년 2월 임시국회에서 북한인권법을 통과시키겠다고 나서자 민주당에서도 북한민생인권법 안을 들고 나왔습니다. 그러나 민주당 의원이 발의한 북한민생인권법안은 북한 정권에 대한 지원을 담고 있어 사악한 북한 체제에 젖줄이 되어 주는 제2의 햇볕정책이라는 비판을 받고 있습니다. 이후 '북한인권법'은 2014년 11월 24일 19대 국회에서도 상정되었으나 여전히 합의점을 찾지 못해 안타깝게도 10년째 계류 중입니다. 이에 여러 단체들(예, 에스더 기도운동 본부)이 북한인권법 제정을 촉구하기 위해 많은 노력을 하고 있습니다.

다행히도 유엔이 북한의 조직적인 인권침해를 지적한 지 1년 만인 2015년 6월 22일 북한인권사무소를 서울에 개소했습니다. 북한의 인권 상황을 감시하는 최일선 기구로서 북한의 인권 침해에 대한 책임 소재의 근거를 마련하는 데 많은 도움이 될 것이라고 생각됩니다.

올바른 북한인권법은 북한인권침해 실태를 조사하는 '북한인권침해 기록보존소 설치'와 '민관합동 북한인권자문회의 설치', '북한인권 증진 활동을 수행하는 민간단체 활동 지원', 그리고 '대북 인도적 지원의 모니터링' 등을 핵심 내용으로 해야 합니다.

_ 이용희 교수

성경에서 성경으로 # 예언과 신학 1~3

에스라와 바울의 만남

구약과 신약의 만남

율법과 복음의 만남

선지서와 요한계시록의 만남

김나사로 | 각 권 5,000원

성서신학
아카데미 에스라와 바울

성경의 본질로 풀어낸 # 성경과 신학 1~9
복음과 신학

감동이 넘치는

바른신학

바른해석

바른설교

김나사로 지음 | 각 권 5,000원

기독신학연구원 칼빈

광야에서 부르는 하늘과 땅의 노래

☑ 계시록 그 영원한 복음의 비밀과 본질을 알아가는 책!
☑ 기복주의 예수, 기복주의 복음, 기복주의 영의 실체를 철저히 파헤친 책!
☑ 변질된 복음, 그 미혹의 역사를 철저히 드러낸 책!
☑ 영감 가득한 하나님의 말씀을 뜨거운 감동으로 만날 수 있는 책!

• 인본주의적인 믿음을 철저히 하나님 중심의 믿음으로 다시 보게 하는 정말 귀중한 책이다.
• 이 책에서 말하는 신앙에 대한 얘기들을 들으면 내가 얼마나 하나님 앞에서 회개를 해야 하는지 깨닫게 된다.

김나사로 저 | 각 권 13,000원

설교비평

하나님의 인과 매매표 1

교회를 살리는 설교인가? 교회를 죽이는 설교인가?

당신의 설교는 교회를 **신부**로 만드는 설교인가?
당신의 설교는 교회를 **음녀**로 만드는 설교인가?

김나사로 저 | 값 15,000원

명백히 잘못된 설교 네 가지

어쩌면 오늘날 기독교는 무엇인가 잘못 알고 길을 잃어버렸다.
그래서 많은 신실한 그리스도인들은 이구동성으로 교회가 세속화되었다고 한탄한다.
저자는 오늘날 교회의 세속화를 복음의 세속화에서 찾고 있다.
그리고 복음의 세속화는 그 근원이 잘못된 성경 해석에서 비롯된 설교에 있다고 말한다.
본서에서 언급한 명백히 잘못된 네 가지 설교들은
그동안 많은 사람들에 의해서 문제가 있는 설교라는 비판을 적지 않게 받아 왔다.
그러나 저자는 이 네 가지 설교들을 단순하고도 막연한 비판적 시각에서 그 문제점을 지적하고 있는 것이
아니라 바른 성경 해석의 기준에서 볼 때, 명백히 잘못되어 있음을 명쾌하게 제시하고 있다.

김나사로 저 | 값 6,000원

미혹
그리고 분별(1)

미혹
그리고 분별(2)

미혹
그리고 분별(3)

교회안에 만연한 잘못된 성령의 역사와 유행하는 세속적 교훈과 이단의 가르침에 대해 하나님의 말씀의 칼로 명료하게 분별한 책으로 모든 성도들이 반드시 읽어야 할 책이다.

성령이 교회들에게 하시는 말씀(요한계시록)을 통해 어떤 설교가 하나님이 원하시는 설교인지 어떤 설교가 사람이 만들어 낸 설교인지를 분별하는 내용으로 목회자와 성도 모두가 읽어야 할 책이다.

왜 다시 예언해야만 하는가!
세속화 된 음란한 교회 세대의 정화를 위하여 아멘이신 주 예수는 속히 오셔야 한다!

김나사로 저 | 값 1권 6,000원 2권 5,000원 3권 7,000원

비느하스가 던진 질투의 창

다른 복음, 다른 영, 다른 예수를 향하여 던진
하나님의 질투의 창!

비느하스가 던진 질투의 창은, 김나사로 목사가 엄위하신 하나님의 말씀의 본질로, 종말을 사는 교회세대의 변질된 복음과 신앙을 향하여 하나님의 질투심으로 던진 질투의 창이다. 에덴의 사건과, 선지 자의 원형인 모세의 최후의 고별설교인 신명기서, 이사야서와 말라기서에 이르는 선지자들의 외침, 그리 고 주님의 가르침에서 비롯된 사도들의 서신과 교회세대에 보내신 최후의 서신인 요한계시록에 이르기 까지 하나님께서 계시하신 참 복음의 길을 하나님의 장엄한 구속의 경륜에 비추어 펼쳐 보이는 역작!

김나사로 저 | 값 15,000원

믿음과 행함의 사이에서 마음의 줄다리기를 하는 신앙인들에게 주는 감동의 메시지

구원을 위한 동역 **믿음**과 **행함**

　저자는, 기독교는 '믿기만 하면 만사 형통'의 종교가 아니라 믿음을 통하여 자기부인(自己否認)의 십자가 를 지는 행함의 종교라고 말한다. 따라서 본서는 믿음이 행함으로 온전하여질 때, 기독교는 우리에게 구원을 주는 생명의 종교가 된다는 주제를 통해 우리의 신앙의 자리를 발견하게 하고 열매 맺는 삶으로 우리를 인도 한다. 사도 바울의 '오직 믿음으로 구원을 얻는다.'라는 가르침의 본질을 오해하여 행함을 율법주의로 매도 하는 현실에서 우리를 구원하는 믿음이 어떤 믿음인지를 사도 바울과 사도 베드로, 그리고 야고보의 가르침 을 통해 밝히면서 행함이 없는 믿음은 죽은 믿음이고, 그 믿음은 결코 우리를 구원할 수 없다고 저자는 분명 히 한다. 더불어 육체의 할례를 받은 이스라엘 백성에게 마음의 할례를 요구하던 하나님의 뜻을 통해 믿음 과 행함의 관계를 규명함으로써 행함 없는 믿음으로 구원을 자랑한 우리로 회개의 무릎을 꿇게 한다.

김나사로 저 | 값 6,000원

야베스 기도의 숨겨진 진실

도대체 오늘날 교인들은 무엇을 하나님께 구하고 있는 것인가?

저는 하나님과 우리 사이의 큰 괴리를 보았습니다. 하나님의 언어와 그 언어가 계시하고 있는 본질과, 하나님의 언어를 받아들이고 이해하고 적용하고 있는 우리 사이의 괴리를 말합니다. 성경이 우리에게 가르치시는 기 도와, 오늘날 한국 교회 안에서 유행하고 있는 기도 사이의 엄청난 차이를 바라보며 저의심령 속에는 말로 다 할 수 없는 안타까움과 답답함이 있었습니다. 그래서 기도의 대명사로 성도들에게 가장 사랑받는 말씀이지만, 너무나 왜곡되어 있는 야베스의 기도를 성경이 말씀하시는 본질 그대로 바르게 전해야겠다는 간절한 마음으로 이 책을 출판하게 되었습니다. ─머리말 중─

김나사로 저 | 값 10,000원

그런즉 우리도 예수 그리스도의 치욕을 짊어지고 영문 밖으로 그에게 나아가자!
영문 밖의 영광! 성문 밖의 영광! 변두리의 영광!

영문 밖의 영광

가슴속에서 불타는 한 구절
하나님의 말씀에는
역사하는 힘이 있습니다.

남병희 | 신국판 527면 | 값 18,000원

남병희 목사님은 복음의 보다 깊은 차원을 청중들에게 제시하고 보다 고차원적인 신앙의 질을 분명히 꼬집어 제시하는 내용을 많이 담고 있는 설교를 펴 왔다. 그의 설교는 이치에 맞는, 도리가 틀림없는 사상과 이론의 발전을 담고 있고, 듣는 사람으로 하여금 욕심에 끌려 살게 하기보다는 자신의 잘못을 뉘우치고 자기의 행위를 반성하게 만드는 훈계로 가득 찼으며, 세상 영화에 대한 매서운 심판과 인간정신을 부패시키는 갖가지 안일한 처세술에 대한 비웃음이 깔려 있는 진실을 보게 하고, 진리를 살게 만드는 예리한 관찰력을 불러일으키는 말씀으로 가득 차 있다. 다 아는 내용을 새 소식처럼 생색을 내며 고함지르는 대다수의 설교자의 판에 박은 설교 말씀과는 달리, 조용히 아픈 데를 쑤셔대고, 곪은 곳의 고름을 뽑아내는 실질적인 인간 치료의 구원의 말씀, 해방의 선언이 여기저기 스며 있는 설득력 있는 타이름이 계속되는 설교이다. 인간만세에 기분 내는 세대, 세속생활에 만족하는 세대들이 들어야 하고 경청해야 할 이치와 진리를 담은 유익한 책이라 믿어 널리 읽혀지기를 바라는 마음 간절하다. – 전 감신대학장 **구 덕 관**

목회자를 위한 평생~ 설교 강해집

| 남병희 목사 | 강해 설교 시리즈 전집

각 권 25,000원
전집(16권) 250,000원

1. 단상록
2. 교회생활과 신앙생활
3. 중생의 봄
4. 누가복음강해(상)
5. 누가복음강해(중)
6. 누가복음강해(하)

7. 요한복음강해(상)
8. 요한복음강해(하)
9. 사도행전강해(상)
10. 사도행전강해(하)
11. 로마서강해(상)
12. 로마서강해(하)
13. 고린도전서강해
14. 고린도후서강해
15. 갈라디아서강해
16. 에베소서강해

그는 인간 영혼을 사랑하며, 역사를 통찰하는 마음은 뜨겁고 건강하기 그지 없는 선배이다. 그만한 양심과 상식에 근거하여 자신의 신앙과 목양에 정진하는 목사가 과연 몇 사람이 될 것인가를 되새겨 본다. 그의 설교는 자신의 내면생활의 분출이요, 같은 믿음을 가진 사건들의 응답(아멘)이요, 같은 시대인과의 결속이기도 한다. 그런 의미에서 그의 설교는 고독한 명상이요, 절규가 아니라 동시대인의 공동고백이요, 공동증언이다. 그는 어떤 것에도 미련을 갖지 않는다. 또한 타인의 이목으로부터도 자유로운 사람이다. 그러면서도 무엇이든지 방치해두지 않는다. 한 마디로 순례자 정신의 소유자이다. 진정한 설교는 순례자만이 선포할 수 있다. 세속적인 것에 집착하거나 영향 받는 사람의 설교는 자유정신의 설교가 될 수 없다. 그러면서 세속적인 것에 대한 깊은 관심과 통찰을 게을리 하지 않음으로써 그의 귀착지는 시대의 구원인 것이다. –고 장기천 감독(감리교)